Katharina Wacker

Wettbewerb und Regulierung auf dem deutschen Fernsehmarkt: Deregulierungsbedarf und Umsetzungsbedingungen

Schriften zu Ordnungsfragen der Wirtschaft

Band 87: Wettbewerb und Regulierung auf dem deutschen Fernsehmarkt: Deregulierungsbedarf und Umsetzungsbedingungen

Lucius & Lucius · Stuttgart · 2007

Wettbewerb und Regulierung auf dem deutschen Fernsehmarkt

Deregulierungsbedarf und Umsetzungsbedingungen

Von

Katharina Wacker

Lucius & Lucius · Stuttgart · 2007

Anschrift der Autorin:

Dr. Katharina Wacker
Paul-Clemen-Str. 16
53113 Bonn

e-mail: katharina.wacker@gmx.de

Diese Arbeit wurde an der Wirtschaftswissenschaftlichen Fakultät der Heinrich-Heine-Universität Düsseldorf als Dissertation angenommen.

Erstgutachter: Univ.-Prof. Dr. H. Jörg Thieme
Zweitgutachter: Univ.-Prof. Dr. Heinz-Dieter Smeets

Tag der mündlichen Prüfung: 8. November 2006.

D 61

Bibliografische Information der Deutschen Nationalbibliothek

Die Deutsche Nationalbibliothek verzeichnet diese Publikation in der Deutschen Nationalbibliografie; detaillierte bibliografische Daten sind im Internet über http://dnb.d-nb.de abrufbar.

(Schriften zu Ordnungsfragen der Wirtschaft; Bd. 87)
ISBN 978-3-8282-0414-0

Gerokstraße 51 • D-70184 Stuttgart

Umschlaggestaltung: Isabelle Devaux, Stuttgart

Druck und Einband: ROSCH-BUCH Druckerei GmbH, 96110 Scheßlitz
Printed in Germany

ISBN 978-3-8282-0414-0
ISSN 1432-9220

Vorwort

Die vorliegende Arbeit wurde im Juli 2006 von der Wirtschaftswissenschaftlichen Fakultät der Heinrich-Heine-Universität Düsseldorf als Dissertation angenommen. Entstanden ist sie während meiner Zeit als wissenschaftliche Mitarbeiterin am Lehrstuhl für Volkswirtschaftslehre. Grundsätzlich wurden Fakten und Entscheidungen einbezogen, die bis Mitte 2006 veröffentlicht wurden. In einigen Fällen wurden auch noch später erschienene Informationen berücksichtigt.

Mein Dank gilt zunächst meinem Doktorvater Herrn *Prof. Dr. H. Jörg Thieme*, der mir neben der freien Themenwahl auch die wiederholte Teilnahme am Forschungsseminar Radein ermöglichte und sich sehr für die zügige Durchführung des Promotionsverfahrens engagierte. Ihm und den anderen Herausgebern der „Schriften zu Ordnungsfragen der Wirtschaft" danke ich zudem für die Aufnahme meiner Arbeit in diese Schriftenreihe. Herrn *Prof. Dr. Heinz-Dieter Smeets* danke ich für die Übernahme des Zweitgutachtens sowie für seine Bereitschaft, mich nach Abschluss meines Promotionsverfahrens an seinem Lehrstuhl weiterzubeschäftigen. Als drittem Mitglied der Promotionskommission danke ich Herrn *Prof. Dr. Christoph J. Börner*.

Besonderen Dank schulde ich meinen lieben ehemaligen Kollegen und Freunden *Prof. Dr. Armin Rott*, der mir viele wertvolle Anregungen und Verbesserungsvorschläge gab sowie *Prof. Dr. Elmar Schmitz*, der während unserer gemeinsamen Zeit am Lehrstuhl immer wieder zur inhaltlichen Auseinandersetzung und Diskussion bereit war. Für die angenehme und freundschaftliche Zusammenarbeit am Lehrstuhl sowie zahlreiche Hilfestellungen danke ich *Dr. Sybille Gerhardt*, *Dr. Michael Sket* und *Dipl-Soz.Wiss. Dagmar Neumann*. Für die Entlastung von der Lehrstuhltätigkeit in der Endphase danke ich *PD Dr. Albrecht Michler* und *Dipl-Kfm. Andreas Wiesner*. Ebenso sei *Dipl-Volksw. Alexandra Böhne* sowie *Dipl-Kfm. Carsten Winkler* für hilfreiche Kommentare zum Manuskript gedankt.

Für ihre stete Unterstützung, liebevolle Aufmunterungen und Ablenkungen danke ich neben meinen Freunden – insbesondere *Susanne* und *Sonja* – ganz herzlich meinem Bruder *Frank* und meiner *Mutter*, die leider kurz vor Veröffentlichung dieses Buches verstorben ist. Ihr und meinem ebenfalls verstorbenen *Vater* widme ich diese Arbeit.

Düsseldorf, Juli 2007 *Katharina Wacker*

Inhaltsverzeichnis

Tabellenverzeichnis

Abbildungsverzeichnis

Abkürzungsverzeichnis

ANGA	Verband Privater Kabelnetzbetreiber e.V.
ARD	Arbeitsgemeinschaft der öffentlich-rechtlichen Rundfunkanstalten der Bundesrepublik Deutschland
BGH	Bundesgerichtshof
BNetzA	Bundesnetzagentur
BVerfGE	Entscheidungen des Bundesverfassungsgerichts
CR	Concentration Ratio
DK	Durchschnittskosten
DSL	Digital Subscriber Line
DTAG	Deutsche Telekom AG
DTC	Direct to Cable
DTH	Direct to Home
DVB	Digital Video Broadcasting
DVB-T	Digital Video Broadcasting Terrestrial
EGV	Vertrag zur Gründung der Europäischen Gemeinschaft
EPG	Electronic Program Guide
EU	Europäische Union
FCC	Federal Communications Commission
FKVO	Fusionskontroll-Verordnung
FRK	Fachverband für Rundfunkempfangs- und Kabelanlagen
GEMA	Gesellschaft für musikalische Aufführungs- und mechanische Vervielfältigungsrechte
GEZ	Gebühreneinzugszentrale
GG	Grundgesetz
GWB	Gesetz gegen Wettbewerbsbeschränkungen
HH	Haushalte
HHI	Hirschman-Herfindahl-Index
IPTV	Internet Protocol Television
KDG	Kabel Deutschland GmbH
KDLM	Konferenz der Direktoren der Landesmedienanstalten

KEF	Kommission zur Ermittlung des Finanzbedarfs der Rundfunkanstalten
KEK	Kommission zur Ermittlung der Konzentration im Medienbereich
LMA	Landesmedienanstalt(en)
LMG NRW	Landesmediengesetz Nordrhein-Westfalen
MHP	Multimedia Home Platform
NPÖ	Neue Politische Ökonomik
NE	Netzebene
RegTP	Regulierungsbehörde für Telekommunikation und Post
RStV	Rundfunkstaatsvertrag
Sat-ZF	Satelliten-Zwischenfrequenz
SMATV	Satellite Master Antenna Television
TKG	Telekommunikationsgesetz
VPRT	Verband Privater Rundfunk und Telekommunikation e.V.
WDR	Westdeutscher Rundfunk
WE	Wohneinheiten

1. Problemstellung und Gang der Untersuchung

1.1. Problemstellung und Zielsetzung

Die Entwicklung des Fernsehsektors ist in Deutschland durch staatliche Eingriffe wesentlich bestimmt worden. Während in anderen Sektoren in den letzten Jahren mitunter sehr weitgehende Deregulierungsprozesse angestoßen wurden, verfügt der Staat im Fernsehsektor immer noch über zahlreiche Regulierungsinstrumente. Neben Marktzutrittsbeschränkungen durch Lizenzierung oder die Vergabe von Frequenzen und Kabelplätzen bestehen auch inhaltliche Regulierungen und Werberegeln. Zudem wird die Finanzierung des öffentlich-rechtlichen Rundfunksystems durch die Rundfunkgebühr gesichert. Der deutsche Fernsehsektor ist trotz dieser erheblichen staatlichen Eingriffe aber auch durch wettbewerbliche Märkte und privatwirtschaftliche Unternehmen gekennzeichnet – insbesondere seit der Zulassung privater Fernsehsender zu Beginn der 1980er Jahre. Angesichts dieser Mischung von staatlichen und wettbewerblichen Elementen ist zu fragen, ob Regulierung (weiterhin) notwendig ist, weil der Wettbewerb allein keine wünschenswerten Ergebnisse hervorbringt oder ob nicht Ineffizienzen gerade auf regulierende Eingriffe zurückzuführen sind.[1]

Die sektorale Struktur des Fernsehsektors lässt sich durch drei Ebenen beschreiben.[2] Als Produktionsebene bezeichnet man diejenige, auf der einzelne Sendungen und Beiträge (z.B. Spielfilm, Talkshow) hergestellt werden. Diese Inputs werden dann von Fernsehsendern zu einem fortlaufenden Programm zusammengestellt. Die zweite Ebene wird deshalb als Programm-Veranstaltung oder Programmebene bezeichnet. Private Fernsehsender (z.B. RTL, Sat.1) und öffentlich-rechtliche Rundfunkanstalten (ARD, ZDF) sind von ihrer Funktion her daher besser als Programmveranstalter zu bezeichnen. Um dem Zuschauer die Programmangebote zur Verfügung zu stellen (Distributionsebene), sind geeignete Übertragungswege notwendig.

Während die Programmebene in der öffentlichen Wahrnehmung am stärksten präsent ist, sollte das ökonomisch-ordnungspolitische Interesse eher auf die Distributionsebene gerichtet sein: Hier liegen nicht nur die Ursachen für die meisten ökonomischen Probleme des Fernsehens, sondern sie stellt auch den primären Ansatzpunkt der staatlichen Regulierung dar.[3] Aktuell richtet sich das Interesse auf diesen Bereich vor allem wegen der Einführung digitaler Übertragungstechniken, durch die bisher bestehende (Kapazitäts-)Restriktionen überwunden werden, wodurch direkt die Programmebene beeinflusst wird.

Die Interdependenz zwischen beiden Ebenen lässt sich daran verdeutlichen, dass Programmveranstalter zwar Inhalte produzieren und zusammenstellen, um sie zu verbreiten; Einnahmen erzielen sie allerdings erst aus der „Produktion von Publikum",

---

1 Vgl. *Kruse* (2004), S. 111.

2 Vgl. zu dieser Einteilung beispielsweise *Heinrich* (2002), S. 36 f.

3 Vgl. *Kruse* (2004), S. 111.

das sie an Werbetreibende „verkaufen". Dies gilt zumindest für alle Veranstalter, die ihre Einnahmen – wie der überwiegende Teil der deutschen Fernsehsender – aus dem Verkauf von Werbekapazitäten erzielen. Eine hohe technische Reichweite, d.h. eine möglichst große Zahl an Fernsehhaushalten, die das Programm empfangen können, ist daher eine entscheidende Voraussetzung für den Geschäftserfolg im werbefinanzierten Fernsehen.

Die Digitalisierungstechnik hat als technische Innovation auf die Medienindustrie und gerade auf die in dieser Arbeit zu analysierende Fernsehbranche großen Einfluss. Bis 2010 sollen alle Übertragungswege nur noch digital genutzt, die analoge Übertragungsart also vollständig abgeschaltet werden (‚analog switch-off').[4] Dies wirkt auf den gesamten Wertschöpfungsprozess von der Programm-Input-Produktion bis zur Distribution. Die weitreichendsten strukturellen Veränderungen im Fernsehsektor ergeben sich aber im Zusammenhang mit der Programm-Veranstaltung und -Distribution.

Während sich die Digitaltechnik für die Produktionsunternehmen eher als Verfahrensinnovation charakterisieren lässt, birgt sie für die Programmveranstalter auch Möglichkeiten zu Produktinnovationen. Digitale Komprimierungsverfahren ermöglichen eine erhebliche Erweiterung der Übertragungskapazitäten, so dass nach der Umstellung ein Vielfaches an Kanälen im Vergleich zur analogen Übertragungstechnik verbreitet werden kann. Dies eröffnet Möglichkeiten für neue Veranstalter, für die im analogen Kabelnetz keine Kanäle mehr verfügbar sind. Insbesondere können dabei neue Arten von Programmen etabliert werden, wie Transaktionsfernsehen (z.B. Home Shopping), On-Demand-Dienste, die dem Zuschauer z.B. Filme auf Abruf zur Verfügung stellen, oder interaktive Programme. Da sich eine steigende Programmanzahl nicht mehr allein über Werbung finanzieren lässt, werden neue Programme vermehrt gegen Entgelt bereitgestellt werden (Pay-TV).

Um alle diese Neuerungen, die häufig undifferenziert als „digitales Fernsehen" zusammengefasst werden, umzusetzen, sind einige zusätzliche Dienstleistungen notwendig, die auch unter dem Begriff digitale Infrastruktur oder Serviceebene zusammengefasst werden. Diese umfassen unter anderem die digitale Aufbereitung der Programmsignale und eine Vermarktungsplattform, die eine unüberschaubar werdende Zahl von Einzelprogrammen zu verschiedenen Paketen bündelt und anbietet. Voraussetzung für eine entgeltfinanzierte Bereitstellung ist zudem ein Zugangsberechtigungssystem (Conditional Access) sowie ein Decodergerät (Set-Top-Box). Die Etablierung einer solchen Infrastruktur erfordert dabei eine gewisse Kooperation zwischen Programmveranstaltern und den Betreibern der Übertragungswege, da Standards und Schnittstellen definiert werden müssen.

Das Kabelnetz steht als Übertragungsweg im Mittelpunkt der Analyse, da dieser von den deutschen Fernsehhaushalten am meisten genutzt wird und damit für die Programmveranstalter unverzichtbar ist. Gleichzeitig ist es der am schärfsten regulierte Übertragungsweg. Darüber hinaus unterliegt das Kabelnetz den größten Veränderungen.

---

[4] Die von Bund und Ländern gemeinsam geleitete Initiative "Digitaler Rundfunk" erarbeitet Strategien für den Übergang von der analogen zur digitalen Übertragung und begleitet den Umstellungsprozess. Vgl. dazu *Bundesministerium für Wirtschaft und Technologie* (2006).

Zum einen wurde das Kabelnetz privatisiert und befindet sich derzeit teilweise in der Hand von Finanzinvestoren, was weitere Veränderungen in der Eigentümerstruktur erwarten lässt. Zum anderen bietet das Kabelnetz aufgrund seiner zusätzlichen Nutzungsmöglichkeiten (z.B. Internetzugang, Telefonie) ein Potenzial, welches derzeit nicht ausgeschöpft wird. Die Alternativen Satellit und Digitale Terrestrik (DVB-T) sind als potenzielle Substitute und Konkurrenz zu berücksichtigen.

Vor dem Hintergrund der beschriebenen Marktsituation lässt sich die Zielsetzung dieser Arbeit wie folgt zusammenfassen: Durch die Digitalisierung wird ein wichtiges Wettbewerbshindernis überwunden, nämlich der Engpass im Bereich der Übertragungskapazität, der einen der Hauptgründe für die sektorspezifische Regulierung darstellt. Da eine hohe Markteffizienz immer dann zu erwarten ist, wenn der Wettbewerb möglichst uneingeschränkt funktioniert, scheinen sich die Voraussetzungen für einen höheren Effizienzgrad durch die Digitalisierung zu verbessern. Möglicherweise entstehen aber neue Markteintrittsschranken. Zu untersuchen ist daher, in welchen Bereichen und mit welchen Instrumenten zu (de-)regulieren ist, um die Chancen der Digitalisierung zu nutzen. Daraus lassen sich folgende Fragestellungen ableiten:

- Ist die vorhandene Regulierungsdichte mit Marktunvollkommenheiten oder mit polit-ökonomischen Motiven zu erklären?
- Wie haben sich die Marktstrukturen und Wettbewerbsbeziehungen – unter der bestehenden Regulierung – entwickelt?
- Besteht ordnungspolitischer Anpassungsbedarf und lassen sich Änderungen unter der gegebenen Interessenkonstellation durchsetzen?

Grundlage für die Analyse der vorliegenden Marktstrukturen ist das industrieökonomische Instrumentarium. So sollen die Bereiche identifiziert werden, in denen Regulierung geboten scheint. Zudem ist zu prüfen, inwiefern staatliche Eingriffe aufgrund von Marktunvollkommenheiten wünschenswert sind. Die aus der normativen Regulierungstheorie bekannten Marktversagensursachen allein können die Regulierungsdichte und vor allem ihre Resistenz gegenüber allgemeinen Deregulierungstendenzen vermutlich nicht hinreichend erklären. Im Rahmen einer positiven Analyse ist vor allem der Ansatz der Neuen Politischen Ökonomik zu berücksichtigen. Gerade die Beharrlichkeit der Medienregulierung, die einen beträchtlichen bürokratischen Apparat beschäftigt, lässt sich vermutlich eher auf Interessen der Beteiligten zurückführen.

Die Diskussion um regulierende Eingriffe in den Fernsehsektor wurde lange Zeit von politischen und juristischen Argumenten dominiert. Eine ökonomische Analyse des Marktgeschehens hingegen wurde vernachlässigt und blieb dann zunächst auf den amerikanischen Raum begrenzt.[5] Im Laufe der Zeit wurde auch im deutschsprachigen Raum ein erheblicher ökonomischer Untersuchungsbedarf im Mediensektor erkannt.[6] Demzufolge stehen in der vorliegenden Arbeit ökonomische Maßstäbe im Vordergrund. Zu klären ist, an welchen Stellen ökonomische Gegebenheiten einen Eingriff in den Fern-

---

5 Für eine erste umfassende Auseinandersetzung aus ökonomischer Sicht vgl. *Owen, Beebe* und *Manning* (1979).

6 Vgl. den Überblick bei *Altmeppen* (1996), S. 10.

sehsektor rechtfertigen und wie durch Regulierung ein besseres Marktergebnis erzielt werden kann.

1.2. Gang der Analyse

Die Analyse ist in vier Kapitel gegliedert, wobei die genannten Fragestellungen in einem jeweils eigenen Kapitel behandelt werden. Die vorliegende Arbeit integriert damit Regulierungstheorie, Industrieökonomik und Wettbewerbspolitik.

Abbildung 1-1: Gang der Analyse

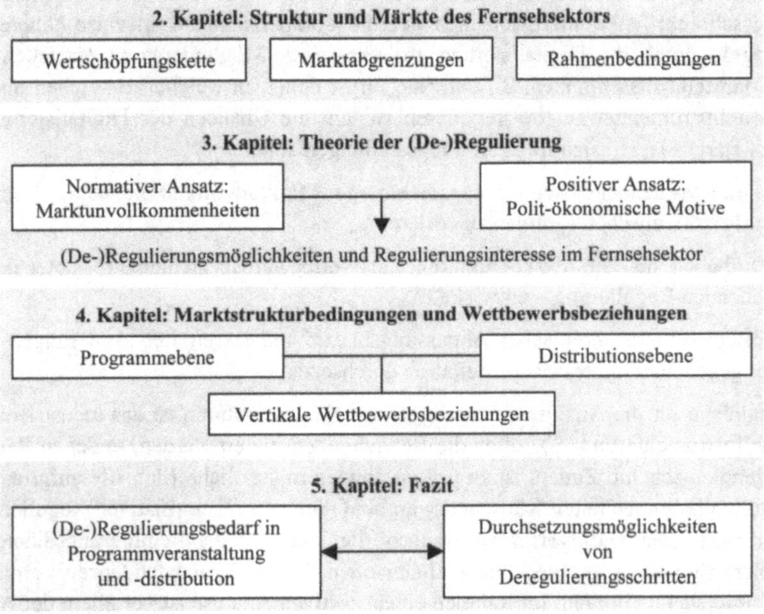

Diesem Zusammenhang folgend werden nach einer Einführung in die Struktur und die relevanten Märkte des Fernsehsektors zunächst im dritten Kapitel die regulierungstheoretischen Ansätze vorgestellt. Im Rahmen der normativen Regulierungstheorie ist auf die Ursachen von Marktversagen einzugehen. Der positive Ansatz ergänzt die Darstellung um polit-ökonomische Erklärungen. Ein kurzes Fazit über den Erklärungsgehalt der Ansätze für die Regulierung des Fernsehsektors beschließt das Kapitel.

Anschließend werden im vierten Kapitel sowohl die Programmveranstalter als auch die Netzbetreiber in ihrem jeweiligen Marktumfeld betrachtet. Analysiert werden zunächst die für die Programmveranstalter relevanten Zuschauer- und Werbemärkte. Denn die Konstellation auf diesen Märkten wirkt sich auf die Machtverhältnisse gegenüber den Netzbetreibern aus. Demnach sind anschließend die Märkte der Distributionsebene zu untersuchen, auf denen die Kabelnetzbetreiber den Programmveranstaltern Übertragungskapazitäten bzw. den Zuschauern Empfangsmöglichkeiten anbieten. Von Interesse ist insbesondere, inwiefern die alternativen Übertragungswege einen wirksamen Substitutionswettbewerb darstellen.

Darauf aufbauend sind Veränderungen im Wettbewerbsverhältnis zwischen den beiden Akteursgruppen zu analysieren. Von Interesse ist insbesondere, wie sich die Geschäftsmodelle und Vertriebsbedingungen im Kabelmarkt verändern und wie sich die Machtverhältnisse verschieben könnten. Eine mögliche Reaktion auf die neuen Rahmenbedingungen könnten Bemühungen sein, beide Stufen vertikal zu integrieren oder zumindest zu verstärkten Bindungen zu gelangen. Welche Auswirkungen sich daraus für den Wettbewerb ergeben, ist zu untersuchen.

Abschließend soll im fünften Kapitel anhand der vorangegangenen Analyse der ordnungspolitische Anpassungsbedarf abgeleitet werden. Daran anknüpfende Vorschläge sind dabei auch danach zu beurteilen, inwiefern sie unter den gegebenen Umständen im politischen Entscheidungsprozess durchsetzbar sind.

2. Struktur und Märkte des Fernsehsektors

Der Fernsehsektor weist mehrere Merkmale auf, die Strukturprobleme für den Wettbewerb verursachen können. Die ökonomisch bedeutsamen Besonderheiten in Produktion und Konsum gelten im Wesentlichen für alle aktuell und journalistisch produzierenden Massenmedien wie Zeitung, Zeitschrift und Fernsehen. Diese zeichnen sich aus durch industrielle Verbundproduktion, Distribution in einem spezifischen Vertriebsnetz, Komplexität in ihren Bestandteilen Bildung, Information und Unterhaltung sowie als Verbindungs- und Kontrollorgan zwischen Bevölkerung und Politik. Zum Verständnis der Branchenstruktur ist zunächst die Wertschöpfung der Fernsehproduktion darzustellen. Die Abgrenzung der relevanten Märkte erfolgt im Anschluss. Ein Überblick über die institutionellen Rahmenbedingungen, die diese Branche in besonderem Maße prägen, beschließt das Kapitel.

2.1. Struktur des Fernsehsektors

Die in einem Wirtschaftszweig in einem bestimmten Zeitraum erbrachte Leistung wird in der volkswirtschaftlichen Statistik als Wertschöpfung bezeichnet. Aus betriebswirtschaftlicher Sicht entspricht die Wertschöpfung einer Unternehmung dem Wertezuwachs, der vom Unternehmen über die von anderen bezogenen Vorleistungen hinaus erwirtschaftet wird. In beiden Verwendungen wird Wertschöpfung als eine zeitraumbezogene Differenzgröße zwischen einem Output im Sinne von geschaffenen Gütern oder Dienstleistungen und einem Input, der die sogenannten Vorleistungen umfasst, interpretiert.[7]

Die Darstellung der Wertschöpfung als Kette dient dazu, den Produktionsprozess grob zu strukturieren, um die Unternehmensabläufe übersichtlich abzubilden. Die einzelnen Kettenglieder geben die verschiedenen Wertschöpfungsstufen wieder, die zur Herstellung eines Produktes oder einer Dienstleistung durchlaufen werden.[8] Die Wertschöpfungskette kann sich sowohl auf innerbetriebliche als auch auf unternehmensübergreifende Abläufe beziehen. Somit kann die sektorale Struktur analysiert werden, die verdeutlicht, welche Stufen typischerweise in einem Unternehmen integriert sind und welche Aktivitäten als Vorleistungen bezogen oder an nachgelagerte Unternehmen abgegeben werden.[9]

---

[7] Vgl. dazu *Woll* (1996), S. 732.

[8] Vgl. *Schusser* (1999), S. 43.

[9] So auch *Kruse* (1996a), S. 26.

2.1.1. Grundstruktur der Wertschöpfung: Produktions-, Programm- und Distributionsebene

Die Bereitstellung des Dienstleistungsangebots „Fernsehprogramm" lässt sich in die in *Abbildung 2-1* dargestellten drei Wertschöpfungsstufen unterteilen,[10] die grundsätzlich getrennt voneinander betrieben werden können. Die ökonomisch und technisch unterscheidbaren Funktionen können aber auch ganz oder teilweise in einem Unternehmen integriert erfüllt werden.

Abbildung 2-1: Dreistufige Wertschöpfung der Fernsehproduktion

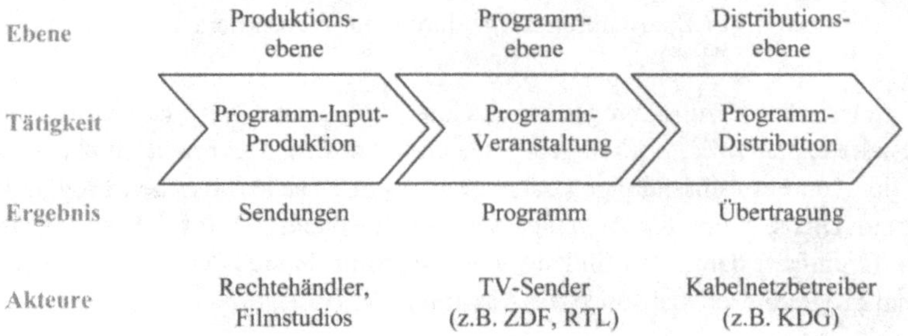

Auf der ersten Stufe entstehen durch Einsatz verschiedener personeller, technischer und immaterieller Produktionsfaktoren Softwareeinheiten wie Filme, Sportrechte oder Nachrichten. Diese Inhalte bzw. die Nutzungsrechte daran werden auf Märkten für Programmsoftware gehandelt.[11] Da die Inhalte aus der Perspektive der Programmveranstaltung als Input anzusehen sind, wird diese Stufe als Programm-Input-Produktion oder Produktionsebene bezeichnet. Die Programmveranstalter beschaffen sich Sendungen oder auch nur einzelne Beiträge von unabhängigen Produktionsunternehmen (Kaufproduktionen), geben Produktionen in Auftrag (Auftragsproduktionen) oder übernehmen sie von anderen Veranstaltern (Übernahmen). Daneben produzieren einige Programmveranstalter Teile ihres Programms auch selbst oder in Zusammenarbeit mit Dritten (Eigen- und Koproduktionen).

Die zentrale Position in der Wertschöpfungskette nehmen die Programmveranstalter ein: Sie kombinieren einzelne Sendungen und machen sie als Gesamtprogramm dem Zuschauer über regelmäßig genutzte Übertragungswege zugänglich.[12] Die Leistung (Wertschöpfung) eines Programmveranstalters besteht in der Komposition und redaktionellen Ausarbeitung eines fortlaufenden, inhaltlich zusammenhängenden Programman-

---

[10] Für viele Industrien ist eine grob definierte Einteilung in die drei Stufen „product creation, product packaging or publishing and distribution" typisch. Vgl. *Duffy, Davis* und *Daum* (1998), S. 37. Für den Fernsehsektor findet sie sich bereits bei *Owen* (1975), S. 12 f.

[11] Vgl. *Messmer* (2002), S. 85.

[12] Vgl. *Schröder* (1997), S. 37.

gebots, einschließlich dessen Finanzierung und Übermittlung an die Distributionsebene unter Einsatz verschiedener Produktionsfaktoren.[13]

Die auf der Programmebene produzierte Dienstleistung ist das Fernsehprogramm, definiert als „sendungsübergreifendes Sortiment eines Veranstalters“[14], das sich mit Hilfe von Differenzierungsstrategien gegenüber dem Zuschauer vermarkten und als Marke etablieren lässt. Das einzelne Produkt dieses Sortiments ist eine Sendung als inhaltlich zusammenhängender, in sich geschlossener und zeitlich begrenzter Teil eines Fernsehprogramms. Dabei werden Voll- und Spartenprogramme unterschieden. Während ersteres ein Programm mit vielfältigen Inhalten ist, in welchem Information, Bildung, Beratung und Unterhaltung einen wesentlichen Teil des Gesamtprogramms bilden, zeichnet sich ein Spartenprogramm durch im Wesentlichen gleichartige Inhalte aus.[15]

Ein (klassisches) Fernsehprogramm zeichnet sich dadurch aus, dass es eine redaktionell gestaltete, planvolle, zeitlich geordnete und vom Zuschauer nicht direkt beeinflussbare Folge von Fernsehsendungen darstellt,[16] womit es sich von neuen Programmangeboten und Diensten im digitalen Fernsehen unterscheiden wird.[17] Diese Wertschöpfungsstufe umfasst damit den Einkauf von Programm-Inputs, deren Zusammenstellung zu einem Programmschema sowie die Ausstrahlung.

Ebenso ist die Vermarktung dieser Wertschöpfungsstufe zuzurechnen.[18] Nach der Art der Finanzierung unterscheidet man Free-TV-Programme, die gebühren- oder werbefinanziert sind, und Pay-TV-Programme, die vom Zuschauer als Abonnement oder Einzelsendung gegen ein Entgelt erworben werden. Zum Free-TV zählen alle Programme, die ohne zusätzliche Entgelte konsumiert werden können. Der Zuschauer „zahlt“ hier in Form von Zeit und Aufmerksamkeit, die er für Werbespots aufwendet. Die Vermarktung übernehmen meist sendereigene Vermarkter. Bei den werbefinanzierten privaten Veranstaltern, die einem Konzern angehören, ist die Vermarktung in einem Unternehmen für die gesamte Senderfamilie gebündelt.[19]

Abgeschlossen wird die Wertschöpfungskette mit der Distributionsebene, die typischerweise Multiplikation und Vertrieb an den Endkonsumenten umfasst. Im Gegensatz beispielsweise zu Printmedien ist beim Fernsehen eine Multiplikation des von der Programmebene erstellten „Originals“ nicht notwendig, da es im Zuge der Programmübermittlung gleichzeitig vervielfältigt wird. Die notwendigen Vertriebskapazitäten werden

---

[13] Vgl. *Messmer* (2002), S. 110.

[14] *Heinrich* (2002), S. 115.

[15] So die offizielle Definition laut Rundfunkstaatsvertrag. Vgl. § 2 RStV.

[16] Vgl. *Schrape* (1995), S. 26.

[17] Im digitalen Fernsehen werden interaktive Anwendungen möglich, so dass der Zuschauer den Programmablauf selbst beeinflussen kann.

[18] Im Bereich der Vermarktung sind durch die Digitalisierung Strukturveränderungen zu erwarten, da es vermehrt zur Bündelung zu Programmpaketen und der Vermarktung beispielsweise durch Kabelnetzbetreiber kommen wird.

[19] So werden die Sender der RTLGroup von IP Deutschland vermarktet, diejenigen der ProSiebenSat.1 Media AG von SevenOne Media.

von Netzbetreibern bereitgestellt, damit die Programme z.B. über Kabel- oder Satellitennetze zum Zuschauer gelangen.

Darstellungen der Wertschöpfungskette, die eher auf die Analyse von betrieblichen Abläufen und Managementaufgaben ausgerichtet sind, enthalten meist mehr als drei Stufen.[20] Das hier vorgestellte dreistufige Schema stellt hingegen die funktionale Gliederung des Wertschöpfungsprozesses und damit die Branchenstruktur mit grundsätzlich eigenständigen Produktionsunternehmen bzw. Rechtehändlern, Programmveranstaltern und Distributionsnetzbetreibern in den Vordergrund.

2.1.2. Erweiterung durch digitale Übertragung: Serviceebene

Die digitale Technik wird in absehbarer Zeit die analoge Sendetechnik ersetzen. Der analoge Switch-Off ist von der Bundesregierung bereits insofern festgelegt worden, dass die Frequenzzuteilungen für die analoge Rundfunkverbreitung für den Fernsehrundfunk bis spätestens 2010 widerrufen werden sollen,[21] so dass dann nur noch in digitaler Form übertragen werden kann. Mit dem Übergang zu digitaler Übertragung von Fernsehprogrammen wird sich die Wertschöpfungskette im Distributionsbereich verlängern, da einige zusätzliche technische und administrative Vertriebsdienstleistungen notwendig werden. Hingewiesen sei an dieser Stelle darauf, dass der meist recht unspezifisch verwendete Begriff „digitales Fernsehen" weder ein Synonym für interaktives Fernsehen noch für Pay-TV ist. Mit digitalem Fernsehen wird zunächst einmal lediglich eine andere Form der technischen Übertragung beschrieben, die andere Angebotsformen (z.B. interaktives Fernsehen) oder Finanzierungsformen (z.B. Pay-TV) ermöglicht bzw. vereinfacht.

Durch die Digitalisierung, die zunächst eine reine Verfahrensinnovation in der Distribution darstellt, entstehen somit Produktinnovationen.[22] Das sogenannte Free-TV-Angebot bestehend aus den etablierten werbefinanzierten Fernsehprogrammen sowie den überwiegend gebührenfinanzierten öffentlich-rechtlichen Programmangeboten ist teilweise bereits sowohl analog als auch digital zu empfangen und wird zunächst bestehen bleiben. Gleichwohl werden sich zusätzliche Programme und Dienste nicht mehr nur über Werbung finanzieren lassen, so dass es im Zuge der Digitalisierung auch zu einer Ausweitung der Entgeltfinanzierung im deutschen Fernsehsektor kommen wird. Es werden zunächst einige technische Grundlagen der digitalen Fernsehübertragung erläutert, da sich daraus die zusätzlich notwendige technische Infrastruktur und die zugehörigen Vertriebsdienstleistungen erschließen.

2.1.2.1. Technische Grundlagen der digitalen Fernsehübertragung

Digitalisierung bezeichnet allgemein einen Vorgang, bei dem Informationen in eine Folge von binären Zeichen zerlegt werden. Die meist noch in analoger Form vorliegen-

---

20 Vgl. z.B. *Sieben* und *Schwertzel* (1997), S. 49 ff.

21 Vgl. *Regulierungsbehörde für Telekommunikation und Post* (2002).

22 Vgl. *Czygan* (1997), S. 9 f.

den Video- oder Audiosignale müssen dazu mittels Quellcodierung umgewandelt werden. Durch diese Analog-Digital-Wandlung ergibt sich ein kontinuierlicher Datenstrom, der in Form binärer Strom- oder Lichtimpulse transportiert werden kann.[23]

Gegenüber analoger zeichnet sich die digitale Technik dadurch aus, dass die Übertragung weniger störanfällig ist und verschiedene Signale einfacher kombiniert werden können. Die weitreichendsten Auswirkungen auf das Programmangebot entstehen durch Einsparungen bei den Übertragungskapazitäten. Es ist jedoch nicht die Digitalisierung an sich, die es ermöglicht, ein Vielfaches des bisherigen Programmangebotes bereitzustellen. Im Gegenteil würde ein digitalisiertes audiovisuelles Signal je nach Qualitätsstandard sogar das bis zu Dreißigfache der zur Verfügung stehenden Übertragungskapazität beanspruchen.[24] Erst durch den Einsatz von Datenreduktionsverfahren, wie sie auch bei der elektronischen Datenverarbeitung verwendet werden, können die Kapazitätsengpässe überwunden werden.

Eine wesentliche Voraussetzung für die flächendeckende Durchsetzung des digitalen Fernsehens ist die Akzeptanz eines einheitlichen Standards für die Datenreduktion durch alle am digitalen Fernsehen Beteiligten.[25] Bei der Quellcodierung digitaler Fernsehbilder hat sich bereits ein Standard international durchgesetzt, der sowohl in Europa[26] als auch in den USA[27] gesetzlich festgeschrieben wurde. Unter Beteiligung der Computer- und Telekommunikationsindustrie ist im Rahmen einer internationalen Zusammenarbeit ein Normengerüst entstanden, das nun weltweit Grundlage für Herstellung, Speicherung und Verteilung von audiovisuellem Material ist. Die sogenannte „Motion Picture Expert Group“ (MPEG) entwickelte unter dem organisatorischen Dach der International Standardization Organization (ISO) und der International Electrotechnical Commission (IEC) den Standard MPEG-2. Dieser Codierungsstandard konnte sich durchsetzen, da dessen Anwendungs- und Kombinationsregeln zu vielfältigen und hocheffizienten Datenreduktionsverfahren für Video- und Audiosignale führen.[28]

Die Reduktion des ursprünglichen Datenvolumens erfolgt beim MPEG-2-Verfahren[29] im Wesentlichen dadurch, dass nicht alle Daten übertragen werden, die zur vollständigen Darstellung notwendig wären.[30] Zur Kompression werden irrelevante Daten ausge-

---

23 Vgl. ausführlich zur Analog-Digital-Wandlung *Ziemer* (2003), S. 26 ff.

24 Je nach Übertragungsqualität ergibt sich ein Datenstrom, der einem Vielfachen der Kapazität entspricht, die den Übertragungswegen Kabel, Satellit und Terrestrik für einen herkömmlichen Kanal zur Verfügung steht. Vgl. *Reimers* (1997), S. 11.

25 Vgl. *Schössler* (2000), S. 3.

26 Vgl. Richtlinie 95/47/EG des Europäischen Parlaments und des Rates vom 24.10.1995 über die Anwendung von Normen für die Übertragung von Fernsehsignalen, veröffentlicht in: ABl. EG 1995 L 281 vom 23.10.1995, S. 51 ff. Die Umsetzung in deutsches Recht erfolgte durch das Fernsehübertragungssignalgesetz (FÜG) vom 14.11.1997, veröffentlicht in: BGBl. I, S. 2710.

27 Vgl. *Schrape* (1995), S. 15.

28 Vgl. *Heber* (1997), S. 2.

29 Dieser Standard ermöglicht eine Datenreduktion auf Bit-Raten von 2 MBit/s bis 15 MBit/s, womit alle TV-Anwendungen abgedeckt werden. Vgl. dazu *Freyer* (1997), S. 52.

30 Vgl. ausführlich zur Technik der Datenreduktion von Ton und Bild *Wilkens* (1994), S. 82 f.

sondert und redundante Daten nur eingeschränkt übertragen. Die Irrelevanzreduktion beruht auf Schwächen in der menschlichen Wahrnehmungsfähigkeit[31], so dass überflüssige Bilder und Töne gar nicht erst übertragen werden. Sofern sich zwischen einzelnen Bildern nur wenige Details ändern, wird nicht jedes Einzelbild vollständig übertragen, sondern nur diejenigen Informationen, die sich verändern (Redundanzreduktion).[32] Schließlich können Veränderungen zwischen zwei Bildern aufgrund statistischer Wahrscheinlichkeiten geschätzt werden, so dass nur noch die prognostizierten Veränderungen übertragen werden müssen (statistische Redundanz).

Während bei der Quellcodierung von Bewegtbildern und Tönen zunächst ein sehr hohes Datenvolumen entsteht, ermöglichen die Komprimierungsverfahren nach dem MPEG-2-Standard eine solch effiziente Datenreduktion, dass die digitalen Signale im Endeffekt eine erheblich geringere Übertragungskapazität benötigen als analoge Signale.[33] Zudem verbessert sich durch automatische Korrekturverfahren die Bild- und Tonqualität, so dass es zu einer nahezu störungsfreien Übertragung kommt.[34] Der MPEG-2-Standard bildet auch die Basis für die vom europäischen Digital-Video-Broadcasting-Projekt (DVB) festgelegten digitalen Übertragungsstandards für Kabel (DVB-C), Satellit (DVB-S) und digitale Terrestrik (DVB-T). Im Rahmen dieses Projektes, in dem Vertreter der Fernsehveranstalter, Netzbetreiber, Gerätehersteller und Aufsichtsbehörden aus allen europäischen Ländern zusammen die technischen Spezifikationen für das digitale Fernsehen ausarbeiten, wurden zudem vier Qualitätsstandards entwickelt und definiert, wobei sich mit zunehmendem Reduktionsgrad die Bildqualität verringert.[35]

Bei der Digitalisierung der Fernsehübertragung geht es aber nicht nur um den Austausch einer veralteten (Analog-)Technik, sondern vor allem um die Auswirkungen auf die Gestaltung des Angebotes und dessen Vermarktung. Denn neben der Datenreduktion ermöglicht die Digitalisierung, zusätzliche Programm-Informationen als eigenständige Dienste oder zusammen mit dem Programm anzubieten. Ein weiterer Vorteil insbesondere für kommerzielle Anbieter, die ihre Programme durch Zuschauerentgelte finanzieren möchten, liegt in der einfacher und gezielter einsetzbaren Verschlüsselungstechnik.[36]

---

31 Diese Schwächen liegen in den psycho-optischen (Trägheit des menschlichen Auges) und psycho-akustischen (Ruhehörschwelle) Eigenschaften des Menschen begründet. Vgl. dazu ausführlich *Schrape* (1995), S. 12 f.

32 So reicht es beispielsweise aus, jedes zwölfte Bild zu übertragen, wenn sich nichts ändert, während bei analoger Übertragung Fernsehbilder grundsätzlich aus einer Abfolge von 25 (vollständigen) Einzelbildern in der Sekunde bestehen.

33 Die digitale Übertragung eines analogen Fernsehprogramms in einer üblichen Bildqualität (625-Zeilen pro Einzelbild) würde eine Datenrate von ca. 270Mbit/s benötigen. Der MPEG-2-Standard erlaubt eine Datenreduktion bis auf eine Datenrate von 4 bis 9 Mbit/s. Vgl. *Dörr, Janik* und *Zorn* (2001), S. 4.

34 Vgl. *Ziemer* (2003), S. 25 f.

35 Unterschieden wird in Abhängigkeit von der benötigten Datenrate zwischen High Definition Television (HDTV), Enhanced Definition Television (ECTV), Standard Definition Television (SDTV) und Low Definition Television (LDTV). Vgl. *Schössler* (2001), S. 6.

36 Vgl. *Heber* (1997), S. 15.

2.1.2.2. Zusätzliche Wertschöpfungsstufen bei digitaler Übertragung

Zusätzliche Wertschöpfungsstufen entstehen beim digitalen Fernsehen aufgrund von technischen Verarbeitungsschritten, die bei analoger Übertragung nicht notwendig sind. Darüber hinaus fallen zusätzliche (administrative) Vertriebsdienstleistungen an, die mit Veränderungen des Programmangebots sowie dessen Vermarktung zusammenhängen. Ausgehend von der oben dargestellten Grundstruktur ist die letzte Wertschöpfungsstufe weiter auszudifferenzieren, da die Leistung dieser Stufe nicht mehr lediglich in der Übertragung eines Programmsignals vom Fernsehsender zum Zuschauer besteht, sondern die von der vorgelagerten Veranstaltungsstufe erstellte Leistung noch weiterverarbeitet wird. Ausgangspunkt der Ergänzungen ist das vom Programmveranstalter – meist noch als analoges Rundfunksignal – übermittelte Fernsehprogramm.

In *Abbildung 2-2* ist der Signalweg unter dem Aspekt der notwendigen technischen Einrichtungen und Geräte dargestellt.

Abbildung 2-2: Stationen digitaler Programmübertragung

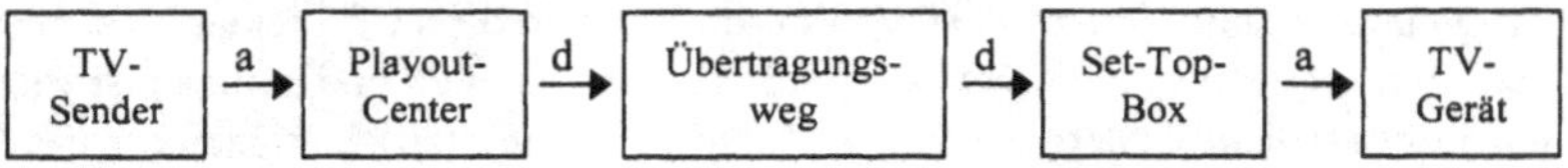

a: analoges Signal, d: digitales Signal.

Das analoge Rundfunksignal wird zunächst in einem digitalen Sendezentrum, dem sogenannten Playout-Center, aufbereitet, bevor es vom dortigen Up-Link zum Satelliten weitergegeben wird. Die Aufbereitung umfasst die Digitalisierung des Signals (Analog-Digital-Wandlung), die Datenreduktion, die Zusammenstellung zu sogenannten Daten-Containern (Multiplexing) und eine Verschlüsselung. Die so reduzierten und „verpackten" digitalen Signale werden über die verfügbaren Übertragungswege an die Fernsehhaushalte gesendet. Damit die digitalen Signale auf dem (analogen) Fernsehempfangsgerät dargestellt werden können, bedarf es erneuter Umwandlungsschritte, die als einzelne Module in einer sogenannten Set-Top-Box integriert sind, die als Zusatzgerät zwischen die Anschlussdose und den Fernseher geschaltet wird.[37] Die eingehenden digitalen Signale werden wieder umgewandelt (Digital-Analog-Wandlung) und gegebenenfalls decodiert.[38] Wegen der zu erwartenden großen Programmanzahl sind als weitere Softwareanwendungen der Set-Top-Box sogenannte Navigationssysteme vorgesehen, die einen Überblick über das verfügbare Angebot ermöglichen.

Es ergeben sich somit mehrere technische und administrative Vertriebsdienstleistungen, die als Serviceebene zusammengefasst zwischen Programm- und Distributionsebene einzuordnen sind. Die technische Plattform umfasst Zugangskontrollsystem, Multiplexing und Playout sowie die Set-Top-Box-Infrastruktur. Hinzu kommen die Bünde-

---

[37] In Zukunft können die Funktionen und Steckplätze auch direkt in das (digitaltaugliche) Fernsehgerät integriert sein.

[38] Vereinfachend wird die Set-Top-Box häufig auch als Decoder bezeichnet.

lung und Vermarktung von Programmpaketen (Programmplattform) und das Navigationssystem.[39]

2.2. Märkte des Fernsehsektors

Die Abgrenzung des relevanten Marktes steht am Beginn von Marktanalysen sowie wettbewerbspolitischem Instrumenteneinsatz und kann die Entscheidungen darüber, ob für einzelnen Märkte ordnungspolitische Maßnahmen zur Steigerung der Markteffizienz vorzunehmen sind, erheblich beeinflussen.[40] Denn unabhängig vom Wettbewerbsverständnis, ob also Wettbewerb bestimmte Funktionen erfüllen sollte,[41] oder ob Wettbewerbsfreiheit bereits ein Ziel an sich ist,[42] findet ökonomischer Wettbewerb auf Märkten statt, die es entsprechend abzugrenzen gilt. Ziel der Marktabgrenzung ist, diejenigen Wettbewerber, die signifikanten Einfluss aufeinander ausüben, und diejenigen wettbewerblichen Kräfte, die auf die Unternehmen wirken, zu identifizieren.[43]

Ohne eine gewisse Interdependenz aller Märkte grundsätzlich abzulehnen,[44] ist es für die Analyse von Wettbewerbsbedingungen und Regulierungsbedarf zweckmäßig, von einzelnen Märkten auszugehen, die sich durch unterschiedliche Intensität der Substitutionsbeziehungen auszeichnen. So konkurrieren Programmveranstalter zwar mit zahlreichen anderen Gütern und Dienstleistungen um das monetäre und zeitliche Budget der Konsumenten. Die Konkurrenz zwischen Fernsehprogrammveranstaltern ist jedoch erheblich stärker als zu Unternehmen anderer Branchen. Da in die Abgrenzung neben den aktuellen Konkurrenten auch potenzielle Wettbewerber und Substitutionskonkurrenz eingehen, wird die Interdependenz der Märkte in der Abgrenzung berücksichtigt.

2.2.1. Theoretische Grundlagen der Marktabgrenzung

Märkte sind nach drei Dimensionen abzugrenzen: Sachlich, räumlich und zeitlich. Zwei Produkte gehören demnach zum gleichen relevanten Markt, wenn sie vom Nachfrager als annähernd gleichwertig angesehen werden, für ihn vergleichbar gut erreichbar sind und ihm innerhalb eines akzeptablen Zeitraumes angeboten werden. Die zeitliche Abgrenzung ist allerdings nur in Ausnahmefällen notwendig,[45] wenn die Wettbewerbsbedingungen z.B. zu unterschiedlichen Tageszeiten, Wochentagen oder bei vorübergehenden Ereignissen voneinander abweichen.[46] Die Ursachen können gesetzlicher (La-

---

[39] Zu den Dienstleistungen der Serviceebene vgl. ausführlich Kapitel 4.3.1.

[40] So ist eine marktbeherrschende Stellung im Rahmen der Missbrauchsaufsicht oder der Fusionskontrolle immer nur in Bezug auf einen konkret abgegrenzten Markt festzustellen.

[41] Vgl. dazu *Kantzenbach* (1967), S. 16–19.

[42] Vgl. dazu *Hoppmann* (1968), S. 15–17.

[43] Vgl. *Traugott* (1998), S. 929.

[44] Vgl. zu dieser Gesamtmarktkonzeption z.B. *von Mises* (1968) sowie *Hoppmann* (1988), S. 503–514.

[45] Dies liegt insbesondere auch daran, dass sie indirekt schon Gegenstand der sachlichen Marktabgrenzung ist. Vgl. dazu *Schwalba* (2000), S. 138.

[46] Vgl. *Emmerich* (2001), S. 174.

denschlussgesetz), natürlicher (Saisonprodukte) oder wirtschaftlich-technischer (Neueinführung) Art sein.

Die sachliche Marktabgrenzung stellt darauf ab, welche Waren oder Dienstleistungen zum gleichen Markt zu rechnen sind. Zur Ermittlung des relevanten Marktes sind verschiedene Konzepte entwickelt worden. Als Ausgangspunkt gilt das Industriekonzept, dem das Substitutionskonzept und das Produktionsflexibilitätskonzept folgten.[47] Das Industriekonzept[48] wird heute nicht mehr verwandt, da es auf die physikalisch-technische Homogenität von Gütern abstellt, die für Wettbewerbsprozesse jedoch nicht entscheidend ist.

Das Substitutionskonzept stellt demgegenüber nicht auf die technische Basis sondern auf die Verwendungsmöglichkeiten (wirtschaftliche Homogenität) eines Gutes ab. Zum gleichen Markt gehören danach Produkte, die hinsichtlich der geplanten Verwendung funktionell austauschbar sind. Diese auf Nachfrage-Substitution basierende Abgrenzung kann durch das Produktionsflexibilitätskonzept um die Angebotssubstitution erweitert werden.[49] Potentielle Konkurrenten sollten demnach mit zum relevanten Markt gezählt werden, wenn sie aufgrund ihres Ressourcenpools schnell in diesen Markt eindringen können.

Auf dem Substitutionskonzept basiert auch das sog. Bedarfsmarktkonzept[50], nach dem die deutschen und europäischen Wettbewerbsbehörden[51] den Markt abgrenzen.[52] Danach werden die angebotenen Waren und Dienstleistungen in einen Markt einbezogen, die von der Nachfrageseite als gleichwertig angesehen werden. Entscheidend ist dabei die Sicht des verständigen Durchschnittsabnehmers. Gleichwertig bedeutet, dass sich die Angebote in ihren Eigenschaften, ihrem wirtschaftlichen Verwendungszweck, ihrer Verfügbarkeit und ihren Angebotskonditionen, insbesondere ihrem Preis, so nahe stehen, dass sie aus Sicht des Nachfragers miteinander vergleichbar und austauschbar sind, um einen spezifischen Bedarf zu decken.[53] Als Kriterien sind insbesondere heranzuziehen: Eigenschaften der Waren, technische Austauschbarkeit, Verwendungszweck des Produkts, Preisunterschiede, Verbrauchergewohnheiten und Markenpräferenzen, Zulassungsvorschriften, Aufsichtsregeln, Sprachprobleme. Da es sich nicht um eine absolute Austauschbarkeit handelt, spricht man auch vom Konzept der funktionellen Austauschbarkeit.

---

47 Für Überblick und Kritik vgl. *Schmidt* (2005), S. 49–56.

48 Vgl. als meist genannten Hauptvertreter des Industriekonzeptes *Marshall* (1956), S. 84 f.

49 Vgl. dazu *Kaysen* und *Turner* (1959), S. 295.

50 Dieses geht zurück auf *Arndt* (1958), S. 222 ff. sowie *Abbott* (1958), S. 96 f.

51 Im US-amerikanischen Antitrustrecht erfolgt ein sog. Test der ‚reasonable interchangeability' bzw. der 'peculiar characteristics and uses'.

52 Zu den weiteren methodischen Ansätzen zählen die Theorie der Substitutionslücke (*J. Robinson*), die Theorie der Marktbeziehungen (*H. von Stackelberg*) und die Theorie der Wirtschaftspläne (*E. Schneider*). Vgl. *Schmidt* (2005), S. 49–53 und die dort angegebene Literatur.

53 Vgl. ausführlich zum Bedarfsmarktkonzept *Monopolkommission* (1984), Tz. 616–630.

Da die Präferenzen der Verbraucher wesentlich darüber bestimmen, ob Produkte und Dienstleistungen substituierbar sind, wird der relevante Markt gewöhnlich über die Nachfragesubstitution also über Verbraucherkriterien definiert. Mitunter kann jedoch auch die Angebotsseite geprüft werden. Zu fragen ist dann, wie schnell Anbieter auf die Produkte für den relevanten Markt umstellen können.[54] Eine Schwäche des Konzeptes liegt zweifellos darin, dass es keine objektiven und für alle Verbraucher gültigen Kriterien gibt. Die Abgrenzung nach dem Bedarfsmarktkonzept ist also in hohem Maße subjektiv und basiert häufig auf Plausibilitätsüberlegungen und Ermessensentscheidungen der betroffenen Wettbewerbsbehörde.[55]

Einfluss auf die konkrete Marktabgrenzung im Einzelfall hat die jeweilige Zielsetzung der Analyse. So ist im Rahmen der Missbrauchsaufsicht eine eher kurzfristige Sicht angemessen, während eine langfristige Sicht eher dann zugrunde zu legen ist, wenn Zusammenschlussvorhaben oder politische Rahmenbedingungen zu beurteilen sind. Die *Monopolkommission* unterscheidet den Markt im engeren Sinn, in den alle kurzfristig substituierbaren Produkte einzubeziehen sind, und die marktnahen Bereiche, die explizit vom Markt im engeren Sinn zu trennen sind, aber in die Bewertung der Marktstellung eingehen sollen.[56] Um eine marktbeherrschende Stellung im Rahmen eines Fusionskontrollverfahrens beurteilen zu können, sind langfristige Substitutionskonkurrenz, potentielle Konkurrenz und Verbundvorteile zu berücksichtigen.

Langfristige Substitutionskonkurrenz besteht durch Produkte, die nicht unmittelbar als funktionell austauschbar angesehen werden, da für einen Wechsel z.B. erst Investitionen zu tätigen sind. Auch von Anbietern solcher Güter geht Wettbewerbsdruck aus, der als sogenannter Substitutionswettbewerb jedoch weniger intensiv ist als der eigentliche Marktwettbewerb. Sie werden daher nicht in die Marktabgrenzung einbezogen, aber in einer Gesamtbeurteilung z.B. der Marktbeherrschung berücksichtigt. Während der Substitutionswettbewerb aktuelle Wettbewerber auf anderen Märkten berücksichtigt, bezieht sich potentieller Wettbewerb auf denselben Markt, aber nicht auf aktuelle Anbieter.[57] Potentielle Konkurrenz besteht durch Produkte, die aus Nachfragersicht austauschbar sind, aber gegenwärtig nicht angeboten werden. Sie werden dennoch von den aktuellen Anbietern in ihren Entscheidungen bereits berücksichtigt, sofern den Unternehmen geeignete Kapazitäten zur Verfügung stehen, so dass sie jederzeit in den Markt eintreten könnten. Weist das relevante Produkt Verbundvorteile mit anderen Produkten auf, sind alle Anbieter einzubeziehen, die diese Kostenvorteile realisieren können, wenn sie die Produkte gleichzeitig anbieten.

Schließlich ist im Rahmen der räumlichen Marktabgrenzung die geographische Ausdehnung zu bestimmen, bis zu der die angesiedelten Anbieter in Konkurrenz zueinander stehen.[58] Von Bedeutung ist diese Dimension meist bei transportintensiven Gütern oder

---

54 Eine Betrachtung aus Sicht des Anbieters ist ebenso möglich, um Nachfragemacht festzustellen. Vgl. dazu *Monopolkommission* (1984), Tz. 608 und 613.

55 So z.B. *Berg* (2001), S. 347 sowie *Baum* (1980), S. 402.

56 Vgl. dazu *Monopolkommission* (1984), Tz. 606–696.

57 Vgl. auch *Kantzenbach* und *Krüger* (1990), S. 476 ff.

58 Zur räumlichen Marktabgrenzung vgl. ausführlich *Kottmann* (2000).

bei Dienstleistungen. Entscheidend ist hier, bis zu welcher Entfernung die Nachfrager gewillt sind und es ihnen möglich ist, die Angebote als austauschbar anzusehen. Der maximale räumlich relevante Markt bei Anwendung des Gesetzes gegen Wettbewerbsbeschränkungen (GWB) war bis zur 7. Novelle das Inland. Auslandseinflüsse konnten nur insofern berücksichtigt werden, dass z.B. Importe zum Marktumsatz addiert werden, der die Basis für Marktanteilsberechnungen bildet. Innerhalb Deutschlands können regionale Märkte abgegrenzt werden, sofern sich die Wettbewerbsbedingungen unterscheiden.

Die *Europäische Kommission* grenzt den Markt räumlich danach ab, ob innerhalb eines Gebietes die Wettbewerbsbedingungen hinreichend homogen sind und in benachbarten Gebieten spürbar andere Bedingungen herrschen. Merkmale sind dabei Art und Eigenschaften der Güter, mögliche Zutrittsschranken, Verbrauchergewohnheiten, Unterschiede bei den Marktanteilen der Unternehmen und Preisunterschiede zwischen den Gebieten.[59]

2.2.2. Relevante Märkte des Fernsehsektors im Überblick

Für den Medien- und insbesondere den Fernsehsektor wurde die Abgrenzung der relevanten Märkte lange vernachlässigt.[60] Dies mag vor allem darauf zurückzuführen sein, dass zumindest der Fernsehsektor nicht wettbewerblich organisiert war. Erst seit Anfang der 1980er Jahre gibt es in Deutschland private Programmveranstalter. Die Kabelnetze wurden noch später privatisiert. Zusätzliche Schwierigkeiten erkennt *Albarran* angesichts der Entwicklungen im Medienbereich: „It is becoming more and more difficult for media economic researchers to address the critical question of ‚what is the market?'"[61] Durch die technischen Entwicklungen werden die Distributionskanäle elektronischer Medien austauschbar, und es zeigen sich Konvergenztendenzen zwischen verschiedenen Medien (z.B. Rundfunk- und Online-Medien). Dies stellt auch die Marktabgrenzungen vor neue Herausforderungen, vor allem bei der schon vorher schwierigen Beurteilung von intermediären Zusammenschlüssen zwischen Anbietern verschiedener Mediengattungen.[62]

Grundsätzlich ist auch im Medienbereich das Konzept der funktionellen Austauschbarkeit anzuwenden, um relevante Märkte abzugrenzen. Wie in jedem anderen Sektor, können und sollten dabei branchenspezifische Kriterien berücksichtigt werden. Im Mediensektor unterscheiden sich allerdings wirtschaftlich-rechtliche und publizistische Bewertungsmaßstäbe hinsichtlich der Austauschbarkeit. Austauschbarkeit ist im Wettbewerbsrecht ein positiv besetzter Begriff. Nach publizistischen Maßstäben wird positiv bewertet, wenn Produkte möglichst vielfältig, also unterschiedlich sind. Demnach „muss eine festgestellte Austauschbarkeit zwangsläufig negativ bewertet werden."[63]

---

[59] Vgl. *Europäische Kommission* (1998a).

[60] So auch *Knoche* (1996a), S. 117.

[61] *Albarran* (1996), S. 193 f.

[62] So auch *Czygan* (2003), S. 32.

[63] *Knoche* (1978), S. 393.

Wettbewerb und Vielfalt sind jedoch aus einer statischen und einer dynamischen Perspektive zu beurteilen.[64] Ökonomischer Wettbewerb zeichnet sich durch einen ständigen Wechsel von Innovation und Imitation aus, wobei sich durch eine Innovation zunächst die Vielfalt erhöht, da ein vom bisherigen Angebot unterscheidbares Produkt eingeführt wird und aufgrund mangelnder Austauschbarkeit eine temporäre Monopolstellung begründet. Diese Alleinstellung besteht bis erfolgreiche Imitatoren in den (neuen) Markt eintreten und es zu einer Vervielfältigung des innovativen Produktes kommt. Die Vervielfältigung wirkt sich grundsätzlich positiv für die Nachfrager aus, da sie den Wettbewerb intensiviert und eine größere Menge zu einem geringeren Preis zur Verfügung steht. Im Mediensektor hingegen wirkt sich eine Vervielfältigung, bei der bereits vorhandene Meinungen imitiert werden, eher negativ auf die Meinungsvielfalt aus. Unter publizistischen Bewertungsmaßstäben zählt daher allein die Innovation und der Wettbewerb verschiedener Meinungen.[65] Je nach Untersuchungsgegenstand sind aufgrund dieser unterschiedlichen Bewertungsmaßstäbe und Zielsetzungen differierende Marktabgrenzungen denkbar.[66]

Der Fernsehsektor zeichnet sich durch eng miteinander verbundene Märkte aus, wobei die Programmveranstalter im Mittelpunkt dieses Marktgeflechtes stehen. *Abbildung 2-3* zeigt die relevanten Märkte und die jeweiligen Anbieter (A) und Nachfrager (N).

Abbildung 2-3: Übersicht über die Märkte im Fernsehsektor

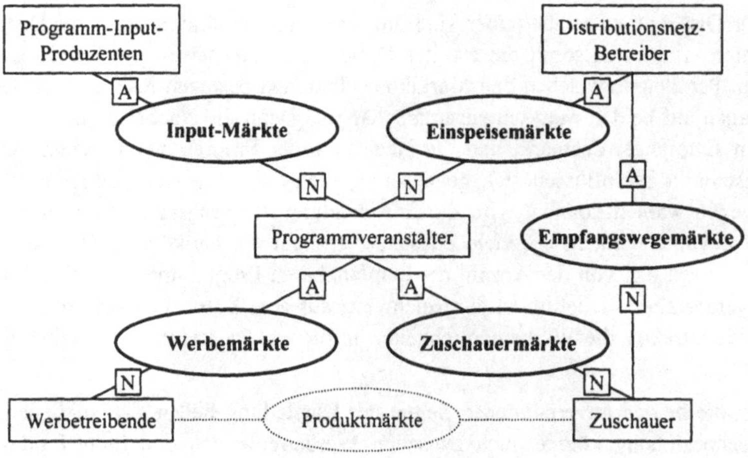

64 Vgl. *Heinrich* (1992a), S. 340.

65 Vgl. *Ablasser* (1998), S. 121.

66 Ohne die Diskussion um ökonomischen und publizistischen Wettbewerb an dieser Stelle zu vertiefen, stehen die wettbewerbsrechtlichen Marktabgrenzungen im Vordergrund.

Hinter den dargestellten Märkten verbergen sich jeweils mehrere relevante Märkte, die noch genauer abzugrenzen sind. Die Vereinfachung dient dazu, die grundlegenden Angebots- und Nachfragebeziehungen übersichtlich darzustellen. Insbesondere im Bereich der Distribution, der hier vereinfachend durch die Einspeise- und Empfangswegemärkte dargestellt wird, sind weitere Differenzierungen notwendig, die sich aus der besonderen Struktur der deutschen Kabelnetze oder durch zusätzliche Vertriebsdienstleistungen ergeben.

Eine Besonderheit vieler Fernsehunternehmen ist, dass sie auf zwei Absatzmärkten ein Verbundprodukt anbieten: Auf Rezipientenmärkten[67] stellen sie redaktionelle Programmangebote (Informations- und Unterhaltungssendungen) entweder kostenlos oder gegen Entgelt zur Verfügung. Gebündelt wird dieser Teil des Angebotes mit Werbesendungen, für die Sendezeit an nachfragende Werbetreibende verkauft wird. Werbefinanzierte Programmveranstalter stehen an der Spitze eines Dreiecks aus Werbe- und Zuschauermarkt, das durch Produktmärkte ergänzt werden kann, auf denen die Werbetreibenden den Zuschauern ihre beworbenen Produkte anbieten. Lediglich ausschließlich entgeltfinanzierte Veranstalter bieten ihre Leistung nur auf dem Zuschauermarkt an.

Auf verschiedenen Input-Märkten fragen Programmveranstalter komplette Produktionen, Rechte oder einzelne Faktoren nach, aus denen sie eine Sendung oder einen Programmbeitrag erstellen. Um ihre Leistung dem Zuschauer zugänglich zu machen, fragen Programmveranstalter zudem Übertragungskapazität bei verschiedenen Distributionsnetzbetreibern nach.

Auch Distributionsnetzbetreiber sind auf zwei Absatzmärkten tätig. Im Distributionsbereich ergibt sich somit ein zweites Dreieck aus Einspeise- und Empfangswegemärkten. Parallelen zwischen den Marktkonstellationen bestehen insofern, als dass die Nachfragen auf beiden Märkten zusammenhängen. Denn die Nachfrage der Zuschauer auf dem Empfangswegemarkt und die Nachfrage der Programmveranstalter auf dem Einspeisemarkt beeinflussen sich gegenseitig. Wenn sie zwischen mehreren Übertragungswegen wählen können, wird die Entscheidung der Programmveranstalter insbesondere davon abhängen, wie viele Zuschauer erreicht werden können. Die Zuschauernachfrage wird u.a. von der Anzahl der empfangbaren Programme abhängen. Für Programmveranstalter wiederum ist die Reichweite auf dem Zuschauermarkt entscheidend dafür, wie attraktiv die Werbemöglichkeiten in diesem Programm für Werbetreibende sind.

Auch die beiden unverbundenen Seiten der Darstellung ließen sich schließen. Eine Austauschbeziehung könnte auch zwischen Werbetreibenden und Input-Produzenten bestehen. Zum einen könnten Werbespots in Auftrag gegeben werden, zum anderen könnten Werbetreibende versuchen, auf Inhalte von Programmbeiträgen Einfluss zu nehmen. Es bestünde dann eine Austauschbeziehung auf einem Markt für Schleichwer-

---

[67] *Czygan* weist darauf hin, dass der Begriff irreführend sein kann, da hier keine Zuschauer gehandelt werden, sondern Medienprodukte. Gleichwohl sind die Bezeichnungen Zuschauermarkt oder Lesermarkt üblich. Vgl. *Czygan* (2003), S. 33.

bung, die zwar illegal ist und kontrolliert werden soll,[68] aber wie zuletzt gesehen nicht nur in Einzelfällen vorkommt.[69]

Eine Marktbeziehung zwischen Distributionsnetzbetreiber und Input-Produzent entsteht, wenn Kabel- oder Satellitenbetreiber direkt Programmbeiträge oder Übertragungsrechte erwerben und in ihre Netze einspeisen. Ein Hinweis dafür, dass Netzbetreiber in Zukunft als zusätzliche Nachfragergruppe auf Input-Märkten auftreten, liefert die jüngste Vergabe der Übertragungsrechte an der Fußball-Bundesliga: Neben öffentlich-rechtlichen, werbefinanzierten und entgeltfinanzierten privaten Programmveranstaltern gehörten auch Kabelnetzbetreiber zu den Bietern. Bei den Pay-TV-Rechten kam letztlich mit Arena erstmals ein Kabelnetzbetreiber zum Zuge.[70]

Vorstellbar ist auch eine direkte Verbindung zwischen einem Distributionsnetzbetreiber und der werbetreibenden Industrie. Wie ein Programmveranstalter könnten auch Kabelnetzbetreiber Werbekapazitäten anbieten. In den USA erwerben beispielsweise die Kabelnetzbetreiber nur ein Grundgerüst eines Programms, das sie dann je nach Region selbst mit Werbeblöcken bestücken können. Während also gegenwärtig die Programmveranstalter im Mittelpunkt des „Marktnetzes" stehen, könnten die Distributionsnetzbetreiber in Zukunft stärker in den Mittelpunkt rücken, wenn sie selbst Programme „veranstalten" (auf Inputmärkten direkt nachfragen) und selbst Werbung vermarkten (auf Werbemärkten direkt anbieten).

Neben den hier dargestellten Märkten spielen in der Konzentrationskontrolle weitere Märkte eine Rolle. Sofern es darum geht, eine vorherrschende Meinungsmacht festzustellen, werden nicht nur die Marktanteile auf dem Zuschauermarkt betrachtet, sondern „medienrelevante verwandte Märkte" in eine Gesamtbeurteilung mit einbezogen. Dazu zählen Märkte für Programmzeitschriften, Presse, Hörfunk oder Online-Medien.[71] Von zunehmender Bedeutung sind die sich entwickelnden Märkte für Transaktionsfernsehen, auf denen Einnahmen durch Teleshopping, Zuschaueranrufe oder Gewinnspiele erzielt werden.

2.3. Institutionelle Rahmenbedingungen

Das Wettbewerbsumfeld eines Marktes wird immer auch durch Rahmenbedingungen geprägt, die von den Unternehmen nicht beherrscht werden können, aber ihrerseits die Entscheidungen und Handlungen der Wettbewerber und damit auch das Ergebnis des Wettbewerbsprozesses maßgeblich beeinflussen.[72] Zu diesen Rahmenbedingungen zäh-

---

[68] Derzeit wird auf EU-Ebene diskutiert, ob das sogenannte Product Placement unter bestimmten Voraussetzungen und in gewissen Grenzen legalisiert werden soll.

[69] So konnten vor allem durch die Ermittlungen des Journalisten *Volker Lilienthal* systematischen Schleichwerbefälle bei der ARD aufgedeckt werden.

[70] Vgl. *o.V.* (2005a), S. 16.

[71] Vgl. für eine Auflistung „medienrelevanter verwandter Märkte" *Die Landesmedienanstalten* (2003).

[72] Im Konzept der Workable Competition bestehen nicht nur gegenseitige Einflüsse zwischen Marktstruktur, -verhalten und -ergebnis, sondern alle drei werden ihrerseits durch die vorhandenen wirtschaftlichen, sozialen und rechtlichen Rahmenbedingungen beeinflusst.

len soziale, technologische, gesamtwirtschaftliche und im Medienbereich insbesondere auch politische und rechtliche Faktoren. Letztere werden in dieser Arbeit ausführlicher behandelt, da sie grundlegend für das Verständnis der Wettbewerbssituation sind.

Der Einfluss sozialer Faktoren zeigt sich im Fernsehsektor vor allem im Nachfrageverhalten der Zuschauer. Denn für den Fernsehkonsum steht nur ein begrenztes Freizeitbudget in Form von Zeit und Geld zur Verfügung, welches je nach individuellen Vorlieben auf verschiedene Freizeitaktivitäten aufgeteilt werden muss. Da das Fernsehen mit anderen Aktivitäten um das Freizeitbudget konkurriert, stellt auch die Entwicklung anderer Freizeit- und Medienangebote einen entscheidenden Einflussfaktor dar. Das Fernsehen ist heute wesentlicher Bestandteil der sozialen Umwelt und beeinflusst die Gestaltung des täglichen Lebens. Es gibt wohl kaum eine technische Erfindung des sozialen Lebens, welche in ähnlicher Weise unser Wissen, Denken, Verhalten und unsere Vorstellungskraft verändert hat.[73]

Technologische Veränderungen haben schon in der Vergangenheit die Weiterentwicklung des Mediensektors ausgelöst und vorangetrieben. Wesentlicher Einfluss ist dabei technischen Innovationen im Bereich der Sende- und Übertragungstechnik zuzuschreiben. So wurde die Verbreitung des Privatfernsehens erst durch die mit Kabel- und Satellitentechnik geschaffenen zusätzlichen Übertragungskapazitäten möglich. Ein ähnlicher Entwicklungsschub ist von der Digitalisierung der Übertragungswege zu erwarten.

Als gesamtwirtschaftliche Rahmenbedingungen sind die allgemeine Konjunktur- und die Beschäftigungsentwicklung zu beachten. Von der Konjunkturlage werden die Werbeausgaben der Wirtschaft und damit die Einnahmen werbefinanzierter Fernsehsender beeinflusst. Ein bedeutsamerer Einfluss auf die Entwicklung des Fernsehwerbemarktes geht vermutlich von rechtlichen Werbebeschränkungen sowie von Verschiebungen zwischen den Medien aus. Die Arbeitsmarktentwicklung beeinflusst über das verfügbare Einkommen die Medien-Nachfrage.

Schließlich begrenzen rechtliche und politische Rahmenbedingungen die unternehmerischen Handlungsmöglichkeiten. Die den gesetzlichen Ordnungsrahmen bestimmenden Normen für den Fernsehsektor finden sich in der Verfassung, in Staatsverträgen und verschiedenen nationalen und europäischen Gesetzen.

Die wichtigsten Rahmenbedingungen des Fernsehsektors fasst *Abbildung 2-4* zusammen.

---

73 Vgl. *Guggenberger* (1993).

Abbildung 2-4: Rahmenbedingungen des Fernsehsektors

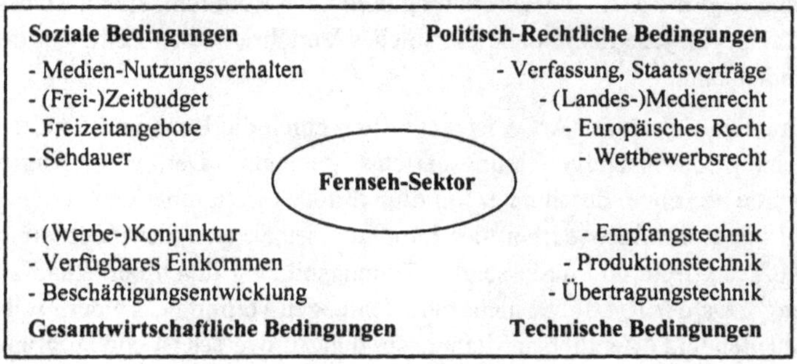

Angesichts der weiterhin dynamischen Entwicklung stellt sich die Frage nach der Zukunftsfähigkeit des deutschen Rundfunksystems. Zunächst soll daher nachvollzogen werden, wie die geltende Rundfunkordnung in Deutschland entstanden ist.

2.3.1. Verfassungsrechtliche Grundlagen der dualen Rundfunkordnung

Die Pressefreiheit und die Freiheit der Berichterstattung durch Rundfunk und Film werden gewährleistet.
Artikel 5 Abs. 1 S. 2 GG

Wesentliche Strukturen der deutschen Rundfunkordnung werden verständlich, wenn sie als Relikte der Weimarer Zeit interpretiert werden.[74] Insbesondere der öffentlich-rechtliche Rundfunk wurde als Reaktion auf die Erfahrungen mit dem staatlich kontrollierten nationalsozialistischen Rundfunk etabliert. Ziel war es, eine Organisationsform zu schaffen, die sowohl vom Staat als auch von Partikularinteressen unabhängig ist.

Ausgangspunkt des gesamten Medienrechts bilden verschiedene Grundrechte, die zu den sogenannten Kommunikationsfreiheiten zusammengefasst werden. Von zentraler Bedeutung für die Medien sind:

- *Meinungsfreiheit*, als Recht, seine Meinung frei zu äußern und zu verbreiten;
- *Informationsfreiheit*, als Recht, sich aus allgemein zugänglichen Quellen zu unterrichten; sowie
- Freiheit der Massenmedien, bestehend aus Presse-, Rundfunk- und Filmfreiheit (sogenannte „*Medienfreiheiten*").

Die Kommunikationsfreiheiten sind in Art. 5 Abs. 1 GG zusammengefasst, obwohl sie unterschiedliche Regelungsziele verfolgen: Während die Meinungs- und die Informationsfreiheit aus Satz 1 vor allem das Individuum schützen sollen, dienen die in Satz 2 genannten „Medienfreiheiten" vor allem der freien Meinungsbildung.[75] Trotz

---

[74] Ein guter Überblick über die Entstehung und die Strukturen des deutschen Rundfunksystems findet sich in *Fechner* (2005), Kapitel 10.

[75] Vgl. dazu ausführlich *Fechner* (2005), S. 19 ff.

dieser vordergründigen Gleichstellung von klassischen Printmedien und elektronischen Medien, unterliegt die Meinungsverbreitung durch den Rundfunk einem Zulassungsverfahren, wohingegen jedermann ohne ein solches Verfahren einen Zeitungs- oder Buchverlag gründen kann.

Der normative Gehalt des Art. 5 ist wesentlich durch die Bund und Länder bindende Rechtsprechung des Bundverfassungsgerichts geprägt.[76] Der verfassungsrechtliche Rahmen wurde vor allem durch neun Rundfunkurteile ausgestaltet und erweitert.[77] Ausgangspunkt bildet die Besonderheit der Rundfunkfreiheit als „dienende“ Freiheit.[78] Sie hat die „Aufgabe, freie und umfassende Meinungsbildung durch den Rundfunk zu gewährleisten“[79]. Da der Rundfunk nicht nur Meinungen vermittelt, sondern selbst Faktor des individuellen und öffentlichen Meinungsbildungsprozesses ist und aufgrund der ihm zugeschriebenen starken kommunikativen Wirkungskraft, sollte der Rundfunk weder dem Staat noch einer gesellschaftlichen Gruppe überlassen werden.[80]

Das Bundesverfassungsgericht fordert nicht nur, den Rundfunk vor staatlicher oder gesellschaftlicher Einflussnahme zu schützen, sondern vielmehr eine positive Ordnung, die durch materielle und organisatorische Verfahrensregeln sicherstellen soll, dass die Vielfalt der Meinungen im Rundfunk wiedergegeben wird. Der Rundfunk dürfe also – anders als die Presse – nicht dem „freien Spiel der Kräfte überlassen werden“[81]. Das Gericht entwirft damit eine Rundfunkordnung, in der private Anbieter nur so weit zugelassen sind, wie die öffentlich-rechtlichen Anstalten nicht in ihrem Bestand und ihrer Entwicklung beeinträchtigt werden.

Begründet werden diese ordnungspolitischen Vorstellungen mit drei Besonderheiten des Rundfunks. Verwiesen wird auf die Knappheit der Übertragungswege und die hohen Kosten der Rundfunkveranstaltung, die beide verhindern, dass eine ausreichende Anbietervielfalt entsteht.[82] Ein drittes Problem sieht das Verfassungsgericht in der Finanzierung durch Werbeeinnahmen, die zur Konzentration auf massenattraktive Programme führe und damit ein inhaltlich differenziertes Programm verhindere.[83] Die daraus abgeleitete Einschätzung, dass im Rundfunkbereich mit einem echten Markt nicht

---

76 Einen Überblick über die bisherigen Rundfunkurteile bietet z.B. *Schütz* (2005), S. 120 f.

77 Die erste Entscheidung datiert aus dem Jahre 1961, die bislang letzte aus dem Jahr 1998.

78 Im Gegensatz zu anderen Grundrechten handelt es sich bei der Rundfunkfreiheit nicht um ein Grundrecht, das seinem Träger zum Zweck der Persönlichkeitsentfaltung oder Interessenverfolgung eingeräumt wird.

79 BVerfGE 57, S. 320, Drittes Rundfunkurteil „FRAG“ vom 16.06.1981 und seitdem in ständiger Rechtsprechung.

80 Vgl. BVerfGE 12, S. 262, Erstes Rundfunkurteil „Deutschland-Fernsehen-GmbH“ vom 28.02.1961.

81 BVerfGE 31, S. 325, Zweites Rundfunkurteil „Mehrwertsteuer“ vom 27.07.1971.

82 Beide Argumente erweisen sich inzwischen als obsolet. Zum einen konnten aufgrund technischer Entwicklungen die Übertragungskapazitäten erheblich erweitert werden, zum anderen ist – trotz hoher Kosten – ein Anstieg der Anbieterzahl zu verzeichnen. Vgl. *Eickhof* und *Never* (2000a), S. 5.

83 Vgl. BVerfGE 73, S. 155 f., Viertes Rundfunkurteil „Niedersachsen“ vom 04.11.1986.

gerechnet werden könne,[84] bestimmt das Verhältnis zwischen öffentlich-rechtlichen und privaten Veranstaltern im Rahmen der dualen Rundfunkordnung.

Die mangelnde inhaltliche Vielfalt eines werbefinanzierten privaten Rundfunks ist nach Ansicht des Bundesverfassungsgerichts nur hinnehmbar, wenn der öffentlich-rechtliche Rundfunk funktionsfähig bleibt. Der Staat ist daher verpflichtet, die Grundversorgung durch den öffentlich-rechtlichen Rundfunk zu gewährleisten. Diese unbedingt zu erfüllende Grundversorgungsaufgabe beschränkt sich nicht auf eine Mindestversorgung, sondern umfasst den gesamten klassischen Rundfunkauftrag.[85] Der Staat muss dafür sorgen, dass die Rundfunkanstalten diese Aufgabe auch wahrnehmen können. Geschützt werden soll nicht nur der gegenwärtige Bestand des öffentlich-rechtlichen Rundfunks und eine ausreichende Ausstattung mit finanziellen Mitteln, sondern auch seine zukünftige Entwicklung in einem durch technischen Wandel und sich ändernde Zuschauergewohnheiten gekennzeichneten Umfeld (Bestands- und Entwicklungsgarantie).[86]

Als zentrale Aufgaben der Medienpolitik und des Medienrechts gelten Vielfaltsicherung und Konzentrationskontrolle. Für den audiovisuellen Medienbereich lassen sich daraus folgende ordnungspolitische Staatsaufgaben ableiten:[87]

- Negativ-Regulierung, also die Kontrolle unerwünschter Inhalte zur Vermeidung externer Effekte des Medienkonsums (Jugendschutz usw.);
- Bereitstellung additiver meritorischer Programmangebote, die unter erwerbswirtschaftlichen Bedingungen qualitativ oder quantitativ nicht ausreichend verfügbar, aber gesellschaftlich erwünscht sind (Grundversorgung);
- Sicherung der inhaltlichen Vielfalt, der unternehmerischen Dezentralität und des Wettbewerbs (Verhinderung von Machtpositionen und Konzentrationskontrolle);
- Sicherung der Distributions-Infrastruktur (diskriminierungsfreier Zugang für Programmveranstalter).

Abgeleitet aus der Kulturhoheit der Länder liegt die Gesetzgebungskompetenz im Rundfunkbereich bei den Bundesländern.[88] Da Rundfunkwellen nicht auf Ländergrenzen beschränkt werden können, waren die Länder gezwungen sich auf ein einheitliches

---

84 Vgl. BVerfGE 73, S. 158, Viertes Rundfunkurteil „Niedersachsen" vom 04.11.1986.

85 Verfassungsrechtlich nicht haltbar sei damit eine Aufgabenteilung in einen informativ-bildenden öffentlich-rechtlichen und einen unterhaltend-massenattraktiven privaten Rundfunk. Vgl. BVerfGE 74, S. 325 f., Fünftes Rundfunkurteil „Baden-Württemberg-Beschluss" vom 24.03.1987.

86 Vgl. BVerfGE 83, S. 298 f., Sechstes Rundfunkurteil „Nordrhein-Westfalen" vom 05.02.1991.

87 Vgl. dazu *Kruse* (1996b), S. 58 f.

88 Vgl. dazu Art. 70 GG.

Regelwerk zu einigen.[89] Vor allem der Rundfunkstaatsvertrag enthält grundlegende Normen für den öffentlich-rechtlichen wie für den privaten Rundfunk.

2.3.2. Grundzüge der Regulierung durch den Rundfunkstaatsvertrag

Ausgehend von der Rechtsprechung des Bundesverfassungsgerichts sind die konkreten Regulierungsbestimmungen vor allem im Rundfunkstaatsvertrag (RStV) vom 31. August 1991 kodifiziert. Zuletzt geändert wurde er durch den Achten Rundfunkänderungsstaatsvertrag, der seit 1. April 2005 in Kraft ist.[90] Neben allgemeinen Vorschriften sind Regelungen für den öffentlich-rechtlichen und für den privaten Rundfunk sowie für Übertragungskapazitäten enthalten. Hervorzuheben sind dabei die Bestands- und Entwicklungsgarantie für den öffentlich-rechtlichen Rundfunk, eine Marktzutrittskontrolle in Form von Bedingungen für die Zulassung von privaten Programmveranstaltern sowie Maßnahmen zur Vielfaltsicherung, die insbesondere auf die Begrenzung von Zuschauermarktanteilen einzelner Fernsehprogrammveranstalter abzielen.

2.3.2.1. Öffentlich-rechtlicher Rundfunk

Mit der Bestands- und Entwicklungsgarantie für den öffentlich-rechtlichen Rundfunk verbunden ist ausdrücklich auch seine Teilhabe an allen neuen technischen Möglichkeiten zur Herstellung und Verbreitung sowie die Möglichkeit, neue Formen von Rundfunk zu veranstalten.[91] Die Garantie bezieht sich auch auf die notwendige Finanzausstattung.

Die inhaltliche Gestaltung des Programms bleibt grundsätzlich den Rundfunkanstalten vorbehalten. Der Gesetzgeber darf jedoch Anzahl und Umfang der Programme bestimmen, soweit er dadurch die Grundversorgung ermöglicht. Verfassungswidrig wären hingegen detaillierte Vorgaben, die nicht lediglich den Grundversorgungsauftrag umreißen. Auch jenseits der Grundversorgung darf der Gesetzgeber die Veranstaltung bestimmter Rundfunkprogramme und rundfunkähnlicher Kommunikationsdienste nicht ausschließlich privaten Anbietern vorbehalten. Öffentlich-rechtliche Veranstalter dürfen somit auch regionale und lokale Programme sowie Ton- und Bewegtbild-Dienste auf Abruf anbieten. Des Weiteren dürfen sie ihre gesetzlich bestimmten Programme auch in digitaler Technik verbreiten.[92]

Das Bundesverfassungsgericht hat den Grundversorgungsauftrag präzisiert. Danach umfasst dieser die Sicherstellung des Rundfunkempfangs in der Bundesrepublik und die Wiedergabe der Meinungspluralität sowie die verbindliche Bereitstellung eines ausge-

---

89 Dazu wurde 1987 der Staatsvertrag zur Neuordnung des Rundfunkwesens unterzeichnet. Nach der Wiedervereinigung haben die 16 Bundesländer zum 01.01.1992 den „Staatsvertrag über den Rundfunk im vereinten Deutschland" geschlossen.

90 Soweit nicht ausdrücklich erwähnt beziehen sich die Ausführungen und Paragraphennummerierungen auf diese derzeit gültige Fassung des RStV.

91 Vgl. Präambel des RStV.

92 Vgl. § 19 RStV.

wogenen Programmangebots mit Bildungs-, Informations- und Unterhaltungsinhalten.[93] Die Umsetzung dieses Programmauftrags wird durch den Rundfunkrat (bzw. Fernsehrat beim ZDF) und den Verwaltungsrat kontrolliert. Beide Gremien setzen sich zusammen aus Abgesandten der Landesparlamente und Vertretern gesellschaftlich relevanter Gruppen.[94]

Um sicherzustellen, dass die Rundfunkanstalten ihre Aufgaben erfüllen können, hat der Staat auch für eine ausreichende Finanzierung zu sorgen. Zu gewährleisten ist eine an die Aufgabe der öffentlich-rechtlichen Anstalten gebundene, funktionsgerechte Finanzierung. Es sind aber umgekehrt auch nur die Programme vom Staat zu ermöglichen, mit denen diese spezifischen Funktionen wahrgenommen werden.[95] Mit der Finanzierungsgarantie ist ein Konkurs oder Marktaustritt ausgeschlossen. Problematisch ist daran, dass die öffentlich-rechtlichen Veranstalter somit das Risiko finanzieller Fehldispositionen nicht ausreichend berücksichtigen (müssen).

Damit jedoch keine Abhängigkeit entsteht, ist eine direkte staatliche Finanzierung aus Haushaltsmitteln zu vermeiden. Daher finanzieren sich die öffentlich-rechtlichen Rundfunkanstalten durch eine Rundfunkgebühr. Daneben ist es ihnen gestattet, Werbeeinnahmen zu erzielen, so dass insgesamt eine Mischfinanzierung vorliegt.[96] Die Rundfunkgebühr muss jedoch die Hauptfinanzierungsquelle sein, und es besteht kein Anspruch des öffentlich-rechtlichen Rundfunks auf zusätzliche Werbefinanzierung. Der Gesetzgeber kann diese beschränken. Er steht dabei vor dem Problem, dass sich bei einer verstärkten Werbefinanzierung die Programmgestaltung eher an hohen Einschaltquoten orientiert. Ein vollständiges Verbot dieser Finanzierung ist aber ebenfalls problematisch, da der öffentlich-rechtliche Rundfunk gegenüber den privaten Anbietern konkurrenzfähig sein soll.[97]

Der Begriff „Gebühr“ ist in diesem Zusammenhang nicht unproblematisch, da eine Gebühr eigentlich die Gegenleistung für eine Verwaltungsleistung ist, um deren Kosten zumindest teilweise zu decken. Die Rundfunkgebühr ist jedoch unabhängig von der Nutzung der Programme und wird fällig, sobald ein Gerät zum Empfang bereitgehalten wird. Korrekter wäre von einem Beitrag zu sprechen, da hierfür die bloße Nutzungsmöglichkeit bereits ausreicht – in diesem Fall also die Möglichkeit, öffentlich-rechtliche Programme zu sehen.

Die Höhe der Rundfunkgebühr legt die Kommission zur Ermittlung des Finanzbedarfs der Rundfunkanstalten (KEF)[98] fest. Das Bundesverfassungsgericht verlangt dabei

---

93 Vgl. BVerfGE 73, S. 118, Viertes Rundfunkurteil „Niedersachsen“ vom 04.11.1986.

94 Eine ausführliche Darstellung öffentlich-rechtlicher Rundfunkanstalten bietet *Gundlach* (1998).

95 Vgl. BVerfGE 87, S. 201 f., Siebtes Rundfunkurteil „Hessen3-Beschluss“ vom 06.10.1992.

96 Neben den beiden genannten Quellen können sie auch Einnahmen aus dem Verkauf von Produktionen erzielen sowie aus bestimmten Formen des Merchandising, sofern sie im Zusammenhang mit der Rundfunkfreiheit stehen.

97 Vgl. BVerfGE 90, S. 92, Achtes Rundfunkurteil „Rundfunkgebühren“ vom 22.02.1994.

98 Die Mitglieder der KEF stammen aus Institutionen der Bundesländer. Alle zwei Jahre werden Empfehlungen über eine Änderung der Gebührenhöhe ausgesprochen.

ein Verfahren, das politische Einflussnahme auf die Programmgestaltung über die Gebührenentscheidung ausschließt. Insgesamt sind an dem kooperativen Verfahren drei Parteien beteiligt: Die Rundfunkanstalten, die ihren Bedarf anmelden; die Landesparlamente, die letztendlich über die Gebührenhöhe entscheiden; dazwischen steht die KEF, die als unabhängige Kommission den finanziellen Bedarf prüfen soll.[99] Durch zwei Beschränkungen sollen die Interessen der Gebührenzahler ebenfalls berücksichtigt werden. Neben der sog. Gebührenverträglichkeit ist auch das Sozialstaatspostulat zu berücksichtigen, indem auf geringst mögliche Belastungen geachtet wird.

2.3.2.2. Privater Rundfunk

Den privaten Veranstaltern werden „Ausbau und Fortentwicklung eines privaten Systems [...] ermöglicht."[100] Ihnen sollen dazu ausreichend Sendekapazität zur Verfügung gestellt und Einnahmequellen erschlossen werden. Um die Meinungsvielfalt sicherzustellen, unterliegen sie einer begrenzten Staatsaufsicht mit zahlreichen Regelungen. Insgesamt dürfen an sie geringere Anforderungen in Bezug auf die Meinungsvielfalt gestellt werden, solange die Grundversorgung durch die öffentlich-rechtlichen Anbieter garantiert wird. Im privaten Rundfunk reicht es daher aus, dass die verschiedenen Meinungen die Möglichkeit des Zugangs haben. Nicht erforderlich ist im Gegensatz zum öffentlich-rechtlichen Rundfunk, dass sie tatsächlich zu Wort kommen. Zu beachten sind zudem Regelungen zu Jugendschutz, Werbung, Sponsoring und Datenschutz.

Die umfangreiche Regulierung privater Anbieter lässt sich vor allem mit der Sorge vor einer übermäßigen Konzentration erklären. Dabei soll nicht nur durch das allgemeine Wettbewerbsrecht der ökonomische Wettbewerb gesichert werden, um dem Missbrauch marktbeherrschender Stellungen vorzubeugen. Zusätzlich soll ein funktionsfähiger publizistischer Wettbewerb ein gewünschtes Maß an Meinungsvielfalt garantieren. Die publizistische Vielfalt steht daher im Vordergrund medienspezifischer Regelungen. Das Bundesverfassungsgericht sieht – aufgrund bereits bestehender horizontaler und vertikaler Verflechtungen – einen Bedarf für solche Regelungen. Demgegenüber steht die Auffassung, der Fernsehsektor sei durch das allgemeine (deutsche und europäische) Wettbewerbsrecht ausreichend erfasst.[101] Beide Regelwerke akzeptieren zwar bestehende marktbeherrschende Stellungen, bieten aber die Möglichkeit, eine missbräuchliche Ausnutzung zu untersagen.[102] Daneben können durch die Kontrolle von Unternehmenszusammenschlüssen marktbeherrschende Stellungen bzw. deren Verstärkung verhindert werden.[103]

---

99 Einzelheiten der Festlegung und Befugnissen der KEF finden sich im Rundfunkfinanzierungsstaatsvertrag (RFinStV).

100 Präambel des RStV.

101 So z.B. *Wissenschaftlicher Beirat beim Bundesministerium für Wirtschaft und Technologie* (2000), S. 26 ff.

102 Vgl. § 19 GWB bzw. Art. 82 EGV.

103 Vgl. § 36 GWB bzw. Art. 2 FKVO.

Im RStV sind zusätzliche Maßnahmen zur Sicherung der Meinungsvielfalt vorgesehen. Denn ein einzelnes Programm dürfe die öffentliche Meinungsbildung „nicht in hohem Maße ungleichgewichtig beeinflussen“[104]. Private Fernsehveranstalter werden daher verpflichtet, innerhalb ihres Programms unabhängigen Dritten Sendezeit zur Verfügung zu stellen, sobald sie mit ihrem Gesamtprogramm einen Zuschaueranteil von zehn Prozent erreichen.[105] Zu den Programmgrundsätzen wird festgehalten, dass bundesweit verbreitete Fernsehvollprogramme dazu beitragen sollen, die Vielfalt im deutschsprachigen und europäischen Raum mit einem angemessenen Anteil an Information, Kultur und Bildung darzustellen.[106]

Angesichts einer erheblichen Machtkonzentration im privaten Fernsehen in Deutschland, die sich trotz vielfältiger staatlicher Einflussmöglichkeiten etablieren konnte, attestiert *Kruse* der deutschen Medienpolitik im Rundfunkbereich ein Versagen.[107] Ähnlich kritisch äußert sich *Knoche*, der die Kooperation und Koordination zwischen (Medien-)Wirtschaft und Politik als ein Wechselspiel beschreibt: Auf eine Phase der Deregulierung seitens der Politik folgt eine Selbstregulierung des Medienmarktes durch die etablierten Unternehmen mit Hilfe wettbewerbsbeschränkender Maßnahmen – meist mit der Folge einer Konzentrationsausweitung – und schließlich eine Re-Regulierung des Marktes in Form einer schwach ausgeprägten Konzentrationskontrolle durch die Politik.[108] Dies lässt sich auch an der Entwicklung der Regulierungsbestimmungen in den inzwischen acht Rundfunkänderungsstaatsverträgen ablesen.

Eine wesentliche Neuerung in der medienrechtlichen Konzentrationskontrolle brachte der Übergang vom Beteiligungs- zum Zuschaueranteilsmodell mit dem Dritten Rundfunkänderungsstaatsvertrag im Jahr 1997. Seither ist nicht mehr die Beteiligung eines Unternehmens an einem Veranstalter begrenzt, was zu unübersichtlichen Unternehmensverbindungen geführt hatte. Vorherrschende Meinungsmacht wird nun vermutet, wenn die einem Unternehmen zurechenbaren Programme insgesamt einen Zuschaueranteil von 30 Prozent erreichen oder wenn bei geringer Unterschreitung dieser Grenze eine beherrschende Stellung in einem medienrelevanten verwandten Markt vorliegt.[109]

Zuständig für die Rundfunkaufsicht sind die Landesmedienanstalten, die als staatsferne, unabhängige Anstalten des öffentlichen Rechts pluralistisch zusammengesetzt und aus der Rundfunkgebühr finanziert werden. Ihre Hauptaufgaben liegen in der Lizenz- und Frequenzvergabe sowie der Überwachung der Programm- und Werberegulierungen für die privaten Veranstalter. Insbesondere für die Aufgaben im Rahmen der Konzentrationskontrolle wurden die Kommission zur Ermittlung der Konzentration im Medienbereich (KEK) sowie die Konferenz der Direktoren der Landesmedienanstalten (KDLM) geschaffen, die den Landesmedienanstalten als Organe dienen. Der KEK obliegt es, Beteiligungsveränderungen und Konzentrationstendenzen auf dem Zuschauer-

---

[104] § 25 Abs. 2 RStV.

[105] Vgl. § 31 RStV.

[106] Vgl. § 41 Abs. 2 RStV.

[107] Vgl. dazu *Kruse* (1996b), S. 59.

[108] Vgl. *Knoche* (1996b), S. 112.

[109] Vgl. § 26 Abs. 2 RStV.

markt zu prüfen.[110] Da auch für bundesweit veranstaltete Programme jeweils nur eine Landesmedienanstalt zuständig ist,[111] soll durch die KDLM die notwendige Koordination der 15 Landesmedienanstalten gewährleistet werden.

Ergänzend zum Rundfunkstaatsvertrag unterliegen die privaten Veranstalter dem Landesmediengesetz des jeweils zuständigen Landes. Darin sind insbesondere die Zulassungsvoraussetzungen festgelegt. Die Notwendigkeit für ein solches Lizenzierungsmodell ergibt sich aus § 20 RStV, wonach einer Zulassung bedarf, wer Rundfunk veranstalten will. Gegenstand der Sendelizenz sind insbesondere Programmart, -kategorie und -schema, Verbreitungsgebiet und -art sowie die Eigentümerverhältnisse. Jede Veränderung muss die jeweilige Landesmedienanstalt genehmigen. Ebenfalls unter der Kontrolle der Landesmedienanstalten, aber unabhängig von der Lizenz, erfolgt die Kanalbelegung im Kabelnetz. Die (immer noch begrenzten) Kabelplätze werden nach in den Landesmediengesetzen festgelegten Kriterien vergeben.[112]

2.3.2.3. Übertragungskapazitäten

Die Übertragungswege in Deutschland standen lange Zeit vollständig im Verfügungsbereich staatlicher Institutionen und werden noch heute weitgehend reguliert. Die Gesetzgebungskompetenz liegt beim Bund.[113] Für die terrestrische Ausstrahlung werden in internationalen Verhandlungen Frequenzbereiche festgelegt, innerhalb derer die Rundfunkausstrahlung erfolgen kann. Im Rahmen der Frequenzplanung entscheidet dann der Bund detailliert, in welchen Frequenzbereichen Rundfunk ausgestrahlt wird. In die Kompetenz der Länder fällt es dann, die konkreten Frequenzen an einzelne Rundfunkveranstalter zu vergeben. Übertragungskapazitäten müssen im Rahmen eines institutionellen Zulassungs- und Übertragungsvergabeverfahrens beantragt werden.[114] Die notwendigen Nutzungsrechte werden von der jeweiligen Landesmedienanstalt auf Grundlage des RStV[115] sowie des jeweiligen Landesmediengesetzes[116] zugeteilt.

Der RStV legt Grundsätze fest, nach denen die Länder über die Zuordnung von Satellitenkanälen für Rundfunkzwecke entscheiden. Kann der angemeldete Bedarf nicht vollständig befriedigt werden, ist u.a. nach folgenden Kriterien zu entscheiden: Sicherung der Grundversorgung, gleichgewichtige Berücksichtigung des privaten Rundfunks, die Teilhabe des öffentlich-rechtlichen Rundfunks an allen neuen Techniken und Programmformen, sowie Vielfalt des Programmangebots (§ 51). Für die „zeitgleiche und

---

110 Neben diesen Organen existieren weitere Kommissionen und sog. Gemeinsame Stellen, z.B. die Gemeinsame Stelle digitaler Zugang. Vgl. dazu *Arbeitsgemeinschaft der Landesmedienanstalten* (2006).

111 Zuständig ist jeweils die Landesmedienanstalt des Bundeslandes, in dem die Zulassung erteilt wurde. Bundesweite Programme können sich unabhängig von ihrem Unternehmenssitz aussuchen, in welchem Land sie ihre Lizenz beantragen.

112 Vgl. dazu ausführlich Kapitel 4.2.6.

113 Vgl. Art. 73 Nr. 7 GG.

114 Vgl. *Bauder* (2002), S. 8.

115 Vgl. dazu §§ 50–53 RStV.

116 Vgl. z.B. §§ 10–30 LMG NRW.

unveränderte Weiterverbreitung von bundesweit empfangbaren Fernsehprogrammen" in Kabelanlagen sind landesrechtliche Regelungen für die analoge Kanalbelegung zulässig. Für digital genutzte Kapazitäten werden sogenannte Must-Carry-Regelungen getroffen (§ 52). Danach ist ein Betreiber verpflichtet, den (gesetzlich bestimmten) öffentlich-rechtlichen Programmen und den großen privaten Vollprogrammen die erforderlichen Kapazitäten zur Verfügung zu stellen. Zudem sind die zugehörigen Entgelte und Tarife so zu gestalten, dass auch regionale und lokale Angebote zu angemessenen Bedingungen verbreitet werden können. Ein weiteres Drittel der Gesamtkapazität hat der Kabelbetreiber unter Berücksichtigung von Veranstalter- und Programmvielfalt zu belegen. Erst über die darüber hinausgehenden Kapazitäten kann ein Betreiber ohne spezifische Regelungen frei verfügen.

Bei der Einführung der digitalen terrestrischen Übertragung sind zunächst die Programme vorrangig zu berücksichtigen, die im jeweiligen Gebiet analog verbreitet werden (§ 52a). Geregelt wird auch die Zugangsfreiheit zu den digitalen Vertriebsdienstleistungen, um zu verhindern, dass Anbieter behindert oder diskriminiert werden (§ 53).

2.3.3. Anbieter zwischen branchenspezifischer Regulierungsvielfalt und allgemeiner Wettbewerbspolitik

Neben den Länderregelungen, die insbesondere der Sicherung der Meinungsvielfalt dienen, unterliegen die Rundfunkveranstalter auch dem Gesetz gegen Wettbewerbsbeschränkungen (GWB). Wirtschaftsbereiche, die von den Regelungen des GWB ganz oder teilweise freigestellt sind, werden als wettbewerbspolitische Ausnahmebereiche bezeichnet.[117] Der Rundfunkbereich bildete zwar nie einen kartellrechtlichen Ausnahmebereich im Sinne des GWB[118], weist aber – wie viele andere Wirtschaftsbereiche auch – sektorspezifische Besonderheiten auf, die in der Anwendung des Kartellrechts zu berücksichtigen sind.[119] Daneben sind in anderen Gesetzen und Staatsverträgen sektorspezifische Regulierungen enthalten, die den Rundfunksektor de facto zu einer Art Ausnahmebereich machen.[120]

Die sektorspezifische Regulierung beschränkt sich nicht auf den Rundfunkstaatsvertrag. Der Medien- und Kommunikationssektor zeichnet sich durch eine Regulierungsvielfalt mit konkurrierenden Regelwerken und Zuständigkeiten aus. Derzeit sind die Länder für die sogenannten Mediendienste zuständig, die definiert sind als an die All-

---

117 Vgl. ausführlich *Herdzina* (1999), S. 127 ff.

118 Zuletzt bestanden solche „Sonderregeln für bestimmte Wirtschaftsbereiche" für die Landwirtschaft, Kredit- und Versicherungswirtschaft, Urheberrechtsverwertungsgesellschaften und zentrale Vermarktung von Fernsehübertragungsrechten an Sportveranstaltungen, ehe sie mit der 7. GWB-Novelle in 2005 beschränkt wurden auf Landwirtschaft (§ 28) und Preisbindung bei Zeitungen und Zeitschriften (§ 30).

119 Dazu zählen vor allem Fragen der Marktabgrenzung, des Diskriminierungsverbots und der Lizenzerteilung. Vgl. *Monopolkommission* (1996), Tz. 835.

120 Auch dies gilt für zahlreiche andere Bereiche, die im GWB nicht explizit als Ausnahmebereiche ausgewiesen werden, deren Sondervorschriften aber in andere Gesetze übernommen wurden. Vgl. *Herdzina* (1999), S. 128.

gemeinheit gerichtete Informations- und Kommunikationsdienste (z.B. Teleshopping, Fernsehtext). Rechtliche Grundlagen finden sich im Mediendienste-Staatsvertrag (MDStV).[121] Dagegen ist der Bund für die sogenannten Teledienste verantwortlich, die Angebote im Bereich der Individualkommunikation umfassen (z.B. Telebanking) und durch das Informations- und Kommunikationsdienste-Gesetz (IuKDG) reguliert werden.[122] Schwierigkeiten ergeben sich nicht nur aus der konkurrierenden Regelungskompetenz zwischen Bund und Ländern, sondern vor allem aus den teilweise nicht (mehr) trennscharfen Abgrenzungen zwischen Rundfunk, Mediendienst und Teledienst.

Im Bereich der Programm-Distribution ist das Telekommunikationsgesetz (TKG) zu beachten, da die Übertragung von Rundfunk über Kabelnetze eine Telekommunikationsdienstleistung im Sinne des TKG darstellt.

Vorgaben für Rundfunkveranstalter und den deutschen Gesetzgeber ergeben sich auch aus europarechtlichen Bestimmungen. Von Bedeutung ist z.B., ob die Programmveranstaltung eine Dienstleistung darstellt und ob Gebühren für den öffentlich-rechtlichen Rundfunk als (genehmigungspflichtige) Beihilfen aufzufassen sind.[123] Grundsätzlich wird das Nebeneinander von öffentlich-rechtlichem und privatem Rundfunk unterstützt, allerdings hat die *Europäische Kommission* klargestellt, dass der Auftrag der Rundfunkanstalten klar und abschließend zu definieren sei.[124] Im Zuge der Neufassung der Richtlinie Fernsehen ohne Grenzen sollen die Werberichtlinien gelockert werden.

Die technische Weiterentwicklung des Fernsehens sowie die neuen Angebotsmöglichkeiten und Marktchancen im digitalen Fernsehen werfen zahlreiche Fragen zu den politischen Rahmenbedingungen auf und stellen neue Anforderungen an die Ordnungs- und Medienpolitik.[125] Die bereits seit Einführung privater Programmveranstalter geführte Diskussion darum, wie eine Aufgabenteilung zwischen beiden Gruppen aussehen könnte, wie der Grundversorgungsauftrag auszulegen ist und wie weit die Bestands- und Entwicklungsgarantie geht, erhält neue Impulse. Daneben erweitert sich der Adressatenkreis der Medienpolitik um die Netzbetreiber, da diese durch Verflechtungen mit Programmveranstaltern oder über die Zusammenstellung digitaler Programmpakete selbst zum Veranstalter werden und somit die Rolle eines reinen Infrastrukturanbieters aufgeben.

---

[121] Vgl. Staatsvertrag über Mediendienste (Mediendienste-Staatsvertrag – MDStV) vom 20.01.–12.02.1997, zuletzt geändert durch Art. 8 des Achten Rundfunkänderungsstaatsvertrags vom 08.–15.10.2004, in Kraft getreten am 01.04.2005.

[122] Vgl. Gesetz zur Regelung der Rahmenbedingungen für Informations- und Kommunikationsdienste (Infomations- und Kommunikationsdienste-Gesetz IuKDG) vom 22.07.1997.

[123] Vgl. z.B. *Ladeur* (2000).

[124] Vgl. *Europäische Kommission* (2000), S. 39–41.

[125] Vgl. hierzu *Zervos* (2003), Teil IV.

3. Theorie der (De-)Regulierung und Anwendung auf den Fernsehsektor

Marktwirtschaftliche Wirtschaftssysteme gründen auf der Überzeugung, dass der Markt das Koordinationsproblem besser zu lösen vermag als ein System staatlich-bürokratischer Lenkung.[126] Eingriffe in diesen – im Prinzip überlegenen – Steuerungsmechanismus bedürfen damit der Rechtfertigung. Vom Grundsatz her unbestritten ist bereits seit *Adam Smith*, dass es Wirtschaftsbereiche gibt, in denen aus Gründen der Produktionseffizienz oder der Verteilungsgerechtigkeit die ‚invisible hand' des Marktes besser durch die ‚visible hand' des Staates ersetzt werden sollte. Umstritten ist dagegen bis heute, wie solche Ausnahmebereiche im Einzelnen ausgewählt und gerechtfertigt werden können.[127] Auf die Frage, warum eine Branche reguliert wird, gibt es meist zahlreiche politische und ökonomische Antworten. Regulierung ist letztlich aber immer ein politischer Akt.[128]

Nach einer kurzen Einführung in die Theorie der Regulierung wird zunächst der normative Regulierungsansatz vorgestellt, da er die Grundlage für wissenschaftliche Politikberatung bilden sollte und sich Marktversagen als zentrale Begründung von Staatsinterventionen durchsetzen konnte. Die für den Fernsehsektor relevanten Funktionsmängel werden erläutert und für die einzelnen Märkte analysiert. So lassen sich die Märkte identifizieren, die grundsätzlich problematische Wettbewerbsbedingungen aufweisen und daher anschließend einer eingehenden (Marktstruktur-)Analyse unterzogen werden. Im Anschluss werden die Ansätze der positiven Theorie der Regulierung dargestellt und auf die bisherige Entwicklung im deutschen Fernsehsektor übertragen. Ein Fazit zum normativ ermittelten (De-)Regulierungsbedarf und zu Deregulierungsbedingungen, die sich aus der positiven Theorie ableiten lassen, schließt das Kapitel.

3.1. Regulierungstheoretische Grundlagen

Regulierung ist eine spezifische Form von Staatseingriffen in den Wettbewerbsprozess. Indem der Staat das Verhalten von Unternehmen beeinflusst, wird eine Ausnahme vom Regelfall unbeschränkter wettbewerblicher Interaktion geschaffen. Für einen ausgewählten Markt oder eine begrenzte Zahl von Marktteilnehmern gelten damit besondere Spielregeln.[129] Es bestehen grundsätzlich zwei Möglichkeiten, unternehmerisches

---

126 Vgl. zum Systemvergleich z.B. *Thieme* (2003).

127 Vgl. *Bartling* (1983), S. 325.

128 Vgl. *Braeutigam* (1989), S. 1299.

129 Davon zu unterscheiden sind Gesetze (z.B. Wettbewerbs- und Arbeitsrecht) und staatliches Handeln (z.B. Geld- und Fiskalpolitik), wodurch der Staat auf die gesamte Volkswirtschaft Einfluss ausübt. Vgl. *Phillips* (1972), S. 3 f.

Handeln zu regulieren: Öffentliches Eigentum mit einer politisch kontrollierten Bürokratie oder Privat-Eigentum mit öffentlicher Kontrolle.[130]

Zu unterscheiden ist diese Form staatlichen Eingreifens von der Ordnungspolitik, die allgemeine Rahmenbedingungen setzt, die Wettbewerb erst ermöglichen und dauerhaft sichern. Üblicherweise werden unter dem Begriff Regulierung im engeren Sinne „sektorspezifische, dauerhafte Interventionen staatlicher Instanzen in marktliche Prozesse“[131] verstanden.[132] Da jedoch die Auswirkungen spezieller Eingriffe nur als Teil der insgesamt geltenden Regeln analysiert werden können, sind sämtliche Rahmenbedingungen von Wettbewerbsprozessen, insbesondere die Wettbewerbsgesetzgebung und deren Anwendung, Gegenstand der Regulierungstheorie in einem weiteren Sinne.[133]

3.1.1. Erklärungsansätze für Regulierung: Public Interest und Public Choice

Begründet wird Regulierung meist mit verschiedenen Formen von Marktversagen. Mit solchen Funktionsmängeln, die eine Ausnahmebehandlung rechtfertigen, beschäftigt sich die normative Regulierungstheorie. Unter der normativen Theorie der Regulierung können Ansätze zusammengefasst werden, die begründen, warum Wettbewerb in bestimmten Bereichen durch andere Kontroll- und Steuerungsmechanismen ersetzt werden sollte und welche Mechanismen besser geeignet wären. Rechtfertigungsgründe ergeben sich aus einem gesetzten Zielkatalog, der in bestimmten Bereichen nicht erfüllt wird. Dies kann ökonomische Ursachen haben, d.h. Wettbewerb ist aufgrund von Marktunvollkommenheiten unmöglich, oder Wettbewerb ist unerwünscht, da politisch gesetzte Ziele durch Wettbewerb nicht erreicht werden. Dementsprechend können natürliche und politische Ausnahmebereiche unterschieden werden.[134]

Traditionell lassen sich drei Hauptziele branchenspezifischer Regulierung unterscheiden: Eingriffe, die ein Marktversagen beheben sollen (allokative Gründe), gesellschaftspolitische Zielsetzungen, wie die Umverteilung einer nicht gewünschten Marktallokation, sowie industriepolitische oder strategische Gründe.[135] Die beiden letztgenannten Zielsetzungen zeigen, dass regulierende Eingriffe mitunter auch als normativ gerechtfertigt angesehen werden, obwohl kein allokatives Marktversagen vorliegt.[136]

---

130 Während in den USA Regulierung typischerweise die Kontrolle privater Unternehmen beinhaltet, wurden in Deutschland häufig öffentliche Unternehmen eingerichtet. Vgl. z.B. *Kaufer* (1981), S. 1.

131 *Kruse* (1989), S. 9.

132 In der amerikanischen Literatur wird ein engerer Regulierungsbegriff zugrunde gelegt: Regulierung ist hier eine Institution zur Kontrolle wettbewerbspolitischer Ausnahmebereichen durch spezielle Regulierungskommissionen mit hoheitlichen Kompetenzen. Vgl. *Kaufer* (1981), S. 1.

133 Vgl. *Borrmann* und *Finsinger* (1999), S. 8.

134 Vgl. *Schmidt* (2005), S. 35 f.

135 Vgl. *Horn, Knieps* und *Müller* (1988), S. 20 f.

136 Solche politisch gesetzten Ziele können allerdings allokativer Effizienz entgegenstehen. Problematisch ist zudem, dass sie durch Interessengruppen beeinflussbar sind.

Im Unterschied zu diesen mit Zielabweichungen begründeten Ansätzen untersucht die positive Theorie (ex post) die polit-ökonomischen Ursachen, die zur Schaffung von Ausnahmebereichen führen, und die Folgen der institutionalisierten Mechanismen, die dort den Wettbewerb ersetzen. Mit dem positiven Regulierungsansatz wird nicht danach gefragt, wann Regulierung gerechtfertigt sein kann. Gesucht wird nach Erklärungen für das zu beobachtende Regulierungsverhalten des Staates, gefunden werden sie im Einfluss von Interessengruppen. Es wird erklärt, warum Regulierung zustande kommt, beibehalten oder ausgeweitet wird, und zwar auch, wenn dies nicht normativ begründbar ist.

Während die normativ determinierte Regulierungstheorie als Public-Interest-Ansatz von uneigennützigen Regulierern ausgeht, die ihre Maßnahmen ausschließlich am Allgemeinwohl ausrichten, berücksichtigt der Public-Choice-Ansatz der positiven Regulierungstheorie, dass Regulierung auch aus Forderungen verschiedener Interessengruppen und eigennutzorientiertem Verhalten von Politikern und Regulierern resultieren kann. Die normative Theorie analysiert Regulierung unter Effizienz- und Verteilungsnormen und gibt Empfehlungen für geeignete Maßnahmen. Die positive Theorie versucht Gesetzmäßigkeiten darüber zu entwickeln, wann der Staat tatsächlich eingreift.

Um vollständig erfassen zu können, warum, wie und wie lange reguliert wird, sind beide Ansätze heranzuziehen: Normative und positive Theorie der Regulierung ergänzen sich und sollten weder als gegenüberstehende noch als unabhängige Erklärungen aufgefasst werden.[137] Denn eine positive Theorie kann den Einfluss normativer Argumente auf staatliches Handeln ebenso wenig vernachlässigen, wie eine normative Theorie die politische Durchsetzbarkeit ihrer Empfehlungen und die Gesetzmäßigkeiten politischer Prozesse.[138] Folgerichtig finden sich die Erkenntnisse der positiven Theorie in den Annahmen neuerer normativer Ansätze wieder.[139]

3.1.2. Umsetzung von Regulierung und Deregulierung

Wird staatlicher Handlungsbedarf festgestellt, bestehen grundsätzlich zwei alternative Lösungsansätze: Bereitstellung durch öffentliche Unternehmen oder Regulierung privater Unternehmen. Während erstere allein der Allgemeinheit verpflichtet sind und damit insbesondere keine Gewinnmaximierung verfolgen, sollen private Unternehmen eigene wirtschaftliche Ziele verfolgen, aber eben unter bestimmten Restriktionen, die ihnen durch Regulierungsvorschriften vorgegeben werden. In keinem der beiden Fälle lassen sich jedoch Umsetzungsprobleme ausschließen, die den ursprünglich verfolgten Regulierungszielen entgegenstehen.

Erklärungen dafür bieten die Annahmen und Modelle der polit-ökonomisch orientierten positiven Regulierungstheorie. Denn können öffentliche Unternehmen nicht ausreichend kontrolliert werden, gelingt es diesen, eigene Interessen zu verfolgen, die nicht denen der Allgemeinheit entsprechen, denen sie eigentlich verpflichtet sind. Die Regu-

---

137 Vgl. *Schmidt* (2005), S. 45.

138 Vgl. *von Weizsäcker* (1982), S. 326.

139 Vgl. *Borrmann* und *Finsinger* (1999), S. 9.

lierung privater Unternehmen führt häufig zu Verhandlungssystemen und weiteren Kooperationsformen zwischen dem Staat – also den politischen Entscheidungsträgern oder einer zuständigen Behörde – und den regulierten Unternehmen.[140]

Wie *Abbildung 3-1* verdeutlicht, umfasst die duale Rundfunkordnung, wie sie in Deutschland für den Fernsehsektor geschaffen wurde, eine Kombination aus beiden Handlungsalternativen. Zum einen wurden öffentlich-rechtliche Rundfunkanstalten installiert, zum anderen wurden (später) private Unternehmen zugelassen, die allerdings gewissen Restriktionen unterworfen sind.

Abbildung 3-1: Regulierungsalternativen und Umsetzung in der dualen Rundfunkordnung

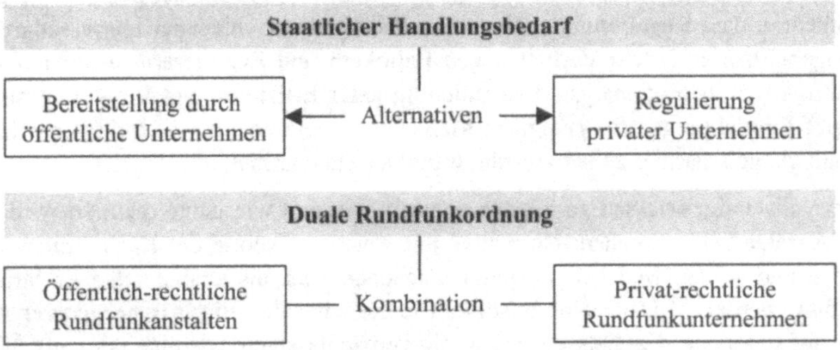

Je nach Ursache des Regulierungsbedarfs sind geeignete Maßnahmen oder auch Kombinationen mehrerer Instrumente auszuwählen. Zur Verfügung stehen beispielsweise folgende Gruppen von Regulierungsinstrumenten: Preis- und Renditeregulierung, Marktzutritts-, Marktaustritts- und Kapazitätsregulierung, Kontrahierungszwang und Qualitäts- und Konditionenregulierung.

Ist es schon theoretisch nahezu unmöglich, die optimale Regulierung zu finden, können bei der Durchsetzung zusätzliche praktische Probleme auftreten.[141] Staatliche Regulierung ist nicht kostenlos, so dass sich die Ansicht, Marktversagen könne durch einfache politische Eingriffe kostenlos behoben werden, als naiv herausgestellt hat. Es entstehen administrative Kosten oder Effizienzverluste und schlimmstenfalls kommt es zu Politikversagen.

Darüber hinaus haben die Erkenntnisse der ökonomischen Theorie der Regulierung einen Umdenkungsprozess angestoßen. Es zeigt sich, dass in regulierten Bereichen politische Eingriffe weiter zunehmen, wobei vor allem verteilungspolitische Kriterien über-

---

140 Mitunter werden solche Kooperationen auch als Möglichkeit angesehen, bestehende Probleme des Staates bei der Regulierung komplexer Marktprozesse zu lösen. Der souveräne Hoheitsstaat wandelt sich dabei zum kooperativen Konsensualstaat. Vgl. etwa *Kiefer* (2001), S. 382.

141 Vgl. dazu den Überblick bei *Horn, Knieps* und *Müller* (1988), S. 36 ff.

hand nehmen. Regulierungsinstitutionen entwickeln eine Eigendynamik, die zusätzliche volkswirtschaftliche Kosten verursacht. Fordern regulierte Unternehmen Eingriffe, um die Wettbewerbsbedingungen zu ihren Gunsten zu verändern, so entscheidet über den Unternehmenserfolg zunehmend die Fähigkeit, den regulativen Apparat geschickt nutzen zu können. Die Erkenntnis, dass akzeptable Ergebnisse auch mit geringerem Regulierungsumfang – und damit auch geringeren negativen Nebenwirkungen – erzielt werden können, hat eine verstärkte Suche nach Deregulierungsmöglichkeiten ausgelöst.

Deregulierung kann als Ziel und Instrument der Ordnungs- bzw. Wirtschaftspolitik verstanden werden.[142] Obwohl teilweise synonym verwendet, ist Deregulierung definitorisch zu trennen von Entbürokratisierung, Privatisierung und Liberalisierung, die mit Deregulierung einhergehen können, aber nicht zwangsläufig müssen. Alle beschreiben einen Rückzug des Staates aus dem Wirtschaftsprozess, beziehen sich aber auf verschiedene Aspekte der Reform des institutionellen Rahmens eines Sektors und sind wie folgt zu unterscheiden:

- Deregulierung beschreibt den Abbau staatlicher Vorschriften über das Verhalten der Marktteilnehmer.[143] „‚Deregulierung' bedeutet die Abschaffung staatlicher Interventionen, die Reduzierung ihrer Eingriffsintensität oder ihre anderweitige Ersetzung durch institutionelle Strukturen, die eine Stärkung marktlicher Mechanismen zur Folge haben."[144]
- Entbürokratisierung, verstanden als Reduktion des administrativen Aufwands, kann eine Folge von Deregulierung sein. Bürokratisierung ist aber kein ausschließliches Phänomen in öffentlichen Unternehmen: Vor allem in großen Unternehmen, ist ein hoher Bürokratisierungsgrad feststellbar.
- Privatisierung, als Reduktion des Staatsanteils, bezeichnet eine bestimmte Form von Rückzug des Staates, die insbesondere bei natürlichen Monopolen mit Deregulierung einhergeht, um einen durch ein öffentliches Unternehmen bedienten regulierten Markt in einen Wettbewerbsmarkt zu überführen.[145]
- Liberalisierung wird bisweilen synonym mit Deregulierung verwendet, obwohl unter Liberalisierung besser die Öffnung des Marktes für neue Anbieter verstanden werden sollte. Unterschieden werden kann in Deregulierung im engeren Sinne, institutionelle Restrukturierung und alternative Modelle zur Regulierung resistenter Monopole.[146]

Deregulierungsmaßnahmen sind immer dann einzuleiten, wenn sich kein Marktversagen (mehr) nachweisen lässt, wenn die Kosten der Regulierung deren Nutzen übersteigen oder andere Regulierungsformen etabliert werden können, die ein günstigeres Kosten-Nutzen-Verhältnis aufweisen. Gleichwohl setzen die Gesetze der Neuen Politi-

---

142 Auf diesen doppelten Charakter verweist *von Weizsäcker* (1988).

143 Vgl. *Vogelsang* (2003), S. 313.

144 *Kruse* (1989), S. 10.

145 Vgl. *Kurz* (1986), S. 42 f.

146 Vgl. *Kruse* (1989).

schen Ökonomie partieller Deregulierung Grenzen. Politisch vorteilhaft sind begünstigende Maßnahmen, die für weitgehend homogene Interessengruppen wahlentscheidend sind. Deregulierung hingegen benachteiligt eine Gruppe spürbar, nämlich die bislang durch Regulierung bevorzugte, und führt in der Regel nur zu geringen Entlastungen der Allgemeinheit.

Vorgeschlagen wird daher, in regelmäßigen Abständen umfassende Deregulierungsrunden durchzuführen, bei denen sich die Zahl der Gewinner und Verlierer die Waage hält. *Ewers* und *Wein* verweisen auf die Möglichkeit, Strukturbrüche für umfangreiche Deregulierungsbemühungen zu nutzen. Noch nicht (wieder) formierte Interessengruppen steigern die Durchsetzungschancen. Undiskutiert bleiben dabei die Prämissen. Zum einem müsste der politische Entscheidungsprozess zügiger verlaufen als die Bildung von Interessengruppen und zum anderen gilt es, das Interesse der Politiker an identifizierbaren, zur Mehrheitsgewinnung einsetzbaren Interessengruppen zu berücksichtigen.[147]

Netzsektoren galten in der Vergangenheit typischerweise als natürliche Monopole. Meist wurde der gesamte Sektor bzw. die gesamte Wertschöpfung einer globalen Regulierung unterstellt, obwohl sich das Monopolproblem nicht auf den gesamten Bereich erstreckte. Als unumgänglich wurde in der traditionellen Regulierungsökonomik[148] der gleichzeitige Einsatz von gesetzlichen Marktzutrittsschranken, von Preis- und Gewinnregulierung zur Disziplinierung von Marktmacht sowie von Auflagen zur flächendeckenden Versorgung zu sozial erwünschten Tarifen angesehen.[149] Eine Besonderheit bei der institutionellen Reform netzbasierter Industrien besteht darin, dass Liberalisierung gerade nicht mit Deregulierung gleichzusetzen ist. Vielmehr erfordert eine Öffnung dieser Märkte für neue Anbieter zunächst eine umfassende Re-Regulierung des meist vertikal integrierten ehemaligen Monopolunternehmens, ehe im Sinne einer De-Regulierung tatsächlich Verhaltensregulierungen abgebaut werden können.[150]

Eine Öffnung von Netzsektoren (z.B. Elektrizität, Telekommunikation) ist – nicht zuletzt unter dem Druck der EU – bereits vollzogen, nachdem gesetzliche Marktzutrittsschranken abgebaut und marktzutrittskompatible Instrumente eingeführt wurden, um Universaldienstziele zu sichern.[151] So wurde nicht nur die Deutsche Telekom privatisiert, sondern auch das von ihr betriebene Fernsehkabelnetz an andere private Unternehmen veräußert. Eine Herausforderung besteht dagegen noch in der Suche nach geeigneten Regulierungsinstrumenten zur Disziplinierung der verleibenden netzspezifischen Marktmacht.[152] So ist auch das Fernsehkabelnetz daraufhin zu untersuchen, inwiefern der Betreiber Macht gegenüber Endnachfrager und Zulieferern ausüben kann, aber auch ob der derzeitige Regulierungsrahmen nicht auch Entwicklungsmöglichkeiten behindert.

---

147 Vgl. *Ewers* und *Wein* (1990).

148 Vgl. z.B. *Kahn* (1971).

149 Vgl. *Knieps* (2005).

150 Vgl. *Haucap* und *Heimeshoff* (2005).

151 Vgl. *Blankart* (2003a).

152 Vgl. *Knieps* (2005).

3.2. Normativer Ansatz: Rechtfertigung von Ausnahmeregelungen durch Marktversagen

Eine zentrale normative Grundlage für staatliches Handeln bildet die Theorie des Marktversagens. Als mikroökonomischer Ansatz erläutert sie, unter welchen Bedingungen einzelne Märkte nur eingeschränkt funktionsfähig sind und der Wettbewerb die ihm zugeschriebenen Ziele nicht verwirklichen kann.[153] Denn die von der ökonomischen Theorie behauptete Überlegenheit des Marktmechanismus gilt lediglich unter entsprechenden Voraussetzungen. Sind einige Voraussetzungen nicht oder nur teilweise erfüllt, bestehen also Marktunvollkommenheiten, führen Märkte allein nicht zu einer effizienten Ressourcenallokation. Man spricht in diesem Fall von einem „Versagen" des Marktes, da das tatsächliche Ergebnis der Marktkoordination vom Wohlfahrtsoptimum abweicht. Die Allokation ist ineffizient, da mögliche Tauschgewinne nicht realisiert werden. Marktversagen ist nicht zwangsläufig damit gleichzusetzen, dass ein Markt völlig zusammenbricht bzw. gar nicht erst entsteht. Abweichungen vom Wohlfahrtsoptimum werden auch als partielles Marktversagen bezeichnet.

3.2.1. Ziele, Legitimationskriterien und Regulierungsgründe

Wichtigster Maßstab normativer Analysen des Regulierungsbedarfs ist die gesamtwirtschaftliche Effizienz, die sich durch drei Kriterien bestimmen lässt.[154] Ein effizientes Marktergebnis zeichnet sich dadurch aus, dass die optimalen Mengen und Preise vorgegebener Produkte realisiert werden (allokative Effizienz), was im einfachsten Fall der Grenzkostenpreisregel entspricht. Ferner wird ein vorgegebener Output kostenminimal produziert (produktive oder technische Effizienz) und die qualitativen Merkmale der Produkte sowie das Ausmaß an Produktdifferenzierung entsprechen den Konsumentenpräferenzen (qualitative Effizienz).[155] Neben der Effizienz beeinflussen auch die Verteilung des Wohlstandes sowie die Anpassungsfähigkeit und das Wachstum als dynamische Faktoren die gesellschaftliche Wohlfahrt und kommen als potenzielle Regulierungsziele in Frage.

Während Effizienz auf positiver Basis gemessen werden kann, setzt die Beurteilung der Wohlfahrtsverteilung eine Wert-Grundlage voraus, die über die Wirtschaftswissenschaft hinausgeht. Effizienz- und Verteilungsziele zu erreichen, erfordert in der Regel unterschiedliche Instrumente, die sich gegenseitig stören können, so dass (Um-) Verteilung als eigenständige staatliche Aktivität organisiert werden sollte. De facto spielen jedoch Verteilungsaspekte bei Regulierungsentscheidungen eine bedeutende Rolle. Dies liegt vermutlich daran, dass sie sich wesentlich besser einer breiten Wähler-

---

153 Eine Übersicht zu Aufgaben eines funktionsfähigen Wettbewerbs und Kriterien zur Beurteilung der Marktleistung findet sich bei *Fritsch, Wein* und *Ewers* (2001), S. 27.

154 Vgl. *Kruse* (1986), S. 26.

155 Für den Mediensektor können als qualitative Effizienz publizistische Normen wie (Meinungs-)Vielfalt, Qualität und Niveau ergänzt werden.

schaft vermitteln lassen. Dagegen sind Effizienzargumente aufgrund mangelnder Kenntnis der Zusammenhänge nicht so öffentlichkeitswirksam.[156]

Um Regulierungseingriffe im Einzelfall rechtfertigen zu können, werden Kriterien benötigt, an denen sich ein Versagen überprüfen lässt. Gleichzeitig können anhand solcher Kriterien die Ergebnisse verglichen werden, die ohne Regulierung und mit (verschiedenen) staatlichen Eingriffen zustande kommen. Einen wohlfahrtstheoretischen Vergleich von Marktergebnissen erlauben der soziale Überschuss und das Pareto-Kriterium. Der soziale Überschuss spiegelt als Summe aus Konsumenten- und Produzentenrente die in einem Markt realisierte gesellschaftliche Wohlfahrt wider. Nach dem Pareto-Kriterium ist eine Allokation dann effizient, wenn es keine Möglichkeit gibt, ein Individuum besser zu stellen, ohne dass dabei ein anderes Individuum schlechter gestellt wird. Dieser Wohlfahrtsindikator hängt von individuellen Präferenzen ab und nimmt eine Anfangsverteilung von Ressourcen als gegeben hin.[157]

Selbst extrem ungleiche Aufteilungen können optimal im Sinne des Pareto-Kriteriums sein. Im Gegensatz zum Pareto-Kriterium sind anhand des sozialen Überschusses auch suboptimale Zustände als mehr oder weniger ineffizient zu bewerten. Wird es als realistisches Regulierungsziel angesehen, die gesellschaftliche Wohlfahrt zu steigern, reicht es aus, dass ein ineffizientes Marktergebnis dem effizienten zumindest näher gebracht wird, um einen Eingriff rechtfertigen zu können. Der soziale Überschuss ist daher wichtigster normativer Maßstab der Regulierungstheorie und Industrieökonomik.[158]

So wie anhand wohlfahrtsökonomischer Kriterien die Voraussetzungen von Regulierung zu prüfen sind, sollten ergriffene Regulierungsmaßnahmen daraufhin geprüft werden, inwieweit sie die gesetzten Ziele verwirklicht haben. Mit Hilfe der Wirtschaftstheorie ist es möglich, die Funktionsfähigkeit von Märkten zu bewerten, nicht aber politische Entscheidungsprozesse, die beispielsweise eine bestimmte Einkommensverteilung verfolgen. Anhand ökonomischer Kriterien lässt sich im Rahmen einer Erfolgskontrolle die erreichte Effizienz beurteilen. Werden andere Ziele verfolgt, können die Eingriffe zumindest daraufhin geprüft werden, inwieweit die gesetzten Ziele mit dem geringst möglichen Ressourcenaufwand erreicht werden.[159]

Nach Möglichkeit sollten die Handlungen des Staates auf ordnungskonforme Maßnahmen beschränkt werden, wogegen allerdings mit Preis- und Marktzutrittsregulierungen oder kartellrechtlichen Branchenfreistellungen nicht selten verstoßen wird. Von politischer Seite werden solche ordnungspolitischen Ausnahmeregelungen mit sogenannten Branchenbesonderheiten und Gemeinwohlverpflichtungen begründet. Aus volkswirtschaftlicher Sicht sind ordnungspolitische Ausnahmeregelungen nur bei

---

[156] Vgl. *Müller* und *Vogelsang* (1979), S. 34 f.

[157] Zudem beruht das Kriterium auf einer Reihe von Werturteilen und realitätsfernen Annahmen. Vgl. dazu *Jochimsen* (1963), S. 136 f.

[158] Vgl. *Borrmann* und *Finsinger* (1999), S. 16 f.

[159] Vgl. *Horn, Knieps* und *Müller* (1988), S. 20 f.

Markt- und Wettbewerbsversagen zu rechtfertigen, dadurch allein aber nicht zwangsläufig schon legitimiert.

Denn die Gefahr besteht, dass ein diagnostiziertes Marktversagen durch Staatsversagen ersetzt wird oder erst staatliche Interventionen Effizienzverschlechterungen auslösen. Im Rahmen eines ‚comparative institutions approach'[160] ist daher zu prüfen, ob staatliches Handeln tatsächlich marktliche Prozesse ersetzen sollte. Zunächst sollten ordnungskonforme wirtschaftspolitische Maßnahmen wie die allgemeine Wettbewerbspolitik herangezogen werden, um Marktprozesse aufrecht zu erhalten. Nur wenn diese Instrumente das behauptete Marktversagen nicht beseitigen können, sind eingriffsintensivere Instrumente wie staatliche Regulierungen oder kartellrechtliche Branchenfreistellungen gerechtfertigt.[161] Sollten sie jedoch zu keiner Verbesserung gegenüber der Ausgangssituation führen, sind sie zu unterlassen. Somit ist selbst bei Marktversagen erst zwischen dem Status quo und den Kosten eines Eingriffs abzuwägen.

Neben den Regulierungszielen ist ein Referenzmodell zu bestimmen, aus dem ein Handlungsbedarf abgeleitet werden kann, wenn die Modellannahmen von denen in einem konkreten Markt abweichen. Ein solcher Referenzmaßstab sollte zugleich einen wünschenswerten aber auch erreichbaren Zustand abbilden.[162]

Während das Modell der vollkommenen Konkurrenz aufgrund seiner analytischen Klarheit weiterhin einen Referenzmaßstab im Zusammenhang mit Marktversagen darstellt, wird das Modell als wettbewerbspolitisches Leitbild bereits seit längerem verworfen.[163] Da auf Basis eines solchen Leitbildes über den wettbewerbspolitischen Instrumenteneinsatz entschieden werden soll, ist das Modell aus zweierlei Gründen ungeeignet: Es ist nicht nur in der Realität unerreichbar, vielmehr stellt es auch keinen wünschenswerten Zustand dar,[164] da die wettbewerbliche Dynamik unberücksichtigt bleibt.[165] Zwar wird statische Allokationseffizienz perfekt erreicht, die Unternehmer sind aber jeglichen Aktionsparametereinsatzes beraubt. Preis- und Qualitätswettbewerb sind ausgeschlossen, Kostensenkungen oder Innovationen lohnen nicht. Des Weiteren müssen Betriebsgrößenvorteile ungenutzt bleiben, da sie der Annahme einer polypolistischen Marktstruktur entgegenstehen.

Somit lassen sich die oben erläuterten Effizienzziele im Modell gar nicht erreichen. Wahrscheinlicher sind vielmehr Zielkonflikte zwischen allokativer Effizienz und pro-

---

160 Vgl. *Demsetz* (1969), S. 1.

161 Vgl. dazu *Bögelein* (1990), S. 224 f. und S. 306 f.

162 Zur Diskussion um Regulierung in unterschiedlichen wettbewerbspolitischen Konzeptionen vgl. *Kurz* (1986).

163 Die Abkehr vom Modell setzte ein, als *J.M. Clark* sein Konzept der ‚workable competition' veröffentlichte. Vgl. *Clark* (1940).

164 So ist von der Theorie des Second Best bemerkt worden, für den – sehr wahrscheinlichen – Fall, dass nur eine der Annahmen unvollkommen erfüllt wird, sei es nicht mehr wünschenswert, alle anderen Annahmen möglichst vollkommen zu erfüllen. Vielmehr können sich zusätzliche Unvollkommenheiten im Sinne eines „Gegengiftes" positiv auswirken. Dieser Einwand findet sich bereits bei *Clark* (1940), S. 241.

165 Vgl. dazu *Bartling* (1980), S. 15 ff.

duktiver Effizienz oder qualitativer Effizienz, wenn Größenvorteile nicht ausgeschöpft werden oder die Konsumenten eine gewisse Produktdifferenzierung präferieren.[166] Als „Such- und Entdeckungsverfahren" im Sinne *von Hayeks* kann der Wettbewerb unter den Bedingungen der vollkommenen Konkurrenz nicht charakterisiert werden.[167]

Von Unvollkommenheiten – im Sinne eines gewählten Referenzmodells – ist daher nicht unbedingt auf ein unzureichendes Marktergebnis zu schließen und erst recht nicht auf einen Regulierungsbedarf. Eine eingehende Auseinandersetzung mit Marktversagen ist daher nicht nur von analytisch-theoretischem Interesse, sondern vor allem aus ordnungspolitischen Gründen unerlässlich. Der Begriff des allokativen Marktversagens stellt ab auf das neoklassische Allokationsoptimum, das jedoch weder realisierbare noch erstrebenswerte Bedingungen voraussetzt.[168] Es besteht die Gefahr eines Nirwana-Ansatzes: Wird als Maßstab ein Ideal gewählt, müssen die tatsächlichen Marktergebnisse mehr oder weniger stark davon abweichen.[169] Ein Vergleich zielt somit auf Differenzen zwischen Realität und glückseligem Endzustand, sagt aber nichts über erreichbare Zustände bei realistischen Prämissen aus. In der Konsequenz folgt daraus eine weitverbreitete (Fehl-)Diagnose von Marktversagen.

Der Nirwana-Ansatz bleibt insofern kein rein akademisch-theoretisches Problem, wenn er zu dem Schluss verleitet, an die Stelle der – angeblich defekten – unsichtbaren Hand des Marktes habe eine sichtbare Hand des Staates zu treten. Diese Konsequenz wird jedoch häufig gezogen, zumal sie den Ambitionen von Politikern entgegen kommt, möglichst viele Aufgaben als politische Aufgaben zu deklarieren und möglichst viele Probleme politisch lösen zu wollen.[170]

Die neuere Markt- und Wettbewerbstheorie zieht als Beurteilungskriterien die Funktionen von Markt- und Wettbewerbsprozessen heran. Hierzu zählt die Koordination individueller Wirtschaftspläne über Märkte, die in der Regel zum Gleichgewicht tendieren. Weitere Vorzüge sind eine relativ hohe statische und dynamische Produktionseffizienz, eine relativ gute Konsumentenversorgung und ein relativ geringes Ausmaß persönlicher Abhängigkeiten. Der Markt stellt somit eine wirksame, autoritätsarme und freiheitliche Form der gesellschaftlichen Organisation dar. Der Wettbewerbsprozess führt als dynamisches Such- und Entdeckungsverfahren zu einer effizienzorientierten Unternehmensselektion sowie zu ständigen Verbesserungen der Marktergebnisse. Werden diese Funktionen nicht erfüllt, spricht man von Markt- oder Wettbewerbsversagen,[171] die einen Regulierungsbedarf begründen können.

Anzustreben ist eine Regulierung, die es ermöglicht, durch eine „kollektiv organisierte Simulation des Wettbewerbs"[172] das Marktversagen zu korrigieren. Falls der

---

166 Vgl. *Bartling* (1980), S. 18.

167 Vgl. *von Hayek* (1969).

168 Vgl. etwa *Bator* (1958).

169 Den Begriff „nirvana approach" prägte *Demsetz* für den Vergleich zwischen einem Ideal und einem existierenden unvollkommenen Arrangement. Vgl. *Demsetz* (1969), S. 1.

170 Vgl. *Tietzel* (1985), S. 129 f.

171 *Eickhof* grenzt beide Formen explizit voneinander ab. Vgl. dazu ausführlich *Eickhof* (1986).

172 *Heinrich* (2001), S. 77.

Marktmechanismus grundsätzlich funktioniert, die Aktivitäten sich also über Preise steuern lassen, erscheint es auch möglich, ein Versagen durch geeignete Regulierung zu beheben.[173] Wie weit solche Maßnahmen in das Marktgeschehen eingreifen sollten, ist im Einzelfall abzuwägen. Erst wenn wettbewerbsreorganisierende Marktstruktureingriffe aussichtslos sind, sollten als letzter Ausweg wettbewerbliche Ausnahmebereiche geschaffen werden.[174] Sofern Wettbewerb möglich ist und „funktioniert", man aber mit seinen (kurzfristigen) Ergebnissen unzufrieden ist, können Ausnahmebereiche nur durch politischen Entscheid gerechtfertigt werden.[175]

3.2.2. Ursachen von Marktversagen im Fernsehsektor

Für den gesamten Medienbereich ist weniger von totalem als verbreitet von partiellem Marktversagen auszugehen. Kumulative Nachteile der gemeinsam wirkenden Marktmängel sind dabei zu berücksichtigen.[176] Unstrittig ist, dass der Markt Rundfunkprogramme bereitstellen kann. Sollten diese jedoch aufgrund verschiedener Marktmängel nicht den Wünschen der Zuschauer entsprechen, wäre das Marktergebnis ineffizient und könnte regulierende Eingriffe rechtfertigen. Eine eingeschränkte Marktfähigkeit wird vor allem darauf zurückgeführt, dass Fernsehprogramme die Eigenschaften öffentlicher Güter aufweisen, externe Effekte auslösen, mit Informationsmängeln behaftet sind, dass subadditive Kostenstrukturen auftreten und dass Programme als meritorische Güter einzustufen sind. Diese Ursachen werden zunächst einzeln erläutert und für die Märkte des Fernsehsektors überprüft, ehe die tatsächlich relevanten Mängel zusammengefasst werden.

3.2.2.1. Nicht-rivalisierende und nicht-ausschließbare Güter

Im Gegensatz zu privaten Gütern sind reine öffentliche Güter dadurch gekennzeichnet, dass Nicht-Rivalität in der Nutzung herrscht und Konsumausschluss nicht oder nur zu prohibitiv hohen Kosten möglich ist. Ein Gut kann ohne Rivalität von vielen Nachfragern konsumiert werden, wenn es dabei nicht verbraucht wird oder die Inanspruchnahme durch einen weiteren Nachfrager den Nutzen aller anderen nicht beeinträchtigt. Dies gilt für Informationen einer Nachrichtensendung, nicht hingegen für Güter, die beim Konsum verbraucht werden oder die nicht (gleichzeitig) von mehreren Personen genutzt werden können, ohne dass es zu Beeinträchtigungen kommt. Das Ausschlussprinzip gilt nicht, wenn Nachfrager nicht am Konsum gehindert werden können, d.h. Güter oder Dienstleistungen können genutzt werden, ohne dafür einen Preis zu zahlen. In diesem Fall ist keine Versorgung über den Markt möglich, da keine Gegenleistung

---

173 Vgl. *Müller* und *Vogelsang* (1979), S. 36.

174 Vgl. *Bartling* (1983), S. 342.

175 So ist es z.B. bei externen Effekten jeweils eine wertende Entscheidung, ob man zu Eingriffen schreitet, da Drittwirkungen im Grunde allgegenwärtig sind. Vgl. *Möschel* (1981), S. 99.

176 Vgl. *Kops* (1998), S. 52 f.

eingefordert werden kann, die Produzenten zu einem Angebot motiviert und Nachfrager von einer unentgeltlichen Nutzung abhält.

Konsequenz der Nicht-Rivalität im Konsum ist, dass es ökonomisch nicht sinnvoll ist, Preise zu erheben. Denn bei der Nutzung durch ein weiteres Individuum entsteht zusätzliche Wohlfahrt in Form von Konsumentenrente, ohne zusätzliche Kosten zu verursachen. Es ist keine zusätzliche Bereitstellung erforderlich, die mit Produktionskosten verbunden wäre und es entstehen auch keine Kosten in Form von Nutzeneinbußen bei den anderen Konsumenten. Bei Grenzkosten von null müsste mithin auch der effiziente Preis bei null liegen. Allerdings ist strikte Nicht-Rivalität ein theoretischer Extremfall, da in den meisten Fällen – wie beispielsweise bei natürlichen Ressourcen – irgendwann aufgrund von Kapazitätsgrenzen Rivalität entsteht. Bei Übernutzung ist der Konsum möglicherweise weiterhin preis- aber nicht mehr kostenlos.

Ebenso als Extremfall ist die Eigenschaft des Nicht-Ausschlusses zu sehen: Es ist meist keine Frage der Unmöglichkeit, Konsumausschluss zu praktizieren, sondern der Kosten, die für die Durchsetzung eines Ausschlussmechanismus aufgewendet werden müssten. Darüber hinaus kann mit der Entwicklung neuer Techniken Ausschluss möglich (oder kostengünstiger) werden, so dass die Anwendung wünschenswert wird. Nach *Samuelson* entscheidet jedoch nicht allein die Ausschlussmöglichkeit darüber, ob es sich um ein öffentliches Gut handelt. Ein öffentliches Gut wird also nicht automatisch zu einem privaten, wenn es gelingt die Nutzung des Gutes zu begrenzen.[177] Umgekehrt sollte auch nicht alles, wofür kein Preis zu zahlen ist, als „öffentliches Gut" bezeichnet werden. Denn Güter können in der Hinsicht „frei" sein, dass die Produktion gesellschaftlich organisiert ist und Preise explizit nicht erhoben werden, obwohl Ressourcen verbraucht werden.

Im Zusammenspiel beider Eigenschaften ergibt sich, dass es zwar nicht effizient ist, bei Nicht-Rivalität einzelne Konsumenten auszuschließen. Das Problem ist allerdings, dass die (erstmalige) Bereitstellung meist nicht kostenlos ist, jeder zusätzliche Konsument hingegen keine zusätzlichen Kosten verursacht. Ohne Marktausschluss von zahlungsunwilligen Konsumenten, wird es daher zu keinem (privaten) Angebot kommen. Auf Seiten der Konsumenten besteht durchaus eine Wertschätzung für das Gut, sie werden dies aber nicht in Form von Zahlungsbereitschaft äußern, solange sie nicht ausgeschlossen werden können (Free-Rider-Verhalten). Es kommt zu allokativem Marktversagen, wenn für beide Seiten nutzenstiftende Transaktionen unterbleiben. Die Ursache liegt letztlich in nicht ausreichend definierten und durchsetzbaren Eigentumsrechten. Gibt es jedoch neben den Konsumenten und Produzenten weitere private Wirtschaftssubjekte, die ein Interesse daran haben, dass ein öffentliches Gut bereitgestellt wird, ist auch eine marktliche Bereitstellung möglich.[178] So wurden in der Anfangszeit Programme durch Fernsehgerätehersteller finanziert, die einen Markt für ihre Produkte schaffen wollten.[179]

---

[177] Vgl. *Samuelson* (1958), S. 335.

[178] Vgl. dazu *Demsetz* (1970), S. 306.

[179] Vgl. *Schmitz* (1990), S 114.

Neben rein öffentlichen und rein privaten Gütern lassen sich auch Güter klassifizieren, bei denen die Kombinationen Ausschluss und Nicht-Rivalität oder Nicht-Ausschluss und Rivalität auftreten. Da es sich bei den reinen Güterkategorien um theoretische Extremfälle handelt, entsprechen praktisch alle Güter einer Mischung aus öffentlichen und privaten Komponenten. Einige Beispiele für die Güterkategorien aus dem Fernsehbereich enthält *Abbildung 3-2.*

Abbildung 3-2: Güterklassifikation im Fernsehsektor

	Rivalität	**Nicht-Rivalität**
Ausschluss	Privates Gut *Werbekapazität*	Club-Gut *Digitales Pay-TV-Programm*
Nicht-Ausschluss	Quasi-Kollektivgut –	Öffentliches Gut *Analoges Free-TV-Programm*

Ein Problem aufgrund von Nicht-Rivalität und Nicht-Ausschluss ergibt sich lediglich – und auch das nur mit Einschränkungen – im Bereich der Programmveranstaltung beim ausgestrahlten Fernsehprogramm auf dem Zuschauermarkt. Einige Programm-Inputs weisen zwar eine gewisse Nicht-Rivalität auf, da Kopien einmal erstellter Sendungen, ohne zusätzliche Produktionskosten an viele Programmveranstalter geliefert werden könnten. Steigende Verbreitung senkt jedoch den Nutzen aus Sicht der Veranstalter, da Exklusivität ein wichtiges Merkmal vieler Inhalte ist. Andere Inputs wie technische Ausstattung oder Personen sind durch Rivalität in der Nutzung gekennzeichnet. Zudem lassen sich für alle Inputs Eigentumsrechte definieren und durchsetzen, so dass eine Ausschlussmöglichkeit gegeben ist. Lizenzen oder Übertragungsrechte haben den Charakter privater Güter.

Für die auf den Einspeisemärkten angebotenen Übertragungskapazitäten gilt ebenfalls Rivalität in der Nutzung, da eine Frequenz bzw. ein Kanal nur einmal vergeben werden kann. Bei ausreichender Definition der Eigentumsrechte sind diese auch durchsetzbar, so dass Übertragungskapazitäten bzw. die Dienstleistung der Übertragung über Märkte handelbar sind. Eigentumsrechte an Frequenzen sind allerdings recht schwierig zu definieren. Zu berücksichtigen ist z.B., dass das Frequenzspektrum kein homogenes Gut ist, so dass die Frequenzen unterschiedlich knapp und damit wertvoll sind. Die Qualität ist zudem von sendetechnischen Vorgaben abhängig, die zugleich die Störverhältnisse bestimmen, die bei nicht aufeinander abgestimmten Signalen entstehen können (sog. Interferenzen).[180] Dennoch ist die Definition von Eigentumsrechten nicht unmöglich, und zudem werden mit der Digitalisierung z.B. die Interferenzprobleme reduziert.

Die Frage, inwieweit es sich bei einem auf dem Zuschauermarkt angebotenen Fernsehprogramm um ein öffentliches Gut handelt, bedarf der Differenzierung. Drei Aspekte

---

180 Vgl. *Heinrich* (2002), S. 198.

des Konsumprozesses sind zu unterscheiden: Der physische Träger der Inhalte, die Inhalte bzw. Informationen an sich und die öffentliche Meinung als Ergebnis des Medienkonsumprozesses.[181]

Der Informationsträger entspricht beim Fernsehen der Übertragungsart, so dass der Stand der Übertragungstechnik darüber entscheidet, inwieweit Konsumausschluss vom Programm praktiziert werden kann. Eine Ausschlussmöglichkeit ist bei analoger Verbreitung überwiegend nicht gegeben, zumindest nicht für einzelne Programme. Bei digitaler Übertragung kann dagegen Ausschluss durch Decoder zu vertretbaren Kosten praktiziert werden. Die Definition und Durchsetzung von Eigentumsrechten an Informationen selbst gestaltet sich schwierig, was bislang auch durch technischen Fortschritt nicht behoben werden konnte. Vielmehr ist das Gegenteil der Fall, da digitalisierte Inhalte immer einfacher und kostengünstiger vervielfältigt und verbreitet werden können. Nicht-Rivalität gilt für den Rohstoff Information uneingeschränkt, weil sie sich nicht verbraucht. Ihr Wert hingegen kann sich in Abhängigkeit von der Anzahl der Konsumenten erhöhen oder vermindern.

Die Ergebnisse von Medienkonsumprozessen – von *Heinrich* vereinfachend als „Meinungsvielfalt“[182] bezeichnet – einzuordnen, gestaltet sich schwierig, da Medienwirkungen und öffentliche Meinung als vermeintliche Ergebnisse nicht eindeutig definiert sind und zudem meist normative Vorstellungen mit ihnen verbunden werden. Meinungsvielfalt wird manchmal auch in dem Sinne als öffentliches Gut verstanden, als die durch Massenmedien hergestellte Öffentlichkeit und die damit verbundene Kontrolle von Politik und Gesellschaft die Funktionsweise der Demokratie verbessert.[183] Diese Interpretation weicht allerdings von der erläuterten ökonomischen Definition ab.

Es ließe sich auch argumentieren, dass ein Programm nur ein Zwischenprodukt ist, das keinen direkten Nutzen stiften kann. Erst durch Kombination mit gewissen Fertigkeiten, Empfangsgerät, Strom und Zeit wird ein Endkonsumgut produziert, das einen Nutzen in Form von Information oder Unterhaltung erbringt.[184] Bei einer solchen Kombination aus privatem und öffentlichem Gut ist es möglich, über die privaten Güter Konsumenten auszuschließen. Auch die im analogen Fernsehen verbreitete Werbefinanzierung als Möglichkeit der privaten Bereitstellung von Programmen beruht auf einer Kombination von privaten und öffentlichen Gütern: Werbekapazitäten sind private Güter, da sie nur einmal und nur gegen Bezahlung vergeben werden können.[185] Der Werbemarkt ist daher auch nicht von Marktversagen betroffen.

Über die Einordnung von Fernsehprogrammen als öffentliches Gut ist in der US-amerikanischen Literatur bereits in den 1960er Jahren diskutiert worden: In der *Samuelson-Minasian*-Debatte ging es darum, ob ‚television broadcasting' als öffentliches Gut

---

[181] Dabei wird der Konsum selbst als Produktionsprozess des Nachfragers verstanden, der Medien bezieht, um Unterhaltung zu „produzieren“. Vgl. *Heinrich* (2001), S. 17.

[182] *Heinrich* (2001), S. 95.

[183] Eine solche Interpretation der öffentlichen Meinung als öffentliches Gut geht zurück auf *Röpke* (1970).

[184] Vgl. dazu *Becker* (1993), S. 149 ff.

[185] So auch *Sjurts* (2005), S. 10.

einzustufen und ein ‚subscription-supported television system' daher abzulehnen sei.[186] Da in der Fernsehproduktion grundsätzlich knappe Ressourcen – wie lange Zeit vor allem Übertragungskapazitäten – benötigt werden und weder ein Fernsehsystem noch die Ausstrahlung eines bestimmten Programms Opportunitätskosten von null aufweisen, wird ein Allokationsmechanismus benötigt. Mit dessen Hilfe ist darüber zu entscheiden, welche und wie viele Ressourcen insgesamt für die Fernsehproduktion aufgewendet und wie diese innerhalb des Sektors auf verschiedene Programmtypen verteilt werden sollen. Daher sollte aus der isolierten Betrachtung, dass ein zusätzlicher Zuschauer mit einem bereits erstellten Programm zu Grenzkosten von null versorgt werden kann, nicht abgeleitet werden, dass ein Preis von null insgesamt ein Optimum darstellt.

So (miss-)verstanden, liefert die Theorie öffentlicher Güter keine geeigneten Handlungsanweisungen für die Produktion und Allokation von Gütern, was *Minasian* am Beispiel von frei empfangbaren Fernsehprogrammen und Bezahlfernsehen verdeutlicht. Im Falle von Pay-TV würde gegen die Grenzkostenpreis-Regel verstoßen. Es würden Konsumenten ausgeschlossen, die ohne Zusatzkosten bedient werden könnten. So angewendet dient die Regel nur dazu, einen gegebenen Output zu rationieren, nicht aber diejenigen Verwendungsmöglichkeiten mit dem höchsten Wert auszuwählen. Eine Preisregel, die Qualität und Beschaffenheit des Outputs als gegeben annimmt, sollte nicht verwechselt werden mit einem Prinzip zur optimalen Ressourcenallokation. Falls Fernsehen also „frei" zur Verfügung steht, wird ein zusätzlicher „auxiliary mechanism" benötigt „to determine both the quantity and the kinds of output to be produced."[187] Die Effizienz von Free- und Pay-TV-Systemen allein anhand der Grenzkosten und Angebotspreise zu vergleichen, führt in die Irre, da beide Systeme nicht die gleichen Resultate – und damit auch nicht die gleiche Wohlfahrt – erbringen.

3.2.2.2. Externe Effekte beim Fernsehkonsum

Ebenso wie öffentliche Güter sind externe Effekte auf unzureichend definierte oder nicht durchgesetzte Eigentumsrechte zurückzuführen. Ein Unterschied besteht darin, dass bei öffentlichen Gütern für die Hauptaktivität keine Eigentumsrechte durchgesetzt werden können, während sich dieser Mangel bei externen Effekten auf Eigentumsrechte an Neben- bzw. Drittwirkungen bezieht.[188] Denn externe Effekte treten auf, wenn die wirtschaftliche Situation einer Person durch Konsum- und Produktionsaktivitäten anderer Personen beeinflusst wird.[189] Zeigen sich die Wirkungen innerhalb des Marktsystems durch die Veränderung von Preisen, spricht man von pekuniären externen Effekten. Diese verursachen kein Marktversagen, sondern sind gerade ein Zeichen für funktionierende Marktmechanismen, die veränderte Knappheitsrelationen anzeigen sollen. Beste-

---

186 Ausgangspunkt war das Paper von *Samuelson* (1958). Die Reaktion und kritische Analyse findet sich bei *Minasian* (1964).

187 *Minasian* (1964), S. 73.

188 Vgl. *Heinrich* (2002), S. 27. Eine andere Auffassung vertreten *Fritsch, Wein* und *Ewers*, die eine begriffliche Trennung dieser Marktversagensgründe aufgrund der gemeinsamen Ursache ablehnen. Vgl. *Fritsch, Wein* und *Ewers* (2001), S. 354 ff.

189 Vgl. grundlegend zu externen Effekten z.B. *Buchanan* und *Stubblebine* (1962).

hen hingegen Auswirkungen auf unbeteiligte Dritte, die sich nicht über das Preissystem ausdrücken, bezeichnet man dies als technologische externe Effekte. Wirken Effekte am Marksystem vorbei, kann das Knappheitsproblem nicht korrekt behandelt werden, da der Verursacher sie nicht in seinem Kosten-Nutzen-Kalkül berücksichtigt.

Bei positiven technologischen externen Effekten wird die Situation eines Wirtschaftssubjektes durch die Aktivitäten eines anderen verbessert. Da der Verursacher vom Empfänger positiver Nutzenwirkungen kein Entgelt erhält und diese Effekte in seinen Entscheidungen nicht berücksichtigt, wird die Tätigkeit gesamtwirtschaftlich in zu geringem Umfang erbracht. Negative technologische externe Effekte treten auf, wenn Wirtschaftssubjekte durch die Tätigkeit eines anderen einen Nachteil erfahren. Da kein Ausgleich über den Marktmechanismus erfolgt, der Geschädigte also keine Kompensation erhält, wird eine solche Tätigkeit gesamtwirtschaftlich in zu großem Ausmaß erbracht.

Technologische externe Effekte können beim Konsum von Fernsehprogrammen auftreten. Betroffen sind daher insbesondere die Zuschauermärkte. Zwar können auch bei der Inhalteproduktion, der Herstellung von Werbekontakten und der Distribution externe Effekte auftreten, es ist aber nicht ersichtlich, weshalb sie hier eine besondere Relevanz besitzen sollen.[190] Von Informations- oder Bildungsprogrammen wird vermutet, dass sie nicht nur den Nutzen derjenigen Individuen steigern, die solche Inhalte selbst konsumieren. Darüber hinaus werden positive gesellschaftliche Auswirkungen geltend gemacht, da gebildete Bürger die Funktionsfähigkeit einer Gesellschaft verbessern.[191] Kann durch die Medien das Sozialverhalten positiv beeinflusst werden, gestaltet sich das Zusammenleben angenehmer, die Produktivität könnte steigen und gemeinschaftliche Entscheidungen erfolgen besser informiert, so dass auch Dritte vom Medienkonsum anderer profitieren.[192] Dieser Argumentation folgend wären Eingriffe in den Marktmechanismus zu befürworten, da er allein für ein zu geringes Angebot sorgen würde. Programme, die sich negativ auf die Gesellschaft auswirken, würden über den Markt in zu großer Zahl bereitgestellt. Negative externe Effekte könnten sich in erhöhter Gewaltbereitschaft zeigen.[193]

Mitunter werden externe Effekte auch bei der Frequenznutzung geltend gemacht. Durch Interferenzen entstehen z.B. grenzüberschreitende Drittwirkungen der Nutzung eigener Frequenzen, so dass sie auch grenzüberschreitend geregelt werden müssen. Die Definition, Durchsetzung und Verteilung der Eigentumsrechte sollte daher eine internationale Organisation übernehmen.[194] Gleiches gilt für die Nutzungsrechte an Weltraumpositionen für Satelliten, die begrenzt sind, da sie sich in der Umlaufbahn über dem

---

190 Vgl. *Detering* (2001), S. 23.

191 Vgl. z.B. *Herman* (1993), S. 91 oder *Holznagel* (1999), S. 117 f.

192 Vgl. *Detering* (2001), S. 23.

193 Vgl. dazu *Kops* (1997), S. 162.

194 Die WARC (Word Administrative Radio Conference) ist die internationale Behörde, die die Frequenzen verwaltet, ergänzt um eine Unterorganisation der UNO, der ITU (International Telecommunication Union). Vgl. dazu ausführlich die Ausführungen bei *Götzke* (1994), S. 156.

Äquator und in bestimmter Entfernung von der Erde befinden müssen. Es werden daher Nutzungsrechte an Weltraumpositionen und die notwendigen Abstände der Satelliten voneinander definiert.

Externe Effekte können im Fernsehsektor nicht ausgeschlossen werden, sie sind jedoch weder quantitativ noch qualitativ zu erfassen.[195] Somit können die Folgen nicht einmal politisch unterstützt verursachungsgerecht zugerechnet werden. Gleichwohl werden externe Effekte herangezogen, um Eingriffe zu rechtfertigen: Gewisse Inhalte sollen wegen (vermuteter) positiver externer Effekte staatlich gefördert werden, andere Inhalte sollen aufgrund negativer externer Effekte kontrolliert, beschränkt oder verboten werden. In vielen Fällen ist es zumindest fragwürdig, ob hinreichend große wohlfahrtsverändernde Effekte vorliegen, die einen Staatseingriff rechtfertigen. Solange die Effekte nicht identifiziert sondern nur abgeschätzt werden können, sind Aussagen über externe Effekte mit einem Werturteil verbunden. Wird die Argumentation darauf abgestellt, dass mithilfe des Fernsehens eine Grundversorgung der Gesellschaft mit kultureller und allgemeiner Bildung sichergestellt wird, so greift der Staat aufgrund gesellschaftlich bedingter Werturteile ein.[196] Auf Werturteilen basierende Begründungen fallen jedoch in den Bereich der Meritorik.

3.2.2.3. Informationsmängel

Nicht jedes Informationsdefizit eines Marktakteurs führt als Abweichung von den Bedingungen der vollkommenen Konkurrenz schon zu einem Versagen des Marktmechanismus. In der Realität sind bei den wenigsten Transaktionen oder Entscheidungen alle Beteiligten vollkommen informiert. Ein Problem stellen Informationsmängel nur dar, wenn Marktakteure in einem solchen Ausmaß uninformiert sind, dass es zu einer wesentlichen und systematischen Beeinträchtigung der Marktkoordination kommt. Beim Fernsehen kommen Informationsmängel in Form von Qualitätsunkenntnis[197] auf dem Zuschauermarkt als Ursache für Funktionsmängel in Betracht.

Qualitätsunkenntnis liegt insbesondere in Form von asymmetrischer Informationsverteilung vor, so dass eine Marktseite besser über relevante Eigenschaften informiert ist als die Marktgegenseite. Da bei Unkenntnis die fehlende Information grundsätzlich beschafft werden kann,[198] hängt das Informationsgefälle von den Möglichkeiten und Kosten der Informationsgewinnung ab. So sind mit zunehmender Qualitätsunkenntnis folgende Güterkategorien zu unterscheiden: Such- oder Inspektionsgüter, bei denen sich die Qualität durch Betrachtung schon vor dem Kauf einschätzen lässt, Erfahrungsgüter, bei denen sich die Qualität erst nach dem Kauf im Gebrauch erschließt,[199] und Vertrau-

---

[195] Selbst in der kommunikationswissenschaftlichen Medienwirkungsforschung ist das Ausmaß von Medienwirkungen umstritten. Vgl. dazu z.B. *Kops* (2000), S. 75 f. sowie die dort angegebene Literatur.

[196] So auch *Beck* (2002), S. 55.

[197] Zur Unterscheidung verschiedener Informationsmängel vgl. ausführlich *Fritsch, Wein* und *Ewers* (2005), S. 279 ff.

[198] Im Gegensatz dazu ist bei Unsicherheit die fehlende Information nicht zu beschaffen.

[199] Die Unterscheidung geht zurück auf *Nelson* (1970).

ensgüter, bei denen für den durchschnittlichen Konsumenten die Güte eines Produktes oder einer Leistung auch dann nicht festzustellen ist.[200]

Es liegt in dem Wesen von Fernsehsendungen als Informationsgüter, dass ihre Qualität vor dem Kauf oder deren Konsum nicht bekannt ist. Informationen lassen sich erst beurteilen, nachdem man sie konsumiert hat. Eine Inspektion vor dem Kauf ist nicht möglich, ebenso wenig kann eine als minderwertig empfundenen Information zurückgegeben werden. Dieser Zusammenhang wird auch als Informationsparadoxon bezeichnet: Ein potenzieller Käufer eines Informationsgutes benötigt Kenntnisse über dessen Qualität; hätte er diese Kenntnisse, bräuchte er die Information jedoch gar nicht mehr zu erwerben.

Die Qualität von Inhalten kann mitunter auch nach dem Konsum nicht vollständig beurteilt werden. Bedingt durch ihre Komplexität existiert kein einheitliches Gütekriterium. So wird ein Zuschauer den subjektiven Unterhaltungswert als Maßstab anlegen, der jedoch nicht mit publizistischer Qualität übereinstimmen muss. Bei einem Medienprodukt sind die anzulegenden Wertmaßstäbe meist nicht in dem Sinne objektiv, wie dies beispielsweise für technische Leistungsmerkmale von Geräten oder Fahrzeugen gilt. Als zweite Eigenschaft erschwert die ständige Neuerstellung, die nicht lediglich Kopie oder Reproduktion ist, die verlässliche Beurteilung. Eine tägliche Überprüfung publizierter Inhalte würde erheblichen Mitteleinsatz erfordern. Eine kostengünstigere Stichprobe, die bei industrieller Fließbandproduktion hinreichend sein mag, würde bei Medien keine zufriedenstellende Qualitätssicherheit bringen. Häufig kann die Qualität im Nachhinein auch nicht beurteilt werden, da die Richtigkeit von Nachrichten für alle, die nicht bei einem Ereignis zugegen waren, nicht unmittelbar überprüfbar ist.

Allgemeiner formuliert, steht der erforderliche hohe Aufwand für die Qualitätsbeurteilung häufig in keinem Verhältnis zum Kaufpreis, der für die meisten Fernsehprogramme null beträgt. Deswegen nehmen Fernsehprogramme den Charakter von Vertrauensgütern an. Unzureichende Kenntnis oder eine falsche Einschätzung kann auch hinsichtlich des gestifteten Nutzens bestehen, selbst wenn die Qualität des Gutes bekannt ist. Der Nutzen des Medienkonsums ist für den einzelnen Marktteilnehmer jedoch grundsätzlich schwierig zu beurteilen.

Qualitätsunkenntnis kann ein relevantes Problem auf Zuschauermärkten sein, da Medienprodukte durchgängig den Erfahrungs- und – insbesondere solche mit informativem Charakter – den Vertrauensgütern zuzuordnen sind.[201] Während bei Erfahrungsgütern eine Qualitätsbeurteilung noch im Rahmen des Möglichen und ökonomisch Sinnvollen liegen mag, ist sie bei zu hohen Such- und Opportunitätskosten und vor allem bei Vertrauensgütern nicht möglich. Dann können sich Konsumenten an Marktsignalen wie Markennamen, Reputation und Werbebotschaften orientieren, die aber möglicherweise von Anbieterseite strategisch eingesetzt werden.[202]

---

200 Diese Kategorie wurde in die Literatur eingebracht von *Darby* und *Karni* (1973).

201 Vgl. *Kiefer* (2001), S. 139.

202 Vgl. *Williamson* (1990), S. 335.

Die beschriebene asymmetrische Informationsverteilung kann zu adverser Selektion führen. Damit bezeichnet man ein Ergebnis des wettbewerblichen Ausleseprozesses bei dem die schlechten Qualitäten auf dem Markt verbleiben, während Güter guter Qualitäten ausscheiden.[203] Falls gute Qualität – insbesondere bei Erfahrungs- und Vertrauensgütern – nicht zu erkennen ist, werden im Wechsel Zahlungsbereitschaft der Nachfrager bzw. Marktpreis und angebotene Produktqualität sukzessive sinken. Letztlich bricht der Markt für gute Qualität zusammen und es werden nur noch geringwertige Güter gehandelt. Übertragen auf den Fernsehzuschauermarkt könnte eine ständige Qualitätsverschlechterung der angebotenen Inhalte regulierende Eingriffe begründen und durch ein hochwertiges staatlich bereitgestelltes Angebot aufgefangen werden.

Auf Fernsehzuschauermärkten, auf denen für werbefinanzierte Programme keine Entgelte entrichtet und daher auch keine Zahlungsbereitschaften geäußert werden, kommt es zwar nicht zum Wechselspiel von sinkender Qualität, sinkendem Preis und weiter sinkender Qualität. Aber auch hier könnten schlechtere Qualitäten die guten verdrängen, denn es besteht stets der Anreiz, eine bestimmte Reichweite mit möglichst geringen Kosten zu erzielen.[204] Dieses Streben dürfte allgemein zu Lasten der Qualität der präsentierten Inhalte gehen, findet jedoch dann eine Grenze, wenn aufgrund sinkender Qualität die Zuschauerzahlen zurückgehen.

Informationsasymmetrien lassen sich jedoch durch Marktmechanismen überwinden. Da grundsätzlich beide Seiten ein Interesse daran haben, auch hohe Qualitäten zu einem angemessenen Preis zu tauschen, ist dies sogar wahrscheinlich. Programmanbieter versuchen als besser informierte Marktseite durch ‚signalling' den schlechter informierten Nachfragern die Qualität ihres Angebots anzuzeigen. Umgekehrt werden Zuschauer versuchen durch ‚screening' an zusätzliche Informationen über Programminhalte zu gelangen. Programmanbieter informieren vorab über Programme mittels Trailern oder Werbekampagnen in anderen Medien.[205] Zudem versuchen sie Markennamen aufzubauen, mit denen der Zuschauer eine bestimmte Reputation und – vor allem im Bereich von Informationsprogrammen – eine hohe Glaubwürdigkeit verbindet. Zuschauer können sich über Programmzeitschriften über das Programmangebot informieren.

Insgesamt können Informationsasymmetrien als herausragender Grund für sektorspezifische Regulierung nicht überzeugen. Etwaige Mängel erscheinen hier nicht gravierender als in anderen Branchen. Vielmehr wäre entgegen zu halten, dass die behaupteten Funktionsstörungen auch in Zeitungs- und Zeitschriftenmärkten auftreten müssten, die keine vergleichbare Regulierung aufweisen. Zu unterscheiden von einer Negativauslese aufgrund asymmetrischer Information ist der Befund, dass sich im werbefinanzierten Fernsehen massenattraktive Programminhalte durchsetzen, wohingegen vermeintlich höherwertige Special-Interest-Angebote aus dem Markt ausscheiden.

---

203 Vgl. grundlegend *Akerlof* (1970).

204 Vgl. *Heinrich* (2001), S. 101.

205 So zählen Medien selbst zu den größten Werbetreibenden in den werbefinanzierten Massenmedien.

3.2.2.4. Subadditivität, Irreversibilität und Natürliches Monopol

Ein wesentlicher Grund für eine hohe Anbieter-Konzentration liegt in Unteilbarkeiten, die in extremer Ausprägung zum natürlichen Monopol führen. Sind Ressourcen nicht beliebig teilbar, werden sie erst bei einer bestimmten Produktionsmenge ausgelastet, können aber bei geringerer Menge nicht entsprechend reduziert werden. Ein natürliches Monopol liegt definitionsgemäß vor, wenn die auf einem Markt nachgefragte Menge am kostengünstigsten von einem einzigen Unternehmen angeboten werden kann. Da Monopolstellungen die Gefahr der Ausbeutung der Marktgegenseite bergen und fehlender Wettbewerbsdruck zu Ineffizienzen führen kann, gelten sie als ein wesentlicher Grund, um staatliche Regulierungseingriffe aus Effizienzgründen zu rechtfertigen.

Natürliche Monopole sind zurückzuführen auf eine strikte Subadditivität der Kostenfunktion im relevanten Bereich der Nachfrage.[206] Die Kosten einer insgesamt abzusetzenden Menge sind dann für einen Anbieter geringer als bei Aufteilung auf mehrere Unternehmen. In *Abbildung 3-3* liegen die Durchschnittskosten (DK) der Menge *a* unter den DK jeder geringeren Menge (z.B. *a/2*), die sich bei mehreren Produzenten ergeben würde. Dazu ist es hinreichend, dass die Preis-Absatz-Funktion ($P_1(x)$) die Kurve der (langfristigen) DK in deren fallendem Bereich schneidet.

Abbildung 3-3: Subadditive Kostenstruktur im natürlichen Monopol

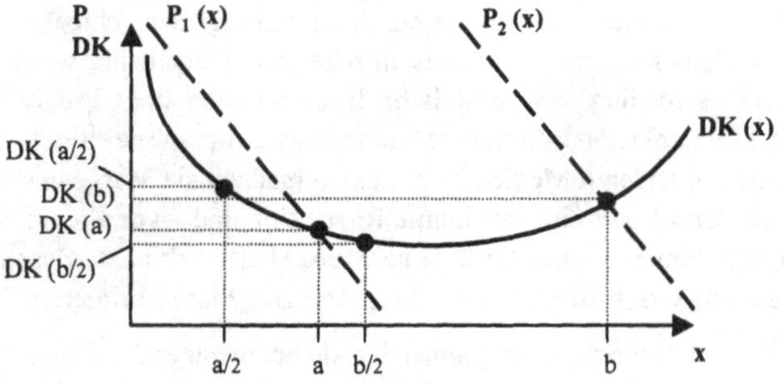

Subadditivität setzt keine global fallenden DK voraus, sondern kann – je nach Lage der Nachfragekurve – auch bei u-förmigem Verlauf gegeben sein.[207] Liegt in einem solchen Fall die Nachfragekurve im steigenden Bereich der DK (z.B. $P_2(x)$), ermöglicht eine Aufteilung der gesamten Nachfragemenge, zu geringeren DK zu produzieren (*DK(b)* im Vergleich zu *DK(b/2)*). Die Definition berücksichtigt also produktionstechnische Aspekte, die bestimmte Kostenverläufe bedingen, und die Nachfrageseite.

---

[206] Vgl. *Sharkey* (1982), S. 54 ff.

[207] Subadditive Kostenstrukturen sind zu erwarten, bei hohen Fixkosten, einer nicht austauschbaren (lokalen) Verbindung zwischen Angebot und Nachfrage und starken Nachfrageschwankungen, die umfangreiche Kapazitäten für Nachfragespitzen erfordern. Vgl. *Kahn* (1971), S. 120.

Subadditivität wird wesentlich abgedeckt durch das Konzept sinkender DK, für die wiederum Skalenerträge ein wesentlicher Grund sind. Sinkende DK beruhen auf Größenvorteilen der Produktion, die in Abhängigkeit von der Betriebsgröße entstehen und im Stückkostenminimum eine mindestoptimale (technische) Betriebsgröße begründen. Die Relation zwischen mindestoptimaler Produktionsmenge und nachgefragter Menge bestimmt die Anzahl der Anbieter, die dauerhaft in einem Markt tätig sein können.[208]

Größenvorteile können bedingt sein durch Mindesteinsatzmengen bei Produktionsfaktoren, deren Kosten sich mit steigender Produktion auf immer mehr Einheiten verteilen. Diese Fixkostendegression ist strenggenommen zu unterscheiden von Skalenerträgen. Denn Fixkostendegression heißt, dass sich bei gegebener Betriebsgröße der von der Produktionsmenge unabhängige Teil der Kosten mit steigender Auslastung auf eine größere Stückzahl verteilt.[209] Skalenerträge bestehen, wenn mit wachsender Betriebsgröße die Produktionskosten langsamer steigen als die Ausbringungsmenge. Meist werden jedoch Fixkosten als eine bedeutende Ursache von Skalenvorteilen angesehen.[210]

Größenvorteile sind meist technologisch bedingt. Bei Netzen entstehen Kostenvorteile aufgrund von Bündelungsvorteilen. So ist eine steigende Netzkapazität häufig nur mit einem unterproportionalen Anstieg der Kosten verbunden, da sich bei einer Verdopplung des Umfangs das Volumen verdreifacht (sog. Zweidrittel-Regel). Stochastische Ersparnisse ergeben sich, wenn mit zunehmender Anzahl der Nachfrager die durchschnittlich erforderliche Netzkapazität sinkt, so dass die vorzuhaltende Reservekapazität pro Nutzer reduziert werden kann.[211] Zudem steigen Transaktionskosten nicht proportional zur Anzahl der getauschten Einheiten sondern mit jedem Tauschakt. Des Weiteren können dynamische Größenvorteile auftreten, wenn mit kumulierter Ausbringungsmenge die Durchschnittskosten sinken (sog. Erfahrungs- oder Lernkurveneffekte). Diese sind irreversibel, d.h. die Durchschnittskosten steigen nicht wieder an, falls die Ausbringungsmenge pro Periode zurückgeht. Statische Größenvorteile sind für eine gegebene Technik definiert. Das Beispiel dynamischer Größenvorteile zeigt, dass Durchschnittskostensenkungen auch durch Entwicklungen entstehen können.[212]

Neben hohen Fixkosten oder steigenden Skalenerträgen in der Produktion können auch Verbundvorteile ein natürliches Monopol begründen. Solche Economies of Scope liegen vor, wenn mehrere Produkte durch ein Unternehmen zu niedrigeren Gesamtkosten hergestellt werden können als durch verschiedene Unternehmen. Begründet sein kann dies dadurch, dass Produktionsfaktoren nicht teilbar sind und in einer Aktivität nicht vollständig verbraucht werden (Management, Verwaltung), Faktoren überhaupt

---

208 Vgl. *Fritsch, Wein* und *Ewers* (2005), S. 198.

209 Strukturprobleme für den Wettbewerb bestehen, wenn der Fixkostenanteil hoch ist und die Kapazitätsauslastung mit aggressiven Methoden verfolgt wird; sie begründen in der Regel aber kein Monopol.

210 So z.B. *Borrmann* und *Finsinger* (1999), S. 104.

211 Vgl. dazu ausführlich *Blankart* und *Knieps* (1992), S. 74 ff.

212 Vgl. *Borrmann* und *Finsinger* (1999), S. 103.

nicht verbraucht werden (Urheberrechte), Kuppelprodukte entstehen oder Produkte an gleiche Nachfrager verkauft werden.[213]

Aus der Kostenstruktur ergibt sich, dass Wettbewerb zwischen mehreren Anbietern zu einer volkswirtschaftlich ineffizienten Kostenduplizierung führen würde.[214] Wohlfahrtsoptimale Grenzkosten-Preise sind im natürlichen Monopol nicht kostendeckend, da sie unter den Durchschnittskosten liegen. Als Second-best-Lösung bietet sich die Ramsey-Preissetzung[215] an, die es dem Alleinanbieter erlaubt, eine an den gesamten Durchschnittskosten orientierte Preisdifferenzierung vorzunehmen und zwischen den Marktsegmenten intern zu subventionieren. Dann wäre es jedoch für Newcomer attraktiv, in die Bereiche des natürlichen Monopols einzutreten, die profitabel sind und auf denen der Monopolist zwecks interner Subventionierung Preise über den Durchschnittskosten verlangt (‚cream skimming'').[216] Daraus resultiert insgesamt eine schlechtere Marktversorgung, da definitionsgemäß der Markt am kostengünstigsten durch einen Alleinanbieter versorgt wird.

Aus dem dargestellten Problem lassen sich mehrere Forderungen ableiten. Marktzutritt sollte bei subadditiven Kostenstrukturen beschränkt werden, damit Größenvorteile ausgeschöpft werden können. Eine so geschützte Monopolstellung darf jedoch nicht zum Nachteil der Konsumenten ausgenutzt werden, weshalb auch das Marktverhalten zu regulieren ist. Je nach konkreter Kosten- und Nachfragesituation kommen verschiedene Preisregulierungen in Betracht.[217] Daneben sollten die Produktqualität, Vertragskonditionen sowie ein Kontrahierungszwang festgesetzt werden, damit die Preisregulierung nicht unterlaufen wird und sozial erwünschte Infrastrukturziele verwirklicht werden können.[218]

Subadditivität allein ist jedoch nach neuerer wettbewerbstheoretischer Sicht noch kein ausreichendes Kriterium, um die beschriebenen weitgehenden Regulierungen zu rechtfertigen. Denn ist ein Monopol erst (staatlich) geschützt, werden vermutlich Innovationsaktivitäten nachlassen, Rationalisierungen unterbleiben und X-Ineffizienzen im Monopolunternehmen auftreten.[219] Ebenso ist die Monopolstellung auch lediglich die Voraussetzung dafür, dass Größen- und Verbundvorteile ausgenutzt werden können, ohne Kontrolle durch Wettbewerber besteht jedoch kein wirksamer Anreiz, dies auch zu tun. Potenzielle Konkurrenz könnte disziplinierend wirken, wenn sie nicht durch Marktzutrittsbeschränkungen ausgeschlossen ist. Bei der Regulierung ist demnach zu berück-

---

213 Vgl. *Heinrich* (2001), S. 72.

214 Vgl. *Gröner* (1983), S. 227.

215 Nach diesem Konzept wird die Gesamtnachfrage in Gruppen aufgeteilt, die sich in ihren Nachfrageelastizitäten unterscheiden. Von denen mit relativ unelastischer Nachfrage können höhere Preise verlangt werden, um die anderen Gruppen zu subventionieren. Vgl. dazu ausführlich *Brown* und *Sibley* (1986).

216 Vgl. ausführlich *Faulhaber* (1975).

217 Zu Modellen der Preisregulierung natürlicher Monopole vgl. im Überblick etwa *Joskow* und *Noll* (1981), S. 10 ff.

218 Vgl. *Knieps* (2001), S. 22.

219 Vgl. dazu *Leibenstein* (1973), S. 771 ff.

sichtigen, inwieweit nicht durch die Bedrohung potenzieller Konkurrenz die Verhaltensspielräume des Monopolisten (wohlfahrtssteigernd) eingeschränkt werden, so dass auf Eingriffe sogar verzichtet werden kann.

Die Theorie angreifbarer Märkte zeigt Bedingungen auf, unter denen die drohende Wirkung potenzieller Konkurrenz den Monopolisten zu wettbewerblichem Verhalten anhalten. Den Annahmen dieser ‚contestability theory'[220] folgend steigt die Wahrscheinlichkeit des Markteintritts mit der Ineffizienz des monopolistischen Anbieters. Es wird davon ausgegangen, dass der Newcomer den Preis des etablierten Unternehmens unterbietet und ihn so zum Marktaustritt zwingt. Reaktionen des bisherigen Monopolisten bleiben dabei unberücksichtigt. Hat der etablierte Anbieter allerdings hohe irreversible Investitionen getätigt, kann diese Verhaltensannahme als irrational gelten. Solange seine reversiblen Kosten gedeckt sind, wird er weiterhin anbieten. Durch Irreversibilitäten bedingte Marktaustrittsbarrieren wirken wie eine natürliche Markteintrittsbarriere für Newcomer, sofern die möglichen Risiken und drohenden Verluste antizipiert werden. Je größer die Irreversibilitäten und je ausgeprägter die Subadditivitäten sind, desto größer die Resistenz des Monopols und um so eher kann davon ausgegangen werden, dass der Markt kein effizientes Ergebnis hervor bringt.[221]

Das zweite wichtige Kostencharakteristikum natürlicher Monopole ist demnach die Irreversibilität. Der Begriff kennzeichnet „die kostenmäßigen Implikationen der Tatsache, dass eine Reihe von Produktionsfaktoren für jeweils eine bestimmte Verwendung spezifisch sind"[222]. Für solche Produktionsfaktoren ist ein Einsatz in anderen Verwendungen daher ökonomisch nur eingeschränkt möglich oder ausgeschlossen.[223] Der Vergleich von geplanter und alternativer Verwendung stellt dabei auf ein objektives Merkmal des betreffenden Produktionsfaktors ab und beschreibt nicht lediglich eine subjektive Entscheidung.[224] Irreversible Kosten können im Gegensatz zu fixen Kosten auch dann nicht abgebaut werden, wenn die Produktion eingestellt wird. Irreversible Investitionen umfassen die Anschaffung von Faktoren, die über mehrere Perioden zu nutzen sind. Werden irreversible Investitionen getätigt, sind für zukünftige Entscheidungen unumkehrbare Voraussetzungen geschaffen, wodurch sich die ökonomische Entscheidungssituation grundlegend verändert.[225]

Weiter unterschieden werden kann zudem danach, ob die Faktoren für eine Industrie spezifisch sind oder nur für einen Markt. Während viele Faktoren eine Industrie-Irreversibilität aufweisen, ist die Markt-Irreversibilität eine engere Restriktion auf einen

---

220 Vgl. dazu *Baumol, Panzar* und *Willig* (1988).

221 Vgl. etwa *Kruse* (1986), S. 32.

222 *Kruse* (1985), S. 41.

223 Irreversibilitäten treten vor allem bei dauerhaften Investitionsgütern wie Produktionsanlagen auf, sie können aber auch Forschungs- und Entwicklungsaktivitäten, Werbeaufwendungen oder Qualifizierungsmaßnahmen für Mitarbeiter zugeschrieben werden.

224 Vgl. *Kruse* (1985), S. 59.

225 Diese Tatsache liegt implizit auch der Unterscheidung von kurz- und langfristigen Kostenfunktionen zugrunde, die nur entscheidungsrelevant ist, wenn Irreversibilitäten bestehen. Vgl. *Kruse* (1985), S. 52.

nachfrageseitig abgegrenzten relevanten Markt. Schienen- oder Leitungsnetze weisen eine hohe Markt-Irreversibilität auf, während z.B. ein Flugzeug zwar nur innerhalb der Industrie, aber auf verschiedenen Flugstrecken als den jeweils relevanten Märkten eingesetzt werden kann. Ebenso liegt häufig bei den über Netze verteilten Gütern oder Diensten keine Markt-Irreversibilität vor. Werden Netz und Dienstleistung jedoch – wie in der Vergangenheit üblich – von einem vertikal integrierten Anbieter bereitgestellt, werden die natürlichen Markteintrittsbarrieren auf die nicht-marktirreversible Produktionsstufe ausgedehnt. So können institutionelle Bedingungen oder ordnungspolitische Entscheidungen einzelwirtschaftlich relevante Irreversibilitäten hervorrufen.

Abbildung 3-4: Kombinationen von Subadditivität und Markt-Irreversibilität

	geringe Subaddivität	**hohe Subadditivität**
geringe Irreversibilität	Wettbewerbs-Markt	von Konkurrenz diszipliniertes natürliches Monopol
hohe Irreversibilität	zu Inflexibilität tendierender Markt	vor Konkurrenz geschütztes **natürliches Monopol**

Quelle: Eigene Darstellung in Anlehnung an *Kruse* (1985), S. 64.

Allein in den durch Subadditivität und Irreversibilität gekennzeichneten Bereichen, den sog. monopolistischen Bottlenecks, liegt Marktmacht vor. In allen anderen Fällen der *Abbildung 3-4* ist hingegen zumindest potenzielle Konkurrenz wirksam. Regulierung ist in diesen Fällen nicht legitimierbar und sogar kontraproduktiv. In dynamischer Betrachtung können sich natürliche Monopole auch auflösen: Aus der Definition lässt sich ableiten, dass sowohl technische Veränderungen als auch steigende Nachfrage die Situation verändern und mehrere Anbieter ermöglichen können.

Ein natürliches Monopol schließt zwar Konkurrenz im Markt von Vornherein aus. Alternativ könnte es jedoch einen periodischen Wettbewerb um den Markt geben (‚franchise bidding'). Dazu müsste das Recht, ein natürliches Monopol für einen bestimmten Zeitraum bedienen zu dürfen, handelbar gemacht werden.[226] Darüber hinaus kann Marktmacht auch durch intermodalen Wettbewerb begrenzt werden, wenn die Ausweichmöglichkeiten als hinreichend substituierbar angesehen werden.[227]

Für den Fernsehsektor ist festzustellen, dass umfangreiche Skalenvorteile und Irreversibilitäten im Distributionsbereich vorliegen. Demgegenüber sind in der Programm-Input-Produktion keine Strukturprobleme aufgrund von Größenvorteilen zu beobachten. Auch kleine Programmproduzenten können effizient und wettbewerbsfähig produzieren.

In der Programmveranstaltung ist zwar von kontinuierlich sinkenden Durchschnittskosten bei steigender Zuschauerzahl auszugehen, da die Gesamtkosten eines erstellten Programms den Charakter fixer Kosten haben. Zu beachten ist dabei der Zeithorizont

226 Vgl. dazu *Demsetz* (1968), S. 57 ff.

227 Im Personen- und Gütertransport kommt dies für Schienen-, Flug- und Straßenverkehr, in der Telekommunikation für Festnetz- und Mobilfunk-Telefonie in Betracht.

der Betrachtung. Fix sind die Kosten eines Programms erst in der Ex-post-Betrachtung. In der Entwicklungsphase sind sie jedoch zum größten Teil variabel und es kann durchaus vermutet werden, dass höhere Kosten sich in höherer Qualität und höherer Zuschauernachfrage niederschlagen. Die These von einer Fixkostendegression ad infinitum[228] ist also zu relativieren. Zudem stehen Kostenvorteilen eines Massenproduktes heterogene Konsumentenpräferenzen gegenüber. Aufgrund dieses Trade-off ist zwar von Konzentrationstendenzen auszugehen, aber nicht von einem natürlichen Monopol.

In der Programmdistribution werden derzeit drei Übertragungswege genutzt. Bei terrestrischen Funknetzen ist der Aufbau mit erheblichen Skalenvorteilen verbunden, da über die Sendemasten mehrere Programme abgestrahlt werden können. Für einen Großteil der Gesamtkosten sind jedoch die Energiekosten verantwortlich, die keine wesentlichen Skaleneffekte aufweisen. Insgesamt weist die Kostenstruktur damit Skaleneffekte auf, jedoch nicht in dem Ausmaß, dass ein Monopolist die Netze mit erheblichen gesamtwirtschaftlichen Vorteilen anbieten könnte. Unterschiedliche Betreiber wären also möglich, eine Regulierung aufgrund eines natürlichen Monopols erscheint nicht notwendig.

Davon zu trennen ist die Frequenzallokation. Die Zuteilung erfolgt in zwei Schritten: Zunächst werden bestimmte Frequenzbereiche unterschiedlichen Nutzungsarten wie Fernsehen oder Mobilfunk zugeteilt (intermodale Allokation); innerhalb der Bereiche werden dann Frequenzen an einzelne Nutzer verteilt (intramodale Allokation). Obwohl Wettbewerb bei beiden nicht nur möglich sondern auch effizient wäre, werden die Frequenzen überwiegend entgeltfrei und administrativ vergeben.[229]

Die Satellitenübertragung weist ebenfalls Größenvorteile auf, die allerdings dadurch begrenzt werden, dass die Anzahl der Transponder und damit der Kapazität auf einem Satelliten begrenzt ist.[230] Insbesondere sind die Größenvorteile damit im Verhältnis zur Marktnachfrage nach Übertragungskapazität nicht so erheblich, dass sie ein natürliches Monopol begründen. Dass sich dennoch ein De-facto-Monopol etablieren konnte liegt begründet in der Knappheit der Orbitalpositionen: Denn die Anzahl der geostationären Orbitalpositionen, die genutzt werden können, um Programme für den europäischen Raum auszustrahlen sind begrenzt. Zusammen mit der administrativen Vergabe der Positionen hat dies zu First-Mover-Vorteilen geführt, da die meisten Satellitenschüsseln auf eine Position ausgerichtet werden müssen und damit nur Signale der Satelliten auf dieser Position empfangen können.[231] In Deutschland hat das Astra-Satelliten-System diese Position frühzeitig besetzt und ist noch heute der marktbeherrschende Anbieter.

Das Kabelnetz ist das einzige der drei Übertragungsmedien, das beide Eigenschaften eines natürlichen Monopols, Subadditivität und Irreversibilität, aufweist. Die Netze selbst weisen große Dichtevorteile auf, die Programmdistribution unterliegt mit zunehmender Anzahl von Programmen einer erheblichen Kostendegression pro Kanal. Empi-

---

228 Vgl. *Heinrich* (2001), S. 126.

229 Vgl. ausführlich *Kruse* (1995), S. 453–459.

230 Vgl. etwa *Szafran* (1993), S. 3.

231 Vgl. dazu *Otto* (1997).

rische Studien bestätigen,[232] dass die langfristigen Durchschnittskosten damit im relevanten Nachfragebereich sinken, so dass von einem natürlichen Monopol auszugehen ist. Da die Signale allerdings immer wieder verstärkt werden müssen und dabei an Qualität einbüßen, existiert eine optimale Größe. Es handelt sich mithin um geographische Monopole. Obwohl für Deutschland keine genauen Daten vorliegen, ist davon auszugehen, dass verschiedene Anbieter Kabelnetze in unterschiedlichen Regionen betreiben können. Parallele Netze im gleichen Gebiet wären aus Kostengründen jedoch volkswirtschaftlich unerwünscht.[233]

Diese geographischen Monopole werden auch nicht durch potenzielle Konkurrenz wirksam diszipliniert, da der größte Teil der Kosten entsteht, um die Netze zu verlegen. Der Anteil der Kosten für Tiefbauarbeiten an den Gesamtkosten wird auf 60 bis 80 Prozent geschätzt.[234] Diese Kosten sind irreversibel. Relativiert wird diese Eigenschaft, wenn die Netze soweit aufgerüstet sind, dass sie nicht nur zur Fernsehübertragung verwendet werden können sondern auch für Telekommunikationsdienste.

Die genannten Eigenschaften der Übertragungswege fasst *Tabelle 3-1* zusammen.

Tabelle 3-1: Eigenschaften der Übertragungswege

Terrestrische Funknetze	**Breitbandkabelnetze**	**Satellitenübertragung**
Keine Subadditivität: Skalenvorteile im laufenden Betrieb unerheblich	Subadditivität durch: - Dichtevorteile - Kostendegression/Kanal	Keine Subadditivität: Größenvorteile unerheblich im Vergleich zur Nachfrage
	Kosten der Errichtung irreversibel	
Frequenzallokation entgeltfrei und administrativ	Optimale Größe begrenzt, keine parallelen Netze	Orbitalpositionen begrenzt, administrativ vergeben
Kein natürliches Monopol, mehr Wettbewerb möglich	**Geschütztes geographisches natürliches Monopol**	**De-facto-Monopol durch First-Mover-Vorteile**

Regulierung aufgrund resistenter Monopole kommt daher nur für Distributionsmärkte in Frage. Ordnungstheoretisch problematisch sind all die Fälle, in denen hohe Irreversibilität mit hohen Skalenvorteilen einhergeht, was im Einzelfall für jeweils relevante Märkte genau zu überprüfen ist.[235] Gegen eine Regulierung spricht indes die hohe Dynamik in der technischen Entwicklung, die zu sinkenden Markteintrittsbarrieren führt.[236] Wenn sich die Substitutionsmöglichkeiten zwischen den Übertragungswegen verbessern, kann intermodaler Wettbewerb einen gewissen Konkurrenzdruck entfalten.

---

232 Vgl. z.B. *Comanor* und *Mitchell* (1971); *Webb* (1983), S. 41–88.

233 So auch *Czygan* (1997), S. 14.

234 Vgl. *Kopp* (1990), S. 102; *Dernedde* und *Jessen* (1996), Kapitel 3.3.

235 Zur genauen Analyse der Übertragungswege vgl. Kapitel 4.2.

236 Darauf verweist etwa *Soltwedel* (1986), S. 8 f.

Ist ein resistentes Monopol zu konstatieren, gilt es im zweiten Schritt zu prüfen, ob eine alternative, kollektive Transaktionsform gefunden werden kann, die ein Ergebnis mit höherem Effizienzgrad ermöglicht.[237] Auch wenn dies kurzfristig möglich erscheinen mag, ist unklar, ob nicht technischer Fortschritt mittel- bis langfristig zum Wegfall der ökonomischen Begründung der Regulierung führt und die regulierenden Eingriffe dann die entscheidende (institutionelle) Markteintrittsbarriere darstellen.[238] Genau dies scheint im Fall der Fernseh-Übertragungswege zuzutreffen: Die ökonomische Begründung für die bestehende Regulierung – der Engpass der Übertragungskapazität – ist durch die Digitalisierung zumindest entkräftet, die bestehenden Regulierungen behindern aber nun die Marktentwicklung und schnelle Durchsetzung innovativer Ideen.

3.2.2.5. Programme als (de-)meritorische Güter

Im Unterschied zu den bisher diskutierten Marktmängeln, bei denen lediglich strittig ist, ob sie jeweils in hinreichendem Ausmaß vorliegen, um Regulierung zu rechtfertigen, sind meritorische Güter als Regulierungsgrund – zumindest unter Ökonomen – grundsätzlich umstritten.[239] Dementsprechend stößt auch die Übertragung des Konzepts auf Rundfunkprogramme auf Widerspruch.[240]

Nach dem Konzept der Meritorik gibt es Güter, bei denen die einzelwirtschaftliche Nachfrageentscheidung in Bezug auf Menge oder Qualität nicht mit den gesellschaftlichen Präferenzen übereinstimmt.[241] Regulierung wird bei meritorischen Gütern nicht damit begründet, dass der Markt ein ineffizientes Ergebnis hervorbringt oder nicht funktioniert. Das erzielte Ergebnis wird vielmehr nicht für wünschenswert gehalten. Die Regulierungsbegründung beruht damit auf Werturteilen. Meritorische (also „verdienstvolle") Güter werden bei individueller Entscheidung in zu geringem, demeritorische Güter in zu großem Maße konsumiert.[242] Die vermeintliche Fehleinschätzung des Einzelnen legitimiert demnach staatliche Eingriffe. Der Konsum meritorischer Güter kann durch Subventionen, staatliche Bereitstellung oder Zwang gefördert werden. Steuern oder Verbote können demgegenüber dazu beitragen, dass demeritorische Güter weniger oder gar nicht konsumiert werden.

Unter Ökonomen sind (de-)meritorische Güter als Legitimation von Staatseingriffen umstritten, da es der Konsumentensouveränität als dem zentralen Beurteilungskriterium der ökonomischen Theorie widerspricht. Staatliche Eingriffe bei diesen Gütern stellen sich jedoch bewusst gegen die individuell geäußerten Präferenzen und missachten somit die Konsumentensouveränität. Kritisiert wird vor allem der „elitäre Ansatz"[243] der An-

---

[237] Vgl. *Kruse* (1989).

[238] Darauf verweist etwa *Friedman* (1962), S. 128 f.

[239] Vgl. *McLure* (1968); ebenso zusammenfassend *Lobigs* (2004), S. 48 ff.

[240] Vgl. z.B. *Blankart* (2003b), S. 69.

[241] Der Begriff ‚merit wants' wurde von *Musgrave* eingeführt. Vgl. *Musgrave* (1957). Einen Überblick über die Weiterentwicklung der Theorie gibt z.B. *Andel* (1984).

[242] Als meritorische Güter gelten Schulausbildung und Gesundheitsvorsorge, Beispiele für demeritorische Güter sind Drogen. Vgl. *Erlei* (1994).

[243] *Kops* (1997), S. 156.

nahme, dass der Staat nicht nur weiß, „was für seine Bürger gut ist, er weiß es sogar *besser* als sie."[244] Umstritten ist, ob gesellschaftliche Bedürfnisse bestehen und wer sie feststellen sowie daraus abgeleitete Programminhalte bestimmen soll.[245] Wahrscheinlich erscheint zudem, dass die Handlungsspielräume, die das Konzept dem Staat eröffnet, für Eingriffe genutzt werden, die sich gerade nicht an gesamtwirtschaftlichen Zielen, sondern an Interessengruppenwünschen orientieren.[246]

Die Entscheidung darüber, ob Staatseingriffe aufgrund meritorischer Güter legitim sind, kann nur durch Werturteile erfolgen. Entweder man lehnt die Begründung ab, weil paternalistische Festlegungen von gesellschaftlichen Zielen nicht akzeptiert werden, oder man folgt ihr und hält staatliche Eingriffe für berechtigt. Gelangt man zu der Ansicht, dass es Programme gibt, die aus wohlfahrtsökonomischer Sicht angeboten werden sollten, vom Markt aber in zu geringem Maße bereitgestellt werden, entspricht dies dem Ergebnis bei positiven externen Effekten, so dass auch die gleichen ordnungspolitischen Empfehlungen gelten.[247]

Überflüssig erscheint das Konzept, sofern Präferenzen aufgrund unvollkommener Information verzerrt sind,[248] da dies unter der Kategorie Informationsmängel subsumiert werden könnte und Defizite mit den dort erarbeiteten staatlichen oder marktendogenen Lösungsmöglichkeiten zu beseitigen sind. Zudem haben diese Defizite ebenso für die entsprechenden Entscheidungsträger zu gelten, die sich über die Entscheidungen von Individuen hinwegsetzen. Meist werden daher Nichtrationalität oder Willensschwäche als Rechtfertigung angeführt, die als Konzept der individualistischen Meritorik erklären sollen, weshalb die „wahren" Präferenzen nicht die Entscheidung der Konsumenten bestimmen. Neben ihren marktlichen Präferenzen, die eine konkrete Konsumentscheidung bestimmen, haben Individuen annahmegemäß eine zweite Präferenzordnung, die wiedergibt, was sie selbst für rational halten bzw. wie sie sich gerne handeln sähen.[249]

Im Fall von Nichtrationalität, wenn also Individuen systematisch gegen ihre eigenen (wahren) Interessen verstoßen, wird eine Korrektur befürwortet, wenn von einer nachträglichen Zustimmung der Betroffenen ausgegangen werden kann. Diese Ansicht wird vor allem im Zusammenhang mit einer Unterschätzung der Zukunft vertreten.[250] Es besteht dabei eine verzerrte Wahrnehmung von Kosten und Nutzen zu unterschiedlichen Zeitpunkten: Güter mit Suchtpotenzial, deren Kosten bzw. Risiken nicht genau bekannt sind und erst später anfallen, werden eher zuviel konsumiert. Bei meritorischen Gütern bleibt wegen relativ hoher gegenwärtiger Kosten aber einem eher ungewissen zukünftigen Nutzen die Nachfrage meist hinter dem zurück, was den „wahren" Interessen ent-

---

244 *Schröder* (1997), S. 15 (Hervorhebung im Original, *K.W.*).

245 So auch *Czygan* (2003), S. 82.

246 Vgl. *Kruse* (2000), S. 18.

247 Vgl. *Czygan* (2003), S. 83.

248 Vgl. *Brümmerhoff* (2001), S. 113; im Unterschied dazu siehe unten die Begründung von *Kruse* zur Meritorik im Medienbereich.

249 Vgl. *Kiefer* (1996a), S. 88.

250 Vgl. dazu bereits *Pigou* (1972), S. 25.

sprechen sollte. Gegenwärtige Nutzen werden also eher überschätzt während zukünftige Risiken unterschätzt werden.

Bei Willensschwäche besteht zwar keine verzerrte Einschätzung von Präferenzen, es wird aber nicht danach gehandelt. Im Unterschied zum allgemeinen Konzept ist hier keine paternalistische Regulierung gefragt, die das Postulat der Konsumentensouveränität verletzt. Vielmehr fordern die Individuen selbst eine Regulierung ein, da sie sich der Inkonsistenz ihrer Präferenzordnung bewusst sind. Scheinbar irrationales Verhalten beruht also eigentlich auf einem Wechsel der Präferenzordnung.

Im Fernsehsektor können die Argumente für Regulierung aufgrund meritorischer Eigenschaften – wenn überhaupt – nur für den Fernsehkonsum geltend gemacht werden, so dass lediglich die Zuschauermärkte betroffen sind. Dem Rundfunk wird neben einer demokratischen Aufgabe, die freie Meinungsbildung und die demokratische Ordnung durch das Programm zu unterstützen,[251] auch ein kultureller Auftrag zugesprochen.[252] Aufgabe des Staates wäre es demnach, für ein Programmangebot zu sorgen, das gesellschaftlich gewünscht wird, aber im freien Wettbewerb nicht entstehen würde. So wird insbesondere der öffentlich-rechtliche Rundfunk gerechtfertigt. Übertragen auf die oben dargestellten zwei Präferenzordnungen, orientiert sich das öffentlich-rechtliche Fernsehen an den rationalen Präferenzen, während die kommerziellen Anbieter die am Markt geäußerten bedienen.

Als wünschenswertes Marktergebnis wird für das Fernsehen die Bereitstellung „publizistischer" Vielfalt[253] angesehen, wobei dieser Begriff zweierlei beinhaltet: Neben konsumtiver Vielfalt, die auf Produktmerkmale abstellt, die für die individuelle Konsumentscheidung relevant sind, soll darüber hinaus meritorische Vielfalt gesichert werden. Diese bezieht sich auf die Wirkungen auf Meinungsbildung oder gesellschaftliche Wertvorstellungen, die über die Eigenschaften als individuelles Konsumgut hinausgehen. Optimale Vielfalt wäre in diesem Sinne gegeben, wenn die verschiedenen politischen und gesellschaftlichen Meinungen in dem Maße berücksichtigt werden, wie sie auch in der Bevölkerung vorkommen.

Staatseingriffe bei vermeintlich meritorischen Gütern sind jedoch aus mehreren Gründen problematisch. Nur wenn es inkonsistente Präferenzordnungen überhaupt gibt, der Einzelne sich nicht selbst binden kann und der Staat die Abweichungen identifizieren sowie eine Bindung vollziehen könnte, ließe sich ein Staatseingriff in den Fernsehzuschauermarkt rechtfertigen.[254] Bisher gibt es allerdings keinen empirischen Beleg dafür, dass inkonsistente Präferenzordnungen existieren.[255] Da offensichtlich die Selbstbindung der Individuen nicht gelingt, kann es auch nicht ausreichen, ein öffentlichrechtliches Programmangebot bereitzustellen. Die Individuen müssten einem Zwangs-

---

251 Vgl. *Kiefer* (1996b), S. 22.

252 Dies lässt sich daran ablesen, dass die kulturelle Verantwortung in vielen Rundfunkgesetzen betont wird. Vgl. *Fohrbeck* und *Wiesand* (1989), S. 9.

253 Das Konzept wird unterschiedlich verwendet und kontrovers diskutiert. Vgl. etwa *Rager* und *Weber* (1992). Hier wird der Darstellung von *Kruse* (1996a), S. 28 gefolgt.

254 So auch für den Hörfunkkonsum *Czygan* (2003), S. 84.

255 So auch der Hinweis bei *Kops* (1997), S. 163, der das Konzept befürwortet.

konsum unterworfen werden, da sie sich ja sonst – der Argumentation inkonsistenter Präferenzordnungen folgend – nicht für das höherwertige Programm entscheiden.[256]

Für den Medienkonsum stellt *Heinrich* fest, dass es bislang nur individuelle Werturteile aber keine festgestellten Defizite gibt, die nachträglich von den Betroffenen oder in demokratischen Abstimmungsprozessen legitimiert worden wären.[257] Gleichwohl wird den Massenmedien insgesamt eine meritorische Funktion zugesprochen, insoweit sie zur politischen Aufklärung und Allgemeinbildung beitragen. *Kruse* begründet die ordnungspolitische Legitimität der Meritorik im Medienbereich mit Informationsmängeln der Konsumenten und externen Effekten, die beim Medienkonsum für die Gesellschaft entstehen.[258] Diese Interpretation verwischt jedoch die Trennung zwischen den an objektiven Effizienzkriterien festzumachenden Funktionsmängeln und der auf Werturteilen beruhenden meritorischen Argumentation.

3.2.2.6. Fazit: Eingeschränkte Marktfähigkeit lediglich auf einzelnen Märkten

Im Fernsehsektor scheinen sich ungünstige Bedingungen zu häufen und damit wünschenswerten Marktergebnissen entgegenzustehen. Aufgrund einer Reihe von Marktunvollkommenheiten besteht auf einigen Märkten nur eine eingeschränkte Marktfähigkeit: Die Produktions- bzw. Kostenstruktur und mangelnde Ausschlussmöglichkeiten beeinträchtigen den Preismechanismus auf dem Zuschauermarkt, da eine hohe Anbieterkonzentration den Wettbewerb beschränkt und fehlende Ausschlussmöglichkeiten verhindern, dass Preise erhoben werden. Im Bereich der Distributionsnetze bestehen zumindest regionale Monopole. Zudem wird die Knappheit von Übertragungskapazitäten als Argument für Staatseingriffe angeführt.

Daneben wird die Existenz des öffentlich-rechtlichen Rundfunks damit begründet, die individuelle Programmwahl der Zuschauer bedürfe der Korrektur. So wird argumentiert, dass (demeritorische) Programme etwa mit gewaltverherrlichenden, demokratiefeindlichen oder einfach niveaulosen Inhalten trotz ihres geringen oder gar negativen Nutzens zu stark nachgefragt würden. Demgegenüber würden (meritorische) Programme mit kulturell wertvollen, demokratiefördernden oder integrierenden Inhalten zu wenig konsumiert. Da diese Begründungen jedoch auf Werturteilen beruhen und damit als Rechtfertigung umstritten sind, wird der öffentlich-rechtliche Rundfunk (ergänzend) auch mit den beschriebenen Marktmängeln gerechtfertigt. Selbst wenn der meritorische Ansatz abgelehnt wird, lassen sich so regulatorische Eingriffe begründen.[259]

Die vorangegangene Analyse fasst *Tabelle 3-2* zusammen: Es zeigt sich, dass Markt- und Wettbewerbsversagen vorwiegend auf den Zuschauer- und Distributionsmärkten geltend gemacht werden können. Einzelne Argumente können jedoch relativiert werden, so dass auch das Gesamturteil positiver ausfällt.

---

256 Vgl. *Eickhof* und *Never* (2000b), S. 301.

257 Vgl. *Heinrich* (2001), S. 103.

258 Vgl. *Kruse* (1996a), S. 29.

259 Vgl. auch *Kops* (2005).

Tabelle 3-2: Marktversagen im Fernsehsektor

	Input-märkte	Zuschauer-märkte	Werbe-märkte	Distributions-märkte[a]
Öffentliche Güter	–	+ / –	–	–
- Nicht-Rivalität	–	+	–	–
- Nicht-Ausschluss	–	– / +	–	–
Externe Effekte	–	(+)	–	–
Informationsmängel	–	(+)	–	–
Natürliche Monopole	–	(+)	–	+
- Subadditivität	–	(+)	–	+
- Irreversibilität	–	(+)	–	+
Meritorische Güter	–	+	–	–

[a]: zusammenfassend für die Märkte im Bereich der Programm-Distribution.

Obwohl Informationen an sich öffentliche Güter sind, werden Medienprodukte nachgefragt, da die Konsumenten genaugenommen die Auswahl und Aufbereitung von Informationen nachfragen. Da für diese Dienstleistungen Konsumausschluss praktizierbar ist, sind sie grundsätzlich über Märkte handelbar. Selbst (terrestrischer) Rundfunk wurde bereits angeboten, als Konsumenten nicht vom Empfang ausgeschlossen werden konnten, da er als Leistungsbündel zusammen mit Werbung auch von privaten Anbietern finanziert werden konnte.

Das Problem mangelnder Qualitätstransparenz ist auf vielen Märkten mit komplexen Produkten anzutreffen und ebenso über marktendogene Mechanismen zu lösen. Über Reputationsaufbau, Informationsbereitstellung durch Dritte oder gegenseitige Kontrolle der Wettbewerber kann Qualitätsunkenntnis beim Konsumenten gemindert werden. Daran anknüpfend lässt sich auch das Argument entkräften, der Kostenwettbewerb führe zwangsläufig zu geringer Qualität.[260] Wenn gute Qualität identifizierbar ist, werden sich auch Konsumenten finden, die bereit sind, dafür zu zahlen.

Im Bereich der Distribution wurden Knappheiten und Tendenzen zu natürlichen Monopolen als Regulierungsgründe angeführt. Frequenzen sind zwar knapp, dies unterscheidet sie aber nicht von vielen anderen Ressourcen. Sofern die Eigentumsrechte definiert und vergeben sind, können auch Nutzungsrechte an Frequenzen verkauft und überwacht werden. Dies stellt also ebenfalls keinen Grund dar, auf eine Marktallokation zu verzichten. Im Gegenteil ist es gerade die Eigenschaft von Märkten, eine effiziente Allokation knapper Güter herbeizuführen. Mit der Digitalisierung verbessern sich außerdem die Wettbewerbsvoraussetzungen, da sich die bislang eng limitierten Kapazitäten erweitern und die Ausschlussmöglichkeiten verbessern. Zwar treten dabei neue Probleme auf, die Engpässe im Distributionsbereich erscheinen aber durch geeignete Wettbewerbspolitik grundsätzlich beherrschbar.[261]

260 Vgl. in diesem Zusammenhang *Heinrich* (1996).

261 Vgl. dazu ausführlich Kapitel 4.3.

Es verbleibt das Argument der Meritorik, um nicht nur eine regulierende Wettbewerbspolitik, sondern einen öffentlich-rechtlichen Rundfunk zu rechtfertigen. Die wesentliche Begründung für die Sonderbehandlung des Fernsehsektors ist also eher politischen Ursprungs.[262] Als Massenmedium erfüllt das Fernsehen eine politische Funktion, indem es informiert und die demokratische Willensbildung unterstützt. Dazu muss die Pluralität der Meinungen wiedergegeben werden, was eigentlich eher durch Wettbewerb als staatlich organisierten Rundfunk gegeben sein sollte. Die produktionstechnisch bedingten Konzentrationstendenzen sprechen jedoch für einen öffentlich-rechtlichen Rundfunk. Gleichzeitig ist aber eine ausreichende Staatsferne sicherzustellen. Des Weiteren wird öffentlich-rechtlicher Rundfunk für notwendig erachtet, um zur allgemeinen Bildung beizutragen und die Teilnahme am öffentlichen Leben zu ermöglichen. Solche verteilungspolitischen Erwägungen können wenig überzeugen, da auch privater Rundfunk überwiegend kostenlos zu empfangen ist oder der Zugang auch über Transferzahlungen sicherzustellen wäre.

Misstrauen gegenüber ökonomischem Wettbewerb im Fernsehsektor begleitete auch die Marktöffnung für private Anbieter in Deutschland. Erwartet wurde, dass es durch das reichweitenmaximierende Verhalten werbefinanzierter Programmveranstalter zu einer Homogenisierung des Programmangebotes kommt. Eine vermeintlich zu geringe Vielfalt, die ein werbefinanziertes Fernsehsystem hervorbringt, wird abgeleitet aus Modellen der horizontalen Produktdifferenzierung sowie der US-amerikanischen Television Economics.[263] Die Feststellung, es gäbe eine zu geringe Vielfalt, beinhaltet jedoch wie das Konzept meritorischer Güter ein Werturteil. Eine im Wettbewerb entstandene Vielfalt wird einer gewünschten Vielfalt gegenübergestellt. *Heinrich* kommt demgegenüber zu dem Schluss, dass Wettbewerb die Vielfalt nicht systematisch verringert, sondern eher eine optimale, aber eben keine maximale Vielfalt hervorbringt.[264]

Es bleibt festzuhalten, dass der Fernsehsektor durch eine Reihe von Besonderheiten gekennzeichnet ist, die regulierende wirtschaftspolitische Eingriffe grundsätzlich begründbar erscheinen lassen. Jedoch sollte getrennt werden zwischen gesellschaftlichem Auftrag, der vor allem durch ein öffentlich-rechtliches Programmangebot zu erfüllen ist, und regulierungsbedürftigen Wettbewerbsbedingungen insbesondere im Bereich der Distributionsnetze. Private Anbieter sind zahlreichen Regulierungen und daraus resultierenden Wettbewerbsverzerrungen ausgesetzt, deren Ausmaß und Beharrungsvermögen sich angesichts technischer Entwicklungen nicht (mehr) rechtfertigen, sondern (insbesondere) polit-ökonomisch erklären lassen.

---

262 Vgl. dazu *Beck* (2002), S. 53.

263 Zu den Modellen und den abzuleitenden Ergebnissen für den Fernsehsektor vgl. *Rott* (2003), S. 99 ff.

264 Vgl. *Heinrich* (1992b), S. 246 f.

3.3. Positiver Ansatz: Erklärung von Regulierung durch Interessen der Beteiligten

Der positive Ansatz der Regulierungstheorie versucht, staatliche Eingriffe in einzelne Branchen zu erklären, die nicht (nur) auf die Korrektur von Marktversagen zurückgeführt werden können. Sie geht vielmehr davon aus, dass Bedingungen zu berücksichtigen sind, die das politische System setzt.[265] Als ökonomische Theorie der Regulierung ist es das Ziel dieses Ansatzes, Regulierungsmaßnahmen sowie ihre Auswirkungen mit Hilfe der Anreize in politischen Institutionen und Bürokratien zu erklären.[266]

3.3.1. Erklärungsansätze der ökonomischen Theorie der Regulierung

Die ökonomische Theorie der Regulierung wendet die Modelle und Prämissen der Neuen Politischen Ökonomik (NPÖ) auf Regulierungsfragen an. Sie bildet damit einen der mikroökonomisch determinierten Ansätze der NPÖ, in deren Mittelpunkt die Verhaltensweisen von (wirtschafts-)politischen Entscheidungsträgern wie Regierung, Parteien oder Bürokraten und anderen Handlungsträgern wie Wählern, Interessengruppen und Verbänden stehen.[267] Als Hauptvertreter der NPÖ gelten *Downs* für die ökonomische Theorie der Demokratie, *Niskanen* und *Williamson* für die ökonomische Theorie der Bürokratie und *Olson* für die ökonomische Theorie der Interessengruppen.

Die NPÖ wiederum ist der Neuen Institutionenökonomik zuzurechnen, die Prämissen und Instrumentarium der modernen Wirtschaftstheorie verwendet, um (wirtschafts-) politische Strukturen und Prozesse zu erklären. Hauptaugenmerk liegt dabei auf den wechselseitigen Beziehungen von Wirtschaft und Politik.[268] Zu den grundlegenden Prämissen gehören neben dem methodologischen Individualismus und dem Rationalprinzip, dass die Handlungen von Organisationen auf das Verhalten der einzelnen Mitglieder zurückgeführt werden (Eigennutzaxiom). Diese müssen Entscheidungen grundsätzlich unter Unsicherheit treffen und handeln dabei nach einem Nutzen-Kosten-Kalkül (rationale Unwissenheit). Die NPÖ wendet diese ökonomischen Verhaltensmodelle auf politische Entscheidungsprozesse an.[269] Zu den wichtigsten Ansätzen der Neuen Institutionenökonomik zählt neben der NPÖ die Agency-Theorie, deren Modelle sich ebenfalls auf Regulierungsfragen übertragen lassen, da sich zwischen den Beteiligten häufig Prinzipal-Agent-Beziehungen und die damit verbundenen Agency-Probleme ergeben.

Innerhalb der ökonomischen Theorie der Regulierung haben sich zwei Erklärungsansätze herausgebildet: Die Interest-Group-Theorie und die Bürokratietheorie. Beide wer-

---

[265] Vgl. *Laffont* (1994), S. 535.

[266] Vgl. *Finsinger* (1991), S. 9.

[267] Für einen umfassenden Überblick zu Ansätzen und Modellen der Neuen Politischen Ökonomik vgl. *Behrends* (2001).

[268] Vgl. *Frey* (1970), S. 1 ff.

[269] Mit der Konzeption der NPÖ vollzog sich ein Paradigmenwechsel in der theoretischen Wirtschaftspolitik: Anstelle eines wohlwollenden Diktators wird unterstellt, dass wirtschaftspolitische Entscheidungsträger sich nicht (nur) selbstlos am Gemeinwohl orientieren, sondern ihr Handeln auch durch Eigeninteresse motiviert ist. Somit wird das ökonomische Modell individuellen Verhaltens auf wirtschaftspolitische Akteure übertragen.

den kurz vorgestellt, ehe sie auf die Akteure und Regulierungsbeziehungen im deutschen Fernsehsektor übertragen werden.

3.3.1.1. Interest-Group-Theorien

Wegweisend für die Analyse der Interaktion zwischen Regulierer und Regulierten war der Ansatz von *Stigler*, der auch als Capture- oder Beute-Theorie bezeichnet wird, die wiederum als Vorläufer verschiedener Interest-Group-Theorien angesehen wird.[270] Die Capture-Theorie geht davon aus, dass Unternehmen selbst ein Interesse an Regulierungen ihrer Branche haben, da z.B. Marktzutrittsbeschränkungen einen wirkungsvollen Schutz vor Wettbewerb bieten. So vermutet *Stigler*, dass viele Regulierungskommissionen erst unter dem Druck der betroffenen Industrien entstanden sind, um diese vor ruinöser Konkurrenz oder intensivem Wettbewerb zu schützen.[271] Eine in ihrem Sinne gestaltete staatliche Hilfe ist privat organisierten Wettbewerbsbeschränkungen insofern überlegen, als regulierungsbedingte Beschränkungen legal und beständiger sind, da sie nicht durch potenzielle Konkurrenz bedroht sind.[272]

Stigler geht der Frage nach, welche Gruppen durch Regulierungsmaßnahmen bevorzugt und benachteiligt werden, welche Arten von Regulierung es gibt und welche Folgen Regulierung auf die Ressourcenallokation hat. Gestützt auf Beispiele aus der amerikanischen Regulierungspraxis, wo es offenbar einzelnen Gruppen immer wieder gelungen ist, Staatsaktivitäten zu ihren Gunsten zu beeinflussen, formuliert *Stigler* als zentrale These, dass regulierungspolitische Maßnahmen von einzelnen Wirtschaftszweigen zu deren Vorteil gestaltet und eingesetzt werden. Der Staat verfügt über die entsprechende Macht und Befugnis, diese Regulierungen bereitzustellen. Grundsätzlich stehen vier Unterstützungsmöglichkeiten zur Verfügung: Finanzielle Subventionen, Markteintrittskontrolle für neue Wettbewerber, Beschränkungen bestehender Konkurrenz und direkte Preisfestsetzung.[273] Es existiert damit ein Angebot des Gutes Regulierungen, das auf eine wirksame Nachfrage trifft.

Die Nachfrager finden einen passenden Anbieter in politischen Parteien, die als Gegenleistung für ihr Regulierungsangebot Wählerstimmen und finanzielle Unterstützung erwarten.[274] Demnach müssten Wirtschaftszweige und Berufsgruppen, die relativ viele Wählerstimmen und große finanzielle Unterstützung anbieten können, mit dem Gut Regulierung versorgt werden, während damit nicht ausgestattete Wirtschaftszweige nicht an der Regulierung partizipieren. Nachteile entstehen vor allem den Konsumenten, da sie die Kosten z.B. in Form höherer Preise tragen. Die Capture-Theorie misst daher der regulierten Industrie den größten Einfluss auf den Regulierungsprozess zu, wohingegen Interessengruppen außerhalb der Industrie aufgrund von Informations- und Organisationskosten nicht so effektiv eingreifen können.

---

270 Vgl. *Gormley* (1983), S. 132.

271 Vgl. *Stigler* (1971).

272 Vgl. *Müller* und *Vogelsang* (1979), S. 113.

273 Vgl. *Stigler* (1971), S. 4 ff.

274 Vgl. *Stigler* (1971), S. 12.

Diese Erkenntnisse sind von der Interest-Group-Theorie ausgeweitet worden, indem die Industriefreundlichkeit der Regulierer als Marktergebnis abgeleitet wird. Nachfrager sind gut organisierte Interessengruppen, die sich Einkommensvorteile verschaffen wollen, indem sie die Regulierungsbehörde davon überzeugen, dass ihr Anliegen politisch wichtiger ist als das anderer Interessengruppen. Mit dem Regulierungsangebot sichert sich die Regierung Wählerstimmen. Im Ergebnis wird Einkommen von Gruppen mit geringerer zu solchen mit großer politischer Macht umverteilt.[275] Der Public-Choice-Ansatz der Interest-Group-Theorie der Regulierung vereint *Tullocks* Theorie des Rent-seeking[276] und *Olsons* Theorie der Interessengruppen[277], indem das individuelle Rationalkalkül derjenigen betont wird, die eigentlich Entscheidungen im Sinne der Allgemeinheit treffen sollen.

Ausgehend von einem Markt, auf dem sich demokratische Politiker und einzelne Industriezweige gegenüberstehen und Regulierung gegen Stimmen und finanzielle oder sonstige Unterstützung tauschen, untersucht *Peltzman* insbesondere, warum die von Regulierungen benachteiligten Gruppen sich nicht gegen diesen Zustand erheben.[278] Während die Capture-Theorie nur den Schutz der Produzenten betrachtet, werden nach *Peltzman* diejenigen am meisten vom gehandelten Gut ‚Transfer von Wohlfahrt' erhalten, die die höchste Nachfrage signalisieren. Ziel des anbietenden Regulierers ist es, die ihn unterstützenden Stimmen zu maximieren. Mit Hilfe der Erkenntnisse aus der Demokratietheorie von *Downs*[279] und der Interessengruppentheorie von *Olson*, erklärt *Peltzman* diese Ungleichbehandlung aus dem Verhältnis der Größe einer benachteiligten Gruppe zu den Nutzungskosten des politischen Prozesses.

Nach *Downs* wird ein rationaler Wähler am ehesten auf Politikbereiche Einfluss nehmen, in denen seine Informationskosten gering und sein persönlicher Nutzen hoch sind. Dies sind eher „Bereiche, auf die er sich als Produzent spezialisiert hat, da ihm aus ihnen sein Einkommen zufließt und er von vornherein schon sehr viel über sie weiß"[280]. Von *Olson* stammt die Erkenntnis, dass kleine Gruppen niedrigere Organisationskosten aufweisen und das Free-Rider-Problem gering einzuschätzen ist. Große, insbesondere in Bezug auf das Einkommen heterogene Gruppen sind keine guten Bieter. Relativ kleine Gruppen können sich demgegenüber besser mit dem Gut Regulierung versorgen. Produzenteninteressen einer kleinen Gruppe mit relativ hohem Einkommen sind gegenüber den eher diffusen Interessen einer großen Konsumentengruppe daher im Vorteil.[281]

Becker konstruiert ein Modell des Wettbewerbs zwischen Interessengruppen um politischen Einfluss.[282] Parteien, Politiker und Wähler werden ausgeklammert, da sie die

---

275 Vgl. *Joskow* und *Noll* (1981), S. 36.

276 Vgl. *Tullock* (1967).

277 Vgl. *Olson* (1965).

278 Vgl. im Folgenden *Peltzman* (1976).

279 Vgl. dazu *Downs* (1957).

280 *Downs* (1968), S. 253.

281 Für eine kritische Diskussion vgl. *Bonde* (2002), S. 106 ff. und die dort angegebene Literatur.

282 Vgl. *Becker* (1983) sowie *Becker* (1985).

Macht der aktiven Interessengruppen lediglich weiterleiten.[283] Die Gruppen kämpfen darum, Subventionen zu erhalten oder Steuern zu vermeiden. Der eigene politische Einfluss kann durch Ausgaben für politische Werbung oder Wahlkampfspenden vergrößert werden. Der Erfolg solcher Ausgaben hängt entscheidend von den Ausgaben der anderen Gruppen ab, da es aufwendiger ist, eine Regulierungsinstanz für die eigenen Ziele zu gewinnen, wenn eine andere Gruppe Einfluss für entgegengesetzte Ziele ausübt. Der relative, nicht der absolute Druck determiniert somit den politischen Erfolg.

Die verschiedenen Ansätze der Interessengruppentheorie unterscheiden sich letztlich darin, wie die politische Macht verteilt ist. Während die Capture-Theorie eine extrem ungleiche Verteilung annimmt, so dass sich die regulierte Industrie vollständig durchsetzen kann, geht der Ansatz eines Marktes für Regulierung von *Peltzman* zwar von einer ungleichen Verteilung zugunsten der Industrie aus, die Arbitrage der Politiker bzw. Regulierer dient aber als Ausgleichsmechanismus.[284] Weniger ungleich sind die Machtverhältnisse in den Ansätzen zum Wettbewerb zwischen Interessengruppen. Da die Reaktion benachteiligter Gruppen zudem wesentlich stärker ist, können Ineffizienzen vermieden werden. Durch die Konkurrenz verschiedener Interessen können *Becker* zufolge politische Entscheidungen korrigiert und Wohlfahrtsverluste minimiert werden.[285]

3.3.1.2. Bürokratietheorie und Verhaltensweisen der Regulierer

Der Handlungsrahmen der in bürokratischen Organisationen Beschäftigten wird zwar durch die Legislative vorgegeben. In der konkreten Ausführung verbleibt jedoch ein gewisser Spielraum. Um das Angebot an Regulierung zu erklären, kann somit auch auf die Theorie zur Erklärung der Staatsausgaben zurückgegriffen werden. *Niskanen*[286] unterstellt in seinem Erklärungsansatz, dass die mit einer Budgetausweitung verbundenen Vorteile (Einfluss, Prestige, Beförderung etc.) mit positiven Vorzeichen in die Nutzenfunktion der Bürokraten eingehen. Kontrollmöglichkeiten bestehen kaum, da die ausführende Bürokratie nahezu als Informationsmonopolist auftritt. Legislative und Judikative sind auf die Informationen der Bürokratie angewiesen, um diese zu kontrollieren.

Die Tendenz, den Regulierungsumfang auszuweiten, um über höhere Budgets zu verfügen, führt dazu, ein Regulierungsniveau jenseits des gesellschaftlichen Optimums festzulegen. Sowohl bei der administrativen Bereitstellung als auch auf den regulierten Märkten sind allokative und technische (X-)Ineffizienzen die Folge.[287] Das gesicherte Einkommen der Bürokraten sorgt des Weiteren dafür, dass keineswegs ausschließlich von Regulierung im Sinne der Produzenten auszugehen ist. Es werden die regulativen

---

283 Vgl. *Becker* (1983), S. 372.

284 Vgl. *Bonde* (2002), S. 125.

285 Andere Autoren bezeichnen diese Ansicht als naiv. Vgl. *Crew* und *Rowley* (1989), S. 12.

286 Vgl. *Niskanen* (1971), insbesondere S. 36 ff.

287 Vgl. *Moene* (1986) sowie *Orzechowski* (1977).

Eingriffe erfolgen, die mit den größten Nutzensteigerungen für Bürokraten verbunden sind.[288]

Die meisten Untersuchungen gehen dabei von der US-amerikanischen Regulierungspraxis aus.[289] Die in den USA eingesetzten unabhängigen Regulierungskommissionen, die einzelne Industrien beaufsichtigen, gibt es in Europa erst seit kurzer Zeit. Bislang herrschen hier von der Regierung abhängige bürokratische Regulierungsinstitutionen vor, die legislative Entscheidungen umsetzen, exekutive und verwaltende Funktionen wahrnehmen sowie politische Entscheidungen vorbereiten. Durch ihren Informationsvorsprung gegenüber den Entscheidungsträgern üben Bürokraten einen erheblichen Einfluss auf die Entscheidungen aus.

Eine erste politikwissenschaftliche Erklärung dafür, dass Regulierer letztlich Partialinteressen der regulierten Branche anstelle des öffentlichen Interesses vertreten, lieferte die von *Bernstein* entwickelte sogenannte Life-Cycle-Theorie der Regulierungskommissionen.[290] Dieser Ansatz geht davon aus, dass es regulierten Unternehmen oder Branchen gelingt, von „ihrer" Kommission im Laufe der Zeit Besitz zu ergreifen. Durch häufigen Kontakt und Austausch entwickeln sich „verwandtschaftliche" Beziehungen, wodurch sich Einstellungen, Denk- und Handlungsweisen der Regulierten auf das Verhalten der Regulierer übertragen.

Entgegen ihrer eigentlichen Aufgabe, das öffentliche Interesse zu wahren, degenerieren Regulierungskommissionen zum Werkzeug regulierter Wirtschaftsbereiche. Mit intensiver Zusammenarbeit wachsen Vertrautheit und gegenseitiges Verständnis, so dass sich die Regulierer letztlich für die von ihnen Regulierten verantwortlich fühlen und sich für die spezifischen Interessen einfangen lassen. Die Kommission selbst ist nicht mehr fähig ihre Regulierung an veränderte Rahmenbedingungen anzupassen bzw. zu verringern. Gravierende Änderungen können nur von politischer Ebene veranlasst werden und initiieren einen neuen Lebenszyklus der Regulierungskommission.

Gemäß des verhaltenswissenschaftlichen Ansatzes der NPÖ betrachtet *Hilton*[291] die regulierenden Kommissionen nicht als altruistische Spezialisten, sondern als eigennutzorientierte Regulatoren. Die jeweiligen Nutzenfunktionen der Kommissionsmitglieder bestimmen demnach auch das Handeln der gesamten Kommission. Regulierungen werden so lange auch auf neue Bereiche ausgedehnt, bis dies keinen zusätzlichen Nutzen mehr erbringt. Wird eine bestimmte Gruppe begünstigt, müssen die Regulierer auch den Widerspruch der nichtbegünstigten Gruppen einkalkulieren und daher häufig versuchen, einen Mittelweg zu finden, mit dem sie weder großes Aufsehen erregen, noch sich selbst unbeliebt machen.[292] Um Widerstände zu beschwichtigen können beispielsweise offensichtliche Regulierungen durch unauffälligere Maßnahmen ersetzt werden, anstatt sie vollständig abzubauen.

---

288 Vgl. *Niskanen* (1983), S. 113.

289 Für einen Überblick vgl. *Romer* und *Rosenthal* (1987).

290 Vgl. dazu *Bernstein* (1955), insbesondere Kapitel 3.

291 Vgl. *Hilton* (1972).

292 Vgl. *Hilton* (1972), S. 47.

Russell und *Shelton*[293] erweitern diesen Ansatz, indem sie zwischen konsumenten- und produzentenorientierten Kommissionsmitgliedern differenzieren. Sie kommen zu dem Ergebnis, dass der am Wohl des Konsumenten orientierte Regulator, sowohl die schlechteren Karrierechancen, als auch die geringeren politischen Durchsetzungschancen hat.

Beide Ansätze beziehen sich insbesondere auf das US-amerikanische System der Regulierungskommissionen, das sich vom deutschen unter anderem dadurch unterscheidet, dass deutsche Bürokraten meist bis zum Ende ihrer Berufstätigkeit im Amt sind. Die genannten Ansätze berücksichtigen hingegen, dass in der Regel Kommissionsmitglieder versuchen werden, im Anschluss an ihre Kommissionstätigkeit in einem Unternehmen der von ihnen regulierten Branche eine Anstellung zu finden. Ihre formellen und informellen Kontakte und das über die Arbeit der Kommission und die Branche erworbene Fachwissen machen Kommissionsmitglieder zu wertvollen Mitarbeitern. Um die eigenen Karrierechancen nicht zu gefährden, kann davon ausgegangen werden, dass versucht wird, die Konflikte mit einzelnen Unternehmen bzw. der Branche als Ganzes auf ein Minimum zu begrenzen.[294] Der Zeithorizont der Kommissionsmitglieder ist zu kurz, als dass die mit einer Deregulierung verbundenen positiven Wirkungen mit dem jeweiligen Initiator (politisch) verknüpft würden.

Während bei der Interest-Group-Theorie der politische Prozess der Regulierung im Vordergrund steht, die regulierenden Organisationen hingegen vernachlässigt werden, stehen die bürokratischen Abläufe im Vordergrund der bürokratietheoretischen Ansätze. Insbesondere die Ansätze von *Hilton* sowie *Russel* und *Shelton* betonen die Präferenzen von Bürokraten für ein ‚quiet life'. Indem sie Konflikte minimieren, hoffen sie, ihre Karrierechancen in einem regulierten Unternehmen für die Zeit nach ihrer Regulierungstätigkeit zu erhöhen.

3.3.2. Polit-ökonomische Regulierungserklärungen im Fernsehsektor

Die bislang wichtigsten am deutschen Fernsehsektor und dessen Regulierung Beteiligten aus Politik, Unternehmen und Bürokratie werden zunächst vorgestellt und ihre Interessen zusammengefasst. Anschließend können konkrete Konstellationen modelliert werden, in denen sich sowohl die Erkenntnisse der Interest-Group- als auch der Bürokratietheorien wiederfinden. Als Analyserahmen eignen sich (politische) Märkte, auf denen sich Anbieter und Nachfrager nach Regulierung gegenüberstehen, und Prinzipal-Agent-Beziehungen, die aus Kontrollproblemen innerhalb des Regulierungsapparates resultieren. So werden die gewachsenen institutionellen Gegebenheiten und Mechanismen des deutschen Fernsehsektors deutlich. Diese gilt es zu verstehen und zu berücksichtigen, wenn Veränderungsvorschläge für die Politik erarbeitet werden.

---

293 Vgl. *Russel* und *Shelton* (1974).

294 Vgl. *Hilton* (1972), S. 48.

3.3.2.1. Regulierungsinteressen im deutschen Fernsehsektor

Ein Überblick über die grundsätzlichen Interessen der einflussreichsten Beteiligten verdeutlicht, dass ein reges Interesse an Regulierung besteht, die positive Regulierungstheorie mithin im Fernsehsektor ein bislang nicht ausgeschöpftes Anwendungsfeld findet. Die Analyse des normativen Regulierungsbedarfs hat gezeigt, dass sich auf den Märkten der Programmebene keine ausreichenden Marktunvollkommenheiten nachweisen lassen, die eine derart umfangreiche Regulierung rechtfertigen. Die Überprüfung der vorgestellten positiven Regulierungsansätze konzentriert sich daher auf die Interessen von Programmveranstaltern und den an ihrer Regulierung beteiligten Institutionen. Neben diesen schon seit längerem im „Regulierungsmarkt" etablierten Akteuren treten nun die Betreiber der Distributionsnetze – insbesondere die Betreiber der privatisierten Kabelnetze – hinzu. Ihre Interessen werden ebenfalls kurz vorgestellt.[295]

Die Programmveranstalter sind in öffentlich-rechtliche und private Veranstalter zu unterscheiden. Innerhalb der Gruppe der privaten Anbieter dürften sich zudem die Interessen der großen und bereits etablierten Programmveranstalter in einigen Punkten von denen kleinerer und neuer Veranstaltern unterscheiden, da sie über unterschiedliche Ausgangspositionen verfügen.

Private Programmveranstalter

Zu den etablierten privaten Programmveranstaltern sind vor allem die beiden großen privaten Senderfamilien der RTLGroup und der ProSiebenSat.1 Media AG zu zählen, die neben den öffentlich-rechtlichen Anbietern die größten Reichweiten im Free-TV erzielen und den Werbemarkt dominieren. Ihr Interesse besteht darin, über die erweiterten Kapazitäten zunehmend Pay-TV-Programme anzubieten. Einerseits können zusätzliche Spartenprogramme veranstaltet werden, andererseits könnten sie ihre bislang frei empfangbaren Programme entgeltpflichtig anbieten, indem sie diese verschlüsselt übertragen und als Paket vermarkten.

Bieten sie Pay-TV-Programme mit besonders attraktiven Inhalten zusätzlich zu ihren Free-TV-Programmen an, könnten sie die Verwertungskette ihrer Programminhalte verlängern, indem sie die Ausstrahlung zeitlich staffeln. Unabhängig von der exakten Verwendung sind die privaten Veranstalter also grundsätzlich erst mal daran interessiert, zusätzliche Übertragungskapazitäten zu erhalten. Da trotz der erheblichen Ausweitung die Kapazitäten zumindest im Kabel und bei DVB-T weiterhin begrenzt sein werden, besteht hier weiterhin Konkurrenz zwischen den Veranstaltern.

Aufgrund der großen Programmanzahl werden überwiegend Programmpakete vermarktet, die dem Zuschauer mehrere Programme zu einem Komplettpreis bieten. Von den etablierten Veranstaltern ist am ehesten zu erwarten, dass sie in der Lage sind, solche Programmplattformen zusammenzustellen und erfolgreich zu vermarkten, da ihre Programmmarken bereits bekannt sind und der Zuschauer bei der Umstellung auf digi-

---

[295] Aufgrund der komplexen Marktstruktur und Wettbewerbsbeziehungen ergibt sich ein detaillierteres Bild erst aus der Marktanalyse in Kapitel 4.2.

talen Empfang nicht mehr auf diese Anbieter verzichten möchte. Um die Pakete entsprechend attraktiv gestalten zu können, möchten die Veranstalter mögliche (medien-) rechtliche Vorgaben über die Programmzusammenstellung vermeiden.

Neben der inhaltlichen Gestaltung der Programmpakete entscheiden auch die technischen und administrativen Vertriebsdienstleistungen über den Markterfolg. Wie wichtig die Kontrolle über die Dienstleistungen offensichtlich ist, zeigt sich an den bisherigen Versuchen der dominierenden privaten Fernsehkonzerne, hierfür ein Gemeinschaftsunternehmen zu gründen.

Insgesamt sind die etablierten Programmveranstalter aufgrund ihrer Marktstellung und ihrer Entwicklungsmöglichkeiten daran interessiert, dass es möglichst wenig Regulierung im digitalen Fernsehen gibt. Denn Zugangsregeln zu Übertragungskapazitäten, Programmpaketen oder Vertriebsdienstleitungen sollen tendenziell kleinere Programmveranstalter oder die öffentlich-rechtlichen Anbieter schützen und beschränken damit die Entscheidungsfreiheit und Entfaltungsmöglichkeiten.

Der Verband Privater Rundfunk und Telekommunikation e.V. (VPRT) ist die Interessenvertretung der privaten Hörfunk- und Fernsehveranstalter und umfasst insgesamt ca. 160 Mitgliedsunternehmen auch aus der Telekommunikationsindustrie. Zu den Kernforderungen des Verbandes zählt u.a., dass der öffentlich-rechtliche Grundversorgungsauftrag präzisiert und die Expansion damit gestoppt wird, dass die Regulierungszuständigkeiten koordiniert und gestrafft werden und dass die Regulierungsdichte des privaten Rundfunks insgesamt verringert wird, um sie dem Niveau anderer Medien anzugleichen. Insbesondere die Werberegulierung wird für unangemessen restriktiv gehalten.[296]

Mit dem Übergang zu digitaler Übertragung eröffnen sich für viele potenzielle Newcomer Möglichkeiten zum Markteintritt. Bislang scheiterten solche Vorhaben zum einen daran, dass insbesondere im Kabelnetz keine Übertragungskapazitäten mehr zu bekommen waren, die für eine entsprechende technische Reichweite jedoch zwingend erforderlich gewesen wären. Zum zweiten stellte der große finanzielle Aufwand für die Übertragung eine zu hohe Markteintrittshürde für Newcomer dar. Da bei digitaler Übertragung mehrere Sender über einen Transponder bzw. einen Kabelkanal gesendet werden können, verringern sich auch die Kosten pro Programm entsprechend. Allerdings können Transponder- und Kabelplätze nur komplett belegt werden. Übertragen wird das beim Multiplexing entstandene Datenpaket bestehend aus mehreren Programmen, so dass auch die Übertragungskanäle an ein digitales Programm-Paket vergeben werden.

Neue Hindernisse für kleinere, nicht in eine Sendergruppe eingebundene Programmveranstalter ergeben sich durch die veränderten Vermarktungs- und Vertriebsformen. Veranstalter einzelner Programme müssen sich Zugang zu einem Programmpaket bzw. einer Vermarktungsplattform verschaffen, die z.B. von einem etablierten Programmveranstalter oder einem Netzbetreiber kontrolliert wird. Gerade für Newcomer wird es entscheidend sein, in einem Paket mit attraktiven und bekannten Programmen enthalten zu sein, um überhaupt vom Zuschauer (mit-)abonniert zu werden. Zudem sind sie an einem

---

296 Vgl. dazu *Verband Privater Rundfunk und Telekommunikation e.V.* (2006).

diskriminierungsfreien Zugang zur technischen Plattform interessiert, da sie auf die administrativen und technischen Dienstleistungen angewiesen sind.[297]

Öffentlich-rechtliche Programmveranstalter

Die öffentlich-rechtlichen Rundfunkanstalten werden – wie schon bei Einführung der Kabel- und Satellitentechnik – versuchen, ihr Programmspektrum weiter auszubauen. Sie sind daran interessiert, zusätzliche digitale Spartenkanäle zu veranstalten und treten damit nicht nur in publizistische sondern auch in wirtschaftliche Konkurrenz zu den privaten Veranstaltern. Sofern die Erweiterung weiter über Rundfunkgebührenerhöhungen finanziert wird, begrenzen sie damit tendenziell das Medienbudget der Zuschauer und damit das Einnahmenpotenzial entgeltfinanzierter Veranstalter. Falls sie statt dessen ihre Aktivitäten auf dem Werbemarkt ausweiten (dürfen), wären die Einnahmemöglichkeiten werbefinanzierter Programmveranstalter betroffen.

Durch die im Rundfunkstaatsvertrag vorgesehenen Must-Carry-Regelungen verfügen die öffentlich-rechtlichen Veranstalter über einen bevorzugten Zugang zum Zuschauer. Insbesondere bei den noch immer relativ begrenzten Kapazitäten der digitalen Terrestrik und im Kabel steht damit ein nicht unerheblicher Teil der Kanäle nicht mehr für private Veranstalter zur Verfügung. Dies wiegt umso schwerer, je weiter die öffentlich-rechtlichen ihre Senderfamilien ausbauen und mit diesen Spartenprogrammen für potenzielle Newcomer nicht nur die Übertragungskanäle sondern auch die inhaltlichen Nischen belegen.

Gestützt auf Verfassung und den daraus abgeleiteten Grundversorgungsauftrag in Verbindung mit der Bestands- und Entwicklungsgarantie äußern die öffentlich-rechtlichen Veranstalter ein großes Interesse an umfassender Regulierung der Zugangsbedingungen zum digitalen Fernsehen.

Politische Entscheidungsträger

Die Interessen von Bundes- und Landespolitikern unterscheiden sich aufgrund ihrer unterschiedlichen Zuständigkeiten: Während medienpolitische Fragestellungen grundsätzlich Ländersache sind, liegen Telekommunikations-, Informationstechnologie- und Wettbewerbspolitik in der Kompetenz des Bundes.

Dementsprechend bestehen auf Bundesebene eher industriepolitische Interessen. Indem vermeintliche Zukunftsbranchen wie die Telekommunikation, Informationstechnologie und „Neue Medien" besonders gefördert werden, erhofft man sich unter anderem neue Arbeitsplätze. Zudem ist es reizvoller, sich in modernen Branchen mit entsprechender medialer Aufmerksamkeit zu engagieren als in Branchen, die weniger im Fokus des öffentlichen Interesses stehen. Für Landespolitiker geht es eher um Standortpolitik. Sie sind vor allem daran interessiert, die Zuständigkeit für die Medienpolitik zu behalten, selbst wenn eine einheitliche bundesweite Regulierung und Aufsicht sachgerechter erscheint.

---

[297] So auch *Enßlin* (2000), S. 44.

Da Politiker auch darauf bedacht sein müssen, wie sie selbst bzw. ihre Partei in den Medien präsentiert werden, sind sie an einem engen und möglichst einvernehmlichen Verhältnis nicht nur zu den öffentlich-rechtlichen, sondern möglichst auch zu den privaten Veranstaltern interessiert. Das Engagement der Regierung Kohl für die Einführung des Privatfunks wird mitunter dahingehend gedeutet, dass man sich stärker konservativ ausgerichtete Sender versprach. So galten denn auch die Sender der KirchGruppe, dessen Gründer und Medienmogul Leo Kirch zudem eine Freundschaft mit dem Alt-Kanzler Kohl verband, zwischenzeitlich als „Kanzler-Medien". Grundsätzlich liegt der Programmschwerpunkt der privaten Sender jedoch auf der Unterhaltung.

Wettbewerbsbehörden: Bundeskartellamt, Europäische Kommission

Als nationale Wettbewerbsbehörde wird das Bundeskartellamt tätig, wenn Unternehmen fusionieren oder eine marktbeherrschende Stellung missbräuchlich ausnutzen. Über die Marktabgrenzung und Ermessensspielräume in der Anwendung des Wettbewerbsrechts, beeinflusst das Kartellamt auch die Entwicklung des Fernsehsektors. So sind bereits mehrere Übernahmen und Zusammenschlüsse am Veto des Bundeskartellamts gescheitert. Besondere Aufmerksamkeit erlangten u.a. verschiedene Zusammenschlussvorhaben zwischen Kabelnetzbetreibern oder Versuche in- und ausländischer Medienunternehmen deutsche Fernsehsender(-Gruppen) zu übernehmen.[298]

Neben der nationalen beeinflusst zunehmend die europäische Wettbewerbspolitik den deutschen Fernsehsektor, so dass nicht nur das Bundeskartellamt, sondern auch die Generaldirektion Wettbewerb der Europäischen Kommission zu beachten ist. Auch im Bereich der lange Zeit eher national geprägten Medienpolitik zeigt sich die Tendenz europäischer Institutionen, die eigene Zuständigkeit auf Kosten nationaler Entscheidungen auszuweiten. Die Generaldirektion Informationsgesellschaft und Medien sorgte vor allem mit Vorschlägen zu Werbeverboten für bestimmte Produkte, einer Lockerung von Schleichwerbung sowie zur Regulierung neuer Breitbandnetze für kontroverse Diskussionen.[299]

Aufsichtsbehörden

Als branchenspezifische Aufsichtsbehörden sind vor allem die Landesmedienanstalten (LMA) und die Kommission zur Ermittlung der Konzentration im Medienbereich (KEK) von Bedeutung. Die KEK, die Meinungsvielfalt im Rundfunkbereich sichern soll, konnte bislang kaum in Erscheinung treten, bekam jedoch im Zuge der Entscheidung im Fall der Übernahme von ProSiebenSat.1 durch den Axel Springer Verlag erhebliche Aufmerksamkeit. Mit durchaus fragwürdiger Auslegung des Rundfunkstaatsvertrages und umstrittenen Forderungen an einen Fernsehbeirat als Auflagen, um die

---

[298] Der Versuch des größten Kabelnetzbetreibers KDG, die drei nächstgrößeren zu übernehmen scheiterte im Jahr 2004. Die Übernahme der ProSiebenSat.1-Sender durch den Axel Springer Verlag wurde Anfang 2006 untersagt.

[299] Vgl. dazu die Veröffentlichungen der Kommission unter *Europäische Kommission* (2006a) und *Europäische Kommission* (2006b).

Fusion zu genehmigen, wurde entsprechende mediale Aufmerksamkeit erzeugt. Letztlich zeichnet sich jedoch ab, dass die KEK – wie häufig kritisiert – nur über geringen tatsächlichen Einfluss verfügt, da die Direktorenkonferenz der Landesmedienanstalten, in dessen Auftrag sie tätig wird, ihr Votum mit einer Dreiviertelmehrheit überstimmen kann. Die KEK versucht dagegen, ihre Zuständigkeit noch zu erweitern, indem sie die Kabelnetzbetreiber als Veranstalter betrachtet und damit auch Zusammenschlüsse im Bereich der Kabelnetzbetreiber prüfen darf.

Da für die Medienpolitik grundsätzlich die Länder zuständig sind, verfügt jedes Bundesland über eine eigene Landesmedienanstalt und eigene Landesmediengesetze. Lediglich einige Lokal- und Regionalprogramme sind wirklich geographisch begrenzt, selbst die öffentlich-rechtlichen Regionalprogramme werden über Ländergrenzen hinweg ausgestrahlt. Die Medienaufsicht trägt dem jedoch nur begrenzt Rechnung: Lediglich eine begrenzte Zahl von Aufgaben sind an die Direktorenkonferenz der Landesmedienanstalten delegiert worden. Dafür sind zusätzliche Ausschüsse und Kommissionen geschaffen worden, die länderübergreifend koordinieren sollen. Im Ergebnis hat so eine für Behörden typische personelle Aufblähung der Aufsichtsgremien stattgefunden. Lizenzen für bundesweite Fernsehveranstalter werden weiterhin von einer beliebig auszuwählenden (LMA) erteilt, wobei es aus Sendersicht nur konsequent ist, sich das für sie vorteilhafteste Landesmediengesetz und die günstigsten Zulassungsbedingungen auszusuchen.

Während eine länderbezogene Organisation im Bereich des öffentlich-rechtlichen Rundfunks wünschenswert ist, um der regionalen Vielfalt Rechnung tragen zu können, ist sie für die Kontrolle des Privatfernsehens unangemessen. Das jetzige Aufsichtssystem ist umständlich und aufwendig. Erste Vorschläge, die 15 Landesmedienanstalten zu einer zentralen bundeseinheitlichen Instanz zusammenzufassen, wurden bislang jedoch nicht konsequent verfolgt und würden vermutlich auf erhebliche Widerstände stoßen, da eine grundlegende Reorganisation der Medienaufsicht etablierte Strukturen in den Ländern aufbrechen würde.[300] In Deutschland scheint aufgrund der gewachsenen föderalen Strukturen und der verfassungsrechtlichen Vorgaben eine so schlanke Aufsichtsorganisation, wie sie in den USA mit der Federal Communications Commission (FCC) für die gesamte Kommunikationsbranche etabliert ist, nicht möglich.

Denn im Gegensatz zu den USA war beispielsweise die Aufsicht über die liberalisierten Telekommunikationsnetze zunächst in Händen der Regulierungsbehörde für Telekommunikation und Post (RegTP), die inzwischen als Bundesnetzagentur (BNetzA) auch die Aufsicht für die Netze des Energiesektors übernommen hat. Da eine Liberalisierung im Bereich von Netzsektoren zunächst weniger De- als vielmehr Re-Regulierung erfordert, um ein bisheriges Monopol für neue Wettbewerber zu öffnen, indem der bislang beherrschende Anbieter in seiner Entscheidungsfreiheit beschränkt wird, hat sich hier ein breites neues Betätigungsfeld für die Regulierungsbürokratie aufgetan. Die BNetzA ist auch für die Kabelnetzbetreiber zuständig.

---

[300] So auch die Einschätzung von *Dieter Dörr*, Vorsitzender der KEK. Vgl. dazu *o.V.* (2005b).

Distributionsnetzbetreiber

Die Distributionsnetzbetreiber sind die vermeintlich jüngste Interessengruppe. Insbesondere die großen privaten Kabelnetzbetreiber sind erst mit der Privatisierung der Netze vor einigen Jahren in den Markt eingetreten. Zudem stehen sie im Fokus der Veränderungen, die sich durch die digitale Übertragung ergeben. Sie bringen neue Interessen ins Spiel oder „stören“ als zusätzlicher Akteur bislang austarierte Interessenlagen.

Aufgrund der hohen Kosten und der ebenfalls beträchtlichen Risiken, die mit dem Auf- und Ausbau der Kabelnetze verbunden sind, bevorzugen die Netzbetreiber eher größere Unternehmenseinheiten bzw. Netz-Cluster. Den Kostenvorteilen stehen dabei die Nachteile eines verminderten Wettbewerbs gegenüber. Das Interesse der Netzbetreiber an Zusammenschlüssen steht damit potenziell in Konflikt mit der Wettbewerbspolitik.

Um die Möglichkeiten zu nutzen, die digitalisierte Netze bieten, fordern die Netzbetreiber eine größere Entscheidungsfreiheit darüber, wie sie ihre Kapazitäten verwenden. Sie sind daher z.B. daran interessiert, die Kabelbelegungsvorschriften und telekommunikationsrechtlichen Zugangsregulierungen abzuschaffen bzw. auf ein Minimum zu begrenzen. Dieses Interesse steht dem Medien- und Telekommunikationsrecht entgegen und widerspricht insbesondere den Interessen der regulierenden Institutionen.

Darüber hinaus zeichnet sich ein Konflikt mit einer weiteren Interessengruppe ab, den Programmveranstaltern. Denn Kabelnetzbetreiber könnten zunehmend selbst Programme veranstalten und den etablierten Sendern damit nicht nur Zuschauer sondern auch Programminputs streitig machen.

Einen Überblick über die dominierenden Regulierungsinteressen gibt *Tabelle 3-3*.

Tabelle 3-3: Regulierungsinteressen im deutschen Fernsehsektor

Beteiligte Gruppe	Dominierendes Interesse
Private Veranstalter	Begrenzung öffentlich-rechtlichen Rundfunks, diskriminierungsfreier Netzzugang,
Öffentlich-rechtliche Veranstalter	Erweiterung von Programmspektrum und Übertragungskapazität (auch in neue Netze)
Politische Entscheidungsträger	Medienpräsenz
Wettbewerbsbehörden	Erhalt des Wettbewerbs, Marktmachtverhinderung
Aufsichtsbehörden	Erweiterung der Zuständigkeit
Distributionsnetzbetreiber	Abbau von Belegungsvorschriften, größere Netzeinheiten

3.3.2.2. Politischer Markt für Regulierung im deutschen Fernsehsektor

Regulierung kann als Ergebnis eines (politischen) Marktes aufgefasst werden, auf dem sich, wie in *Abbildung 3-5* dargestellt, Anbieter und Nachfrager von Regulierung gegenüberstehen. Nachfrager sind grundsätzlich einzelne Wirtschaftssubjekte. Allerdings haben sie auf Individualebene nur geringe Durchsetzungschancen. Viel wahrscheinlicher ist der Zusammenschluss zu in sich homogenen und nach außen heterogenen Interessengruppen bzw. institutionalisierten Interessenverbänden. Für die Durchsetzungschancen entscheidend sind sowohl der Homogenitätsgrad als auch die Größe der Interessenvereinigung, die jedoch meist in einer Trade-off-Beziehung zueinander stehen.[301]

Abbildung 3-5: Politischer Markt für Regulierung

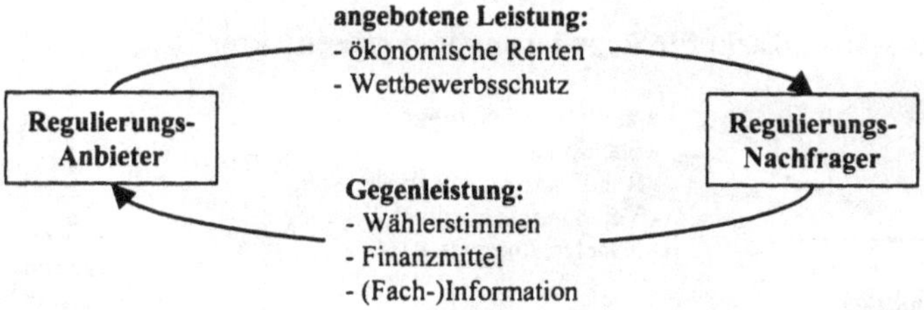

Anbieter ist die Politik bzw. einzelne Politiker, die entsprechend glaubhafte Wahlversprechen abgeben, in Verbindung mit der ausführenden Bürokratie. Für die Seite der Politiker darf vermutet werden, dass sie – durch ihr Interesse an einer Wiederwahl bestimmt – versuchen, eine Vielzahl kleiner homogener Minderheiten zur Mehrheit zu aggregieren. Durch Regulierung sichern sie einzelnen Minderheiten nicht durch Leistung gerechtfertigte Einkommen. Ebenfalls an Machterhalt, Prestige und Einfluss interessierte Bürokraten, bewahren durch Regulierung ihren Arbeitsplatz und erhalten bzw. erhöhen die Anzahl der ihnen unterstellten Mitarbeiter. Sowohl auf Seiten der Politiker als auch auf Seiten der Bürokraten kann somit von einem hinreichenden Interesse ausgegangen werden, das Gut „Regulierung" anzubieten.

Je nachdem, welche Anbieter und Nachfrager betrachtet werden, lässt sich das Marktmodell auf beide oben genannten Theoriezweige anwenden: Die Interest-Group-Theorien konzentrieren sich auf den legislativen Bereich und sind damit auf Politiker als Anbieter von Regulierung ausgerichtet, während die Bürokratietheorien den bürokratischen Prozess und damit die Regulierung anbietenden Institutionen in den Vordergrund stellen.

Als für die Entwicklung der dualen Rundfunkordnung wichtigste Organisationen werden von den Beteiligten die Politik (insbesondere Landespolitik), die Unternehmen (private Veranstalter und dahinterstehende Konzerne), die öffentlich-rechtlichen Rundfunkanstalten sowie das Bundesverfassungsgericht angesehen.[302] Mit Ausnahme des Bundesverfassungsgerichts sollen eben diese Akteure und ihre jeweiligen Interessen einbezogen werden, um die dargestellten Modelle für Regulierungsfragen auf den deutschen Fernsehsektor anzuwenden. Konkret kann die Beziehung zwischen (Landes-)

301 Vgl. *Olson* (1968), insbesondere S. 52 ff.

302 Vgl. *Steininger* (2002), S. 267.

Politik und Fernsehprogrammveranstaltern bzw. -Konzernen als Markt für Regulierung modelliert werden.

Nach *Stigler* verfügt die Politik grundsätzlich über vier Möglichkeiten, um das von ihr angebotene Gut Regulierung zu gestalten: Subventionen, Markteintrittsbarrieren, Belastung der Substitutionskonkurrenz und Preissetzung.[303] Einen Überblick über die konkreten Angebote und Gegenleistungen im deutschen Fernsehsektor enthält *Abbildung 3-6.*

Abbildung 3-6: Markt für Regulierung im Fernsehsektor

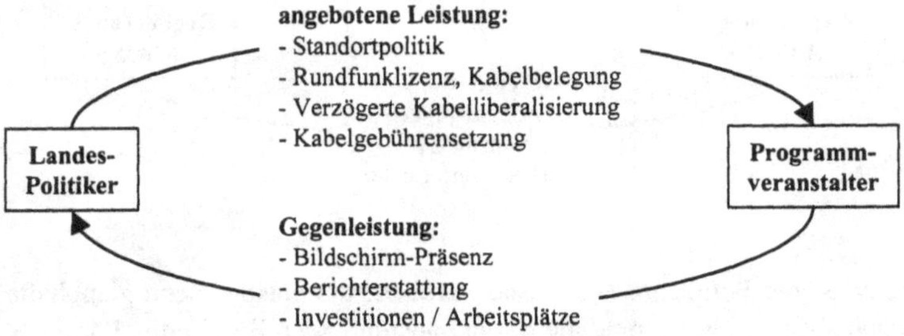

Bedingt durch die föderale Struktur und die Zuständigkeit der Bundesländer für Medienpolitik, sind Subventionen oder ähnliche Vergünstigungen für Unternehmen vor allem standortpolitisch motiviert. Mit günstigen Investitionsbedingungen kann die Ansiedlung von Fernsehsendern und Studios gefördert werden. Die Rahmenbedingungen für die Unternehmen können durch die Landesmediengesetze und die Lizenzierungsbedingungen zusätzlich beeinflusst werden. Der Imagegewinn und das Prestige, das mit einem Medienstandort verbunden ist, sollte nicht unterschätzt werden, zumal die Branche noch immer als zukunftsträchtig und wachstumsstark eingestuft wird.

Unter die Kategorie Markteintrittsbarrieren, die von der Politik errichtet werden, fällt insbesondere die Rundfunklizenz als institutionelle Markteintrittsbarriere.[304] Indem der Marktzutritt kontrolliert wird und potenzielle Newcomer Anforderungen erfüllen müssen, um überhaupt als Programmveranstalter tätig werden zu dürfen, werden die bereits im Markt tätigen Unternehmen eher geschützt. Für neue – insbesondere kleinere – Anbieter stellen die Anforderungen an Lizenznehmer eine nicht unerhebliche Hürde dar. Eine weitere Hürde, die insbesondere im deutschen Fernsehsektor eine bedeutende Rolle spielt, ist der Zugang zum Kabelnetz. Da über die Hälfte der deutschen Fernsehhaushalte ihre Programme über das Kabel empfängt, ist es für Programmveranstalter unerlässlich in das Kabelnetz eingespeist zu werden, um auf hohe Reichweiten zu kommen. Die aufgrund der Knappheit eingeführten Kabelbelegungsregeln beruhen letztlich auf

303 Vgl. *Stigler* (1971), S. 4 ff.

304 Lizenzsysteme gelten als typisches Beispiel einer Marktzutrittsschranken, die durch vom Staat gesetzte Rahmenbedingungen entsteht.

politischen Entscheidungen, die auch durch die etablierten – und möglicherweise im jeweiligen Bundesland ansässigen – Programmveranstalter beeinflusst werden können.

Die Details der Zulassungsvoraussetzungen, die Bedingungen für eine Verbreitung über Terrestrik, Kabel oder Satellit und programminhaltliche Anforderungen regeln die Landesmediengesetze. Es besteht mithin ein gewisser Handlungsspielraum für die einzelnen Länder innerhalb des gemeinsamen Rundfunkstaatsvertrags. Zu berücksichtigen sind hierbei auch die (formal unabhängigen) Landesmedienanstalten, die das jeweilige Landesmediengesetz anwenden und mit gewissen Ermessensspielräumen z.B. über die Kabelbelegung entscheiden. In einigen Ländern gehören den Gremien Vertreter der Landesregierung direkt an, in anderen werden sie von den Landesparlamenten gewählt.

Etablierte Unternehmen können auch dadurch geschützt werden, dass die Substitutionskonkurrenz belastet wird. Dies ließ sich am Beispiel der Übertragungswegemärkte beobachten. Die im europäischen Vergleich relativ späte Aufrüstung der Netze, die es ermöglicht, die Kabelnetze auch für Telefonie und Internetzugang zu nutzen, liegt unter anderem darin begründet, dass das deutsche Kabelnetz noch relativ lange in Händen der Deutschen Telekom lag. Aufgrund ihrer starken Marktstellung bei diesen Diensten bestand kein Interesse, mit dem Kabelnetz ein Substitut für das bestehende Telefonnetz aufzubauen, zumal absehbar war, dass das Kabelnetz veräußert werden muss.

Als Gegenleistung erhoffen sich Politiker von den Regulierung nachfragenden Unternehmen und Wirtschaftssektoren Wählerstimmen und finanzielle Unterstützung. Medien und insbesondere das Fernsehen verfügen über eine zusätzliche Leistung, da sie am öffentlichen Meinungsbildungsprozess mitwirken und über Politik und Politiker berichten. Die Gegenleistung der Nachfrager besteht also im Fernsehsektor möglicherweise weniger in finanzieller Unterstützung als darin, den Politiker bzw. seine Partei in den eigenen Sendern wohlwollender zu behandeln oder ihm einfach mehr Sendezeit einzuräumen. So sind gerade in Wahlkampfzeiten Auftritte in Talkshows allein aufgrund der medialen Präsenz begehrt, insbesondere in zuschauerstarken Formaten wie „Sabine Christiansen“ am Sonntag Abend. Bei Landtagswahlen gilt dies eher für Sendezeit im Regionalprogramm, also vorwiegend in den dritten Programmen der ARD.

Somit sind Medienunternehmen wegen ihres Meinungseinflusses besonders wichtig für Politiker. Einigen wenigen wird die Fähigkeit zur Themensetzung, dem sogenannten ‚agenda setting', nachgesagt.[305] Im deutschen Fernsehsektor sind die öffentlich-rechtlichen Fernsehanstalten dominierend in Bezug auf Nachrichtenkompetenz und politische Informationssendungen. Sie sind jedoch zur Neutralität verpflichtet, so dass kaum Spielräume bestehen dürften, um die Meinung zugunsten einer politischen Partei zu beeinflussen. Die privaten Fernsehsender erweisen sich bislang als weitgehend „unpolitisch“, da kaum Sendungen produziert werden, die direkt die politische Willensbildung beeinflussen. Ihr Fokus liegt eindeutig auf der Unterhaltung. Selbst das von den privaten Sendern etablierte Format der politischen Talkshow findet sich inzwischen nahezu ausschließlich bei den öffentlich-rechtlichen Sendern wieder.

---

[305] Dies gilt in Deutschland nach verbreiteter Meinung für die Bild-Zeitung des Axel Springer Verlages. In Großbritannien hat die Sun, die zur von *Rupert Murdoch* kontrollierten News Corp. gehört, diese Fähigkeit ebenfalls unter Beweis gestellt.

Landespolitikern können Zusagen über den Verbleib oder die zusätzliche Ansiedlung von Unternehmensniederlassungen am entsprechenden Standort in Aussicht gestellt werden. Sofern mehrere Bundesländer um ein Unternehmen „konkurrieren", kann das Unternehmen diese Situation zu seinen Gunsten ausnutzen und günstige Finanzierungsbedingungen beim Grunderwerb oder ähnlichem erzielen oder Regelungen des Landesmediengesetzes oder Rangfolgen bei der Kabelbelegung beeinflussen. Zu beobachten war solche Standortkonkurrenz beispielsweise beim Umzug der RTL-Sender innerhalb von Köln, in dessen Zusammenhang die zusätzliche Ansiedlung von n-tv aus Berlin geplant war, oder beim Umzug von Premiere zunächst von Hamburg nach München und den später verworfenen Plänen von München nach Berlin zu gehen. Länderinteressen zeigen sich auch bei der Kabelbelegung im Bereich der kleineren Sender: Trotz gewisser Vielfaltregelungen bestehen Spielräume, sich eher für einen ortsansässigen oder einen ortsfremden Shopping-Kanal zu entscheiden.

Die Nachfrage von Unternehmen könnte sich richten auf den Schutz vor ausländischer Konkurrenz oder von Monopolrenten. Die öffentlich-rechtlichen Rundfunkanstalten sind vor allem an Besitzstandssicherung und Ausweitung ihres Programmauftrages interessiert. Die privaten Programmveranstalter dagegen eher am Schutz vor neuer Konkurrenz, die sie durch Aufbau von Markteintrittsschranken an Eintritt oder zumindest an zu hoher Reichweite hindern wollen. Dazu benötigen sie möglicherweise die Unterstützung durch Politik und Regulierer, die z.B. die Belegung der Kabelkapazitäten vornehmen oder Zugangsregelungen mehr oder weniger streng verfassen oder auslegen können.

Als ehemals monopolistischer und zudem staatlicher Kabelbetreiber genoss die Deutsche Telekom lange Zeit gewissen Schutz, indem die von EU-Ebene geforderte Liberalisierung der Netze lange herausgezögert wurde. So konnte die von neuen Eignern zu erwartenden Investitionen in die Aufrüstung der Netze verhindert werden, die dem Festnetzgeschäft der Telekom Konkurrenz gemacht hätte.

Ergänzend sei auf die Argumentation von *Peltzman* hingewiesen, dass kleine Gruppen mit homogenen Interessen im Vorteil sind, insbesondere wenn potenziell opponierende, weil benachteiligte Gruppen eher groß, inhomogen und in ihren Interessen weniger spezifisch sind.[306] Der Fernsehsektor (wie der Mediensektor insgesamt) ist eine relativ überschaubare Industrie, was die Anzahl der Akteure betrifft. Wenigen großen Konzernen und Konglomeraten mit weitreichendem Einfluss steht eine zwar große Gruppe an Konsumenten bzw. Zuschauern gegenüber, die allerdings eher diffuse Interessen repräsentiert. Der Fernsehsektor scheint also prädestiniert zu sein, Regulierung nachzufragen und eigene Wünsche durchzusetzen.

3.3.2.3. Prinzipal-Agent-Beziehungen der dualen Rundfunkordnung

Regulierungsfragen lassen sich auch als Prinzipal-Agent-Beziehung modellieren.[307] Denn es ist anzunehmen, dass zwischen dem mit Regulierung Beauftragten und seinem

---

306 Vgl. *Peltzman* (1976).

307 Vgl. dazu etwa *Noll* (1989), S. 1262 f.

Auftraggeber Informationsasymmetrien bestehen, so dass ein gewisser Handlungsspielraum verbleibt, der vom Auftraggeber nicht zu kontrollieren ist. Es bestehen damit die für solche Konstellationen typischen Agency-Probleme, die für die Beziehung zwischen Wähler und Politik einerseits und zwischen Politik und Bürokratie andererseits analysiert werden können.

Wie *Abbildung 3-7* veranschaulicht, beschäftigen sich die Interest-Group-Theorien mit dem Einfluss einzelner Gruppen auf politische Entscheidungsträger. Daneben konzentrieren sich Ansätze der Bürokratietheorie auf den Handlungsspielraum und die Handlungsanreize der Regulierungsbehörden und die Kontrollmöglichkeiten durch die Politik. Beide Theoriezweige unterscheiden sich insbesondere in ihrer Annahme darüber, inwieweit die Regulierungsbehörde durch ihren politischen Auftraggeber kontrolliert werden kann.

Abbildung 3-7: Ökonomische Theorie der Regulierung als Prinzipal-Agent-Beziehung

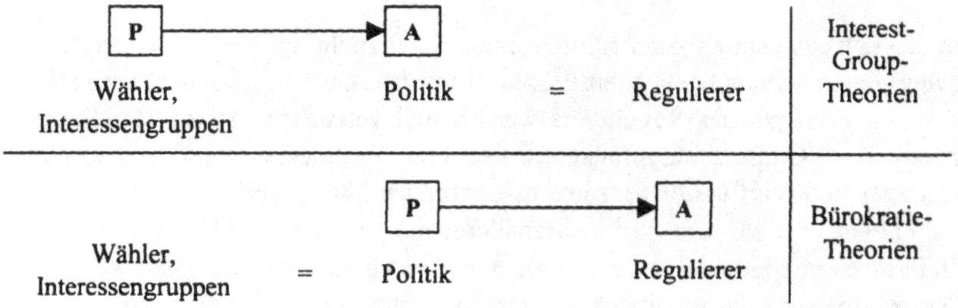

Als Prinzipale beauftragen Wähler bzw. Interessengruppen Politiker damit, ihre Präferenzen für eine bestimmte Regulierungspolitik durchzusetzen. Dabei wird implizit angenommen, dass die Politik die Regulierungsmaßnahmen vollständig kontrollieren kann, so dass hier kein zusätzliches Agency-Problem besteht. Ziel der Politik ist es, möglichst viele Interessen bzw. Wähler zufrieden zu stellen, indem sie ihnen die gewünschte Regulierung gewährt. Die Agenten werden durch Ab- oder Wiederwahl sanktioniert. Wird im entgegengesetzten Extrem unterstellt, dass die Kontrollprobleme so schwerwiegend sind, dass die Regulierungsbehörde relativ unabhängig handeln kann, stehen sich Politiker und Regulierer gegenüber, wobei die Agenten nun eigene Ziele verfolgen können.

Die beiden oben dargestellten Konstellationen lassen sich als Extremfälle auffassen und in ein allgemeineres Agency-Problem überführen, bei dem Politiker und Interessengruppen um den Einfluss auf die Entscheidungen der Regulierungsbehörde konkurrieren. *Abbildung 3-8* veranschaulicht schematisch das von *Spiller* vorgestellte Modell einer Multiple-Principals-Agency-Theorie.[308] Ist das Handeln des Regulierers nicht vollkommen beobachtbar, kann er sich seinen eigentlichen Pflichten entziehen, indem er

[308] Vgl. dazu ausführlich *Spiller* (1990).

Anstrengung vermeidet und gewisse Tätigkeiten einfach unterlässt. Ein weiterer Anreiz, vom offiziellen Regulierungsauftrag abzuweichen, kann von Interessenvertretern durch entsprechende Kompensationen geschaffen werden.

Abbildung 3-8: Regulierung als allgemeines Agency-Problem

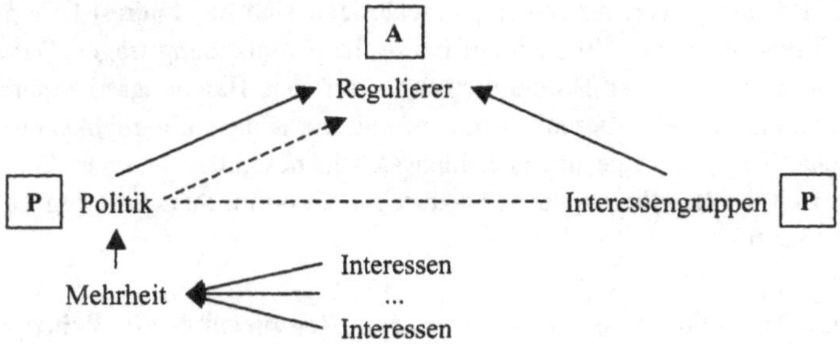

In dieser Konstellation können Interessengruppen nicht nur (indirekt) über die Politik Regulierungsentscheidungen beeinflussen. Einzelne Gruppen können vielmehr auch direkt zum Prinzipal des Regulierers werden und versuchen, dessen Handlungsspielraum zu ihren Gunsten auszunutzen. Zwar sind die Interessen politischer Entscheidungsträger und (einflussreicher) Interessengruppen häufig verknüpft, sie müssen sich aber nicht entsprechen. Dies gilt insbesondere dann, wenn die Anliegen einer bestimmten Interessengruppe denen einer Wählermehrheit entgegenstehen. Dann stehen Politiker im Wettbewerb mit spezifischen Interessenvertretern um den Einfluss auf die konkrete Durchführung von Regulierungsmaßnahmen.

Die duale Rundfunkordnung zeichnet sich als gemischte Wirtschaftsordnung durch ein Nebeneinander von öffentlicher und privatwirtschaftlicher Bereitstellung aus. Sowohl die Organisation des öffentlich-rechtlichen Rundfunks als auch die Regulierung privater Programmveranstalter bilden mehrstufigen Prinzipal-Agent-Beziehungen.[309] Denn die Programmbereitstellung wird – über kollektive Entscheidungsmechanismen oder über den Markt – an qualifizierte Agenten (z.B. Redakteure, Programmdirektoren, Administratoren) delegiert.

Interessant ist die Frage, wer als (oberster) Prinzipal anzusehen ist, der über die Entscheidungsrechte für die hoheitlich bereitzustellenden Programme verfügt: die Rundfunkteilnehmer, die Gebührenzahler oder die Wahlbürger.[310] Nach dem finanzwissenschaftlichen Äquivalenzprinzip müsste den Gebührenzahlern die Rolle des Prinzipals zukommen, da sie mit den Rundfunkgebühren selbst die finanziellen Folgen ihrer Entscheidungen tragen. Werden dem Rundfunk jedoch gesellschaftliche, über den einzelnen Teilnehmer hinausgehende Wirkungen zugesprochen, so dass die Entscheidungen eine gesamtgesellschaftliche Aufgabe darstellen, wären eher alle Rundfunkteilnehmer

309 Vgl. dazu auch *Kops* (1998), S. 8 f.

310 Vgl. *Kops* (1998), S. 6.

oder sogar alle Wähler als Prinzipal anzusehen. Da der öffentlich-rechtliche Rundfunk insbesondere dadurch legitimiert ist, dass als gesellschaftlich wünschenswert angesehene Programme vom Markt nicht bereitgestellt werden, wird im Folgenden der zweiten Interpretation gefolgt.

Wie *Abbildung 3-9* verdeutlicht, delegieren die Rundfunkteilnehmer die Entscheidungsbefugnisse zunächst an die Rundfunkräte.[311] Da sich in den Rundfunkräten die gesellschaftlich relevanten Gruppen widerspiegeln sollen, entscheiden die Rundfunkteilnehmer zwar prinzipiell über die Zusammensetzung. Es handelt sich jedoch um einen höchst indirekten Einfluss, da Bedeutung und Stellenwert der gesellschaftlichen Gruppen insgesamt die Konstellation und damit die Entscheidungen im Rundfunkrat bestimmen. Zu den wichtigsten Aufgaben eines Rundfunkrates zählen die Wahl des Intendanten und der Direktoren, die Feststellung des Haushaltsplans, die mittelfristige Finanz- und Aufgabenplanung, Beschlüsse über Erwerb und Veräußerung von Beteiligungen sowie Zustimmung zu Produktions- und Kooperationsverträgen.[312]

Abbildung 3-9: Organisation des öffentlich-rechtlichen Rundfunks als Prinzipal-Agent-Beziehung

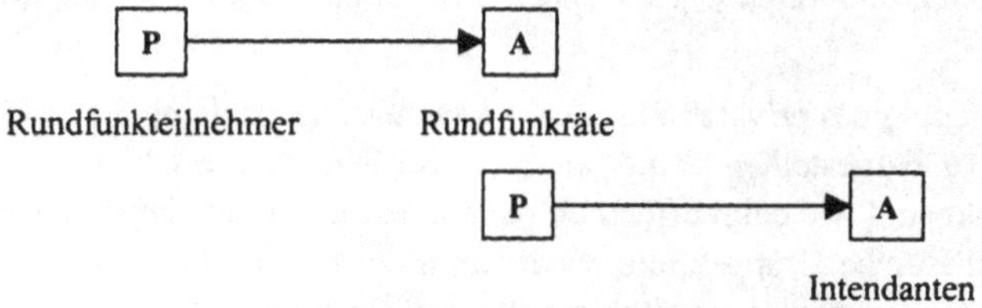

Auf einer zweiten Ebene stehen den Rundfunkräten – nun in der Rolle des Prinzipals – die Intendanten als Agent gegenüber, die bestimmte Entscheidungen nur unter Mitwirkung und Zustimmung der Rundfunkräte treffen können. Der Intendant ist Leiter und gesetzlicher Vertreter der Rundfunkanstalt und trägt die Gesamtverantwortung für die Programmgestaltung. Es ließen sich noch mindestens zwei weitere Prinzipal-Agent-Beziehungen ergänzen: Zwischen den Intendanten und den Programmdirektoren, die sich bei ihren Programmentscheidungen an bestimmte Programmrichtlinien halten müssen, sowie zwischen den Programmdirektoren und den Redakteuren, denen Themen und Inhalte zumindest im Grundsatz vorgegeben werden.

Die Entwicklung des öffentlich-rechtlichen Rundfunks bietet einen anschaulichen Anwendungsfall für die von der Agency-Theorie behandelten Probleme. Die für die Anstalten zuständigen Kontrollinstanzen (Rundfunk- bzw. Fernsehrat) sollen im Interesse der Allgemeinheit (Bürger bzw. Gebührenzahler) handeln, können aber von diesen

---

311 Der Begriff Rundfunkrat bezieht sich auf die in der Arbeitsgemeinschaft der öffentlich-rechtlichen Rundfunkanstalten der Bundesrepublik Deutschland (ARD) zusammengeschlossenen Sender. Die entsprechende Kontrollinstanz beim Zweiten Deutschen Fernsehen (ZDF) ist der Fernsehrat.

312 Vgl. z.B. für den Westdeutschen Rundfunk (WDR) die Angaben unter *WDR* (2006).

nicht vollständig überwacht werden. Die in den Gremien vertretenen Akteure können vielmehr eigene Interessen verfolgen bzw. solche der Partei oder Interessengruppe, von der sie in den Rat entsandt wurden.[313] Daneben wird die Kontrolle dadurch eingeschränkt, dass die Gremien der Rundfunkanstalten erfolgreich versuchen, auf die Kontrollinstanzen Einfluss zu nehmen. Dadurch kann beispielsweise erklärt werden, dass der öffentlich-rechtliche Rundfunk sich sowohl personell als auch inhaltlich beständig erweitert hat.[314]

Neben den mangelnden Überwachungsmöglichkeiten weisen selbst Beteiligte darauf hin, dass es den Ratsmitgliedern auch an Fachkompetenz und den entsprechenden Anreizen fehlt, die Kontrollaufgaben im Sinne der Allgemeinheit wahrzunehmen. Kritisiert werden daher die Rekrutierungsmechanismen und die Partizipationsanreize.[315] Die Rundfunkkontrolle ist häufig durch Grabenkämpfe gekennzeichnet. Dies zeige sich sowohl an der „Kaputtbesetzung von Führungspositionen mit Proporz-Nullen" sowie daran, dass sich die Programmkritik der Rundfunkräte meist darauf beschränkt, wie die eigene Partei in einem Bericht dargestellt wurde.[316] Unterstützt werden diese Einschätzungen zur Kontrolleffektivität durch empirische Untersuchungen der Tätigkeit von Rundfunk- und Verwaltungsräten, die ermittelten, dass zwischen der Mehrzahl der Gremienvertreter und ihren entsendenden Institutionen kaum Kommunikation stattfand.[317]

Die Regulierung des privaten Rundfunks kann nach *Kops* durch die zwei bzw. drei in *Abbildung 3-10* dargestellten Prinzipal-Agent-Beziehungen wiedergegeben werden.[318] Ausgangspunkt sind wie beim öffentlich-rechtlichen Rundfunk die Rundfunkteilnehmer bzw. gesellschaftliche Gruppen, die wiederum indirekt über die Zusammensetzung der Gremien der Landesmedienanstalten entscheiden. In einigen Bundesländern, in denen die Gremienmitglieder der Landesmedienanstalten von den Landesparlamenten gewählt werden und auch Exekutivorgane staatlich bestellt werden, ist der Staat – repräsentiert durch die Landesparlamente – als zusätzlicher Akteur zu berücksichtigen. Die Rundfunkteilnehmer bzw. Wahlbürger delegieren die Zulassung und Kontrolle privater Rundfunkveranstalter dann nicht direkt an die LMA sondern zunächst an das Landesparlament, dass wiederum die LMA beauftragt. Die darauf folgende Prinzipal-Agent-Beziehung besteht zwischen der LMA und den von ihr beaufsichtigten privaten Rundfunkveranstaltern.

---

313 Der Einfluss von Parteiinteressen zeigte sich beispielsweise bei der Wahl von *Markus Schächter* zum ZDF-Intendanten. Im Vorfeld war es zu Kontroversen insbesondere zwischen den politischen Parteien gekommen.

314 Vgl. dazu *Steininger* (2000), S. 203.

315 So konstatiert ein ehemaliges ZDF-Fernsehratsmitglied, die Fernsehanstalten könne man „in ihrem organisatorischen, finanziellen, personalpolitischen Gebaren nicht durch Gremien von Dilettanten kontrollieren, die sich einmal im Monat beraten." Zitiert nach *Kops* (1998), S. 16.

316 So äußerte sich seinerzeit der stellvertretende Vorsitzende des ZDF-Fernsehrates *Koschnick*. Vgl. *Koschnick* (1997).

317 Vgl. dazu *Dussel* (1995).

318 Vgl. dazu *Kops* (1998), S. 9.

Abbildung 3-10: Regulierung privater TV-Veranstalter als Prinzipal-Agent-Beziehung

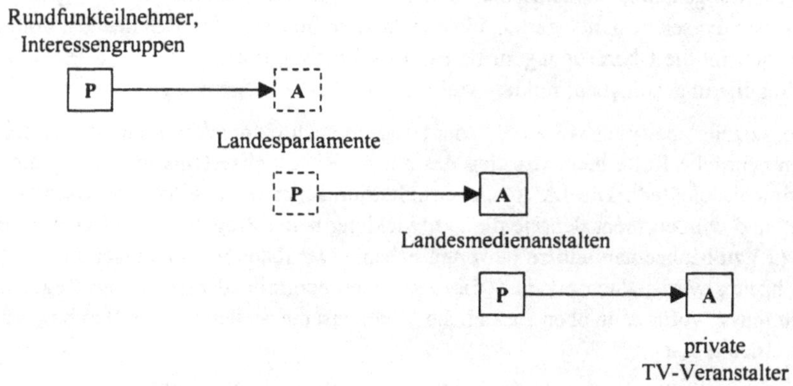

Die letzte Beziehung bedarf genauerer Betrachtung. Denn eine entgegengesetzte Rollenverteilung ließe sich ebenso rechtfertigen. Dann entspräche der Aufbau dem oben erläuterten und in *Abbildung 3-11* konkretisierten Modell von *Spiller*. Die privaten Veranstalter würden dann nicht nur über die Landespolitiker versuchen auf ihre Regulierung Einfluss zu nehmen, sondern auch direkt die Regulierungsbehörde, also in diesem Fall die LMA, in ihrem Sinne zu beeinflussen. Die Politik wiederum hat eigentlich die von ihr vertretenen Wählerinteressen zu vertreten, die denjenigen der Veranstalter entgegenstehen könnten.

Abbildung 3-11: Regulierung des privaten Rundfunks als allgemeines Agency-Problem

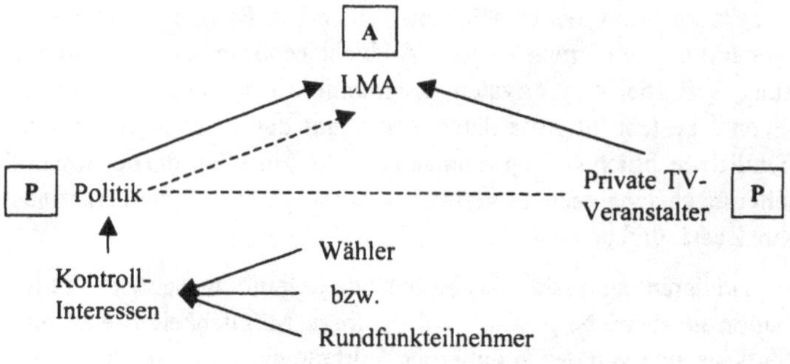

Für einen solchen Aufbau spricht unter anderem, dass die LMA bewusst unabhängig von den politischen Entscheidungsträgern sein sollen. Sie entsprechen insofern annähernd den Regulierungskommissionen für einzelne Branchen nach US-amerikanischem Vorbild, die dem Modell ursprünglich zugrunde liegen. Beobachtet werden kann auch ein bürokratietypisches Verhalten der LMA, was sich insbesondere durch Tendenzen auszeichnet, den eigenen Tätigkeits- und Zuständigkeitsbereich auszuweiten. So wurden zahlreiche sogenannte Gemeinsame Stellen und Kommissionen der 15 LMA gegründet. Die Anstalten sehen sich sogar als unverzichtbarer Gestalter der digitalen Zukunft. Dahinter scheint die Überzeugung zu stehen, es sei nicht nur der Fortbestand der derzeitigen Regulierungsaufgaben, sondern vielmehr ein Ausbau angemessen.

So skizziert beispielsweise der Vorsitzende der Direktorenkonferenz der LMA die „unentbehrliche Rolle beim Umstieg des dualen Rundfunksystems in das digitale und Multimediazeitalter". Die LMA blieben „Schrittmacher für den technologischen Umstieg" und würden mehr denn je die „Entwicklung neuer Programm- und Diensteangebote (...) zu beobachten und zu bewerten haben." Der föderale Aufbau sei unerlässlich. Gleichzeitig wird jedoch erkannt, dass es länderübergreifend einheitliche Regelungen geben muss, wofür dann eben zusätzliche „Gemeinsame Stellen" geschaffen bzw. erhalten werden müssen.[319]

Das dargestellte Agency-Problem lässt sich auf weitere Konstellationen übertragen. Neben den LMA sind als Regulierungsbehörden im Fernsehsektor die KEK sowie die Bundesnetzagentur (BNetzA) von Bedeutung. Letztere ist unter anderem für Kabelnetzbetreiber zuständig. Die KEK reguliert die Programmveranstalter nach Medienrecht. An ihrem Bestreben, auch Kabelnetzbetreiber als „Veranstalter" kontrollieren zu dürfen, sofern diese eigene Programmpakete zusammenstellen und anbieten, zeigt sich das für Bürokratien typische Verhalten, die eigenen Kompetenzen nicht nur zu erhalten sondern möglichst noch auszuweiten.

3.3.2.4. Fazit: Verbreitetes, aber differenziertes Regulierungsinteresse

Sowohl der eingangs gewährte Interessenüberblick als auch die verschiedenen Modellanwendungen haben verdeutlicht, dass sich ein Interesse an Regulierung über nahezu alle beteiligten Gruppen erstreckt. Die Vorstellungen darüber, wie die Regulierung ausgestaltet sein soll, sind jedoch sehr unterschiedlich. Es findet sich sowohl ein Interesse an verstärkter Regulierung bei den Aufsichtsbehörden als auch an zunehmender Deregulierung, z.B. bei den privaten Programmveranstaltern hinsichtlich der Werberegeln. Ebenso besteht Interesse daran, den Status quo zu erhalten, was insbesondere auf die öffentlich-rechtlichen Programmveranstalter zutreffen dürfte, sowie daran, einzelne Regulierungsmaßnahmen zu verändern, woran Politiker interessiert sein könnten, sofern es ihre Zuständigkeit erweitert.

Überwiegend daran interessiert das bestehende Regulierungsgeflecht zu lockern, sind die Distributionsnetzbetreiber, da sie sich in ihren Möglichkeiten eher eingeschränkt sehen, als dass sie sich von der Regulierung Vorteile versprechen. Die mit der Regulierung betrauten Institutionen halten es dagegen eher für notwendig, die Eingriffe und Kontrollmöglichkeiten noch auszuweiten, da dies ihren Erhalt und Einfluss sichert. Gleichzeitig konnten anhand verschiedener Prinzipal-Agent-Beziehungen typische

---

[319] Vgl. *Thaenert* (2005), S. 8.

Agency-Probleme aufgezeigt werden. Kontrolllücken bestehen sowohl in der Organisation des öffentlich-rechtlichen Rundfunks wie in der Aufsicht über private Veranstalter.

Interessen von Unternehmen können sich wandeln. Wenn sich Marktstrukturbedingungen oder sonstige Rahmenbedingungen grundlegend ändern oder wenn sich Machtpositionen verschieben, dann verändert sich auch die Einschätzung darüber, auf welche Weise die größeren Vorteile zu erzielen sind, unter dem Schutz von Regulierungen oder durch Leistung auf dem (unregulierten) Markt.

Wie sich Regulierungsinteressen verändern können, lässt sich am Beispiel der privaten Programmveranstalter zeigen. Die Privatsender sind eher Verfechter weitgehender Deregulierung des Rundfunksektors, um ihre Position gegenüber den öffentlich-rechtlichen ausbauen zu können. Regulierungen werden als marktwirtschaftsfern und diskriminierend eingestuft. Sobald sie sich jedoch in der Defensive wähnen, wird auch von ihrer Seite der Ruf nach dem schützenden Staat erhoben. Wenn die Übernahme von Teilen der KirchGruppe oder der Kabelnetze durch ausländische Investoren „droht", die das vermeintlich austarierte Miteinander im deutschen Fernsehmarkt mit aggressiveren Wettbewerbsvorstößen durcheinander bringen, werden kulturelle Gründe bemüht, um ein Einschreiten des Staates zu fordern.

Die privaten Programmveranstalter treten inzwischen nicht nur dafür ein, den öffentlich-rechtlichen Rundfunk zu begrenzen und die sie betreffenden Marktverhaltensregulierungen zu lockern. Mit den inzwischen privaten Kabelnetzbetreibern bedroht eine weitere Gruppe potenziell ihre Wettbewerbsposition: Mit den öffentlich-rechtlichen Veranstaltern konkurrieren sie um Werbeeinnahmen, Programmrechte und Zuschauerreichweite; die Netzbetreiber könnten zunehmend den Zuschauerzugang kontrollieren. Darüber hinaus ist zu erwarten, dass einige Netzbetreiber selbst Programme bzw. Programmrechte erwerben. Je erkennbarer der Machtzuwachs bei den Kabelbetreibern wird, desto eher werden Regulierungen eingefordert, die den Handlungsspielraum der neuen Konkurrenten beschränken und die eigene Wettbewerbsposition absichern.

3.4. Deregulierungsmöglichkeiten bei großem Regulierungsinteresse

Regulierung kann nur begründet werden, wenn erstens aufgrund von Marktunvollkommenheiten ein Funktionsmangel des Marktes vorliegt, zweitens ein Institut denkbar ist, das zu systematisch besseren Ergebnissen führt als Individualtransaktionen und drittens die staatliche Lösung insgesamt zu geringeren Ineffizienzen führt als die bestehende Marktlösung.[320] Auch vorhandene – und bei ihrer Einführung gerechtfertigte – Regulierung ist daraufhin zu prüfen, ob durch technischen Fortschritt oder andere Veränderungen der ursprüngliche Regulierungsgrund entfallen ist. Unnötige Regulierung ist zu vermeiden, da ökonomisch nicht gerechtfertigte staatliche Eingriffe selbst zu Marktversagen und weiteren – nun scheinbar gerechtfertigten – Regulierungen führen. In diesen

---

[320] Vgl. *Kruse* (1989), S. 12 f.

Fällen liegt also kein originäres Marktversagen vor, sondern die entstandenen Funktionsmängel und Fehlallokationen resultieren aus einem Politikversagen.[321]

Den Fernsehsektor prägt eine Vielzahl von Regulierungen. Mit Branchenbesonderheiten und übergeordneten gesellschaftspolitischen Zielen werden diese Ausnahmeregelungen von unterschiedlicher Seite gerechtfertigt. Häufig dient Regulierung jedoch der Umverteilung zugunsten einflussreicher Interessengruppen und wird in der Folge durch die Interessenkoalition aus regulierten Unternehmen, Politikern und Regulierungsbürokratien in ihrem Bestand geschützt.[322]

Als Regulierungserklärung scheitert die normative Theorie an der Realität aus zwei Gründen: Zum einen verfolgen Individuen Ziele, die von Regulierungsmaßnahmen beeinflusst werden, aber nicht in Wohlfahrtsmaße eingehen; zum anderen reagieren auch Politiker auf Anreize, die von politischen Institutionen und administrativen Prozessen geschaffen werden. Ein rational handelnder Regulierer wird daher kaum danach streben, allgemeine Wohlfahrtsmaße zu maximieren.[323] Da Parteien und Politiker nach persönlicher Vorteilhaftigkeit handeln, orientieren sich ihre politischen Programme an den Präferenzen des Medianwählers, die nur rein zufällig mit den Empfehlungen der Theorie des Marktversagens übereinstimmen dürften.[324] Die normative Regulierungstheorie bildet mit ihrer Annahme, Ziel von Regulierung sei es, den sozialen Überschuss zu maximieren, weniger eine Regulierungserklärung als eine Sollvorstellung.

Für den Fernsehsektor lässt sich insgesamt ein Bedarf sowohl an Regulierung als auch an Deregulierung konstatieren. Die Überprüfung der regulierungstheoretischen Ansätze hat gezeigt, dass nur in einzelnen Märkten (normativer) Regulierungsbedarf besteht, im gesamten Fernsehsektor aber ein umso breiteres Regulierungsinteresse vorhanden ist. Die Erkenntnisse der positiven Theorie der Regulierung verdeutlichen, wie schwierig es ist, bestehende Regulierung abzubauen, selbst wenn sie normativ nicht mehr gerechtfertigt ist. Sie verdeutlichen damit die schon von *Machiavelli* formulierte Einsicht: „Denn wer erneuert, macht sich alle zum Feind, die aus der alten Ordnung ihre Vorteile zogen."

Zu untersuchen ist daher, welche Bedingungen trotz der gegebenen Regulierungsinteressen Deregulierungsprozesse begünstigen könnten. Um zu erklären, warum in einigen Sektoren inzwischen große Deregulierungsfortschritte erzielt wurden, im Fernsehsektor dagegen eher weniger, ist eine positive Theorie der Deregulierung heranzuziehen, die der Frage nachgeht, wovon die Wahrscheinlichkeit der Deregulierung tatsächlich abhängt.

Die Hypothese, die Politik orientiere sich bei ihrer Deregulierungsstrategie an den (vermuteten) Interessen der Wählermehrheit, kann die bisherigen eingeleiteten bzw. unterlassenen Deregulierungsprozesse nicht überzeugend erklären. Als zutreffender erweist sich die Annahme, die Politik orientiere sich an den Interessen konfliktfähiger

---

321 So auch *Behrends* (2001), S. 85.

322 So auch *Sobania* (2003), S. 72 f.

323 Vgl. *Joskow* und *Noll* (1981), S. 36.

324 Vgl. *Fritsch, Wein* und *Ewers* (2005), S. 415.

Gruppen, die jeweils nur Minderheiten darstellen.[325] Das Problem ist, dass zwar die meisten Deregulierungsmaßnahmen die Mehrheit der Bevölkerung begünstigen würden, den Einzelnen jedoch nicht so spürbar.

Die zur Regulierungserklärung entwickelten Modelle der NPÖ, können auch herangezogen werden, um Deregulierung zu analysieren. So betrachtet *Becker*[326] wie sich Interessengruppen im Wettbewerb um Wohlfahrtstransfers verhalten. Politiker verteilen Steuern, Subventionen und Regulierungen gemäß dem politischen Druck der Interessengruppen. Die mit Umverteilungen verbundenen Nettowohlfahrtseinbußen wirken als Schranke für ineffiziente Regulierungen. Denn steigende Einbußen bei den belasteten Gruppen verstärken den deregulierungspolitischen Druck. So kann im Wettbewerb von Interessengruppen um politische Renten ein Entdeckungsverfahren für effiziente Politiken gesehen werden.[327]

Nicht selten lässt sich mit institutionellen Reformen, die Regulierungen abbauen, die Effizienz steigern. *Becker* verweist jedoch selbst darauf, dass sich die für Deregulierungen notwendige Gegenmacht erst über einen längeren Zeitraum aufbaut.[328] Voraussetzung dafür, dass sich wirksame Gegenmacht bildet, sind hinreichende Kenntnisse über Ausmaß und Verteilung der Wohlfahrtsverluste. Kritisieren lässt sich, dass sich die belasteten Gruppen zwar über Steuern und Subventionen informieren können, Kosten und Erträge von ordnungspolitischen Ausnahmeregelungen sind dagegen kaum einzuschätzen.[329]

Peltzman führt sinkende Vorteile und den damit verbundenen Regulierungsabbau darauf zurück, dass sich der politische Einfluss und die Marktbedingungen verändern.[330] So verschiebt sich das Kräfteverhältnis zwischen Interessengruppen durch veränderte Organisations- und Informationsmöglichkeiten. Konsumenten können für Politiker interessant und damit stärker berücksichtigt werden, wenn sie durch Medien besser informiert werden.[331] Veränderungen der Marktbedingungen ergeben sich z.B. wenn die Produzentenrenten sinken, so dass die Mittel fehlen, um permanent politischen Einfluss auszuüben. Die These, Deregulierungen ließen sich letztlich darauf zurückführen, dass die Renten aus der Regulierung erodieren, konnte mit den Erfahrungen einiger Branchen bestätigt werden. *Peltzman* erkennt jedoch selbst, dass sein Modell nicht erklären kann, in welchen Fällen es zu Deregulierungen und in welchen es zu weiteren Regulie-

325 Vgl. *Nienhaus* (1990).

326 Vgl. dazu *Becker* (1983).

327 So auch *Folkers* (1998), S. 190.

328 Vgl. *Becker* (1985), S. 339 ff.

329 So weist bereits *Posner* darauf hin, dass Politiker Regulierungen gegenüber direkten Steuern bevorzugen, da die entstehenden Kosten für die Steuerzahler wesentlich schwieriger zu durchschauen sind. Vgl. *Posner* (1971).

330 Vgl. *Peltzman* (1989).

331 Zum Einfluss der Medien auf wirtschaftspolitische Entscheidungen vgl. *Wentzel* (1998), S. 731 ff.

rungen kommt, wenn die bestehenden Regulierungen keine ausreichenden Vorteile mehr bieten.[332]

Die Ansätze von *Becker* und *Peltzman* liefern zwar Erklärungen, wie es zu Veränderungen in regulierten Bereichen kommt, erlauben aber keine Vorhersage darüber, wann es letztlich zu Deregulierungen kommt. Dazu sind weitere Faktoren zu berücksichtigen, die die politischen Kräfteverhältnissen verändern, und damit Deregulierungen auslösen.[333] Vermuten – und zumindest für einige Branchen belegen – lässt sich, dass eine wichtige Voraussetzung für Deregulierung gesamtwirtschaftliche Ineffizienzen aufgrund von Regulierungsversagen (notwendige Bedingung) sind. Zusätzlich bedarf es aber offenbar externer Faktoren, die Deregulierungsprozesse tatsächlich auslösen (hinreichende Bedingung).[334]

Es können technologische, ökonomische und politisch-institutionelle Determinanten unterschieden werden, wobei häufig Interdependenzen zwischen diesen bestehen. Technische Innovationen können beispielsweise in ehemaligen natürlichen Monopolen für Substitutionswettbewerb sorgen. Zudem entstehen neue Anwendungsmöglichkeiten und die Nachfrage steigt an, so dass die Subadditivitätseigenschaft aufgelöst und Wettbewerb möglich wird. Des Weiteren können zunehmende internationale Verflechtungen der Güter- und Faktormärkte Deregulierungsprozesse auslösen. Als politische Determinanten haben sich Handelsabkommen oder der europäische Einigungsprozess erwiesen.

Häufig sorgen technische Innovationen für einen Deregulierungs-Schub. So war es im Fernsehsektor die Entwicklung der Kabel- und Satellitentechnik, die einen ersten entscheidenden Deregulierungsschritt auslöste. Die zusätzlichen Übertragungskapazitäten ermöglichten es, das öffentlich-rechtliche Monopol aufzuheben und private Veranstalter zuzulassen. Das dabei etablierte Regulierungsgeflecht veranschaulicht, dass die Liberalisierung (des Marktzutritts) nicht zwingend mit Regulierungsabbau einhergehen muss.

Auf dieser Grundlage ist im Folgenden zu untersuchen, ob Regulierungsversagen und externe Faktoren als Bedingungen für Deregulierung im deutschen Fernsehsektor vorliegen. Gibt es also Mängel in der gegenwärtigen Regulierung und können technologische, ökonomische oder institutionelle Faktoren identifiziert werden, die in absehbarer Zeit Deregulierungen erwarten lassen? Ergänzend zu diesen Bedingungen sind die Interessenlagen der beteiligten Gruppen zu beachten. Begreift man Regulierung als Ergebnis von Angebot und Nachfrage, dann lässt sich der Abbau bestehender Regulierung nur erklären, wenn sich die Gewichte zwischen den Interessengruppen verschieben. Es müssen nun konfliktfähige und gut organisierte Gruppen Deregulierung nachfragen, die bei Einführung der Regulierung entweder noch nicht existierten, nicht opponierten oder ein zu geringes politisches Gewicht hatten.[335]

---

332 Vgl. *Peltzman* (1989), S. 41.

333 Vgl. *Sobania* (2003), S. 59.

334 Vgl. *Sobania* (2003), S. 73.

335 Vgl. *Nienhaus* (1990), S. 127.

Übertragen auf den Fernsehsektor könnten die Kabelnetzbetreiber der ersten oder dritten Gruppe angehören, da zu Zeiten des Kabelnetzaufbaus noch keine privaten Betreiber existierten und sie nach ihrer Zulassung erst langsam an politischem Gewicht gewannen. Ebenso haben die privaten Programmveranstalter, die im Vergleich zu den ehemals dominierenden öffentlich-rechtlichen Rundfunkanstalten zunächst keine Bedeutung hatten, mit wachsender Zuschauerreichweite an wirtschaftlichem und damit an politischem Einfluss gewonnen.

4. Marktstrukturbedingungen und Wettbewerbsbeziehungen

Die für die weitere Entwicklung des Fernsehsektors wichtigsten Akteure auf der Programm- und Distributionsebene sind zunächst in ihrem jeweiligen Marktumfeld zu untersuchen. Zu betrachten sind die Marktstrukturbedingungen auf den jeweils relevanten (Teil-)Märkten und die Wettbewerbsbeziehungen unter dem gegebenen Regulierungsrahmen.[336] Denn die (Regulierungs-)Interessen und Durchsetzungsmöglichkeiten verschiedener Akteure sind nicht zuletzt eine Frage ihrer jeweiligen Marktstellung. Der Schwerpunkt der Analyse liegt in der Distributionsebene auf dem Breitbandkabelnetz.

Im Hinblick auf mögliche Deregulierungsschritte sind für beide Ebenen jeweils abschließend zwei Dinge herauszuarbeiten: Erstens ist zu prüfen, inwieweit Regulierung die Marktentwicklung beeinflusst und welche Regulierungsmängel sich zeigen; zum anderen ist zu beurteilen, ob die Digitalisierung so weitgehende Veränderungen bewirkt, dass sie Deregulierungsschritte begünstigt. Als technische Innovation mit erheblichen ökonomischen Veränderungswirkungen könnte die digitale Übertragung einen der im vorangegangenen Abschnitt beschriebenen Faktoren darstellen, die Deregulierungsprozesse tatsächlich auslösen. Einzubeziehen sind – anknüpfend an die polit-ökonomische Regulierungserklärung – die Interessen der Akteure. Denn es wird letztlich nur zu entscheidenden Deregulierungen kommen können, wenn sie von einer ausreichend starken Interessengruppe nachgefragt werden.

Darauf aufbauend sind im dritten Teil die Effekte zu untersuchen, die sich aus vertikalen Wettbewerbsbeziehungen zwischen Programm- und Distributionsebene ergeben. Wenn sich die Machtpositionen zwischen Programmveranstaltern und Kabelnetzbetreibern verschieben, könnte dies ihr Regulierungsinteresse beeinflussen, da umso eher auf regulatorischen Schutz vertraut wird, je mehr die eigene Marktposition gefährdet ist. Zu analysieren ist, wie sich Integrationsprozesse auf den Wettbewerb auswirken könnten. Möglichen einzel- und gesamtwirtschaftlichen Vorteilen sind Wettbewerbsbeschränkungspotenziale gegenüberzustellen.

4.1. Programmebene: Zuschauer- und Werbemärkte

Die meisten Programmveranstalter sind nicht nur Anbieter auf dem Zuschauer-, sondern auch auf dem Werbemarkt. Aus ökonomischer Sicht sind private Free-TV-Sender vor allem Werbeträger, weil sie ihren Umsatz hauptsächlich auf dem Werbemarkt erzielen. Die Verbundbeziehung von Zuschauer- und Werbemarkt ist eine wesentliche Marktstrukturbedingung der Programmebene. Die vermeintlichen Mängel dieser Finanzierungsform dienen zudem häufig dazu, ein gebührenfinanziertes öffentlich-rechtliches Programmangebot zu rechtfertigen.

---

[336] Der Einfluss der Marktstruktur auf -verhalten und -ergebnis wird für die Medienbranche besonders hoch eingestuft. Vgl. *Young* (2000).

4.1.1. Verbund von Zuschauer- und Werbemarkt

Werbefinanzierung wird als indirekte Erlösform bezeichnet, da die Programme nicht direkt vom Konsumenten bezahlt werden, sondern von Unternehmen, die ihrerseits an der Aufmerksamkeit der Zuschauer interessiert sind. Um diese Aufmerksamkeit herzustellen, werden Programminhalte ausgestrahlt, d.h. Fernsehsender produzieren eigentlich Publikum.[337] Im werbefinanzierten Fernsehen besteht damit die in *Abbildung 4-1* dargestellte Dreiecksbeziehung.

Abbildung 4-1: Austauschbeziehungen werbefinanzierter Programmveranstaltung

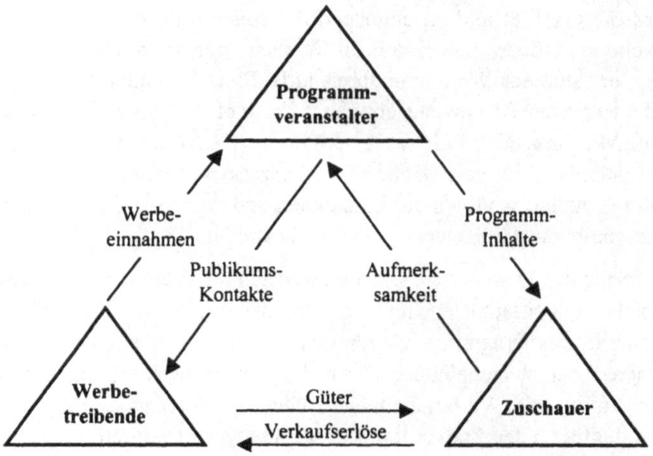

Eine direkte Austauschbeziehung mit Leistung und Gegenleistung, durch die ein Markt eigentlich erst begründet wird, besteht lediglich zwischen den Akteuren auf dem Werbemarkt. Hier bezahlt der Werbetreibende den Programmanbieter dafür, dass seine Werbebotschaft in das publizistische Angebot integriert und verbreitet wird. Das eigentlich gehandelte Gut auf diesem Markt sind Zielgruppenkontakte.[338] Da sich zwar die erzielte Reichweite eines Programms messen lässt, diese aber nicht den tatsächlichen Kontakten der Zuschauer mit der Werbebotschaft entsprechen muss, werden eigentlich Kontaktwahrscheinlichkeiten gehandelt.[339] Denn während eines Werbeblocks könnte z.B. auf andere Programme umgeschaltet werden, um sich der Werbebotschaft bewusst zu entziehen.

---

337 Vgl. *Owen* und *Wildman* (1992), S. 3.

338 Vgl. *Korff-Sage* (1999), S. 21.

339 Bei der Reichweitenmessung ist zwischen Werbeträger- und Werbemittelkontakt zu unterscheiden. Während sich der Werbeträgerkontakt über die GfK-Daten relativ genau messen lässt, besteht bei der Bestimmung des tatsächlichen Kontaktes der Zuschauer mit dem Werbemittel in Form von Einblendungen oder Spots größere Unsicherheit.

Auf dem Zuschauermarkt bietet ein Programmveranstalter Inhalte an, um viele Zuschauerkontakte herzustellen. Die „Gegenleistung" des Zuschauers ist dessen messbare Aufmerksamkeit. Durch seinen Konsum verschafft der Zuschauer dem Programmanbieter die Reichweite, die dieser an seine Werbekunden weiterverkaufen kann. Ein Programmveranstalter muss seine Leistungen primär an den von den Werbekunden gewünschten Zielgruppen ausrichten. Er versucht daher, Zielgruppenwünsche seiner Werbekunden in Zuschauerwünsche zu übersetzen.[340] Werbe- und Zuschauermarkt sind interdependent: Die Einnahmemöglichkeiten auf dem Werbemarkt hängen direkt ab von Anzahl und Profil der Zuschauer; die Höhe der Werbeeinnahmen beeinflusst ihrerseits die Attraktivität der Inhalte, die wiederum die erzielbare Reichweite bestimmt.[341]

Ist ein Anbieter aufgrund sinkender Einnahmen gezwungen, Programmkosten zu senken, wird die Qualität und anschließend die Reichweite des Programms sinken.[342] Die Reichweite beeinflusst zudem den für Werbetreibende entscheidenden Tausender-Kontaktpreis, der sich aus Werbegrundpreis (z.B. Preis für einen 30-Sekunden-Werbespot) und der erzielten Reichweite errechnet. Er gibt den Preis für tausend erreichte Kontakte an. Mit sinkender Reichweite erhöht sich also der Tausender-Kontaktpreis auch bei konstantem Spotpreis. Höhere Werbepreise wiederum gehen mit geringerer Werbenachfrage einher, wodurch die Einnahmen und damit die Gestaltungsmöglichkeiten des Programmveranstalters weiter beschränkt werden.[343]

Die dritte Seite des Dreiecks ergibt sich zwischen den Werbetreibenden, die Produkte und Dienstleistungen anbieten, und den Zuschauern, die eventuell die beworbenen Produkte kaufen. Das Programm ist für den Konsumenten nur scheinbar kostenlos, wenn man neben der Nutzeneinbuße durch die Werbeunterbrechungen berücksichtigt, dass die Kosten für die Werbeschaltungen über den Verkaufspreis des beworbenen (Marken-)Produktes an den Endverbraucher weitergegeben werden.

4.1.2. Abgrenzung relevanter (Teil-)Märkte der Programmebene

Ausgehend von der herrschenden Entscheidungspraxis sind gegebenenfalls angemessenere Abgrenzungen zu diskutieren, die sich aus der dynamischen Entwicklung des Sektors ergeben. Eine abschließende Übersicht fasst denkbare und tatsächlich angewendete Abgrenzungskriterien zusammen.

4.1.2.1. Abgrenzung von Zuschauermärkten

Der Zuschauermarkt ist für die Programmveranstalter unabhängig von der Finanzierungsform von zentraler Bedeutung, da die Zuschauernachfrage direkt (bei entgeltfinan-

---

340 Vgl. *Karstens* und *Schütte* (1999), S. 99.

341 Da der Prozess eine sich wechselseitig verstärkende Wirkung entfaltet, wird er als „Werbeeinnahmen-Reichweiten-Spirale" bzw. „Anzeigen-Auflagen-Spirale" bei Printmedien bezeichnet. Vgl. *Greiffenberg* und *Zohlnhöfer* (1984), hier S. 591.

342 Vgl. *Seufert* (1992), S. 27.

343 Eine graphische Veranschaulichung findet sich bei *Korff-Sage* (1999), S. 24.

zierten Veranstaltern) oder indirekt (bei werbefinanzierten Veranstaltern) über den wirtschaftlichen Erfolg entscheidet. Darüber hinaus soll auf diesem Markt die angestrebte Meinungsvielfalt entstehen, so dass der Zuschauermarkt im Mittelpunkt des Interesses von Gesetzgeber und medienrechtlichen Aufsichtsinstitutionen steht.

Zur sachlichen Abgrenzung ist zunächst eine intermediäre Abgrenzung zu anderen Medien vorzunehmen. Medienangebote decken einen Bedarf an Unterhaltung und Information. Dabei konkurriert das Fernsehen grundsätzlich mit anderen Medien. Dennoch unterscheiden sich die Angebote aus Sicht der Nachfrager deutlich.[344] Medien unterscheiden sich in der Darbietung, die eine unterschiedliche Aufmerksamkeit erfordert, in der Zeit- und Ortsgebundenheit des Konsums und nicht zuletzt in ihrem Preis.[345] Im intermediären Vergleich kann demnach von einem Fernsehzuschauermarkt ausgegangen werden, womit partielle Substitutionsbeziehungen nicht ausgeschlossen sind. Dass Medien eher komplementär genutzt werden, lässt sich daran sehen, dass neue Medien die alten nie vollständig verdrängt haben.[346]

Eine medienübergreifenden Sichtweise wird mitunter vorgeschlagen, wenn es um den Schutz der Meinungsvielfalt geht.[347] Das GWB kennt keinen besonderen Eingriffstatbestand für Medienzusammenschlüsse.[348] Im Rundfunkstaatsvertrag werden sog. cross-mediale Verflechtungen insofern berücksichtigt, als nicht nur Zuschauermarktanteile zu prüfen sind, sondern auch die Marktstellungen auf den sog. medienrelevanten verwandten Märkten, auf denen ein Programmveranstalter ebenfalls tätig ist.[349]

Ob es beim Free-TV überhaupt einen Zuschauermarkt gibt, ist strittig, da es unentgeltlich empfangen wird.[350] Nach Einführung privaten Rundfunks haben *Bundeskartellamt* und *Europäische Kommission* bei wettbewerbsrechtlichen Entscheidungen zum „Free-TV-Markt" nur die Anteile „auf dem hier relevanten Fernsehwerbemarkt"[351] herangezogen, um eine Marktbeherrschung zu prüfen.[352] Begründet wurde dies damit, dass die Zuschauer – außer beim Pay-TV – keine unmittelbare Gegenleistung für die empfangenen Programme erbringen, womit ein wesentliches Element des Marktprozesses fehle.

---

344 Zur Mediennutzung in Deutschland vgl. ausführlich *Ridder* und *Engel* (2001).

345 Vgl. z.B. *Mook* (1996), S. 780.

346 Bereits 1981 bezeichnete der Kommunikationswissenschaftler *Lerg* dies als „Konstante der Kommunikationsgeschichte". *Lerg* (1981), S. 193.

347 Vgl. *Altmeppen* (1994), S. 96 ff.

348 Die Märkte wurden bislang auch deshalb getrennt betrachtet, weil es eine ökonomisch bedeutsame Bündelung wie beim Zusammenschluss von Axel Springer Verlag und ProSiebenSat.1 nicht gab. In diesem Fall wurden die cross-medialen Effekte sehr genau geprüft. Vgl. *o.V.* (2005c).

349 Vgl. § 26 Abs. 2 RStV.

350 Vgl. z.B. *Hoffmann-Riem* (1991), S. 117 ff.; *Monopolkommission* (1986), Tz. 584.

351 Vgl. *Bundeskartellamt* (1998), S. 55.

352 Vgl. *Jestaedt* und *Anweiler* (1997), S. 549.

Dem lässt sich folgende Argumentation entgegenhalten[353]: Die Zuschauer entrichten zwar kein Entgelt an die Programmveranstalter, doch der Fernsehkonsum der Zuschauer stellt für den Veranstalter ein Gut im ökonomischen Sinn dar, das er „gleichsam als Vorprodukt für die Herstellung und das Angebot des Gutes Werbesendezeit benötigt."[354] Die Zuschauer erbringen zudem eine ökonomische Gegenleistung in Form von Zeit. Die Veranstalter konkurrieren also um das Zeitbudget der Zuschauer.[355] Es setzt sich zunehmend die Ansicht durch, dass ein Zuschauermarkt abzugrenzen ist.[356] Die *Monopolkommission* geht inzwischen ebenfalls von der Existenz eines Zuschauermarktes aus.[357] Das *Bundeskartellamt* grenzt zwar weiterhin keinen eigenen Zuschauermarkt ab,[358] betont jedoch, dass der Zuschaueranteil ein wesentlicher Parameter ist, um die Marktstellung eines Anbieters auf dem Werbemarkt beurteilen zu können.[359]

Geht man grundsätzlich von einen Zuschauermarkt aus, sind Kriterien für die intramediäre sachliche Abgrenzung zu prüfen. Als relevante Produkteinheit kommen einzelne Sendungen oder komplette Programme als sendungsübergreifendes Sortiment eines Programmveranstalters[360] in Frage. Die Frage ist letztlich, wie spezifisch der Bedarf zu beschreiben ist, an dem sich die funktionelle Austauschbarkeit bemisst. Bezieht man den Bedarf auf spezielle Programmgenre (z.B. Spielfilm), sind zu einem Zeitpunkt nicht alle Programme austauschbar. Die beobachtbaren Konsumgewohnheiten von Fernsehzuschauern sprechen dafür, den Bedarf weiter zu fassen. Denn die Gesamtnachfrage zu einem bestimmten Zeitpunkt hängt überwiegend von äußeren Umständen und Faktoren ab, die vom Programmveranstalter gar nicht zu beeinflussen sind.[361] Für die Programmveranstalter geht es darum, unter den gegebenen Umständen einen möglichst hohen Anteil der potenziellen Zuschauer für ihr Programm zu gewinnen. Da die zeitliche Programmierung vom Veranstalter zu gestalten ist, ist von einer sendungsübergreifenden Konkurrenz auszugehen. Die Marktanteile auf dem Zuschauermarkt sind also nach Programmen zu bestimmen.

Üblich ist des Weiteren eine Unterscheidung in Vollprogramme und Spartenprogramme. Da Spartenprogramme (z.B. für Sport) nur sehr spezifische Interessen bedienen, sind sie aus Sicht der Zuschauer nicht funktionell austauschbar mit den inhaltlich breit gefächerten Vollprogrammen, die sowohl Informations- als auch verschiedenste Unterhaltungs- und Bildungssendungen kombinieren.

Strittig ist, ob Programmanbieter unterschiedlicher Finanzierungsform miteinander konkurrieren, oder ob Free- und Pay-TV-Veranstalter getrennte Märkte bilden. Sowohl

---

353 Vgl. ausführlich *Schmidt* (1997).

354 *Schmidt* (1997), S. 474.

355 So auch *Monopolkommission* (1996), Tz. 836.

356 Vgl. z.B. *Wissenschaftlicher Beirat beim Bundesministerium für Wirtschaft und Technologie* (2000), S. 27 f.

357 Vgl. *Monopolkommission* (2000), Tz. 611.

358 So zuletzt *Bundeskartellamt* (2006).

359 Vgl. *Paetow* (2001), S. 14.

360 Vgl. *Heinrich* (2002), S. 115.

361 Vgl. *Rott* und *Schmitt* (2000).

Bundeskartellamt als auch *Europäische Kommission* grenzen bislang einen eigenständigen Markt für Pay-TV ab. Dies folgt schon zwingend daraus, dass ein wirtschaftliches Austauschverhältnis der Programmanbieter im Free-TV lediglich mit der werbenden Wirtschaft, im Pay-TV ausschließlich mit dem Zuschauer gesehen wird. So begründet die *Europäische Kommission*[362] einen eigenen relevanten Produktmarkt für Pay-TV gegenüber werbefinanziertem Fernsehen mit unterschiedlichen Wettbewerbsbedingungen. Die entscheidenden Aktionsparameter beim werbefinanzierten Fernsehen sind Einschaltquoten und Werbepreise, beim Pay-TV hingegen Programmgestaltung und Abonnentenpreise. Vernachlässigt wird dabei, dass die Wettbewerbsposition der Pay-TV-Anbieter eng mit dem Free-TV-Angebot verknüpft ist. Denn die Entscheidung für ein Abonnement hängt vom erwarteten Zusatznutzen ab. Auch die *Monopolkommission* spricht sich gegen eine getrennte Betrachtung der Finanzierungsformen aus,[363] da alle Veranstalter um die Zuschauergunst konkurrieren und damit Wettbewerber auf dem Zuschauermarkt sind.[364]

Für eine Trennung von öffentlich-rechtlichen und privaten Rundfunkmärkten spricht sich *Heinrich* aus, da die Wettbewerbsbeziehungen auf Zuschauer- und Werbemärkten asymmetrisch sind. Denn es handelt sich nicht um formal und materiell gleichberechtigte Wettbewerber.[365] Dagegen ist einzuwenden, dass die Rechtsform die Programmwahl der Zuschauer nicht erkennbar beeinflusst. Die Programme von öffentlich-rechtlichen und privaten Veranstaltern werden offensichtlich als Substitute angesehen. Der einzige direkte Einfluss auf die inhaltliche Gestaltung besteht in den Werbeunterbrechungen. Da auch die öffentlich-rechtlichen Programme nicht werbefrei sind, wird hier offenbar kein wesentlicher Unterschied wahrgenommen. Damit stellt die Rechtsform kein sachgerechtes Abgrenzungskriterium dar.[366]

Über Terrestrik, Kabel oder Satellit empfangene Programme bilden keine eigenen Märkte. Denn das Fernsehprogramm wird von den Anbietern (inhaltlich) nicht nach dem Übertragungsweg differenziert. Unterschiede können in Kosten, Empfangsqualität und in der Anzahl der insgesamt empfangbaren Programme bestehen. Dies sind jedoch Wettbewerbsparameter, mit denen die Netzbetreiber auf den Empfangswegemärkten um Nachfrager konkurrieren.

Eher noch ist eine Abgrenzung nach der Sendetechnik in analoge und digitale Programme zu begründen. Hier zeigen sich nennenswerte Unterschiede in der Qualität und der Anzahl der empfangbaren Programme. Zudem wird ein zusätzliches Empfangsgerät benötigt. Diese Abgrenzung wird jedoch mit der vollständigen Abschaltung der analogen Übertragung irrelevant werden.

Die sachliche Abgrenzung relevanter (Teil-)Märkte innerhalb des Zuschauermarktes wird weiterhin schwierig bleiben und ist den technischen und daraus folgenden wirt-

---

362 Vgl. ausführlich *Europäische Kommission* (1994), Rn. 32 f.

363 Vgl. dazu bereits *Monopolkommission* (1998), Tz. 512 ff.

364 Vgl. *Monopolkommission* (2000), Tz. 611.

365 Vgl. *Heinrich* (2002), S. 257.

366 So auch *Czygan* (2003), S. 39.

schaftlichen Entwicklungen fortlaufend anzupassen. Mit der Umstellung auf digitale Übertragung könnte die Abgrenzung zwischen Free- und Pay-TV problematisch werden, falls auch werbefinanzierte Programme verschlüsselt und gegen eine Grundgebühr übertragen werden (Grundverschlüsselung) oder Free-TV-Programme in Programmpakete von Pay-TV-Veranstaltern integriert werden. Es zeichnet sich zudem ab, dass bisher ausschließlich im Free-TV engagierte Veranstalter zusätzliche digitale Pay-TV-Programme anbieten.[367] Sie müssten daher schon heute auf dem Pay-TV-Markt zumindest als potenzielle Konkurrenz berücksichtigt werden.

Werden Programmpakete vom jeweiligen Distributionsnetzbetreiber angeboten, entstehen Austauschbeziehungen mit dem Netzbetreiber nicht nur bezüglich des technischen Zugangs (Empfangswegemärkte) sondern auch hinsichtlich der Programme (Zuschauermärkte). Vergleichbar einem Händler, der ein Sortiment verschiedener „Herstellermarken" anbietet, stellt ein Kabelnetzbetreiber ein Sortiment verschiedener Programmveranstalter zusammen.[368] Die relevante Produkteinheit für die Marktbeziehung zwischen Zuschauer und Netzbetreiber müsste dann ein „Programm-Paket" anstelle einzelner Programme sein.

Die räumliche Marktabgrenzung ist nach dem Verbreitungsgebiet eines Programms vorzunehmen. Da der überwiegende Teil der in Deutschland ausgestrahlten Fernsehprogramme im gesamten Bundesgebiet zu empfangen ist, kann von einem bundesweiten Fernsehmarkt ausgegangen werden.[369] Die *Europäische Kommission* begründet nationale bzw. sprachgebunde Märkte mit unterschiedlichen Rechts- und Regulierungsvorschriften, kulturellen Unterschieden und weiteren differierenden Wettbewerbsbedingungen. Als explizites Beispiel führt sie dabei unterschiedliche Strukturen der jeweiligen Kabelfernsehmärkte an.[370]

Eine zeitliche Marktabgrenzung ist nicht vorzunehmen. Obwohl zu einem bestimmten Zeitpunkt nur Sendungen gegeneinander austauschbar sind, die gerade ausgestrahlt werden, ist eine solche Abgrenzung zu eng, um marktbeherrschende Stellungen zu ermitteln. Die diskutierten Abgrenzungskriterien für Zuschauermärkte und deren wichtigste Ausprägungen fasst *Tabelle 4-1* zusammen.

---

367 Vgl. *o.V.* (2006a).

368 Die Analogie zu einem Zeitschriftenkiosk verdeutlicht der Produktname „Kabelkiosk", den der Satellitenbetreiber Eutelsat für sein Angebot an Kabelnetzbetreiber verwendet. Vgl. *Kabelkiosk* (2006).

369 Bei (noch) begrenzten Kapazitäten kann sich das Programmangebot in den Bundesländern unterschiedlich zusammensetzen. Diese Unterschiede werden sich jedoch weiter verringern, so dass höchstens in Ausnahmefällen der räumlich relevante Markt enger abzugrenzen ist.

370 Vgl. *Europäische Kommission* (1995a), Rn. 25; *Europäische Kommission* (1998b), Rn. 23.

Tabelle 4-1: Abgrenzungskriterien für Zuschauermärkte

Kriterium	Ausprägung	verwendet	kritisch [a]
Sachlich			
Finanzierungsart	Free-TV, Pay-TV	+	+
Veranstalterform	privat-rechtlich, öffentlich-rechtlich	+	+
Übertragungsart	analog, digital	+	+
Übertragungsweg	Terrestrik, Kabel, Satellit	–	–
Programmart	Vollprogramm, Spartenprogramm	–	–
Räumlich			
Verbreitungsgebiet	national, regional, lokal	–	–
Sprach-/Kulturraum	z.B. Deutschland/deutschsprachiger Raum	+	–
Zeitlich			
Sendezeit	einzelne Sendetermine/Zeitintervalle	–	–

[a]: Ein ‚+' bedeutet, dass die Abgrenzung nach diesem Kriterium kritisch zu sehen ist.

4.1.2.2. Abgrenzung von Werbemärkten

Der sachlich relevante Markt ist erneut intermediär abzugrenzen. Da die verschiedenen Medien aus Sicht der nachfragenden Werbetreibenden kurzfristig nicht substituierbar sind, werden getrennte Märkte angenommen.[371] Da die Medien selbst unterschiedlich wahrgenommen werden, gilt dies auch für die darin enthaltene Werbung und deren Wirkung.[372] Schließlich sind auch jeweils unterschiedliche Zielgruppen zu erreichen.[373] Die verschiedenen Medien werden als Werbeträger eher komplementär als alternativ genutzt, so dass grundsätzlich ein Fernsehwerbemarkt abzugrenzen ist.[374]

Je nach Fragestellung ist der sachlich relevante Markt möglicherweise auch intramediär abzugrenzen. Als Kriterien, nach denen der Fernsehwerbemarkt sachlich weiter unterteilt werden könnte, kommen Spartenprogramme, Alter der Zuschauer und Werbeform in Frage.

Mit verschiedenen Programmsparten werden unterschiedliche Zuschauergruppen angesprochen, so dass mit den Werbeunterbrechungen auch nur bestimmte Zielgruppen erreicht werden. Aus Sicht des nachfragenden Werbetreibenden sind also nicht alle Programmumfelder funktionell austauschbar. Dennoch wird nicht nach Sparten differenziert. Außerdem finden sich die Themen auch in den Vollprogrammen wieder, so dass Werbung in einem Spartenkanal mit dem entsprechenden Themenumfeld in einem anderen Programm austauschbar ist.

Werbetreibende bevorzugen grundsätzlich die Altersgruppe der 14–49-Jährigen, obwohl dieser Ausschnitt nicht einmal 60 Prozent der Gesamtbevölkerung ausmacht. Die-

371 Vgl. zur Begründung *Europäische Kommission* (1995a), Rn. 23; zur Begründung des *Bundeskartellamtes* vgl. *Wessely* (1995), S. 169 und die dort angegebene Literatur.

372 Für eine Übersicht zu den Stärken und Schwächen der einzelnen Werbeträger vgl. *Picard* (1989), S. 25.

373 Vgl. auch *Korff-Sage* (1999), S. 127.

374 Vgl. *Parlasca* (1994), S. 215.

se Gruppe gilt als besonders konsumfreudig und durch Werbung noch beeinflussbar, da sie in ihrer Markenwahl noch nicht so festgelegt ist.[375] Neben den Zuschauermarktanteilen für das Gesamtpublikum (Zuschauer ab 3 Jahren) werden meist die Zuschauermarktanteile der 14–49-Jährigen sowie die Gruppe der 3–13-Jährigen getrennt erfasst.[376] Da sich die Marktanteile erheblich unterscheiden, kann eine differenzierte Marktabgrenzung bedeutsam sein. Obwohl aus Sicht der Werbetreibenden erhebliche Unterschiede bestehen, wird bislang ein einheitlicher relevanter Markt abgegrenzt.[377]

Als Werbeformen werden neben der klassischen Spotwerbung zunehmend programmintegrierte Werbeformen eingesetzt. Weiterhin das größte Werbevolumen entfällt auf die Spotwerbung. Teilweise werden andere Werbeformen dazu genutzt bestehende Werbeverbote zu umgehen. Da die meisten Werbeformen letztlich Versuche sind, die sinkende Aufmerksamkeit von Werbeblöcken zu umgehen, decken sie alle den gleichen Bedarf der nachfragenden Werbetreibenden. Es ist daher von einem einheitlichen Fernsehwerbemarkt für alle Werbeformen auszugehen.

Eine räumliche Abgrenzung könnte nach unterschiedlichen Verbreitungsgebieten vorgenommen werden (bundesweit, lokal, regional). Nationale und lokale Werbung sind funktional nicht austauschbar, so dass hier von unterschiedlichen Märkten auszugehen ist. Da lokale Fernsehprogramme[378] jedoch kaum Bedeutung haben und der weit überwiegende Teil der deutschen Fernsehprogramme bundesweit ausgestrahlt wird, ist grundsätzlich von einem bundesweiten Fernsehwerbemarkt auszugehen.

Für eine zeitliche Abgrenzung sprechen regulierungsbedingte Beschränkungen der öffentlich-rechtlichen Veranstalter.[379] Grundsätzlich konkurrieren auf dem Werbemarkt öffentlich-rechtliche und private Anbieter um die Werbebudgets der Werbetreibenden. Eingeschränkt wird dieser Wettbewerb dadurch, dass die Öffentlich-rechtlichen nur werktags bis 20 Uhr und auch dann nur zeitlich beschränkt werben dürfen. In den Zeiten werktags ab 20 Uhr sowie an Sonn- und Feiertagen konkurrieren nur die privaten Veranstalter untereinander. Gleichwohl wird bislang keine zeitliche Abgrenzung vorgenommen.

Die diskutierten Abgrenzungskriterien für Werbemärkte und deren wichtigste Ausprägungen fasst *Tabelle 4-2* zusammen.

---

375 Vgl. *Bauder* (2002), S. 49.

376 Letztere ist vor allem für TV-Sender relevant, die ausschließlich Kinderprogramme anbieten (z.B. Kinderkanal, Super RTL).

377 Vgl. z.B. *Bundeskartellamt* (2006).

378 Während die ausschließlich gebührenfinanzierten regionalen Programme der ARD zusammen zweistellige Zuschauermarktanteile erzielen, konnten sich werbefinanzierte Ballungsraum-Sender bislang kaum durchsetzen.

379 Vgl. auch *Monopolkommission* (1996), Tz. 837.

Tabelle 4-2: Abgrenzungskriterien für Werbemärkte

Kriterium	Ausprägung	verwendet	kritisch [a]
Sachlich			
Mediengattung	Fernsehen, Radio, Zeitung, Zeitschrift	+	–
Veranstalterform	privat-rechtlich, öffentlich-rechtlich	+ / –	+
Programmsparte	Spartenprogramme (nach Themen)	–	+
Alter	3–13, 14–49, 50+,	–	–
Werbeform	Spot, Sponsoring, Product Placement	–	–
Räumlich			
Verbreitungsgebiet	national, regional, lokal	+	–
Zeitlich			
Werberegulierung	werktags bis 20 Uhr, übrige Zeit	–	+

[a]: Ein ‚+' bedeutet, dass die Abgrenzung nach diesem Kriterium kritisch zu sehen ist.

4.1.3. Marktstrukturbedingungen und Wettbewerbsanalyse

Als wesentliche Marktstrukturmerkmale, die das Verhalten der Marktteilnehmer und letztlich das Marktergebnis beeinflussen, sind Konzentration, Mobilitätsbarrieren oder Verflechtungen mit vor- und nachgelagerten Stufen zu berücksichtigen. Der Fernsehsektor ist durch eine vergleichsweise hohe Konzentration gekennzeichnet. Dies lässt sich ökonomisch damit begründen, dass die Produktions- und Kostenstrukturen große bzw. integrierte Anbieter begünstigen. Die Marktstrukturen im deutschen Fernsehsektor lassen sich aber auch auf die institutionellen Rahmenbedingungen zurückführen.

4.1.3.1. Entwicklung der Zuschauer- und Werbemärkte

Auf Medienmärkten verfolgt die Konzentrationsanalyse zwei Zielsetzungen: Sie liefert nicht nur ein wesentliches Kriterium, um den ökonomischen Wettbewerb beurteilen zu können; darüber hinaus werden Gefahren für die Meinungsvielfalt untersucht. Die „Marktleistung" ist unter zwei Blickwinkeln zu bewerten. Nach ökonomischen Bewertungsmaßstäben ist eine zunehmende Vielfalt nur dann erstrebenswert, wenn sie zu einer Wohlfahrtssteigerung führt, der Nutzen also die Aufwendungen übersteigt. Demgegenüber ist publizistische Vielfalt als verfassungsrechtliches Ziel für die Medienpolitik per se erstrebenswert. Medienpolitischen Bewertungen liegt dabei eher statische Vielfalt zugrunde, während in der ökonomischen Bewertung auch von Interesse ist, wie sich die Angebotsvielfalt im Zeitablauf entwickelt (dynamische Vielfalt).[380]

Ökonomische und publizistische Konzentration sind zwar grundsätzlich zu trennen. Doch privatwirtschaftliche (Medien-)Unternehmen, die autonom im Wettbewerb agieren, können als gute Voraussetzung für Meinungsvielfalt gelten. Das Programmangebot unabhängiger Veranstalter kann aus ökonomischer Sicht kaum homogen sein.[381] Dem-

380 *Kruse* weist darauf hin, dass über größere Zeiträume Vielfalt auch innerhalb eines Programms erreicht werden kann. Vgl. *Kruse* (1996a), S. 30.

381 Vgl. *Kruse* (1996a), S. 31.

zufolge kann ökonomische Vielfalt im Sinne von Wahlmöglichkeiten zumindest als notwendige Bedingung für publizistische Vielfalt gelten, wenngleich sie keineswegs hinreichend ist, um medienpolitischen Ansprüchen zu genügen.[382]

Im Fernsehsektor kommen als Merkmalsträger Unternehmen bzw. Konzerne als wirtschaftliche Einheiten oder einzelne Programme als publizistische Objekte in Frage. Als Merkmale werden (Werbe-)Umsatz als Maßstab für wirtschaftliche Größe und Zuschauerreichweite als Kriterium für publizistische Größe verwendet. Neben der korrekten Marktabgrenzung ist die Frage zu klären, welche Unternehmen tatsächlich autonom am Markt agieren und welche abhängig oder verbunden sind. Gerade in der Medienbranche ist dies nicht immer offensichtlich. Um einen selbständigen Programmveranstalter handelt es sich dann, wenn er über Programmgestaltung, -einkauf und -produktion selbst bestimmen kann. Davon kann für einzelne Sender innerhalb einer Senderfamilie wie der RTLGroup nicht ausgegangen werden. Nach Rundfunkrecht erbringen verbundene Sender daher auch keinen eigenen Beitrag zur Meinungsvielfalt.[383]

Auf dem Zuschauermarkt herrscht eine polypolistische Nachfrage-Struktur: Nahezu jeder Haushalt in Deutschland verfügt über ein Fernsehgerät. Im Jahr 2005 sind 36,75 Mio. TV-Geräte bei der Gebühreneinzugszentrale (GEZ) angemeldet.[384] Das entspricht ungefähr einem TV-Gerät je 2,25 Einwohner.[385] Die tägliche Sehdauer[386] ist nahezu kontinuierlich gestiegen und beträgt im Jahr 2005 etwa 3,5 Stunden. Zwischen den Zuschauersegmenten (Alters-/Einkommensgruppen) sind erhebliche Unterschiede zu verzeichnen,[387] die Steigerung von durchschnittlich 25,8 Prozent in den letzten zehn Jahren verteilt sich aber auf alle Zuschauergruppen ausgeglichen.[388]

Bei den frei empfangbaren Programmen zeigt sich in Deutschland im Vergleich zu anderen europäischen Ländern eine sehr hohe quantitative Programmvielfalt. Auffällig ist zudem, dass in Deutschland auch die meisten öffentlich-rechtlichen Programme zu empfangen sind. Während die meisten Zuschauer in Deutschland über 30 deutschsprachige Programme empfangen können, sind es in den europäischen Nachbarländern landesweit weniger als zehn Free-TV-Programme. So ist Deutschland auch das einzige europäische Land, in dem der Zuschaueranteil des Marktführers unter 20 Prozent

---

382 So u.a. *Heinrich* (2002), S. 141.

383 Vgl. *Europäisches Medieninstitut* (1995), S. 144.

384 Vgl. dazu *ARD* (2006).

385 Diese Zahlen werden die tatsächliche Gerätedichte vermutlich unterschätzen, da davon auszugehen ist, dass nicht alle tatsächlich genutzten TV-Geräte angemeldet sind.

386 Die tägliche Sehdauer aller Zuschauer gibt an, wie viele Minuten im Durchschnitt aller potenziellen Zuschauer an einem Tag ferngesehen wurde.

387 So lag im Jahr 2004 die Sehdauer der 14–49-Jährigen z.B. bei 185 Minuten, die der Erwachsenen ab 14 Jahre in Ein-Personen-Haushalten bei 311 Minuten.

388 Vgl. *SevenOne Media* (2005).

liegt.[389] Die Entwicklung der Zuschaueranteile seit dem Eintritt privater Programmveranstalter enthält *Tabelle 4-3*.[390]

Tabelle 4-3: Zuschaueranteile in Deutschland 1985–2005

Sender	85	87	89	91	93	95	96	97	98	99	00	01	02	03	04	05
ARD	43,4	42,2	31,7	27,5	17,0	14,6	14,8	14,7	15,4	14,2	14,3	13,7	14,2	14,0	13,9	13,5
ZDF	42,6	40,7	32,4	25,6	18,0	14,7	14,4	13,4	13,6	13,2	13,3	13,0	13,8	13,2	13,6	13,5
ARD 3.	10,2	10,5	10,4	8,8	7,9	9,7	10,1	11,6	12,3	12,5	12,7	13,0	13,1	13,4	13,7	13,6
RTL	0,4	1,2	10,0	14,4	18,9	17,6	17,0	16,1	15,1	14,8	14,3	14,8	14,6	14,9	13,8	13,2
Sat.1	–	1,5	8,5	10,6	14,4	14,7	13,2	12,8	11,8	10,8	10,2	10,1	9,9	10,2	10,3	10,9
3 sat	–	–	–	–	0,8	0,9	0,9	0,9	0,9	0,9	0,9	0,9	0,9	1,0	1,0	1,0
MTV		–	–	–	–	–	–	–	–	–	–	–	–	0,5	0,4	0,4
DSF[a]			–	1,9	1,3	1,3	1,1	1,2	1,1	1,3	1,2	1,0	0,9	1,1	1,1	1,2
ProSieben			–	3,8	9,2	9,9	9,5	9,4	8,7	8,4	8,2	8,0	7,1	7,1	7,0	6,7
Eurosport						1,2	1,2	1,1	1,1	1,1	1,0	0,9	0,8	0,9	0,9	0,9
Premiere[b]				–	–	–	0,7	0,7	0,7	0,5						
DF 1[b]							–	–	–	0,2						
Premiere[b]										0,3	1,1	1,2	1,2	2,6	2,4	k.A.
Kabel 1					1,6	3,0	3,6	3,8	4,4	5,4	5,5	5,0	4,5	4,2	4,0	3,8
Arte					0,1	0,2	0,3	0,3	0,3	0,3	0,3	0,4	0,4	0,3	0,4	0,5
n-tv					–	0,3	0,3	0,5	0,6	0,7	0,7	0,7	0,6	0,6	0,5	0,6
VOX					1,3	2,6	3,0	3,0	2,8	2,8	2,8	3,1	3,3	3,5	3,7	4,2
RTL II					2,6	4,6	4,5	4,0	3,8	4,0	4,8	4,0	3,9	4,7	4,9	4,2
Euronews					–	–	–	–	–	–	–	–	0,1	0,1	0,1	0,0
VIVA					–	–	–	–	–	–	–	–	–	–	0,4	0,5
Super RTL						–	2,1	2,3	2,9	2,8	2,8	2,8	2,4	2,7	2,7	2,8
9live[c]						–	–	0,3	0,6	1,0	1,0	0,5	0,4	0,3	0,2	0,2
VIVA plus						–	–	–	–	–	–	–	–	–	0,3	0,3
Kinderkanal								0,6	0,9	1,3	1,2	1,2	1,1	1,2	1,2	1,2
Phoenix								–	0,3	0,4	0,4	0,5	0,5	0,5	0,5	0,6
N24											–	–	–	0,4	0,4	0,6
MTV2 Pop												–	–	0,3	0,3	–
XXP												–	0,0	0,1	0,1	0,2
Tele 5													–	–	0,3	0,4
Nick																–
Das Vierte																–

[a]: 01/88–01/93 Tele5, seit 01/93 DSF; [b]: 02/91–09/99 Premiere (alt), 07/96–09/99 DF1, ab 10/99 Premiere (Relaunch); [c]: 08/95 tm3, seit 09/01 9Live; ‚–': ausgestrahlt, aber nicht messbar/gemessen.
Quelle: Eigene Darstellung, Datenbasis *Kommission zur Ermittlung der Konzentration im Medienbereich* (2006a).

Die Entwicklung der Marktstruktur seit der Zulassung privater Anbieter lässt sich grob in drei Phasen einteilen.[391] Bis 1987 konzentrierten sich RTL plus und Sat.1 auf unterhaltungsorientierte, massenattraktive Inhalte, die von den öffentlich-rechtlichen Anbietern aufgrund ihres Programmauftrages nicht in dem Maße angeboten worden waren. In der zweiten Phase von 1987 bis etwa 1995 weitete und differenzierte sich das Angebot durch neue Sender (ProSieben, RTL II und Kabel 1) weiter aus. Nach 1995

389 Vgl. *Nicklas* (2000), S. 12.

390 Der Marktanteil wird gemessen als relativer Anteil der Sehdauer einer Sendung/eines Zeitintervalls an der Gesamtsehdauer aller Programme zum jeweiligen Zeitintervall.

391 Vgl. zu dieser Einteilung *Hickethier* (1998).

stabilisierten sich die Marktanteile von ARD und ZDF, nachdem sie bis dahin kontinuierlich Anteile eingebüßt hatten. Die großen Privatsender verloren zum Teil sogar Marktanteile, da Spartenprogramme den Wettbewerb verschärften, die sie z.T. jedoch selbst veranstalteten. Die öffentlich-rechtlichen Anbieter gründeten zusätzliche Spartenprogramme und rechtfertigten dies mit ihrer Pflicht zur Grundversorgung. Von Kritikern wurde es eher als strategische „Verstopfung des Programmmarktes“[392] interpretiert. Das öffentlich-rechtliche Programmangebot breitete sich nicht nur inhaltlich aus, und besetzte damit Programmnischen. Vielmehr verstopfte die quantitative Ausweitung die eng begrenzten Übertragungskapazitäten.

Die ermittelten Marktanteile der Programmveranstalter beziehen sich auf einen bundesweiten Zuschauermarkt, der jedoch gar nicht von allen Programmen abgedeckt werden kann. Denn nicht alle Programme werden in alle Kabelnetze eingespeist, so dass sich das Programmangebot beim Kabelempfang von Bundesland zu Bundesland unterscheidet. Diese Einschränkung betrifft zwar vorwiegend kleinere Programme, doch sind gerade diese auf eine hohe technische Reichweite angewiesen, um sich überhaupt im Markt etablieren zu können. Ohne einen Kabelplatz können bereits über die Hälfte der TV-Haushalte überhaupt nicht erreicht werden.

Eine hohe technische Reichweite ist eine wichtige Voraussetzung für den wirtschaftlichen Erfolg eines Programmveranstalters, aufgrund begrenzter Übertragungskapazitäten jedoch gleichzeitig ein erhebliches Markteintrittshindernis. Zwar handelt es sich um einen technisch bedingten Engpass und damit um eine strukturelle Markteintrittsschranke. Da die Zugangsbedingungen aber ganz erheblich von Regulierungen beeinflusst werden, ist gleichzeitig eine institutionelle Barriere geschaffen bzw. aufrechterhalten worden.

Die Entwicklung der Marktstruktur zeigt insgesamt eine zunehmende Ausdifferenzierung und bestätigt damit grundsätzlich die Vorhersagen der theoretischen Modelle der Television Economics und der von der Public-Choice-Theorie geprägten Ansätze für eine Marktöffnung: Anbieter konzentrieren sich zunächst auf massenattraktive Programme, wobei es zu Programmduplikationen kommen kann.[393] Die von Kritikern der Marktöffnung befürchtete ‚excessive sameness' lässt sich jedoch nicht feststellen: Die Angebote unterscheiden sich inhaltlich und in ihrer Zuschauerschaft doch erheblich. Dass zunehmend auch kleine Zuschauergruppen durch entsprechende Programmangebote erschlossen werden können, zeigt der Erfolg der Spartensender. Marktaustritte einzelner Spartenanbieter sind jedoch ein Hinweis dafür, dass die Ausdifferenzierung beim werbefinanzierten Fernsehen ihre Grenzen hat.

Der hohen quantitativen Programmvielfalt steht eine recht hohe Anbieterkonzentration gegenüber. So erfasst die Konzentrationsrate (‚concentration ratio') den Merkmalsanteil der *x* größten Unternehmen in einem Markt (CR-*x*). Eine differenziertere Interpretation ermöglicht der Hirschman-Herfindahl-Index (HHI), der die Summe der quadrier-

---

392 *Aries* (1989), S. 49.

393 Für einen Überblick vgl. *Rott* (2003), Kapitel 3.

ten Marktanteile abbildet.[394] Höhere Indexwerte weisen eine ungleichere Verteilung und damit bedenklichere Situation aus.[395] Wie *Tabelle 4-4* zeigt, ergibt sich bereits eine erhebliche Konzentration, wenn jeder Veranstalter als eigenständiger Anbieter betrachtet wird. Eine noch höhere Konzentration ist zu verzeichnen, wenn diejenigen Fernsehsender, die vom gleichen Unternehmen kontrolliert werden und damit eine Senderfamilie bilden, zusammengefasst werden. Die Konzentration steigt ebenfalls, wenn die öffentlich-rechtlichen Anbieter ausgenommen werden.

Tabelle 4-4: Konzentrationsentwicklung im deutschen Zuschauermarkt

Maß	85	87	89	91	93	95	96	97	98	99	00	01	02	03	04	05
CR-3	96,2	93,4	74,5	67,5	60,7	53,9	50,8	47,0	46,2	44,2	44,1	42,2	41,9	41,5	42,6	42,3
CR-5	96,6	96,1	93,0	86,9	82,1	76,2	74,6	71,3	69,5	68,6	68,2	65,5	64,8	64,6	65,6	65,7
HHI	3803	3551	2335	1826	1538	1337	1276	1188	1132	1091	1071	1006	995	975	983	998

Quelle: Eigene Berechnungen, Datenbasis vgl. *Tabelle 4-3*

Betrachtet man den gesamten Zuschauermarkt nach einzelnen Programmveranstaltern ist der Anteil der größten drei Veranstalter in den letzten 20 Jahren von weit über 90 auf gut 40 Prozent gesunken. Die drei größten privaten Veranstalter vereinen etwa 30 Prozent der Anteile. Klammert man die öffentlich-rechtlichen Anstalten aus und rechnet die gemessenen Zuschaueranteile um, ergibt sich ein marktbeherrschendes Oligopol mit einer CR-3 im Jahr 2005 von über 55.[396] Eine bedenkliche Konzentration ist zu verzeichnen, wenn Sendergruppierungen betrachtet werden. Die beiden privaten Senderfamilien (RTLGroup, ProSiebenSat.1) vereinen bereits knapp die Hälfte der Marktanteile im bundesweiten Zuschauermarkt,[397] die Anteile der Öffentlich-rechtlichen summieren sich allerdings auch auf knapp 44 Prozent. Im Zeitablauf sinkt die Konzentration, da neue Veranstalter hinzutreten und kleinere Veranstalter Marktanteile hinzugewinnen.

Obige Berechnungen beziehen sich auf die größten Veranstalter, für die überhaupt Reichweiten gemessen werden. Insgesamt weist die KEK 96 private Veranstalter im Free- und Pay-TV sowie elf Mediendienste[398] und neun deutschsprachige Programme mit Auslandslizenz aus, von denen einige nur digital übertragen werden. Neben Zahl und Marktanteil einzelner Programme ist die Formation von Senderfamilien zu beach-

[394] Für eine Darstellung und wettbewerbspolitische Einordnung verschiedener Maße vgl. *Schmidt* (2005), S. 138 ff.

[395] Der Index wird meist mit 10.000 multipliziert ausgewiesen. Ab Werten von 1.000 gehen die US-amerikanischen Antitrust-Richtlinien von einem mäßig konzentrierten, ab 1.800 von einem hochkonzentrierten Markt aus. Vgl. *Monopolkommission* (1990), Tz. 241.

[396] Dieser Marktanteil ergibt sich, wenn die gemessenen 54,4 Prozent aller privaten Veranstalter den Gesamtmarkt bilden und die einzelnen Anteile entsprechend angepasst werden.

[397] Ihr Anteil entspricht über 85 Prozent, wenn die öffentlich-rechtlichen Zuschaueranteile herausgerechnet werden.

[398] Dabei handelt es sich um Teleshopping, Spiele- und Pay-per-View-Kanäle, die auf Grundlage des Mediendienstestaatsvertrages ausgestrahlt werden (z.B. HSE 24, QVC, TV Travel Shop). Vgl. zur kompletten Aufstellung *Kommission zur Ermittlung der Konzentration im Medienbetreich* (2006b).

ten. *Tabelle 4-5* gibt einen Überblick über die größten Sendergruppen und die zugehörigen Programme.[399] Von den 28 zuschauerstärksten Free-TV-Programmen sind allein zehn den beiden führenden privaten Gruppen zuzurechnen und sieben den öffentlich-rechtlichen, die ihrerseits Senderfamilien gebildet haben.

Tabelle 4-5: Sendergruppen im deutschen Zuschauermarkt

Sendergruppe	**Zuzurechnende Programme**[a]	
	Anzahl	**Namen**
ARD	15 + 4	Das Erste, 10 Dritte Programme, BR-alpha, Arte, Phoenix, 3sat, Kika, ARDdigital (EinsPlus, EinsExtra, EinsFestival)
ZDF	5 + 4	ZDF, Arte, Phoenix, 3sat, Kika, ZDFvision (ZDFdokukanal, ZDFinfokanal, ZDFtheaterkanal, ZDFmobil)
ProSiebenSat.1 Media AG	7	ProSieben, Sat.1, Kabel 1, N24, 9live, Sat.1 Comedy, Kabel 1 Classics
RTLGroup	7	RTL, RTL II, Super RTL, VOX, n-tv, Traumpartner TV, K1010
NBC Universal	5	Das Vierte, 13th Street, Sci-Fi Channel, The History Channel, GIGA Digital
The Walt Disney Company	5	RTL II, Super RTL, Disney Channel, The History Channel, Jetix
Viacom	5	MTV, MTV II, Viva, Viva plus, Nick

[a]: einige Programme werden ausschließlich digital ausgestrahlt.
Quelle: Eigene Darstellung in Anlehnung an *Kommission zur Ermittlung der Konzentration im Medienbereich* (2006c).

Pay-TV konnte sich in Deutschland bislang nicht in dem Maße etablieren wie in anderen TV-Märkten Europas. Eine der Hauptursachen ist in der hohen Anzahl an frei empfangbaren TV-Sendern zu sehen. Aufgrund des großen Angebots an fiktionaler Unterhaltung sowie Sportübertragungen ist der Mehrwert von zusätzlichen Pay-TV-Programmen schwierig zu vermitteln. *Abbildung 4-2* zeigt einen negativen Zusammenhang zwischen der Anzahl an Free-TV-Programmen und der Penetration von Pay-TV in ausgewählten europäischen Ländern.

---

399 Programme können mehreren Unternehmen zugerechnet werden, wenn jedes die Möglichkeit hat, wesentliche Programmentscheidungen zu beeinflussen. Die Gruppen müssen keine Konzerne im aktienrechtlichen Sinne darstellen. Vgl. dazu *Kommission zur Ermittlung der Konzentration im Medienbereich* (2006c).

Abbildung 4-2: Verfügbare Free-TV-Programme und Pay-TV-Penetration in Europa

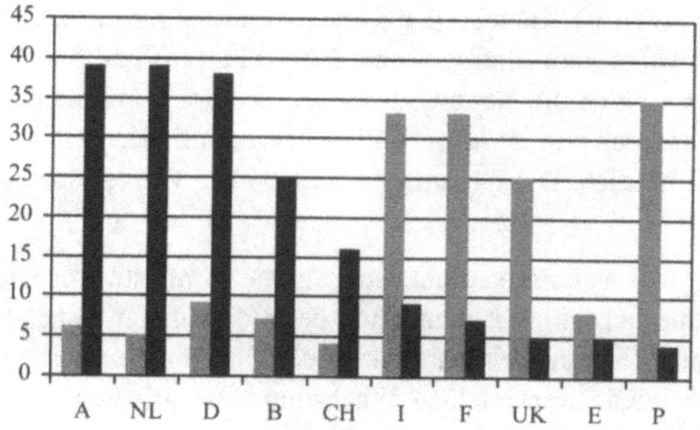

Graue Säulen: Pay-TV-Penetration in Prozent; schwarze Säulen: Anzahl Free-TV-Programme.
Quelle: Eigene Darstellung, Datenbasis *Advanced Television* (2005).

Lange Zeit gab es in Deutschland nur einen Pay-TV-Veranstalter. 1991 nahm der erste deutsche Abo-Sender Premiere den Sendebetrieb auf.[400] Beteiligt waren mit der KirchGruppe und der zum Bertelsmann-Konzern gehörenden UFA die beiden führenden deutschen Free-TV-Unternehmen sowie der französische Pay-TV-Veranstalter Canal Plus. Bis 1999 blieb der Zuschaueranteil bezogen auf alle Programme unter einem Prozent, die Abonnentenzahl stieg nicht wesentlich über zwei Millionen.

Mitte der neunziger Jahre planten Kirch, Bertelsmann und die Deutsche Telekom AG (DTAG) die Gründung der Media Service Gesellschaft (MSG).[401] Das Gemeinschaftsunternehmen sollte die Infrastruktur für digitales Pay-TV aufbauen und die notwendigen technischen und administrativen Dienstleistungen erbringen. Gemeinsam verfügten die Gesellschafter sowohl über starke Marktstellungen im Bereich von Programminhalten, im Free-TV sowie im Kabelnetz. Befürchtet wurde daher, dass die Unternehmen den noch aufzubauenden Markt von Vornherein abschotten und den Zugang zum digitalen Fernsehen vollständig kontrollieren könnten. Obwohl auch von der deutschen Politik versucht wurde, die Entscheidung zu beeinflussen, scheiterte das Vorhaben zunächst 1994 und erneut 1998 am Veto der *Europäischen Kommission.*[402]

Bertelsmann zog sich zurück. Die neue digitale Programmplattform Premiere der KirchGruppe ging im Oktober 1999 auf Sendung, der Geschäftserfolg blieb jedoch zunächst aus. Die hohen Verluste im Pay-TV waren schließlich ein wesentlich Faktor für die Insolvenz der gesamten KirchGruppe im Juni 2002. Nachdem das Unternehmen von

---

400 Für eine ausführliche Chronik vgl. *Premiere* (2006).

401 Vgl. dazu *Europäische Kommission* (1994); *Europäische Kommission* (1998b); *Europäische Kommission* (1998c).

402 Für eine ökonomische Analyse der kartellrechtlichen Untersagungen vgl. *Fisher* (2005).

Finanzinvestoren übernommen wurde, realisierte Premiere in 2004 erstmals einen operativen Gewinn.[403]

Das Jahr 1984 gilt als Geburtstunde des werbefinanzierten Fernsehens in Deutschland.[404] Damals wurden im Rahmen der Kabelpilotprojekte in Ludwigshafen und München die ersten privaten Fernsehprogramme (u.a. RTL plus und Sat.1) ausgestrahlt. Mit rund 3,9 Mrd. Euro waren die Nettowerbeeinnahmen der Fernsehanbieter im Jahr 2004 mehr als dreimal so hoch wie im Jahre 1989. Ein wesentlicher Teil des Wachstums ging zu Lasten anderer Medien. Die Gesamteinnahmen aller Werbeträger haben sich in dieser Zeit verdoppelt.[405]

Wie *Abbildung 4-3* veranschaulicht, stiegen die Fernsehwerbeeinnahmen bis zum Jahr 2000 kontinuierlich an. Mit dem Ende des Börsenbooms und der sich abschwächenden Konjunktur folgten drei Jahre sinkender Einnahmen. In der jüngeren Vergangenheit zeigt sich wieder ein leichtes Wachstum. Die privaten Free-TV-Veranstalter sind mithin auf schwankende Werbeeinnahmen angewiesen. Dabei können sie zwar ihren Anteil an den gesamten Fernsehwerbeeinnahmen über ihren Erfolg auf dem Zuschauermarkt beeinflussen, kaum hingegen das Gesamtvolumen. Mit Online-Medien ist zudem ein weiterer Konkurrent um dieses Gesamtvolumen hinzugekommen.

Abbildung 4-3: Entwicklung der Fernseh-Werbeeinnahmen in Deutschland

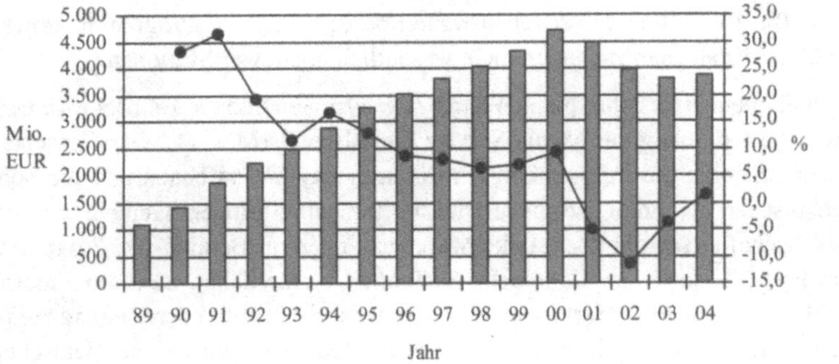

Säulen (linke Skala): Netto-Werbeeinnahmen; Kurve (rechte Skala): Wachstum ggü. dem Vorjahr in Prozent. Quelle: Eigene Darstellung, eigene Berechnung; Datenbasis *Zentralverband der deutschen Werbewirtschaft* (div. Jg.).

Auf dem Werbemarkt treffen Programmveranstalter und Werbekunden in der Regel nicht direkt aufeinander. Die Sender vermarkten ihre Werbezeiten über Vermarktungsagenturen und die Werbetreibenden bedienen sich sogenannter Media-Agenturen. Somit sollte auch auf dem Werbemarkt die Konzentration nicht nur nach einzelnen Veranstal-

403 Vgl. *Arbeitsgemeinschaft der Landesmedienanstalten* (2005), S. 233 f.

404 Vgl. *Ory* und *Sura* (1987). *Karstens* und *Schütte* bemerken jedoch, der „Urknall" hätte eher die Ausmaße eines Knallfroschs gehabt. Vgl. *Karstens* und *Schütte* (1999), S. 25.

405 Vgl. dazu *Zentralverband der deutschen Werbewirtschaft* (div. Jg.).

tern sondern insbesondere nach Gruppen betrachtet werden. Auf der Anbieterseite herrscht damit eine enge oligopolistische Marktstruktur: Die Vermarkter der beiden dominierenden Sendergruppen IP Deutschland (RTL-Gruppe) und SevenOne Media (ProSiebenSat.1-Gruppe) teilen den Markt weitgehend untereinander auf.

Abbildung 4-4 zeigt die Aufteilung der Werbemarktanteile im Jahr 2004. Die Fernsehsender sind so gruppiert, wie sie nach gängiger Praxis des Kartellamtes als Einheiten betrachtet werden. Die Konzentration ist im Zeitablauf rückläufig. Mit dem Markteintritt und steigenden Zuschauerreichweiten von zusätzlichen Programmveranstaltern verteilen sich auch die Werbeeinnahmen. Ein Zusammenhang zwischen den Anteilen auf Zuschauer- und Werbemarkt ist eindeutig festzustellen. Dabei zeigt sich, dass die Reichweiten bei den 14–49-Jährigen besonders gut in Werbemarktanteile umgesetzt werden können.[406]

Abbildung 4-4: Werbemarktanteile deutscher Fernsehsender 2004

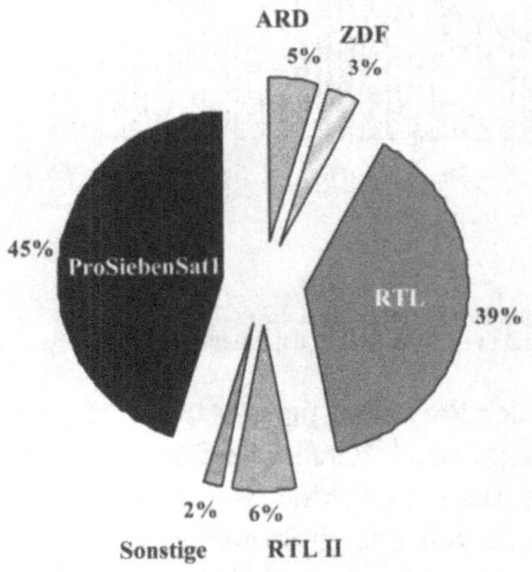

Veranstalter	Marktanteil
ARD	5,0
ZDF	3,0
Öff.-rechtl.	8,0
RTL	29,0
VOX	6,0
Super RTL	3,0
n-tv	1,0
RTLGroup	39,0
RTL II	6,0
ProSieben	19,0
SAT.1	20,0
Kabel 1	5,0
N24	1,0
P7S1	45,0
Sonstige	2,0

Quelle: Eigene Darstellung, Datenbasis *Bundeskartellamt* (2006).

Die drei größten Anbieter auf dem Werbemarkt erreichen zusammen einen Marktanteil von 68 Prozent und erfüllen damit die qualifizierte Marktbeherrschungsvermutung des GWB.[407] Das *Bundeskartellamt* stellte in seiner Entscheidung vom Januar 2006 fest, dass es auf dem Fernsehwerbemarkt sowohl an Binnen- als auch an Außenwettbewerb fehle. Es geht folglich von einem wettbewerbslosen Duopol aus.[408]

Der Anteil der öffentlich-rechtlichen Anbieter am Werbemarkt ist mittlerweile auf unter zehn Prozent gesunken. Die öffentlich-rechtlichen Veranstalter verfügen jedoch

---

406 So hat z.B. Sat.1 einen höheren Marktanteil bei den Zuschauern ab 3 Jahre als ProSieben, letzterer weist jedoch den höheren Werbemarktanteil auf, da er im Segment der 14–49-Jährigen einen höheren Zuschaueranteil erreicht. Vgl. *Die Landesmedienanstalten* (2003), S. 238.

407 Vgl. § 19 Abs. 3 S. 2 Nr. 1 GWB.

408 Vgl. *Bundeskartellamt* (2006).

mit der Rundfunkgebühr über sehr stabile Einnahmen. Wie *Abbildung 4-5* zeigt, ist die von den Ländern im jeweiligen Rundfunkgebührenstaatsvertrag festgeschriebene Fernsehgebühr[409] insbesondere seit Beginn der 1990er Jahre recht deutlich gestiegen. Das Gebührenwachstum liegt dabei deutlich über der allgemeinen Inflationsentwicklung: Während das allgemeine Preisniveau (gemessen am Verbraucherpreisindex) seit 1975 um etwa 80 Prozent gestiegen ist, sind die Fernsehgebühren im gleichen Zeitraum um rund 200 Prozent gestiegen.

Abbildung 4-5: Entwicklung der Fernsehgebühren in Deutschland

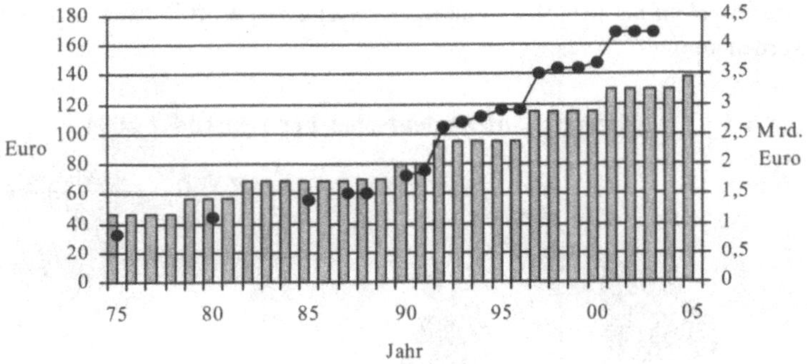

Säulen: Jahresgebühr (linke Skala); Punkte: Jahresaufkommen (rechte Skala).
Quelle: Eigene Darstellung; Datenbasis Media Perspektiven Basisdaten 2004, Rundfunkfinanzierungsstaatsvertrag.

Mit der gestiegenen Nachfrage auf den Programm-Input-Märkten, auf denen die öffentlich-rechtlichen Rundfunkanstalten mit neuen Veranstaltern konkurrierten, stieg der Finanzbedarf der öffentlich-rechtlichen Anstalten, den sie entsprechend geltend machen konnten.[410] Zudem wurde das Programmangebot durch Spartensender[411] ergänzt und zu Senderfamilien ausgebaut. Zu berücksichtigen ist aber auch, dass seit 1988 mit einem Teil der Rundfunkgebühreneinnahmen die Landesmedienanstalten finanziert werden.[412] Die Gebührensteigerungen sind demnach nicht ausschließlich den öffentlich-rechtlichen Rundfunkanstalten zugeflossen.

Inwieweit der Werbemarkt im Zuge der Digitalisierung seine herausragende Bedeutung für den Fernsehsektor einbüßen wird, ist noch nicht abzusehen. Die Voraussetzungen für entgeltfinanzierte Programme verbessern sich, womit sich das Programmange-

---

409 Die Rundfunkgebühr setzt sich aus Hörfunk- und Fernsehgebühr zusammen, wobei letztere über zwei Drittel der gesamten Rundfunkgebühr ausmacht. Von der Fernsehgebühr entfallen im Jahr 2005 ca. 61 % auf die ARD und 39 % auf das ZDF.

410 Zu berücksichtigen ist allerdings auch, dass mit der Wiedervereinigung zusätzliche Rundfunkanstalten der ARD in den neuen Ländern finanziert werden mussten.

411 Neben den inzwischen auch länderübergreifend ausgestrahlten Regionalprogrammen der ARD werden vor allem die Sparten Kultur (3sat, Arte) und Information (Phoenix) sowie der Kinderkanal angeboten.

412 An die LMA werden knapp 2 % der Fernseh- und Hörfunkgebühr abgeführt.

bot ausdifferenzieren wird. Beide privaten Sendergruppen sehen in der Digitalisierung ein Risiko für ihre Aktivitäten auf den Fernsehwerbemärkten. Denn bei digitaler Übertragung könnten neue Sender den etablierten Gruppen Werbemarktanteile streitig machen. Dies ist sicherlich ein Grund dafür, warum die werbefinanzierten Sendergruppen die Umstellung seit Jahren eher blockieren als vorantreiben.[413]

Aufgrund ihrer herausragenden Bedeutung auf dem Zuschauermarkt wird es aber nicht gelingen, breite Bevölkerungsteile zur Umstellung zu bewegen, solange die aus Zuschauersicht attraktivsten Programme weiterhin analog, aber noch nicht digital zu empfangen sind. Die privaten Sendergruppen haben damit eine starke Verhandlungsposition gegenüber den Distributionsnetzbetreibern. Die privaten (Free-TV-)Veranstalter befinden sich in einer ambivalenten Situation: Einerseits verfügen sie über eine starke Verhandlungsposition, da sie eine Art „Türöffner" für den breiten Umstieg auf die digitale Übertragung sind; andererseits könnten sie an Einfluss einbüßen, wenn sich das digitale Fernsehen erst einmal erfolgreich etabliert hat. Denn eine größere Programmauswahl senkt tendenziell die Reichweite einzelner Programme und digitale Programmaufzeichnungen ermöglichen es, die Werbeunterrechnungen zu überspringen, so dass die Bedeutung der Werbefinanzierung langfristig abnehmen könnte.

4.1.3.2. Konzentrationsursachen und Marktschranken

Zu den originären Ursachen, die Konzentration vorteilhaft oder erforderlich machen, zählen Größenvorteile, wettbewerbsbeschränkendes Verhalten sowie staatliche Rahmenbedingungen.[414] Als Komponenten des Konzentrationsprozesses werden internes und externes Wachstum sowie Marktaustritt und -eintritt unterschieden.[415] Der Konzentrationsprozess im deutschen Fernsehsektor ist durch internes wie externes Wachstum gekennzeichnet. Es bestehen erhebliche strukturelle und strategische Markt- und Mobilitätsschranken. Die umfangreiche Regulierung hat zudem bedeutende institutionelle Barrieren geschaffen.

Größenvorteile sind häufig Ursache horizontaler Konzentration und werden auch im Fernsehsektor geltend gemacht. *Heinrich* stellt jedoch zutreffend fest, dass Skaleneffekte im Fernsehsektor wenig relevant sind.[416] Denn die Durchschnittskosten (Programmkosten pro Zuschauer) sinken nicht mit wachsender Betriebsgröße, sondern mit steigender Reichweite. Es handelt sich somit um Durchschnittskostendegression, da sich die (fixen) Kosten eines Programms mit steigender Reichweite auf immer mehr Zuschauer verteilen. Zu differenzieren ist zwischen kurz- und langfristiger Betrachtung: Wenn das Programm einmal erstellt ist, sind die Gesamtkosten – unabhängig von der Anzahl der Nachfrager – kurzfristig fix. Variable Kosten fallen praktisch nicht an, so dass die Durchschnittskosten kontinuierlich sinken. In der Planung sind die Programmkosten

---

413 Vgl. auch die Einschätzung in *Bundeskartellamt* (2006), S. 36.

414 Vgl. *Monopolkommission* (1982), Kapitel VI.

415 Diese vier Konzentrationsursachen der zweiten Stufe sind als sichtbare Folge der originären Ursachen zu verstehen, wobei sich jede Ursache in jeder Komponente niederschlagen kann.

416 Vgl. *Heinrich* (2002), S. 241.

jedoch noch variabel, und es erscheint plausibel, dass mit höherem Gesamtaufwand grundsätzlich höhere Zuschauerzahlen zu erzielen sind.[417]

Die Werbefinanzierung bildet eine weitere branchenspezifische Konzentrationsursache. Da Werbetreibende möglichst viele Zuschauer erreichen möchten, werden sie ihre Werbebotschaften eher bei reichweitenstarken Sendern platzieren. Werden Sender gemeinsam vermarktet, wie dies bei den Senderfamilien der Fall ist, kann insgesamt eine attraktive Zuschauerreichweite angeboten werden. Auch beim entgeltfinanzierten Fernsehen bietet die horizontale Konzentration Vorteile: Wenn die Durchschnittskosten pro Abonnent mit steigender Abonnentenzahl sinken, kann durch niedrigere Preise die Nachfrage weiter gesteigert werden. Dabei ist erneut einzuschränken, dass die Programmkosten nicht vollständig fix sind.[418]

Wettbewerbsintensität und Marktergebnis hängen jedoch nicht unbedingt von der Anbieterkonzentration ab, sondern auch von der Bedrohung durch potenzielle Konkurrenz. Die Markteintrittschancen potenzieller Newcomer hängen wiederum eher von Markteintrittsschranken ab, als von der Konzentration.[419] Markteintrittsbarrieren für die Programmebene sind in verschiedenen industrieökonomischen Untersuchungen analysiert worden.[420] Sie sollen daher kurz zusammengefasst und um die Auswirkungen der Digitalisierung ergänzt werden.

Als strukturelle Markteintrittsbarrieren gelten ein relativ hoher Finanzbedarf und knappe Übertragungskapazitäten.[421] Newcomer können im Free-TV zudem nicht über niedrige Preise den Markt penetrieren, sondern müssen sich durch attraktive Programme und Eigenwerbung vom bisherigen Angebot differenzieren. Massenattraktive Programme sind jedoch knapp und für absolute Newcomer aufgrund langfristiger Verträge oder hoher Kosten schwierig zu beschaffen. Eigenwerbung ist bei konkurrierenden Programmveranstaltern selten zu platzieren. Auch auf dem Werbemarkt ist ein neues Programm schwierig zu etablieren, nicht zuletzt aufgrund der bestehenden Marktmacht der beiden Marktführer. Darüber hinaus sind etablierte Anbieter begünstigt, da sich die Sehgewohnheiten der Zuschauer nur langsam ändern.

Verstärkt werden die ungünstigen Marktzugangsbedingungen durch gezieltes strategisches Verhalten der etablierten Anbieter. Neben den bereits erwähnten Programmressourcen, die aus strategischen Gründen möglichst langfristig erworben werden, begünstigen vertikale Integration und die Möglichkeit zur Quersubventionierung innerhalb größerer Medienkonzerne und Senderfamilien die etablierten Veranstalter.

Durch die Digitalisierung der Fernsehproduktion werden die Eintrittschancen zwar teilweise verbessert (z.B. durch größere Übertragungskapazitäten), gleichzeitig sind

---

[417] Dessen ungeachtet können auch günstige Produktionen mitunter hohe Reichweiten erzielen.

[418] Die Preise für Pay-TV-Rechte beinhalten über einen fixen Mindestbetrag hinaus eine variable, von der Zuschauerreichweite abhängige Komponente. Vgl. *Fehr* (2005), S. 74 f.

[419] Vgl. *Baumol* (1982), S. 1 ff.

[420] Vgl. z.B. *Gundlach* (1998), S. 243 ff.; *Bauder* (2002).

[421] Vgl. bereits BVerfGE 12, S. 262, Erstes Rundfunkurteil „Deutschland-Fernsehen-GmbH“ vom 28.02.1961.

jedoch auch steigende Konzentrationstendenzen zu erwarten.[422] Die technische Konvergenz verschiedener Medien-Angebote verstärkt die Möglichkeiten, Ressourcen gemeinsam zu nutzen. Eine zunehmende diagonale Integration verschiedener Medienbereiche ist bedingt durch Unsicherheiten über die zukünftige (Nachfrage-)Entwicklung und die hohen Investitionskosten mit unsicherer Amortisation. Größere Medienkonzerne versuchen daher, Risiken auf unterschiedliche Inhalte und Vertriebswege zu verteilen.[423]

Ein vorübergehendes Problem, das jedoch insbesondere für kleine Programmveranstalter von erheblicher Bedeutung ist, stellt der Übergang von analoger zu digitaler Übertragung dar. Da die meisten Haushalte noch nicht für den digitalen Empfang mit Set-Top-Boxen ausgerüstet sind, kämpfen die Fernsehsender um ihre analogen Kabelplätze, die sie möglichst so lange behalten wollen, bis sich entsprechend viele Zuschauer umgestellt haben. Die Kabelnetzbetreiber hingegen möchten sukzessive analoge Programme abschalten, um auf diesen Kanälen bis zu zehn digitale Programme übertragen zu können. Während die Kabelbetreiber eine langsame Umstellung bevorzugen, um ihre Kunden nicht zu verlieren, plädieren viele Fernsehsender für einen abrupten Umstieg.

Die Umstiegs-Szenarien sind auch wesentlicher Bestandteil der Einspeisungsverträge zwischen den großen Senderfamilien und den Kabelnetzbetreibern. So hat z.B. RTL bei der Kabel Deutschland GmbH (KDG) durchsetzen können, dass der zur Sendergruppe gehörende Nachrichtenkanal n-tv bis 2009 analog ausgestrahlt wird. Andere unabhängige Sender mit ähnlich geringer Zuschauerreichweite werden eine solche Abmachung nicht erzielen können und sich auf die digitale Verbreitung beschränken müssen, die wiederum solange eingeschränkt bleibt, bis die analoge Übertragung nicht komplett abgeschaltet ist. So wundert es nicht, dass nun insbesondere kleinere Sender Regulierungen anmahnen.[424]

Die bedeutendsten Markteintrittsschranken auf der Programmebene fasst *Tabelle 4-6* zusammen.

---

[422] Vgl. dazu *Kops* (1999), S. 5 ff.

[423] Dies war auch die erklärte Strategie des Springer-Verlages, der mit der Übernahme von ProSiebenSat.1 Printmedien, Fernsehen und das Internet integrieren wollte.

[424] Vgl. dazu *o.V.* (2006b).

Tabelle 4-6: Markteintrittsschranken auf der Programmebene

Ökonomische Ursache	Branchenspezifische Ausprägung	Bedeutung	Tendenz
Strukturell			
Größenvorteile	DK-Degression, Werbefinanzierung	hoch	→
Absolute Kostenvorteile	konzerninterne Ressourcenverwertung	mittel	→
Produktdifferenzierung	Sendermarken, attraktive Inputs	mittel	↑
Vertikale Integration	Kontrolle wichtiger Ressourcen	hoch	↑
Irreversible Kosten	Irreversible Anfangsinvestitionen	hoch	→
Distributionskanäle	Frequenz-/Kanalknappheit	hoch	↓
Strategisch			
Expansion	Programmvervielfachung/-differenzierung	mittel	→
Ressourcenzugang	Verträge über Programme und Rechte	hoch	→
Institutionell			
Lizenzvergabe	Veranstalter-Lizenz durch LMA	gering	→
Distributionskanalvergabe	Kanalbelegung bei Kabel und Terrestrik	hoch	↓
Öffentl.-rechtl. Anbieter	Gebührenprivileg, Must-Carry-Regeln	mittel	→

4.1.3.3. Funktionsfähigkeit des Wettbewerbs

Die Analyse hat gezeigt, dass der Zuschauermarkt und insbesondere der Werbemarkt von zwei privaten Veranstaltergruppen weitgehend dominiert wird. Damit herrschen auf den ersten Blick eher ungünstige Wettbewerbsvoraussetzungen, doch ist wettbewerbstheoretisch unstrittig, dass auch in engen Oligopolen Wettbewerb von erheblicher Intensität herrschen kann. Insgesamt spricht *Rott* zufolge wenig dafür, dass die ausgeprägte Konzentration auf dem Zuschauermarkt mit ökonomischen Nachteilen für die Konsumenten verbunden ist.[425]

Die für einen Wettbewerbsprozess typischen Kontroll- und Lenkungsfunktionen werden auf dem Zuschauermarkt erfüllt, insbesondere sorgt der Wettbewerb dafür, dass sich das Programmangebot an die Zuschauerpräferenzen anpasst. Die Nachfragermacht ist trotz starker Fragmentierung hoch einzuschätzen. Die Wechselkosten sind vergleichsweise gering, alternative Angebote können im Free-TV leicht und kostenlos getestet werden, so dass die Nachfrage sehr beweglich ist. Der Fernsehzuschauer kann aus einer im internationalen Vergleich ungewöhnlich großen Programmanzahl wählen. In allen Segmenten des Zuschauermarktes herrscht intensiver Wettbewerb, eine systematische Abstimmung ist nicht nachzuweisen. Die hohen Fixkosten der Programmproduktion machen eine Verhaltensabstimmung auch eher unwahrscheinlich, da ein großer Anreiz besteht, ein einmal eingekauftes oder produziertes Programm erlösbringend auszustrahlen.[426]

Schließlich sind bei den Marktanteilen zu unterschiedlichen Zeiten und über den Betrachtungszeitraum hinweg deutliche Schwankungen festzustellen, was ebenfalls für

---

[425] Vgl. dazu *Rott* (2003), S. 257 ff.

[426] Vgl. *Kruse* (2000), S. 40 f.

intensiven Wettbewerb spricht. Die große Anzahl neuer Programmformate sowie der damit einhergehende Wettlauf bei der Einführung zeigt zudem, dass der Wettbewerb seine Innovationsfunktion erfüllt. Darüber hinaus ist die Wettbewerbsgesinnung (‚spirit of competition') unter den Anbietern traditionell hoch, die Produktlebenszyklen sind kurz und die Gelegenheiten für Akte schöpferischer Zerstörung vielfältig.

Der Werbemarkt ist wegen seiner geringen Anbieterzahl durch eine hohe Fühlbarkeit des Aktionsparametereinsatzes sowie durch eine wenig elastische Gesamtnachfrage gekennzeichnet, was die Anbieter zu missbräuchlichem Verhalten verleiten könnte. Die spezifische Kostenstruktur und eine hohe Konzentration auf der Marktgegenseite sowie die für Konkurrenten schwer zu beobachtenden Rabatte und Freispots stehen stabilen Verhaltensabsprachen jedoch eher entgegen. Bei unausgelasteten Werbekapazitäten wären sowohl die Anreize als auch die Möglichkeiten gegeben, kurzfristig versteckte Preisnachlässe zu gewähren.

Die parallelen Preiserhöhungen (z.B. Ende der neunziger Jahre) sind sehr wahrscheinlich darauf zurückzuführen, dass auf die gestiegene Nachfrage nach Werbezeiten aufgrund von Werbezeitenregulierungen nicht mit einer Mengenausweitung reagiert werden konnte. Ebenfalls regulierungsbedingt ist die lange Zeit eher geringe Innovationsdynamik. Die Vielzahl neuer Werbeformen, die sich seit der Liberalisierung der Werberichtlinien etablieren konnten, lässt darauf schließen, dass die Innovationsdynamik – möglicherweise auch in anderen Bereichen – eher durch Regulierungen denn durch wettbewerbswidriges Verhalten der Anbieter eingeschränkt wird.

An den strukturellen Bedingungen, die eine gewisse Konzentration begünstigen bzw. erfordern, ist wenig zu ändern, und sie stellen grundsätzlich auch keine Besonderheit des Fernsehsektors dar. Daher ist das Augenmerk auf die Bedingungen zu richten, die durch Regulierung beeinflusst oder verursacht werden.

4.1.4. Einfluss von Regulierung und Digitalisierung

Abschließend ist für die Programmebene herauszuarbeiten, wie die Regulierung den Wettbewerb auf Zuschauer- und Werbemärkten beeinflusst. In der vorangegangenen Analyse wurden bereits Regulierungsmängel angedeutet, die nun im Hinblick auf eventuellen Anpassungsbedarf zusammenzufassen sind. Daneben sind die wichtigsten Veränderungen aufzuzeigen, die sich für die Programmveranstalter durch die digitale Übertragung ergeben.

4.1.4.1. Regulierungseinfluss auf Zuschauer- und Werbemarkt

Mit den öffentlich-rechtlichen Rundfunkanstalten und der branchenspezifischen Kontrolle privater Veranstalter sollen Marktmängel auf Zuschauermärkten ausgeglichen werden. Die öffentlich-rechtlichen Programme lassen sich rechtfertigen, wenn sie das Gesamtangebot um Inhalte ergänzen, die von privaten Veranstaltern nur unzureichend bereitgestellt werden. Medienspezifische Konzentrations- und Marktzutrittskontrolle lassen sich rechtfertigen, wenn zwischen privaten Veranstaltern Wettbewerbsbeschränkungen und Konzentrationsprozesse zu erwarten sind, die die Meinungsvielfalt gefährden und mit dem allgemeinen Wettbewerbsrecht nicht hinreichend kontrolliert werden können.

Korrektur von Marktmängeln auf Zuschauermärkten

Die Analyse der Programmebene hat gezeigt, dass Wettbewerb zwischen TV-Veranstaltern möglich ist und durchaus ökonomisch zufriedenstellende Ergebnisse hervorbringt. Angesichts vergleichsweise großer konsumtiver Vielfalt und kaum überhöhter Gewinne[427] besteht offensichtlich kein Handlungsbedarf aufgrund mangelnder ökonomischer Effizienz. Davon zu trennen sind gesellschaftspolitische und publizistische Erwägungen, die das werbefinanzierte Fernsehen grundsätzlich für korrekturbedürftig halten. Die relativ hohe Veranstalterkonzentration und die Tendenz zu massenattraktiven Inhalten resultieren jedoch nicht aus unzureichendem Wettbewerb, sondern aus der Funktionsweise der Werbefinanzierung.[428] Vor diesem Hintergrund sollte eine zunehmende Entgeltfinanzierung, wie sie im Zuge der Digitalisierung diskutiert wird, eher unterstützt denn als zuschauerfeindlich abgelehnt werden.

Ein öffentlich-rechtlicher Rundfunk ist vor diesem Hintergrund ordnungspolitisch nur vertretbar, wenn er gesellschaftspolitisch erwünschte, aber nicht marktfähige Inhalte bereitstellt. Das öffentlich-rechtliche Programmangebot sollte also das private Angebot um meritorische Güter ergänzen. Aufgrund der historischen Entwicklung ist die duale Rundfunkordnung jedoch eher daran ausgerichtet, dass private Veranstalter eine Zusatzversorgung zur umfassenden öffentlich-rechtlichen Grundversorgung bereitstellen.[429]

Soll ein öffentlich-rechtlicher Rundfunk die Schwächen des werbefinanzierten Fernsehens ausgleichen, darf er nicht genauso (mit-)finanziert werden. Die bestehenden Werbebeschränkungen des öffentlich-rechtlichen Rundfunks werden zunehmend umgangen. Die ergänzenden Werbeeinnahmen ermöglichen nicht – wie häufig argumentiert – unbedingt, Gebühren einzusparen. Vielmehr führt es dazu, dass sich die Anstalten von ihrem Programmauftrag entfernen und sich ebenfalls an massenattraktiven Programmen orientieren. Damit werden nicht nur die meritorischen Inhalte unzureichend bereitgestellt. Darüber hinaus sind die privaten Veranstalter einem (ungleichen) Wettbewerb auf den Input- und Zuschauermärkten ausgesetzt, der die Preise und damit eben auch die Gebühren erhöht. Dieser Teil des Medienbudgets steht gleichzeitig nicht mehr für entgeltpflichtige Angebote zur Verfügung, die von privaten Veranstaltern bereitgestellt werden könnten.

Wettbewerbsverzerrungen zwischen öffentlich-rechtlichen und privaten Veranstaltern resultieren aus der recht umfassend ausgelegten Bestands- und Entwicklungsgarantie des öffentlich-rechtlichen Rundfunks und der Werbung in öffentlich-rechtlichen Programmen.

---

[427] Im Gegenteil erzielen die meisten Sender bis heute keine oder kaum Gewinne.

[428] So auch *Rott* (2003), Kapitel 6.

[429] Vgl. *Never* (2002), S. 295.

Die weit interpretierte Bestands- und Entwicklungsgarantie hat dazu geführt, dass auch die öffentlich-rechtlichen Veranstalter Senderfamilien aufgebaut haben. Ihr Engagement in Spartensendern oder Online-Angeboten wird so inhaltlich kaum begrenzt. Die Kommission zur Ermittlung des Finanzbedarfs (KEF) kann den Handlungsspielraum auch finanziell kaum begrenzen, da sie lediglich prüft, ob die angemeldeten Ausgaben angemessen sind, um damit die angegebenen Aufgaben zu erfüllen. Innerhalb des Verfahrens wird hingegen nicht darüber entschieden, ob einige Leistungen überhaupt erbracht werden sollten. Eine steigende Zahl öffentlich-rechtlicher Spartensender besetzt dabei nicht nur inhaltliche Nischen, sondern auch Übertragungswege.

Da sich die öffentlich-rechtlichen Veranstalter neben den Gebühren auch durch Werbeeinnahmen finanzieren, konkurrieren sie auf dem Werbemarkt mit privaten Anbietern. Auch wenn die öffentlich-rechtlichen Anbieter aufgrund der geltenden Werbebeschränkungen nur ein geringes Werbevolumen beanspruchen, erreichen sie doch Werbeeinnahmen in der Größenordnung kleinerer privater Sender. Insbesondere durch Sponsoring einzelner Sendungen kann das Werbespotverbot nach 20 Uhr umgangen werden. Zudem fördert die Werbefinanzierung, dass auch die öffentlich-rechtlichen Veranstalter ihr Programmangebot zunehmend an den Einschaltquoten orientieren. Inhalte, die dem eigentlichen Programmauftrag entsprechen, werden in reichweitenschwächere Zeiten verschoben. Damit verstärkt sich die Konkurrenz auf dem Zuschauermarkt zu den Zeiten, in denen die Privaten den Großteil ihrer Werbeeinnahmen erzielen.

Darüber hinaus zeigen sich immer wieder Kontrolllücken beim öffentlich-rechtlichen Rundfunk. Zeitweise gab es recht umfangreiche Schleichwerbung in öffentlich-rechtlichen Unterhaltungssendungen, die nicht nur Produkte, sondern auch gesellschaftspolitische Themen zum Inhalt hatte. Daneben wurden Korruptionsfälle im Zusammenhang mit Sportveranstaltungen bekannt. Kommerzielle Online-Aktivitäten, die sich nicht mit dem Programmauftrag vereinbaren lassen, wurden inzwischen unterbunden.

Marktzugang und medienspezifische Konzentrationskontrolle

Die Marktstrukturregulierung von Programmveranstaltern besteht im Wesentlichen aus der Marktzutrittskontrolle durch die von den Landesmedienanstalten vergebenen Lizenzen und der medienspezifischen Konzentrationskontrolle nach dem RStV.

Die Landesmedienanstalten sind mit der Verfügungsgewalt über die Lizenzen und die Übertragungskapazitäten sowohl für die terrestrische Verbreitung als auch für die Kabelnetze ausgestattet. Damit besteht seit Beginn des privaten Rundfunks in Deutschland eine institutionelle Markteintrittsbarriere. Rechtfertigen lässt sich eine diskretionäre Lizenzierung mit medienpolitisch motivierter Vielfaltsicherung und ökonomischer Konzentrationskontrolle. Das gewählte Instrumentarium ist demnach also grundsätzlich legitim und geeignet gewesen, publizistische wie ökonomische Konzentration zu verhindern. Die tatsächliche Vergabepraxis verhinderte jedoch nicht die dominante Position der zunächst einzigen Sender RTL plus und Sat.1, um die herum die noch heute dominierenden Senderfamilien gebildet wurden. Dieses auch wettbewerbspolitisch unerwünschte Duopol, hängt *Möschel* zufolge jedoch auch damit zusammen, dass angesichts der starken Stellung des öffentlich-rechtlichen Rundfunks nur Großunternehmen eine Chance hatten, sich im Markt zu etablieren.[430]

Dabei liegt die eigentliche Ursache nicht in der Lizenzierung an sich, sondern in der Kombination mit den damals geltenden Beteiligungsbestimmungen im RStV. Diese Vorschriften führten zu unübersichtlichen Beteiligungsstrukturen, die sich erst auflösten, nachdem die Beteiligungsgrenzen im dritten Rundfunkänderungsstaatsvertrag überarbeitet wurden. *Kruse* kommt zu dem Schluss, dass die Lizenzierungspraxis der ersten Jahre nur politisch zu erklären ist: Obwohl es sich um bundesweit ausgestrahlte Fernsehprogramme handelte, wurde die Lizenzierungskompetenz den Bundesländern übertragen und eröffnete diesen die Möglichkeit, Standortinteressen anstelle der eigentlich intendierten pluralistischen Zielsetzungen zu verfolgen.[431]

Im Mittelpunkt der Zulassungsvoraussetzungen für private Veranstalter sollen Angebots- und Meinungsvielfalt stehen, obwohl dafür bereits ein öffentlich-rechtlicher Rundfunk betrieben wird und neben dem Fernsehen zahlreiche andere Medien zur Meinungsvielfalt beitragen. Die Eingriffe in die unternehmerische und redaktionelle Autonomie sind weitreichender als bei anderen Medien. Zeitungen benötigen keine Genehmigung, wenn sie die Kulturberichterstattung kürzen und die Sportinformationen ausweiten. Zudem können Printmedien frei über ihre Distributionswege entscheiden (Boten, Post, Kiosk). Fernsehveranstalter müssen vergleichbare Änderungen anmelden, da sie Bestandteil ihrer Lizenz sind.

Das Senderecht wird auf einem Markt für Regulierung gehandelt, auf dem sich eine Regulierungsbehörde als Anbieter und die Fernsehveranstalter als Nachfrager gegenüberstehen. Wie in *Kapitel 2* dargestellt besteht nach der Capture-Theorie stets die Gefahr, dass sich beide Seiten verständigen, die Behörde zunehmend für die Interessen der etablierten Unternehmen eingenommen wird und die Zugangschancen für Newcomer sinken. Von *Hazlett* wurde die These aufgestellt, dass die Rundfunkstationen der USA in den zwanziger Jahren ein Durcheinander im Frequenz-Spektrum absichtlich heraufbeschworen haben, um eine Regulierung zu erzwingen.[432] Auch das deutsche Vergabeverfahren ist – nicht zuletzt wegen der Zuständigkeit der Bundesländer – in dieser Hinsicht anfällig.

Die Notwendigkeit einer medienspezifischen Konzentrationskontrolle – zusätzlich zum allgemeinen Wettbewerbsrecht – wird aus der Rechtsprechung des Bundesverfassungsgerichts abgeleitet, die dem Gesetzgeber ausdrücklich aufträgt, vorherrschende Meinungsmacht zu verhindern. Dahinter steht das Verständnis, ökonomischer und publizistischer Wettbewerb seien zwei getrennte Phänomene, die separat kontrolliert werden sollten. Lehnt man eine solche Sichtweise ab, ist eine zusätzliche Konzentrationskontrolle sachlich nicht gerechtfertigt.[433] Auch auf europäischer Ebene setzt sich zu-

---

430 Vgl. *Möschel* (2001), S. 7.

431 Vgl. *Kruse* (2000), S. 38.

432 Vgl. *Hazlett* (1990), S. 158.

433 Zur Anwendung des allgemeinen Wettbewerbsrechts auf den Mediensektor vgl. *Parlasca* (1994).

nehmend die Sichtweise durch, dass Rundfunk primär eine ökonomische Dienstleistung und damit dem Wettbewerbsregime zu unterwerfen ist.[434]

Hält man eine gesonderte Konzentrationskontrolle dennoch für notwendig (oder ihre komplette Abschaffung für nicht durchsetzbar) bleibt zu diskutieren, wie sie ausgestaltet sein soll.[435] Mit dem Dritten Rundfunkänderungsstaatsvertrag wurde das Beteiligungsmodell durch das Zuschaueranteilsmodell ersetzt.[436] Das Zuschaueranteilsmodell erlaubt es einem Unternehmen auch mehrere Sender komplett zu besitzen, solange alle ihm zuzurechnenden Programme einen Zuschauermarktanteil von 30 Prozent nicht überschreiten. Ob allerdings anhand des Zuschaueranteils beurteilt werden kann, ob die Meinungsvielfalt gefährdet ist, erscheint zweifelhaft. Meinungsvielfalt kann vermutlich besser dadurch gesichert werden, dass der Zugang für Programme und Anbieter offengehalten wird.[437] Schließlich ergeben sich die Zuschaueranteile aus der (freien) Programmwahl der Zuschauer. Sie drücken damit aus, welche Programme bevorzugt eingeschaltet wurden, aber nicht, wie viele verschiedene Meinungen die Zuschauer konsumiert haben. Zumal nicht alle Programme und Sendungen die Meinungsvielfalt gleichermaßen beeinflussen dürften.

Um die Anteile am Zuschauermarkt zu bestimmen, die ein unabhängiger Veranstalter auf sich vereint, sind die Anteile einzelner Programme gemäß § 28 RStV zuzurechnen. Einem Unternehmen sind gegebenenfalls mehrere Programme zuzurechnen und deren Marktanteile entsprechend zu addieren (z.B. alle Programme einer Senderfamilie). Der Zuschaueranteil eines Programms kann auch mehreren Unternehmen zugerechnet werden, wenn jedes einen entsprechenden Einfluss ausüben kann.[438] Die Bedingungen, die einen vergleichbaren Einfluss begründen sind dabei recht offen formuliert und belassen der KEK als zuständiger Institution einen Entscheidungsspielraum.

Die Mängel des Zurechnungsverfahrens zeigten sich nicht zuletzt während des Verfahrens, in dem die KEK die Übernahme von ProSiebenSat.1 durch den Springer Verlag prüfte.[439] Für alle zuzurechnenden Sender ergab sich ein Zuschaueranteil von etwa 22 Prozent, womit die Vermutungstatbestände für vorherrschende Meinungsmacht formal nicht erfüllt waren. Die KEK rechnete jedoch in einer Gesamtbeurteilung einen „Marktanteil" aus, der einem Meinungseinfluss von über 30 Prozent entspricht.[440] Argumentiert wurde, der Marktanteil des Springer-Verlages auf einem Gesamtmarkt für Tagespresse

---

434 Vgl. *Never* (2002), S. 294.

435 Für Anwendungsprobleme aus juristischer Sicht vgl. *Renck-Laufke* (2000).

436 Vgl. zur Diskussion um die Umstellung z.B. *Kiefer* (1995) sowie *Lehr* (1995).

437 Vgl. *Scheuch* (1999), S. 3.

438 Bei der Addition aller so zugerechneten Zuschaueranteile über alle beteiligten Unternehmen kann sich also eine Summe von größer als 100 ergeben.

439 Vgl. ausführlich *Kommission zur Ermittlung der Konzentration im Medienbereich* (2006d).

440 Nach § 26 Abs. 2 S. 2 RStV ist vorherrschende Meinungsmacht zu vermuten, „bei Erreichen eines Zuschaueranteils von 25 von Hundert, sofern das Unternehmen auf einem medienrelevanten verwandten Markt eine marktbeherrschende Stellung hat oder eine Gesamtbeurteilung seiner Aktivitäten im Fernsehen und auf medienrelevanten verwandten Märkten ergibt, dass der dadurch erzielte Meinungseinfluss dem einem Unternehmen mit einem Zuschaueranteil von 30 von Hundert im Fernsehen entspricht."

von 26 Prozent sei zu Zweidritteln auf den Zuschauermarktanteil anzurechnen. Abgesehen von der (juristischen) Frage, ob eine solche Gesamtbeurteilung nicht erst hinzuzuziehen ist, wenn ein Marktanteil von 25 Prozent auf dem Zuschauermarkt erreicht ist,[441] erscheint die Umrechnung von Marktanteilen recht willkürlich.

Stellt die KEK Meinungsmacht fest, kann sie mit den Beteiligten Maßnahmen erörtern, die eine Zulassung ermöglichen. Im genannten Fall knüpfte die KEK ihre Zustimmung jedoch an Bedingungen, die de facto aus dem Sender Sat.1 ein pluralistisch organisiertes Programm nach dem Vorbild der Öffentlich-rechtlichen gemacht hätten. Der Springer Verlag hätte damit die Unternehmenskontrolle weitgehend abgegeben und konnte dem Vorschlag daher nicht zustimmen. Auch das *Bundeskartellamt* kam letztlich zu dem Schluss, dass die Übernahme nicht genehmigt werden kann. Fraglich ist, ob sich Konstellationen ergeben können, die vorherrschende Meinungsmacht – wie auch immer zu messen – erzeugen, aber nicht zu einer vom Kartellrecht erfassten marktbeherrschenden Stellung führen.

4.1.4.2. Auswirkungen digitaler Übertragung

Mit der Umstellung auf digitale Übertragung entfällt eine wesentliche strukturelle Markteintrittsschranke, da erheblich mehr Übertragungskapazität zur Verfügung steht. Damit entfällt die Notwendigkeit, die Belegung knapper Kabelnetze vollständig zu regulieren. Die Markteintrittsmöglichkeiten für Newcomer verbessern sich zudem, da Spartenprogramme (entgeltfinanziert) angeboten werden können. Programme für kleine Zielgruppen scheiterten bislang daran, dass sie die im werbefinanzierten Free-TV notwendigen Reichweiten nicht erzielen. Mit den verbesserten Verschlüsselungsmöglichkeiten bei digitaler Übertragung werden sich Pay-TV-Programme stärker verbreiten. Je mehr Sparten- und Minderheitenprogramme sich etablieren können, desto weniger erforderlich wäre es, dass diese Inhalte öffentlich-rechtlich bereitgestellt werden.

Wahrscheinlich wird es trotz Digitalisierung und der damit ermöglichten Ausdifferenzierung des Programmangebots weiterhin das klassische Rundfunkangebot geben; eine komplette Individualisierung bis hin zu persönlich zusammengestellten Kanälen wird sich zumindest in absehbarer Zeit nicht etablieren. Somit vervielfacht sich zwar die Anzahl der Übertragungskanäle, die Einbahnstraßenkommunikation vom Sender zum Zuschauer bleibt aber überwiegend erhalten.

Vermutlich werden die großen Vollprogramme auch im Zuge der Digitalisierung eine herausragende Stellung behalten. Neue Spartenkanäle und On-Demand-Dienste verschärfen zwar den Wettbewerb, werden sich aber eher gegenseitig Konkurrenz machen.[442] Dennoch müssen die etablierten Free-TV-Veranstalter sich an die veränderten Bedingungen anpassen und zusätzliche Angebote entwickeln.[443] Die beiden großen

---

[441] Vgl. dazu ausführlich *Holznagel* (2005).

[442] Vgl. *Hoffmann-Riem* und *Vesting* (1995), S. 17 ff.

[443] Für eine eingehende Analyse der Handlungs- und Strategieoptionen vgl. *Bornemann* (2004).

deutschen Sendergruppen haben inzwischen erste digitale TV-Sender gegründet oder Lizenzen beantragt.[444]

Digitalisierungsinitiativen der etablierten Veranstalter sind vor dem Hintergrund des stagnierenden Werbemarktes zu sehen. Das Wachstum im klassischen Free-TV gilt als weitgehend ausgereizt, Wachstumschancen verspricht aber das digitale Fernsehen.[445] Die Sender müssen versuchen zusätzliche Erlösquellen abseits der Werbung zu erschließen, um unabhängiger von schwankenden Werbeeinnahmen zu werden. Darüber hinaus erwächst mit der Online-Werbung ein zusätzlicher Konkurrent, zumal die klassische Spotwerbung im Fernsehen immer leichter zu umgehen ist, indem Sendungen aufgezeichnet und zeitversetzt ohne Werbung angeschaut werden können.

Mit den Kabelnetzbetreibern stehen den Programmveranstaltern jedoch Akteure gegenüber, die ihre herausgestellte Position im Fernsehsektor gefährden könnten. Zum einen könnten sie selber zu erfolgreichen Programmveranstaltern aufsteigen, wenn es ihnen gelingt attraktive Inhalte in eigenen Pay-TV-Kanälen zu vermarkten. Zum anderen könnten sie die Zugangsbedingungen zum Kabelnetz bestimmen, wenn sie die digitalen Vertriebsdienstleistungen kontrollieren.[446]

4.1.4.3. Fazit: Regulierungsmängel, aber starke Regulierungsinteressen

Die gegenwärtige Regulierung ist in mehrfacher Hinsicht zu kritisieren. Maßnahmen, die grundsätzlich berechtigt sind, weisen Mängel in der Ausgestaltung oder Ausführung auf; andere Maßnahmen sind (inzwischen) überflüssig.

Der öffentlich-rechtliche Rundfunk ist trotz eines vielfältigen privaten Programmangebots zu rechtfertigen, sollte aber besser kontrolliert werden. Der Programmauftrag muss deutlicher abgegrenzt werden, um zu vermeiden, dass das Angebotsspektrum ständig erweitert wird. Dies nimmt privaten Programmanbietern nicht nur inhaltliche Nischen sondern vereinnahmt über die Gebühren auch Teile des Medienbudgets der Zuschauer, dass potenziell für Pay-TV-Angebote ausgegeben werden könnte. Darüber hinaus entfernen sich die öffentlich-rechtlichen in ihren Hauptprogrammen zunehmend von ihrem Grundversorgungsauftrag und orientieren sich statt dessen – wie die privaten Veranstalter – zunehmend an reichweitenstarken (Unterhaltungs-)Programmen. Zwar sollten sie die Zuschauerresonanz nicht völlig außer Acht lassen, sie müssen aber gerade nicht duplizieren, was sowieso angeboten wird.

In der medienspezifischen Konzentrationskontrolle in Verbindung mit der Lizenzvergabe erweist sich die Zuständigkeit der Länder als nicht sachgerecht. Fraglich ist, ob es überhaupt Konzentrationsfälle gibt, die nach dem allgemeinen Wettbewerbsrecht genehmigt werden, nach dem geltenden Medienkonzentrationsrecht jedoch untersagt würden. Häufig zeigt sich vielmehr, dass branchenspezifische Regulierungen anfällig

---

444 So gründete RTL den Kanal Traumpartner TV, der über SMS finanziert wird. Weitere Programme sind angekündigt. ProSiebenSat.1 hat Lizenzen für digitale TV-Programme erhalten.

445 Vgl. *o.V.* (2005d).

446 Vgl. dazu Kapitel 4.3.

dafür sind, dass die Regulierer vereinnahmt werden (Capture-Theorie) und eigene Interessen verfolgen.

Die umfangreichen Vorschriften zu Art, Dauer und Häufigkeit der Werbung erscheinen weitgehend überflüssig. Es ist nicht ersichtlich, warum Fernsehwerbung begrenzt werden muss, Anzeigenwerbung hingegen nicht. Eine Grenze ergibt sich für die Veranstalter ohnehin dort, wo die Zuschauer den Werbeumfang nicht mehr tolerieren und abschalten.

Trotz dieser Regulierungsmängel sind bisher keine umfassenden Deregulierungsschritte erfolgt. Dies lässt vermuten, dass zumindest ein Teil der Beteiligten weiterhin an Regulierung interessiert ist. Offensichtlich ist, dass weder der öffentlich-rechtliche Rundfunk, noch die mit der Aufsicht beauftragten Institutionen daran interessiert sind, ihre Aufgaben und Zuständigkeiten einzuschränken. Die privaten Veranstalter hatten bei wachsenden Zuschauerzahlen und einem dynamischen Werbemarkt vermutlich keinen Anlass, gegen Regulierungen vorzugehen. In einem inzwischen schwierigeren Umfeld wirken sich sowohl die Konkurrenz der öffentlich-rechtlichen als auch die Werbebeschränkungen jedoch stärker aus.

Das Interesse der privaten Veranstalter und der Druck auf die Politik, Deregulierungen einzuleiten, werden größer. Seit April 2003 ist bei der Europäischen Kommission als Wettbewerbsbehörde eine Beschwerde des VPRT gegen den öffentlich-rechtlichen Rundfunk anhängig. Die Beschwerden richten sich dagegen, Rundfunkgebühren in rein kommerziellen Bereichen einzusetzen. Dabei geht es um die Internet-Auftritte von ARD und ZDF, die Transparenz bei der Finanzierung der Öffentlich-Rechtlichen sowie den Erwerb von Senderechten für Sportübertragungen.[447] Eine Lockerung der Werbebeschränkungen plant die EU ebenfalls.[448] Ähnlich wie bei der erzwungenen Liberalisierung der Kabelnetze könnte die EU erneut Deregulierungsschritte anstoßen.

4.2. Distributionsebene: Märkte für Übertragungswege

Die Zahl der Akteure auf der Distributionsebene hat sich durch technische Entwicklungen und die Liberalisierung stetig erweitert. Zunächst soll ein einleitender Überblick über die Struktur und die Bedeutung der verschiedenen Übertragungswege gegeben werden. Da die Betreiber der Übertragungsnetze ihre Leistungen grundsätzlich ebenfalls zwei Nachfragergruppen anbieten, ergeben sich Parallelen zum Verbund von Werbe- und Zuschauermarkt auf der Programmebene. Im Anschluss werden die Marktstruktur- und Wettbewerbsbedingungen – insbesondere des Breitbandkabelnetzes – analysiert, um abschließend Regulierungsmängel und die Auswirkungen der Digitalisierung herauszustellen.

---

[447] Vgl. dazu *Verband Privater Rundfunk und Telekommunikation e.V.* (2003).

[448] Vgl. dazu *Europäische Kommission* (2006c).

4.2.1. Entwicklung und Struktur der Distributionsebene

Fernsehprogrammen werden bislang über drei Wege zum Zuschauer übertragen: Terrestrische Frequenzen, Kabelnetze und Satelliten. Im Jahr 2005 empfangen über die Hälfte der deutschen Haushalte ihre Fernsehprogramme über das Kabelnetz, mehr als ein Drittel über Satellit und noch etwa 5 Prozent nutzen eine Antenne für den terrestrischen Empfang. Wie *Abbildung 4-6* zeigt, ist der Anteil der Terrestrik stetig zurückgegangen. In den letzten Jahren erfolgte offensichtlich vorwiegend ein Umstieg vom Antennen- zum Satellitenempfang.

Abbildung 4-6: Nutzung der Empfangswege in Deutschland 1991–2006

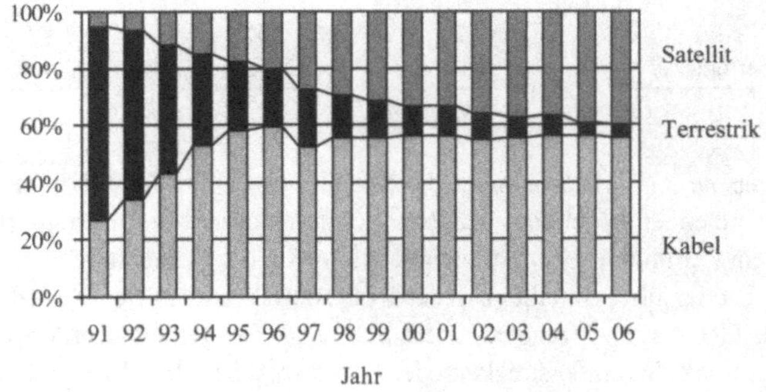

Quelle: Eigene Darstellung, Datenbasis *Arbeitsgemeinschaft Fernsehforschung* (2006).

Die Anteile der Empfangswege sind in den einzelnen Bundesländern recht unterschiedlich. So ist beispielsweise der Kabelanteil in Hamburg, Bremen und Berlin mit über 85 Prozent weit überdurchschnittlich. In den übrigen Bundesländern liegt er meist etwas über 50 Prozent, allein in Rheinland-Pfalz und im Saarland knapp darunter. Dies ist vermutlich darauf zurückzuführen, dass Kabelnetze in Ballungsräumen erhebliche Dichtevorteile aufweisen.[449] Der terrestrische Empfang hat in Ostdeutschland mit durchschnittlich knapp drei eine noch geringere Bedeutung als in Westdeutschland mit ca. fünf Prozent. Eine Ausnahme bildet Berlin, wo knapp 10 Prozent ihre Programme über Antenne empfangen, allerdings wurde hier auch bereits auf DVB-T umgestellt. Dies wird als Signal dafür gesehen, dass der Anteil der terrestrischen Empfänger-HH wieder steigen könnte.[450]

Eine Besonderheit des deutschen Breitbandkabelnetzes (BBK) ist, dass es in vier Netzebenen (NE) aufgeteilt ist, die von unterschiedlichen Unternehmen betrieben wer-

---

449 Vgl. dazu Kapitel 4.2.4.4.

450 Dies bestätigen auch die Daten von *SES Astra*: Im Jahr 2005 ist die Zahl der Terrestrik-HH erstmals gestiegen und erhöhte sich um 54,9% ggü. dem Vorjahr auf ca. 2 Mio. Vgl. dazu *SES Astra* (2006a).

den. *Abbildung 4-7* veranschaulicht schematisch die Netzebenenstruktur vom Ort der Produktion des Fernsehsignals bis zum TV-Haushalt.

Abbildung 4-7: Netzebenen-Struktur des deutschen Breitbandkabelnetzes

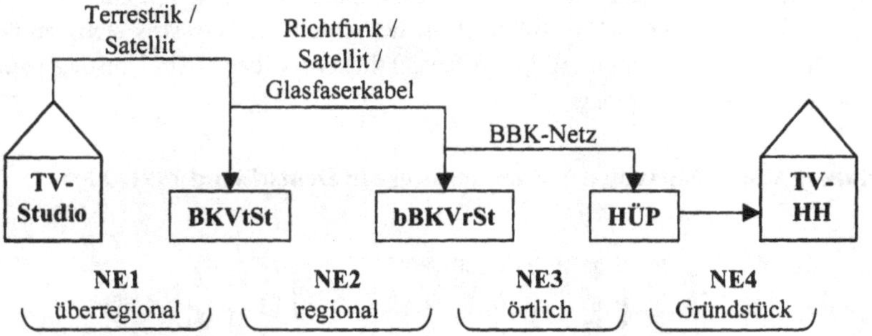

Die Netzebene 1 (NE1) beinhaltet die Signalquelle beim TV-Studio sowie die TV-Schaltstelle und endet an der sog. Breitbandkommunikations-Verteilstelle (BKVtSt), die meist in einem Fernmeldeturm untergebracht ist. Von der Schaltstelle werden die Signale terrestrisch oder über Satellitenstrecken übermittelt und in der Verteilstelle auf die breitbandige Übertragungsfrequenz moduliert. Die TV-Signale werden innerhalb der NE2 via Richtfunk, Satellitenstrecken oder Glasfaserkabel über die sog. übergeordneten Breitbandkommunikations-Verstärkerstellen (üBKVrSt) zu den benutzerseitigen Breitbandkommunikations-Verstärkerstellen (bBKVrSt) übertragen.[451] Diese werden auch als Kabelkopfstationen bezeichnet und bilden den Übergang vom regionalen Heranführungsnetz (NE2) zur leitergebundenen Weiterverbreitung über Breitbandkabelnetze (NE3).[452]

Die Netzebene 3 bildet das örtliche Verteilnetz und ist meist gemeint, wenn vom Breitbandkabelnetz gesprochen wird. Sie verbindet die Kabelkopfstation mit den jeweiligen Grundstücksgrenzen und endet mit dem sog. Hausübergabepunkt (HÜP). Dieser Teil des Netzes war mit seiner Baumstruktur zunächst auf die für Rundfunkverbreitung ausreichende Punkt-zu-Mehrpunkt-Verbindung ausgelegt und damit nicht rückkanalfähig. Um das Kabelnetz auch für Telekommunikationsdienstleistungen nutzen zu können, bei denen Verbindungen in beide Richtungen notwendig sind, muss es umgerüstet werden. Die folgende NE4 verbindet den HÜP mit den Antennenanschlussdosen in den Wohnungen und kann Einfamilienhäuser, Hausverteilanlagen in Mehrfamilienhäusern oder komplette Wohnblocks umfassen.

---

451 Die Art der Signalzuführung ist insbesondere eine Kostenfrage. Bundesweit verbreitete Fernsehsender führen ihre Programme über Satellitenverbindungen an die Kabelnetze heran. Für regionale oder lokale Sender ist dies zu teuer. Vgl. zu den Signalzuführungsalternativen und den damit verbundenen Kosten *Wiegand* (2004), Kapitel 10.

452 Die Abgrenzung der NE1 und NE2 ist nicht einheitlich. Mitunter endet die NE1 bereits an der TV-Schaltstelle, so dass die Übertragung bis zur Verteilstelle bereits der NE2 zugeordnet wird. Die NE2-Einrichtungen befinden sich überwiegend im Besitz der DTAG.

Die Anschlusszahlen der Empfangswege schwanken je nach Quelle. Der Satellitenempfang wird in Veröffentlichungen des Satellitenbetreibers Astra etwas höher ausgewiesen, bei den Kabelverbänden, in denen NE4-Betreiber zusammengeschlossen sind, etwas geringer. Für das Jahr 2004 weist *Astra* z.B. 15,47 Mio. Satelliten-HH aus,[453] während der *Fachverband für Rundfunkempfangs- und Kabelanlagen (FRK)* zwar 14 Mio. als HH mit Sat-Empfang, davon aber nur 9 Mio. als Satelliten-Direktempfang einstuft.[454] Bei *ANGA Verband Privater Kabelnetzbetreiber* werden 13,5 Mio. Haushalte mit Satelliten-Einzelempfang angegeben.[455] Die unterschiedlichen Angaben sind Ausdruck einer insgesamt intransparenten Marktsituation.

Die gegenwärtige Distributionsstruktur ist in *Abbildung 4-8* dargestellt.[456] Von den 37 Mio. deutschen TV-HH empfangen im Jahr 2004 etwa 2 Mio. ausschließlich terrestrische Signale, rund 14 Mio. nutzen den Satelliten-Empfang und 21 Mio. sind Kabelkunden.

Von den 14 Mio. Haushalten, die dem Satelliten-Empfang zugeordnet sind, werden 5 Mio. innerhalb der Grundstücksgrenzen (NE4) von kleineren Kabelnetzbetreibern (klKNB)[457] versorgt. Sind an eine Satelliten-Empfangsanlage weniger als 300 Wohneinheiten (WE) angeschlossen, wird dies als Satelliten-(Gemeinschafts-)Empfang eingeordnet, obwohl die Zuschauer von einem Kabelnetzbetreiber mit eigener Kopfstation (KNB m. KSt) versorgt werden. Die Unterscheidung in größer bzw. kleiner 75 versorgte Haushalte ergibt sich aus dem Urheberrecht.[458] Danach dürfen bis zu 75 Haushalte urheberrechtlich problemlos an eine Satelliten-Anlage angeschlossen werden.

Sind an die Kopfstation eines Kabelnetzbetreibers (der NE4) mehr als 300 WE angeschlossen, werden diese Zuschauer dem Kabelempfang zugerechnet. Diese meist größeren NE4-Betreiber verfügen damit über eine eigene Signalzuführung (KNB m. SZ). Die Kabelregionalgesellschaften (RegG), die die NE3 unter sich aufteilen, bedienen lediglich 6 Mio. TV-HH direkt, die restlichen 11 Mio. sind Kunden von großen und kleinen NE4-Betreibern. Mitunter erhebliche Bandbreiten bei den veröffentlichten Daten ergeben sich daraus, dass zwischen dem Satelliten-Gemeinschaftsempfang und den Kabelnetzbetreibern mit eigener Signalzuführung nicht einheitlich abgegrenzt wird.[459]

---

453 Vgl. *SES Astra* (2006a), S. 5.

454 Vgl. *Fachverband für Rundfunkempfangs- und Kabelanlagen* (2006a).

455 Vgl. *ANGA* (2006a).

456 Die Aufteilung beruht auf den drei zuvor genannten Quellen. Unstimmigkeiten wurden angepasst und gerundet.

457 Dazu zählt auch die Wohnungswirtschaft, die ihr Netz überwiegend nicht aktiv vermarktet.

458 Vgl. dazu ausführlich Kapitel 4.2.4.3.

459 Plausibel erscheint folgende Abgrenzung: Sofern ein Zuschauer die TV-Signale an seiner Antennendose in der Satellitenzwischenfrequenz (Sat-ZF) empfängt und daher einen Satelliten-Receiver benötigt, ist er dem Satelliten-Direktempfang zuzuordnen. Übernimmt der Betreiber des Hausnetzes die Frequenzumsetzung, so dass kein spezifischen Endgerät notwendig ist, zählt es als Kabelhaushalt. Vgl. dazu auch die Definition der Arbeitsgemeinschaft Fernsehforschung (AGF) unter *Arbeitsgemeinschaft Fernsehforschung* (2006).

Abbildung 4-8: Struktur der Fernsehdistribution in Deutschland

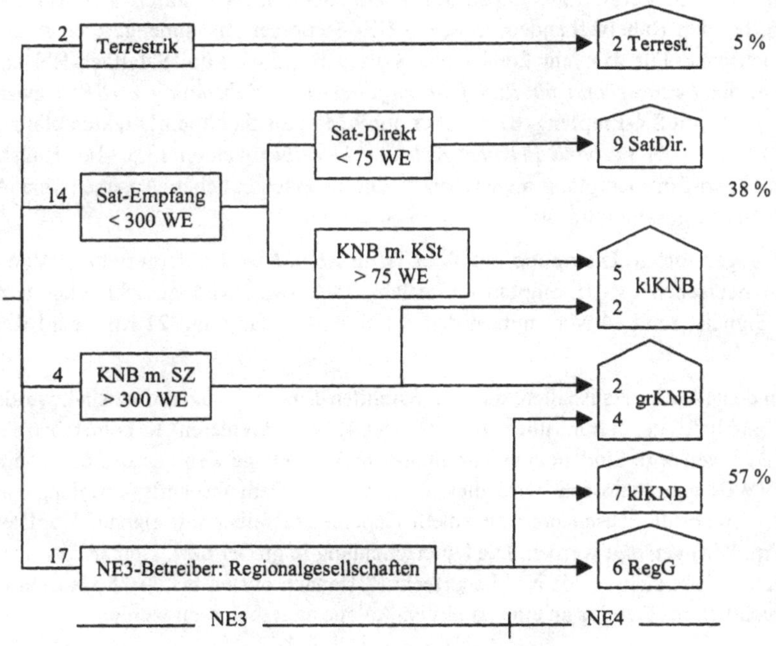

Daten gerundet in Mio. versorgte TV-HH.

Alle drei Empfangswege sind teilweise bereits für die digitale Übertragung umgerüstet. Kabel und Satellit übertragen in der Übergangsphase sowohl digital als auch analog, so dass die Kapazitäten der digitalen Übertragung noch nicht voll ausgeschöpft werden können. Der terrestrische Empfang wird gebietsweise umgestellt. Derzeit werden vor allem die Sendeanlagen in Ballungsräumen auf DVB-T umgerüstet und die analoge Übertragung vollständig abgeschaltet.[460]

Der Digitalisierungsgrad der deutschen Haushalte ist im internationalen Vergleich eher gering. Ende 2005 empfangen gut 10 Millionen bzw. knapp 28 Prozent der Haushalte digitales Fernsehen. Zu erklären ist dies vermutlich damit, dass die Umstellung zunächst von Pay-TV-Veranstaltern vorangetrieben wurde. In Deutschland entsprach digitales Fernsehen damit dem Empfang von Premiere, dessen schleppende Verbreitung wiederum mit der großen (analogen) Free-TV-Vielfalt zusammenhängt. Inzwischen wächst jedoch die Zahl der Digital-TV-Haushalte schneller als die der Pay-TV-Abonnenten.[461] Langsam erreicht das digitale Fernsehen damit Reichweiten, die es auch Free-TV-Sendern ermöglichen, ausschließlich digital zu senden.

---

460 Eine Übersicht findet sich unter *TechniSat Digital GmbH* (2006).

461 Im Jahr 2004 kamen 570.000 Digital-TV-Haushalte hinzu, bei gleichzeitig ca. 350.000 neuen Premiere-Abonnenten. Vgl. *Arbeitsgemeinschaft der Landesmedienanstalten* (2005), S. 243.

Die Digitalisierung des Satellitenempfangs ist am weitesten fortgeschritten. Er weißt mit knapp 40 Prozent nicht nur den höheren Anteil, sondern mit über sechs Mio. auch absolut mehr digitale TV-HH auf als das Kabel mit gut zwei Mio.[462] Im Jahr 2001 wiesen Kabel und Satellit noch etwa gleich viele digitale HH auf, seitdem wächst der digitale Satellitenempfang wesentlich dynamischer. Die Umstellung der terrestrischen Übertragung auf DVB-T hat in den letzten zwei Jahren die Zahl digitaler TV-HH weiter erhöht. Im Jahr 2005 empfangen bereits über 1,5 Mio. HH in den DVB-T-Regionen digitales Fernsehen.

Fernsehprogramme werden bereits vereinzelt auch über das Internet verbreitet (sog. IPTV). Damit sind die Programme bei entsprechenden Empfangsgeräten und Netzausbau über einen DSL-Internet-Anschluss zu empfangen und auf dem Fernsehgerät anzusehen. Insbesondere das neue VDSL-Netz, das die DTAG ab 2006 zuerst in einigen Ballungsräumen in Betrieb nehmen will, wird eine ausreichende Bandbreite haben, um die großen Datenmengen bewegter Fernsehbilder in entsprechender Qualität übertragen zu können.[463]

IPTV ist nicht an einen Übertragungsweg gebunden. Der technische Standard lässt sich ebenso über Kabel und Satellit übertragen. Um die Programme auf dem Fernsehgerät darstellen zu können, wird lediglich ein Decoder benötigt. Im Gegensatz zu anderen Ländern ist IPTV in Deutschland noch kaum verbreitet. Größere Aufmerksamkeit erzielte der Konflikt um die Übertragungsrechte der Fußball-Bundesliga,[464] da die DTAG ihre IPTV-Rechte nicht nur über ihre DSL-Leitungen, sondern auch über Kabel- und Satellitennetze verwerten wollte. Dies ist technisch möglich, widerspricht aber den Verwertungsinteressen der Deutschen Fußballliga, die die Rechte für das (herkömmliche) Pay-TV getrennt vergeben hat. Das Beispiel verdeutlicht die steigende Konvergenz der Übertragungswege und -techniken sowie die damit verbundenen Abgrenzungsschwierigkeiten.

Für die digitale Datenübertragung existieren weitere Breitbandtechnologien (z.B. UMTS, WLL, Blutooth).[465] Allerdings ist nicht jede Übertragungstechnik für alle Kommunikationsdienste geeignet. Da das Breitbandkabelnetz neben Rundfunk- auch Telekommunikations- und Internetdienste übertragen kann, wird es in Zukunft mit mehreren Übertragungstechnologien im Wettbewerb stehen. Einige werden Fernsehprogramme als eine von mehreren Diensten übertragen können. Für die Fernsehübertragung spielen sie jedoch derzeit noch keine Rolle und werden daher im Weiteren nicht betrachtet.

---

462 Diese und die folgenden Daten sind entnommen aus *SES Astra* (2006b).

463 Vgl. dazu *o.V.* (2006c).

464 Vgl. dazu *o.V.* (2006d).

465 Zu den Übertragungsarten und ihren jeweiligen Vor- und Nachteilen vgl. *Dörr, Janik* und *Zorn* (2001), S. 53 ff.

4.2.2. Verbund von Einspeise- und Endkundenmarkt

Der Marktüberblick in *Kapitel 2* hat bereits verdeutlicht, dass sich im Fernsehsektor Dreiecksbeziehungen mit interdependenten Märkten identifizieren lassen. Der bereits beschriebene Verbund zwischen Werbe- und Zuschauermarkt zeichnet sich dadurch aus, dass der Programmanbieter auf zwei Märkten mit einem Verbundangebot auftritt, wobei der Reichweitenerfolg auf dem einen Markt den finanziellen Erfolg auf dem anderen Markt direkt beeinflusst. Betrachtet man die an der Programmdistribution beteiligten Märkte lassen sich Parallelen ziehen: Auch ein Distributionsnetzbetreiber bietet seine Leistungen auf zwei Märkten an. Auf dem Einspeisemarkt bietet er Programmveranstaltern Übertragungskapazität an. Die eingespeisten Programme sind wesentlicher Teil des Angebotes, das der Netzbetreiber auf dem Endkundenmarkt bereitstellt.

Wie der Programmveranstalter beim werbefinanzierten Fernsehen muss z.B. ein Kabelnetzbetreiber seine Angebote aufeinander abstimmen und steht damit an der Spitze des Dreiecks in *Abbildung 4-9*.[466] So wie Werbetreibende an vielen Werbespot-Kontakten interessiert sind und nicht an der Werbekapazität an sich, sind Programmveranstalter in erster Linie an einer hohen technischen Reichweite interessiert und nicht nur an der Übertragungskapazität an sich. Eine hohe technische Reichweite erzielt ein Kabelnetzbetreiber dadurch, dass er möglichst viele TV-Haushalte an sein Kabelnetz anschließen kann. Dazu muss er das Netz nicht nur entsprechend geographisch ausweiten, die anschließbaren Haushalte müssen auch tatsächlich angeschlossen werden.

Abbildung 4-9: Austauschbeziehung beim Kabelfernsehen

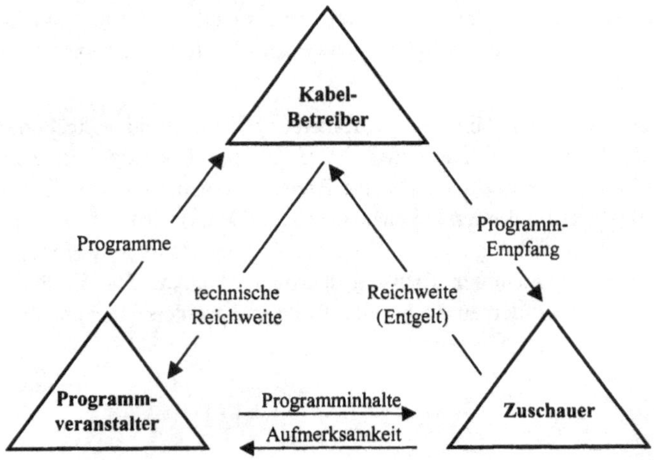

Ähnlich dem Werbetreibenden, der die Programmveranstalter nach den zu erreichenden Zuschauern aussucht, müsste der Programmveranstalter den Netzbetreiber nach den angeschlossenen TV-Haushalten auswählen. Im werbefinanzierten Fernsehen sind die

466 Die Überlegungen gelten auch für einen Satellitenbetreiber.

Einnahmen der Programmveranstalter abhängig von der Zuschauerreichweite. Zumindest in einigen Verträgen hängen auch die Einspeiseentgelte des Netzbetreibers von der Anzahl angeschlossener Haushalte ab.

Die Analogie zum werbefinanzierten Fernsehen hat jedoch ihre Grenzen. Denn im Gegensatz zum Programmveranstalter, der beim werbefinanzierten Fernsehen auf dem Zuschauermarkt keine Einnahmen erzielt, fordert der Kabelnetzbetreiber auf dem Endkundenmarkt ein Anschlussentgelt. Des Weiteren wählen die Nachfrager auf dem Zuschauermarkt ein Programm nicht danach aus, welche Werbetreibenden darin eingebunden sind. Dagegen erscheint es grundsätzlich plausibel, dass die Zuschauer auf dem Endkundenmarkt ihren Übertragungsweg danach auswählen, welche Programmanbieter eingespeist werden.

Ein weiterer Unterschied besteht darin, dass sowohl Programmveranstalter als auch Zuschauer im „Kabel-Dreieck" in ihrer Entscheidungsfreiheit eingeschränkt sind. Im Unterschied zu den Werbetreibenden und Zuschauern im Dreieck des werbefinanzierten Fernsehens, die ihre jeweilige Programmwahl rein nach ökonomischen Kriterien respektive nach Interessen treffen können, unterliegen die Programmveranstalter und Kabelkunden bei der Wahl ihres Netzbetreibers erheblichen Restriktionen. Auf dem Einspeisemarkt ergeben sich regulierungsbedingte Beschränkungen, da z.B. dem Netzbetreiber die Kabelbelegung vorgeschrieben ist. Außerdem ist es erheblich aufwendiger den Empfangsweg zu wechseln als auf ein anderes Programm umzuschalten.

Vergleicht man den Marktverbund beim werbefinanzierten Fernsehen nicht mit der Kabel- sondern mit der Satellitendistribution, zeigen sich sogar noch größere Parallelen. Ein Satellitenbetreiber erzielt ebenfalls keine Einnahmen von den Zuschauern auf dem Endkundenmarkt. Er erzielt auf diesem Markt lediglich die Reichweite, von der die Nachfrage der Programmveranstalter nach Übertragungskapazität abhängt. Zudem unterliegen Satellitenbetreiber nicht den genannten Restriktionen und können frei darüber entscheiden, an wen sie ihre Kapazität vermieten. Die fehlende Analogie bei der Kabeldistribution lässt sich damit auf – teilweise regulierungsbedingte – Besonderheiten zurückführen.

4.2.3. Abgrenzung relevanter (Teil-)Märkte

Im Bereich der Distributionsebene sind wesentlich mehr Märkte abzugrenzen, als dies in *Kapitel 2* vereinfachend dargestellt wurde. Insgesamt ergibt sich die in *Abbildung 4-10* dargestellte Marktkonstellation mit den jeweiligen Anbietern (A) und Nachfragern (N).

Abbildung 4-10: Distributionsmärkte im Überblick

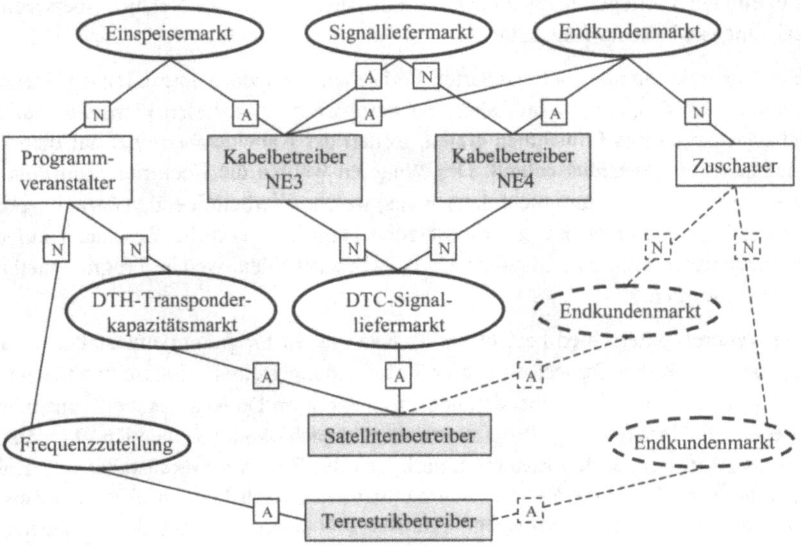

Ausgehend vom Anbieter des jeweiligen Übertragungsweges ist zu unterscheiden in Märkte, auf denen Endkunden Empfangsmöglichkeiten zur Verfügung gestellt werden, und Märkte, auf denen Programmveranstaltern Übertragungsmöglichkeiten bereitgestellt werden. Direkte Austauschbeziehungen bestehen allerdings nur zwischen Kabelnetzbetreibern und ihren Endkunden, da es in den beiden anderen Fällen an einer Gegenleistung der Zuschauer mangelt. Daneben bestehen Marktbeziehungen zwischen Netzbetreibern. Bei Satellitenbetreibern fragen Kabelnetzbetreiber Transponderkapazität für die sog. Direct-to-Cable-Ausstrahlung (DTC) nach. Diese ist von der sog. Direct-to-Home-Ausstrahlung (DTH) zu unterscheiden, die Programmveranstalter nachfragen.

Werden Fernsehprogrammen über Kabelnetze verbreitet, sind drei Märkte betroffen. Auf dem Endkundenmarkt bieten Kabelnetzbetreiber der NE3 oder NE4 den Endkunden den Kabelanschluss und die Lieferung von Fernsehprogrammen an. Auf dem Signalliefermarkt fragen Betreiber der NE4 bei NE3-Betreibern die Lieferung von TV-Signalen nach. Auf dem Einspeisemarkt bieten NE3-Betreiber den Fernsehsendern an, die Programmsignale in ihre Kabelnetze einzuspeisen und an die Zuschauer (oder zunächst an die NE4) weiterzusenden.

Der Endkundenmarkt für Rundfunkempfang ist abzugrenzen von weiteren Diensten, die ein Netzbetreiber seinen Kunden über den gleichen Anschluss zur Verfügung stellt (z.B. Internetzugang und Telefonie).[467] Selbst wenn den Endkunden die Dienste zusammen angeboten werden, decken sie einen unterschiedlichen Bedarf, so dass sie im

---

[467] Analog hat das Kartellamt für den Satellitenempfang entschieden, begründet dies allerdings mit den spezialisierten Betreibern für Datendienste einerseits und Rundfunkprogramme andererseits. Vgl. *Bundeskartellamt* (2004), Tz.46–52.

Sinne des Bedarfsmarktkonzeptes nicht dem gleichen relevanten Markt zuzuordnen sind. Ob das Internet als Übertragungsweg für Fernsehprogramme die anderen Übertragungswege substituieren kann, ist separat zu prüfen.

Inwiefern die verschiedenen Übertragungsarten eigene relevante Märkte bilden oder hinreichende Substitutionsbeziehungen bestehen, um von einem gemeinsamen Markt für Rundfunkübertragung auszugehen, muss für jeden Markt einzeln überprüft werden, da sich z.B. für Endkunden andere Substitutionsmöglichkeiten ergeben können als für Programmveranstalter.

Die *Monopolkommission* spricht sich für eine weite Abgrenzung des Endkundenmarktes aus, obwohl nicht alle Nachfrager ihren Kabelempfang durch Satellitenempfang substituieren können. Dies kann aufgrund ungünstiger Lage technisch nicht möglich oder durch Regelungen im Mietvertrag untersagt sein.[468] Sieht man von der rechtlich geschaffenen Einschränkung für Mieter ab, bestehen zumindest langfristige Substitutionsbeziehungen. Die Substituierbarkeit zwischen Übertragungswegen im Sinne eines Infrastrukturwettbewerbs soll weiter unten eingehender analysiert werden.[469]

Falls Kabelfernsehempfang einen eigenen (Endkunden-)Markt bildet, hat der jeweilige Kabelbetreiber in seinem Gebiet zwangsläufig ein Monopol. Damit wären die Voraussetzungen für eine Entgeltregulierung nach § 23 TKG gegeben. Geht man jedoch davon aus, dass der Satellitenempfang zum gleichen relevanten Markt zählt, entfällt mit der Marktbeherrschung gleichzeitig die Regulierungsvoraussetzung. Bislang gehen sowohl *Bundeskartellamt* als auch die Regulierungsbehörde von separaten Märkten aus und stützen sich dabei auf die Rechtsprechung des *Bundesgerichtshofs* (BGH).[470]

Auch die Einspeisemärkte werden bislang getrennt nach Übertragungsweg betrachtet. Begründet wird dies damit, dass die Programmveranstalter die Übertragungswege Kabel- und Satellit nicht substitutiv, sondern komplementär nachfragen. Sie fragen Kapazität nach, um möglichst viele Zuschauer mit ihren Programmen zu erreichen. Folglich richten sie ihre Nachfrage danach, wie die Zuschauer ihre Programme empfangen. Da ein TV-HH grundsätzlich nur einen Empfangsweg nutzt, ist ein bestimmter TV-HH auch nur über diesen Weg zu erreichen. Programmveranstalter können demnach nicht zwischen Kabel und Satellit wählen, wenn sie nicht auf einen beträchtlichen Teil von potenziellen Zuschauern von Vornherein verzichten möchten. Zudem unterscheiden sich die Kosten, die ein Fernsehveranstalter pro Zuschauer aufbringen muss.[471]

Ein anderer Aspekt verdeutlicht die Komplementarität der Übertragungswege noch zwingender, wird jedoch häufig nicht berücksichtigt. Denn die TV-Signale, die Kabelnetzbetreiber weiterleiten, werden bis zu den Kabelkopfstationen überwiegend über Satellit übertragen. Ein Programmveranstalter kann daher zwar auf die Kabeleinspeisung verzichten, nicht jedoch darauf, einen Satellitentransponder zu mieten. Denn die DTH-Ausstrahlung bildet nicht nur die Grundlage des Satelliten-Direktempfangs für

---

468 Vgl. *Monopolkommission* (2002), Tz. 38.

469 Siehe dazu unten Kapitel 4.2.5.

470 Vgl. auch grundlegend *Bundesgerichtshof* (1996).

471 Vgl. *Europäische Kommission* (1998c), Rn. 21.

TV-HH sondern auch der Einspeisung in ein Kabelnetz.[472] Auf die Abgrenzungsschwierigkeiten zwischen Kabel- und Satelliten-Empfang wurde bereits hingewiesen.

Die Bereitstellung von Satelliten-Transponderkapazität für Rundfunk ist zu trennen in Märkte für die Direct-to-Home- (DTH) und Direct-to-Cable- (DTC) Ausstrahlung.[473] Der Satellitenbetreiber SES vertritt dagegen die Ansicht, dass von einem Gesamtmarkt für die Bereitstellung von Übertragungskapazitäten auf geostationären Satelliten auszugehen ist.[474] Bei DTH- und DTC-Ausstrahlung wird zwar dieselbe Basistechnologie verwendet, es bestehen jedoch technische und wirtschaftliche Unterschiede. Wichtigster Unterschied sind die jeweiligen Nachfragergruppen mit unterschiedlichen Interessen.

Die DTC-Ausstrahlung wird von Kabelnetzbetreibern nachgefragt, um Programme den Kopfstationen zuzuführen, die über die DTH-Position nicht abgestrahlt werden. Es handelt sich dabei überwiegend um Pay-TV-Programme, die der Kabelnetzbetreiber seinen Kunden in selbst zusammengestellten Paketen anbietet. Sie möchten sogar vermeiden, dass ihre Programme über DTH empfangbar sind, da sie ausschließlich in ihre Kabelnetze eingespeist werden sollen. Kapazitäten auf DTH-Transpondern werden dagegen von Programmveranstaltern nachgefragt, um ihre Programme überhaupt verbreiten zu können.

Nicht zu trennen ist nach Ansicht des *Bundeskartellamtes* in analoge und digitale Rundfunkübertragung. Der Markt befindet sich zwar noch in der Übergangsphase, die digitale Übertragung ist jedoch beim Satelliten im Gegensatz zur Kabeleinspeisung bereits üblich. Bemerkenswert ist, dass derjenige Übertragungsweg, der am wenigstens reguliert wird und bei dem allein die Programmveranstalter über die analoge Abschaltung entscheiden gleichzeitig derjenige mit dem höchsten Digitalisierungsgrad ist.

Die terrestrische Übertragung war bislang nicht Gegenstand wettbewerbspolitischer Entscheidungen. Es ergeben sich für keine der beiden Nachfragerseiten echte Marktbeziehungen zum Betreiber. Die Zuschauer empfangen die Signale unentgeltlich und können auch nicht vom Empfang ausgeschlossen werden. An Programmveranstalter werden die Frequenzen nicht über Marktmechanismen vergeben, sondern administrativ zugeteilt. Dennoch ist die Substituierbarkeit gegenüber Kabel und Satellit zu überprüfen, da die mit staatlicher Unterstützung vorangetriebene Aufrüstung der DVB-T-Ausstrahlung die Nachfrage nach den beiden anderen (privatwirtschaftlichen) Alternativen beeinflusst.

Weniger kontrovers ist die räumliche Abgrenzung bei Kabelnetzen. Das *Bundeskartellamt* geht für den Einspeisemarkt von jeweils eigenen Märkten für jede Regionalgesellschaft der NE3 aus.[475] Der Endkundenmarkt ist regelmäßig lokal abzugrenzen.[476]

---

472 Im Rundfunkstaatsvertrag wird daher auch der Begriff „Weiterverbreitung“ verwendet. Vgl. z.B. § 53 RStV.

473 Vgl. ausführlich *Bundeskartellamt* (2004), Tz. 53–58.

474 Vgl. *Bundeskartellamt* (2004), Tz. 46.

475 Vgl. *Bundeskartellamt* (2005a).

476 Eine eher regionale Betrachtung kommt in Frage, wenn es sich um Endkunden handelt, die die Kabelinstallation für größere Wohnanlagen ausschreiben.

Ebenso sind die Signalliefermärkte eher lokal abzugrenzen, da eine unmittelbare Nähe zwischen NE3- und NE4-Abschnitt erforderlich ist.

Bei der Satellitenübertragung hingegen bestehen Meinungsunterschiede. Das *Bundeskartellamt* geht von einem nationalen bzw. maximal deutschsprachigen Markt für die Bereitstellung von Satelliten-Transponderkapazitäten für Rundfunkübertragungen aus.[477] Der Satellitenbetreiber SES ist dagegen der Auffassung, der räumlich relevante Markt müsse der Ausleuchtzone (z.B. europäischer Footprint) entsprechen, da sich die Abstrahlung eines Satelliten nicht auf Nationalstaaten begrenzen lasse. Zu berücksichtigen ist allerdings, dass die technische Reichweite, von der die Nachfrage der Programmveranstalter abhängt, durch die Empfangssituation bei den Zuschauern bestimmt wird. Ein Satellitenbetreiber, der in Deutschland keine Empfangsbasis aufweisen kann, d.h. auf dessen Orbitalposition die Empfangsgeräte nicht ausgerichtet sind, wird an deutsche Programmveranstalter keine Transponder vermieten können.[478] De facto werden z.B. für die DTH-Rundfunkübertragung in Deutschland nur zwei Satelliten verwendet, obwohl es über 20 Satelliten von mehr als 10 Betreibern gibt, die den europäischen Footprint abdecken.

Eine zeitliche Abgrenzung ist für Distributionsmärkten irrelevant. Die bislang in wettbewerbsrechtlichen Entscheidungen verwendeten und kritisch diskutierten Abgrenzungskriterien fasst *Tabelle 4-7* abschließend zusammen.

Tabelle 4-7: Abgrenzungskriterien für Distributionsmärkte

Kriterium	Ausprägung	verwendet	kritisch [a]
Sachlich			
Distributionsweg	Kabel, Satellit, Terrestrik	+	+
Sendetechnik	analog, digital	–	–
Dienste	TV-/Mediendienste, Internet, Telefonie	+	–
Kabel-Lieferbeziehung	Einspeise-, Signalliefer-, Endkundenmarkt	+	–
Satelliten-Signalart	DTH, DTC	+	–
Räumlich			
Empfangsgebiet	Netzabdeckung, Satelliten-Ausleuchtzone	+	–
Zeitlich			
–	–	–	–

[a]: Ein ‚+' bedeutet, dass die Abgrenzung nach diesem Kriterium kritisch zu sehen ist.

4.2.4. Marktstrukturbedingungen des Breitbandkabelnetzes

Im Mittelpunkt der Marktstrukturanalyse steht das Breitbandkabelnetz. Die alternativen Übertragungswege werden berücksichtigt, um die Wirkungen eines Substitutionswettbewerbs abzuschätzen. Zu Beginn wird die historische Entwicklung des Breitband-

477 Vgl. dazu und im Folgenden *Bundeskartellamt* (2004), Tz. 80.

478 Das *Bundeskartellamt* weist darauf hin, dass der Betreiber selbst mit seiner großen Verbreitung auf der Empfangsseite wirbt.

kabelnetzes vom Staatsmonopol bis zur Privatisierung kurz skizziert, da sie die heutigen Strukturen maßgeblich geprägt hat.

4.2.4.1. Historische Entwicklung des Kabelnetzes

Die ersten konkreten Planungen für den Aufbau von Kabelnetzen begannen in den frühen 1970er Jahren.[479] Die Kabelversorgung sollte Defizite in der terrestrischen Rundfunkversorgung beheben. Haushalte in „Problemzonen" (z.B. Abschattungsgebiete durch Hochhäuser in Großstädten, Gebirgsregionen) sollten über Gemeinschaftsantennenanlagen besser versorgt werden können.[480]

Die von der Bundesregierung eingesetzte Kommission für den Ausbau des technischen Kommunikationssystems empfahl, zunächst in Modellversuchen zu erproben, wie die Bevölkerung auf ein zusätzliches Programmangebot reagiert. Da private Veranstalter in der damaligen politischen Landschaft noch nicht vorstellbar waren,[481] wäre eine flächendeckende Verkabelung auf Bedenken der sozial-liberalen Bundesregierung gestoßen. 1978 beschlossen die Ministerpräsidenten der Bundesländer befristete Kabelpilotprojekte,[482] die über einen Zuschlag auf die Rundfunkgebühren finanziert wurden.

Nach dem Regierungswechsel im Jahr 1982 forcierte die CDU/CSU-FDP-Koalition den großflächigen Ausbau der Kabelnetze. Im Gegensatz zur Vorgängerregierung verfolgte diese Regierung primär das Ziel, privatwirtschaftlich-organisierten Rundfunk zu etablieren. So sollte ein Gegenpol zum öffentlich-rechtlichen „Rotfunk" gebildet werden, in dem sich die Parteien der neuen Regierung bislang nicht richtig dargestellt fühlten.[483]

Am 1.1.1984 startete das erste Kabelpilotprojekt in Ludwigshafen.[484] Übertragen werden 22 Programme: Neben den öffentlich-rechtlichen Sendern u.a. drei nichtkommerzielle private Kanäle, drei französische Sender und vier werbefinanzierte private Programme. Im Januar 1985 begann die bundesweite Ausstrahlung von TV-Programmen über Kabel. Gut zehn Jahre später waren dank des forcierten Ausbaus rund 24 Millionen Wohneinheiten anschließbar. Knapp 16 Millionen Haushalte empfingen ihre TV-Programme tatsächlich über Kabel.

Die Deutsche Bundespost besaß nach damaliger Gesetzeslage ein staatliches Netzmonopol verbunden mit dem ausschließlichen Recht, Rundfunkinfrastrukturen auf öf-

---

479 Für einen guten Überblick über die historische Entwicklung des deutschen Kabelnetzes vgl. *Hahne* (2003), S. 7–19 sowie die dort angegebenen Quellen.

480 Vgl. *Müller-Römer* (1998), S. 187.

481 Vgl. *Verband Privater Rundfunk und Telekommunikation e.V.* und *Technische Kommission der Landesmedienanstalten* (1999), S. 15.

482 Durchgeführt wurden diese in Berlin, Ludwigshafen-Mannheim, München und Dortmund. Vgl. zu den Pilotprojekten *Stekle* (1988).

483 Vgl. *Verband Privater Rundfunk und Telekommunikation e.V.* und *Technische Kommission der Landesmedienanstalten* (1999), S. 20.

484 Dieses Datum gilt gleichzeitig als Geburtsstunde des privaten Rundfunks in Deutschland.

fentlichen Wegen bereitzustellen.[485] Ihre Dienstleistungen zählten zur gemeinwohlorientierten Daseinsvorsorge. Die DTAG übernahm als Nachfolgeunternehmen im Zuge der zweiten Postreform den Betrieb des Breibandkabelnetzes als Teil des öffentlichen Fernmeldenetzes. Die Monopolstruktur blieb damit erhalten, die DTAG beendete aus wirtschaftlichen Erwägungen allerdings den weiteren Ausbau.[486]

Der Verkauf des Netzes ging schließlich auf Initiative der EU zurück. Die Kommission sah ein erhebliches Wettbewerbs- und Investitionshindernis, solange das Fernsprech- und das Breitbandkabelnetz durch dasselbe (monopolistische) Unternehmen betrieben wird.[487] Denn ein Ausbau des Breitbandkabelnetzes würde einen – aus Sicht des Telekommunikationsunternehmens unerwünschten – Wettbewerb zwischen den Infrastrukturen eröffnen. In der sog. Kabelrichtlinie von 1995 war zunächst die Pflicht zu getrennter Buch- und Rechnungsführung festgelegt.[488] Angesichts der dennoch schleppend verlaufenden Aufrüstung wurde 1999 die rechtliche Trennung verpflichtend.[489]

Die Deutsche Telekom gliederte daraufhin ihre Breibandkabel-Aktivitäten in die Tochtergesellschaft Kabel Deutschland GmbH (KDG) aus. Diese Holding umfasste die NE3-Betreiber der neun Kabelnetzregionen (Regionalgesellschaften), für die es zunächst etliche Bieter aus dem In- und Ausland gab.[490] Zuerst wurden Anfang 2000 die Kabelnetze in Nordrhein-Westfalen und Hessen, im September 2001 auch die Netze in Baden-Württemberg an amerikanische bzw. britische Investoren verkauft. Die übrigen sechs Regionalgesellschaften blieben zunächst bei der KDG.

4.2.4.2. Betreiberstruktur im Breitbandkabel

Im Gegensatz zu anderen Ländern, wo der Betreiber einer Region das Kabel von der Einleitungsstelle der Programme bis hin zum Kunden kontrolliert, gehören die vier Netzebenen in Deutschland verschiedenen Betreibern.

Entwicklung der Betreiberstruktur

Die Struktur der Kabelnetzbetreiber war bis in die 1990er Jahre regulierungsbedingt weitgehend vorgegeben: Die DTAG (vorher Bundespost) verlegte und betrieb die Netzebene 3, die auf öffentlichen Wegen verlegt werden musste, private Unternehmen waren überwiegend für die Netze innerhalb privater Grundstücke zuständig. Die Trennung war strukturpolitisch gewollt, um den elektrotechnischen Mittelstand am neuen Markt zu

---

485 Innerhalb privater Grundstücksgrenzen gab es bereits private Betreiber. Vgl. dazu die Erläuterungen zur Betreiberstruktur im folgenden Abschnitt.

486 Ein wirtschaftlicher Netzbetrieb wäre nur bei einer Endkundenpreiserhöhung möglich gewesen, der politisch nicht durchsetzbar war. Vgl. *Moritz* (1998).

487 Vgl. *Miert* (1998), S. 9.

488 Vgl. *Europäische Kommission* (1995b), S. 49 ff.

489 Vgl. *Europäische Kommission* (1999), S. 39 ff.

490 Dazu gehörten u.a. Deutsche Bank, Microsoft, Bertelsmann, Mannesmann und kleinere private Kabelbetreiber wie Primacom.

beteiligen. Die Vereinbarung zwischen der Deutschen Bundespost und dem Zentralverband des Deutschen Handwerks hat bis heute zur Folge, dass die Endkundenbeziehungen breit gestreut bei kleinen Netzbetreibern bzw. der Wohnungswirtschaft liegen.[491]

Das Geschäftsmodell der NE4-Betreiber war weitgehend gleich: Die Rundfunksignale wurden ausschließlich von der DTAG geliefert und unverändert an die Haushalte weitergeleitet. Gewinnmöglichkeiten ergaben sich aufgrund der stark degressiv gestaffelten Signallieferungspreise. Da die Kosten je Haushalt mit der Zahl der angeschlossenen Haushalte sanken, wurden vor allem größere Wohnanlagen von professionellen NE4-Betreibern erschlossen.[492] Netze in Mehrfamilienhäusern wurden meist vom Hauseigentümer betrieben. Der Großteil der Wertschöpfung des Kabelvertriebs entfiel auf die NE4-Betreiber, die ihre Netze mit geringem Aufwand bei stabilen Einnahmen betreiben konnten.

Großen Einfluss auf die Entwicklung der Kabelbranche seit Mitte der 1990er Jahre hatten der technische Fortschritt beim Satelliten-Direktempfang sowie regulatorische Änderungen. Da die Empfangsanlagen immer handlicher und günstiger wurden, wechselten Einfamilienhäuser verstärkt zum Satellitenempfang. Neben dem Kostenvorteil bietet der Satellitenempfang eine größere Programmvielfalt, insbesondere im fremdsprachlichen Bereich. Da die NE3-Zulieferer auf Forderungen der Wohnungswirtschaft, das Programmangebot entsprechend auszubauen, nicht reagierten, investierten einige NE4-Betreiber in sog. SMATV-Anlagen (Satellite Master Antenna Television) und koppelten sich von den NE3-Betreibern ab.

Eine wichtige regulatorische Änderung hob im Jahr 1996 das Monopol der DTAG für den Betrieb von Kabelnetzen auf öffentlichen Wegen auf.[493] So konnten auch NE4-Betreiber Leitungen außerhalb von Privatgrundstücken verlegen, um mehrere kleine NE4-Netze zu verbinden und an eine eigene Empfangsanlage anzuschließen. In den neuen Bundesländern wurde dies bereits seit der Wiedervereinigung geduldet, so dass integrierte Netzbetreiber dort weiter verbreitet sind. Eine nicht minder einschneidende Änderung war die erwähnte Privatisierung der NE3.

Die starke Zersplitterung der Kabelbranche erweist sich als eines der wesentlichen Hemmnisse bei der Aufrüstung der Netze. Denn unterschiedliche Interessen erschweren ein koordiniertes Vorgehen.

NE3-Betreiber

Die ehemaligen Regionalgesellschaften der DTAG sind im Jahr 2006 auf vier Unternehmen aufgeteilt: KDG, Ish und Iesy sowie Kabel BW. An die NE3 sind bundesweit rund 26 Mio. Haushalte anschließbar,[494] tatsächlich angeschlossen sind etwa 17 Mio.

---

491 Integrationsprozesse, wie sie im zunächst ebenso fragmentierten niederländischen Markt vollzogen wurden, ließen in Deutschland wesentlich länger auf sich warten. Vgl. *Büllingen u.a.* (2002), S. 10.

492 Vgl. *Büllingen u.a.* (2002), S. 3.

493 Vgl. *Jäger* (1997).

494 Dies sind Haushalte, die bis zum HÜP mit einem NE3-Anschluss versorgt sind.

Haushalte. Mit der NE3 haben die neuen Eigentümer meist auch die DeTeKS (Deutsche Telekom Kabel Service GmbH) erworben, in der die direkten Endkundenbeziehungen im jeweiligen Regionalnetz gebündelt waren.[495]

Die Regionalgesellschaft NRW wird im Jahr 2000 vom amerikanischen Investor Callahan mehrheitlich übernommen und firmiert nun unter dem Namen „Ish". Darüber hinaus erwirbt Callahan die Mehrheit an Kabel BW. Die Mehrheitsanteile der Regionalgesellschaft in Hessen, die unter dem Namen „Iesy" firmiert, erwirbt im Jahr 2000 ein Konsortium um den britischen Investor Klesch. Über ein Tochterunternehmen ist der britische Kabelnetzbetreiber NTL als strategischer Partner beteiligt. *Tabelle 4-8* enthält die jeweils anschließbaren und angeschlossenen Wohneinheiten.

Tabelle 4-8: Anschließbare und angeschlossene Haushalte der NE3

Betreiber	Region	Anschließbare WE	Angeschlossene WE
Ish	Nordrhein-Westfalen	6,5 Mio.	4,0 Mio.
Iesy	Hessen	1,6 Mio.	1,2 Mio.
Kabel BW	Baden-Württemberg	3,2 Mio.	2,3 Mio.
KDG	Hamburg/Schleswig-Holstein/ Mecklenburg-Vorpommern	15,3 Mio.	9,6 Mio.
	Niedersachsen/Bremen		
	Berlin/Brandenburg		
	Sachsen/Sachsen-Anhalt/Thüringen		
	Rheinland-Pfalz/Saarland		
	Bayern		

Quelle: Eigene Darstellung, Datenbasis Unternehmensangaben, Stand: Mai 2005.

Im Jahr 2002 kommt es zur „Kabelkrise": Die Regionalgesellschaften Iesy und Ish müssen Insolvenz beantragen. Die hohen Erwartungen, die die Betreiber an den Ausbau der Netze für Digitalfernsehen und Internetzugang geknüpft haben, erfüllen sich zunächst nicht, da die neuen Angebote kaum angenommen werden. Durch den kostenintensiven Netzausbau hoch verschuldet sind die Eigentümer gezwungen, ihre Netze zu veräußern.

Im gleichen Jahr scheitert das Vorhaben der DTAG, die KDG-Netze an Liberty Media zu verkaufen, am Veto des *Bundeskartellamtes*.[496] Die Liberty Media Corporation ist an zahlreichen Unternehmen aus den Bereichen Kabelnetz und Medieninhalte beteiligt. Zusätzlich wird beim *Bundeskartellamt* der Erwerb von Teilen der Tele Columbus GmbH angemeldet, die in den KDG-Regionen als NE4-Betreiber tätig ist.[497]

Nach Einschätzung des *Bundeskartellamtes* würde der Erwerb der Netze eine marktbeherrschende Stellung auf dem Einspeise-, Signallieferungs- und Endkundenmarkt

---

[495] In diesen Fällen ist kein NE4-Betreiber beteiligt.

[496] Vgl. zum Folgenden *Bundeskartellamt* (2002).

[497] Darüber hinaus kündigt Liberty an, einen Minderheitsanteil am Pay-TV-Sender Premiere zu übernehmen. Da dies die Genehmigung des Kabelverkaufs belastet wird das Vorhaben zurückgezogen, was die letztendliche Untersagung jedoch nicht verhindert.

verstärken, da Liberty bereits an Netzbetreibern der NE3 und NE4 beteiligt ist und weitere erwerben will. Verstärkt werde die Position von Liberty zudem dadurch, dass das Unternehmen selbst Inhalte anbietet. Liberty versucht zwar Verbesserungen der Wettbewerbsbedingungen in anderen Bereichen – durch Infrastrukturalternativen bei Internetzugang und Sprachtelefondienst – geltend zu machen. Der Netzausbau setzt nach Ansicht des Kartellamtes aber kein neues Kabelmonopol voraus und könnte diesen eher bremsen.[498] Das zentrale Argument ist jedoch die beherrschende Stellung der KDG auf dem Einspeisemarkt für TV-Programme. Das Kartellamt sieht bereits vor dem Zusammenschluss eine Marktmacht, die eine kritische Abhängigkeit der TV-Sender vom größten Kabelbetreiber begründet.

Eine Investorengruppe erwirbt im Frühjahr 2003 schließlich die sechs Regionalgesellschaften der KDG. In der Folgezeit wird die Netzaufrüstung vorangetrieben. Im Februar 2006 übernimmt mit der Investmentgesellschaft Providence Equity Partners einer der größten Kabelinvestoren Europas die Anteile der bisherigen Mitgesellschafter.[499]

Im Frühjahr 2004 deutete sich zunächst eine Re-Monopolisierung der gesamten NE3 an, als die KDG sich mit den Eigentümern der anderen drei Regionalgesellschaften darüber verständigte, Ish, Iesy und Kabel BW mehrheitlich zu übernehmen. Die Anträge wurden jedoch im Sommer zurückgezogen, als sich die Ablehnung durch das *Bundeskartellamt* andeutete.[500] Inzwischen hat es dennoch eine Konsolidierung gegeben: Das *Bundeskartellamt* genehmigte den Zusammenschluss von Ish und Iesy,[501] die kurz darauf den NE4-Betreiber Tele Columbus übernehmen.[502] Zur neuen Muttergesellschaft Unity Media gehört inzwischen auch die Arena Sportrechte GmbH.[503] Kabel BW wechselt Anfang 2006 erneut den Besitzer.[504]

Die Tatsache, dass sich alle NE3-Betreiber in den Händen von ausländischen Finanzinvestoren befinden, mag ein Hinweis darauf sein, welches Potenzial im Breitbandkabel gesehen wird. Denn die Wertschöpfungsmöglichkeiten, die ein aufgerüstetes Netz bietet, werden bislang aufgrund der besonderen strukturellen Bedingungen in Deutschland nicht ausgeschöpft.

NE4-Betreiber

Die Zahl der NE4-Betreiber wird auf über 4.000 geschätzt, genaue Statistiken gibt es nicht.[505] Zwar sind nach dem TKG alle gewerblichen Betreiber von TK-Netzen ver-

---

498 Denn bisher haben die kleineren Kabelbetreiber den technischen Fortschritt im Kabelnetz entschieden aktiver als die KDG vorangetrieben.

499 Vgl. dazu die Unternehmensangaben unter *Kabel Deutschland GmbH* (2006).

500 Vgl. dazu die Unternehmensangaben unter *Kabel Deutschland GmbH* (2006).

501 Vgl. *Bundeskartellamt* (2005).

502 Vgl. *Bundeskartellamt* (2005b).

503 Vgl. Unternehmensangaben unter *Tele Columbus* (2006a), S. 6.

504 Vgl. *o.V.* (2006e).

505 Vermutlich beruhen die Schätzungen auf Angaben der DTAG, die anhand der Signallieferungsverträge mit NE4-Betreibern einen Überblick haben sollte.

pflichtet, ihre Tätigkeit bei der Regulierungsbehörde anzuzeigen.[506] Bis 2002 waren jedoch nur rund 430 Kabelnetzbetreiber (NE3 und NE4) registriert. Offenbar sind insbesondere NE4-Betreiber ihrer Anzeigepflicht nicht nachgekommen. Dabei handelt es sich vorwiegend um Hauseigentümer, die zwar ein Kabelnetz auf ihrem Grundstück „betreiben", sich aber nicht als professioneller Kabelnetzbetreiber verstehen.

Es ergibt sich demnach eine sehr inhomogene Gruppe von NE4-Betreibern, die näher zu differenzieren ist, um die Wettbewerbssituation beurteilen zu können.[507] Zu unterscheiden sind große überregionale NE4-Betreiber, mittelständische NE4-Betreiber und City-Carrier sowie Wohnungswirtschaftsunternehmen und Mehrfamilienhaus-Eigentümer.

Große überregionale NE4-Betreiber: Unter den NE4-Betreibern gibt es zunächst vier Unternehmen, die sich von den zahlreichen kleinen Anbietern nicht nur durch eine weitaus größere Kundenzahl von über 500.000 unterscheiden, sondern auch dadurch, dass sie überregional tätig sind. Diese NE4-Betreiber versorgen insgesamt rund 6 Mio. Endkunden. Inzwischen haben sich bereits zwei Unternehmen zusammengeschlossen. Die Breitbandnetz-Sparte von Bosch gehört seit dem Frühjahr 2005 zur EWT-Gruppe. Dieses Unternehmen ist der niederländischen UPC-Gruppe zuzurechnen, die wiederum von Liberty Media kontrolliert wird.[508] Die Primacom AG versorgt einen Großteil ihrer Wohneinheiten in der Region Sachsen/Sachsen-Anhalt/Thüringen, wo das Unternehmen teilweise auch die NE3 selbst betreibt. Auch an diesem Unternehmen ist Liberty Media mit 26 Prozent beteiligt.[509] Tele Columbus ist der größte NE4-Anbietern. Die Netze sind bundesweit ohne regionalen Schwerpunkt verteilt. Nach mehreren Eigentümerwechseln gehört die Tele Columbus Gruppe mit 19 operativen Tochtergesellschaften seit Ende 2005 zum Unternehmensverbund der Unity Media GmbH.[510]

Wie *Tabelle 4-9* zeigt, versorgen die großen NE4-Betreiber einen nennenswerten Anteil ihrer angeschlossenen WE über eine eigene Signalzuführung. Dies ermöglicht ihnen eine gewisse Unabhängigkeit von den NE3-Betreibern, die sie dazu nutzen, eigene digitale Programmpakete einzuspeisen. Teilweise bieten sie auch schnelle Internetzugänge an.

---

506 Vgl. § 6 TKG. Zusätzlich müssen Netzbetreiber, die Übertragungswege auf öffentlichem Grund betreiben, eine Nutzungsberechtigung beantragen (§ 69 TKG).

507 Vgl. zur Unterscheidung *Büllingen u.a.* (2002), S. 11 ff.

508 Vgl. *Bundeskartellamt* (2002), S. 7.

509 Vgl. Unternehmensangaben unter *Primacom* (2006a).

510 Vgl. dazu *Tele Columbus* (2006b).

Tabelle 4-9: Angeschlossene Wohneinheiten der großen NE4-Betreiber

NE4-Betreiber	Anschließbare WE in Tsd.	Angeschlossene WE in Tsd.	Angeschlossene WE in %	Eigene Signalzuführung in %
Tele Columbus	3.300	2.600	79	15–20
EWT	–	2.000	–	45–50
Primacom	1.630	1.000	61	60–70

Quelle: Eigene Darstellung, Datenbasis Unternehmensangaben sowie *Solon Management Consulting* (2006).

Kleine bis mittelständische NE4-Betreiber: Ein Teil der kleinen bis mittelständischen NE4-Betreiber verfolgt bereits eine ähnliche Strategie wie die großen NE4-Betreiber. Sie investieren in die Netzaufrüstung, um auch Telekommunikationsdienste anbieten zu können. Zudem versuchen sie sich von der NE3-Zulieferung abzukoppeln, indem sie ergänzend oder vollständig Programme über eigene Kopfstationen einspeisen. Diese Betreiber suchen verstärkt die Kooperation mit anderen Netzbetreibern oder Dienste-Anbietern, um neue Geschäftsmodelle und Angebote zu entwickeln. Gerade in diesem Betreiber-Segment ist eine weitere Konsolidierung zu erwarten, so dass einige Unternehmen zur Gruppe der großen (überregionalen) NE4-Betreiber aufsteigen könnten.[511] Eine weitere zu berücksichtigende Gruppe sind die sog. City Carrier, die bislang überwiegend lokale Telefonnetze betreiben (z.B. NetCologne, Citykom Münster). Sie erweitern ihr Angebot zunehmend um DSL-Anschlüsse und Rundfunkübertragung. Inzwischen haben diese Unternehmen auch Zuführungsinfrastrukturen errichtet und treten damit in Konkurrenz zum regionalen NE3-Betreiber.[512] Im Gegensatz zu dieser Gruppe, die ihre Zukunft strategisch plant und ihre Geschäftstätigkeit erweitert, ist eine eher passive Gruppe auszumachen, die es beim gegenwärtigen Angebot belassen möchte. Die Netze vieler Elektro- und Antennenanlagen-Installationsbetriebe sind abgeschrieben und ihr Geschäftsmodell, die TV-Signale der NE3 unverändert weiterzuleiten, sorgt angesichts noch stabiler Kundenzahlen für eine gewisse Gewinnmarge. Die abwartende Haltung dieser überwiegend eigentümergeführten Unternehmen lässt vermuten, dass sie durchaus bereit wären ihre Netze zu verkaufen, anstatt sich auf ein neues Geschäftsmodell umzustellen, in dem sie eine wesentlich aktivere Rolle als Netzbetreiber und Telekommunikationsanbieter einnehmen müssten. Da größere Betreiber gleichzeitig bestrebt sind, die Zahl ihrer direkten Kundenbeziehungen zu erhöhen, ist eine weitere Konsolidierung der NE4 zu erwarten.

Wohnungswirtschaft und Eigentümer von Mehrfamilienhäusern: Zu den Netzbetreibern die meist als Wohnungswirtschaft zusammengefasst werden, zählen Wohnungsbaugesellschaften und professionelle Hausverwaltungen von Eigentumswohnanlagen, die spezielles Personal für den Betrieb der Netze beschäftigen oder beauftragen. Daneben unterhalten zahlreiche Eigentümer von Mehrfamilienhäusern Kabelnetze für ihre Mieter. Größere Unternehmen der Wohnungswirtschaft betreiben mitunter eigene Empfangsanlagen und haben damit eine Alternative zum NE3-Betreiber. Da sie mit

---

[511] So versorgt die Pep-com-Gruppe nach der Übernahme der in München angesiedelten KMS bereits etwa 400.000 Kabelhaushalte. Vgl. *Solon Management Consulting* (2006), S. 6.

[512] Vgl. *Schalast, Jäger* und *Abrar* (2005), S. 750.

einer beträchtlichen Anzahl von Wohneinheiten ein entsprechendes Nachfragevolumen bündeln, haben sie eine relativ große Verhandlungsmacht. Demgegenüber beschränken sich die Hauseigentümer darauf, ihren Mietern die Kabelnetze – vergleichbar dem Wasserversorgungssystem – bereitzustellen, zu warten und zusammen mit den Nebenkosten abzurechnen. Da den Eigentümern von den NE3-Betreibern Mengenrabatte gewährt werden, die sie nicht an ihre Mieter weitergeben müssen, können sie – im Unterschied zur Abrechnung des Wasserverbrauchs – einen Überschuss realisieren. Aufgrund ihrer vergleichsweise geringen Anzahl an Wohneinheiten haben sie kaum Verhandlungsmacht gegenüber dem NE3-Betreiber. Mitunter werden diese Haushalte auch als „quasidirekt“ versorgte Wohneinheiten der NE3-Betreiber angesehen, da den zwischengeschalteten „NE4-Betreibern“ kaum eigenständiges wirtschaftliches Interesse unterstellt wird. Die NE3-Betreiber können diese Kunden direkt adressieren, um sie für neue Dienste zu gewinnen.[513]

4.2.4.3. Vertragsbeziehungen und Geschäftsmodell

Das deutsche Kabelfernsehen ist durch eine Vielzahl von Vertragsbeziehungen gekennzeichnet, was unter anderem an der strukturellen Trennung der Netzebenen liegt. Die Zahlungsströme im vorherrschenden Geschäftsmodell unterscheiden sich grundlegend von den in anderen Ländern (z.B. USA) üblichen.

Gestaltung der Vertragsbeziehungen beim Kabelfernsehen

Die direkteste Verbindung zwischen einem NE3-Betreiber und einem Endkunden ist ein Einzelnutzervertrag, wenn ein TV-Haushalt direkt von diesem Betreiber versorgt wird. Einzelnutzerverträge bestehen auch mit NE4-Betreibern, wenn diese den letzten Teil des Netzes unterhalten. Sofern diese nicht über eine eigene Signalzuführung verfügen, schließen sie mit dem NE3-Betreiber ihrer Region einen Signallieferungsvertrag. Unternehmen der Wohnungswirtschaft schließen entweder mit Betreibern der NE3 oder der NE4 Gestattungsverträge, die es dem Netzbetreiber erlauben, in den Wohnhäusern des Vertragspartners Kabelnetze exklusiv zu betreiben. Im Rahmen eines Gestattungsvertrages kann vereinbart werden, dass der Netzbetreiber mit den Mietern Einzelnutzerverträge abschließen darf. Eine Überblick über die Vertragsbeziehungen gibt *Abbildung 4-11*.

---

513 Vgl. *Solon Management Consulting* (2006), S. 6.

Abbildung 4-11: Vertragsbeziehungen der Netzbetreiber

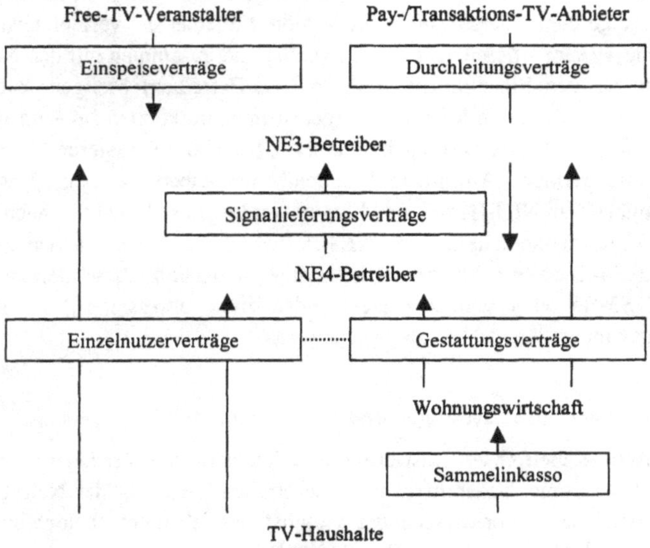

Pfeilrichtung zeigt den zugehörigen Zahlungsstrom an.
Quelle: Eigene Darstellung, eigene Ergänzungen in Anlehnung an *Solon Management Consulting* (2006), S. 8.

Für Signallieferverträge zwischen den Betreibern der NE3 und der NE4 werden meist Laufzeiten von fünf bis zehn Jahren vereinbart. Die Entgelte werden in AGB-Entgelttabellen veröffentlicht und enthalten Mengenstaffelungen, die sich nach der Zahl der angeschlossenen Wohneinheiten pro HÜP richten. Alternativ bieten die NE3-Betreiber Pauschalbeträge an, die auf Grundlage der anschließbaren WE einen niedrigeren Tarif pro WE ansetzen.[514]

Nach der Übernahme der Regionalnetze in NRW hat der neue Betreiber Ish die Preisstruktur für seine Signalentgelte verändert: Einzelverträge und Verträge bis zu 100 WE wurden teurer, für Signallieferverträge mit mehr als 100 WE wurden die Preise hingegen gesenkt und die höchste Preisstufe beginnt bereits bei mehr als 500 WE (ehemals 2.500).[515] Mit den neuen Mengenstaffelungen sollte den NE4-Betreibern der Anreiz genommen werden, Netze mit mehr als 1.000 WE zu bilden. Denn bei größeren NE4-Netzen steigt das Risiko des NE3-Betreibers, dass sich die NE4 von seiner Signalversorgung abkoppelt. Mit den Preissenkungen und Mengenstaffelungen reagierte Ish auf die gewachsene Konkurrenz durch SMATV-Anlagen.

Ein besonderes Kooperationsmodell zwischen NE3 und NE4 resultiert noch aus den Zeiten der Deutschen Bundespost. Jeweils ein privater NE4-Betreiber konnte für eine Kommune eine sog. B1-Lizenz erwerben und das von der Bundespost errichtete Netz

---

514 Dies hat für den NE3-Betreiber den Vorteil geringerer Kontrollkosten, da er sich nicht um An- und Abmeldungen sowie Schwarzseher kümmern muss.

515 Vgl. *Büllingen u.a.* (2002), S. 21.

vermarkten.[516] Die vereinbarten Signallieferentgelte richten sich nach der angestrebten, nicht nach der tatsächlichen Kundenzahl, so dass das Vermarktungsrisiko beim NE4-Betreiber liegt. Wegen der langen Laufzeiten kann z.B. Primacom die Netze in Mainz und Aachen noch immer exklusiv auf der Grundlage einer B1-Lizenz vermarkten.[517]

Durch Gestattungsverträge räumt der Hauseigentümer (Gestattungsgeber) einem Netzbetreiber (Gestattungsnehmer) das Recht ein, seine Mieter exklusiv mit TV-Signalen und anderen Diensten zu versorgen. Im Gegenzug verpflichten sich die Hauseigentümer meist, Einzelsatellitenempfangsanlagen im Mietvertrag zu verbieten. Die Wohnungswirtschaft kommt damit ihrer gesetzlichen Verpflichtung nach, ein Grundangebot an TV-Programmen bereitzustellen. Gestattungsverträge enthalten regelmäßig gleich mehrere wettbewerbsbeschränkende Klauseln, wie Laufzeit-, Preisbindungs- und Exklusivitätsklauseln.

Gestattungsverträge können recht unterschiedlich ausgestaltet sein. Vor allem größere Netzbetreiber bevorzugen z.B. eine direkte Beziehung zum Endkunden, um diesen auch für zusätzliche Dienste gewinnen zu können. Meist bevorzugt die Wohnungswirtschaft hingegen das Sammelinkasso, bei dem das Kabelentgelt mit den Mietern als Teil der Nebenkosten abgerechnet wird. Die Laufzeiten werden von den Betreibern nicht veröffentlicht, so dass keine Marktübersichten über die Restlaufzeiten verfügbar sind. Die Restlaufzeiten von Gestattungsverträgen beeinflussen – neben der Anzahl angeschlossener WE – den Unternehmenswert eines Netzbetreibers erheblich. Zudem beeinflussen sie die Entscheidung über Modernisierungsinvestitionen. Branchenüblich sind inzwischen Laufzeiten von zwölf Jahren, möglich sind aber auch 20 bis 30 Jahre. Die langen Laufzeiten waren wiederholt Gegenstand wettbewerbsrechtlicher Verfahren.[518]

Zwischen den Programmveranstaltern und den Netzbetreibern der NE3 bestehen Einspeiseverträge, die u.a. die Einspeiseentgelte regeln, die von den Programmveranstaltern zu entrichten sind. Die Vertragsgestaltung ist durch die Medienregulierung geprägt. Da zumindest im analogen Kabelnetz die Kanäle weitgehend nach gesetzlichen Vorschriften belegt werden müssen, besteht kaum Gestaltungsspielraum. Dies gilt sowohl für die Wahl der Vertragspartner als auch für die Höhe der Entgelte, die der Regulierung durch die Bundesnetzagentur (früher RegTP) unterliegen.

Während die Betreiber der NE4 gegenüber den privaten Free-TV-Veranstaltern bislang keine Entgelte durchsetzen konnten, werden sie von Pay-TV-Veranstaltern und Anbietern von Transaktionsfernsehen sogar umworben. Auf der Basis von Provisionsmodellen versuchen die Anbieter sich Zugang zu den TV-Haushalten zu verschaffen, was für die meisten Anbieter dieser Kategorien aufgrund der regulierten Kanalbelegung überhaupt erst in digitalisierten Kabelanlagen möglich ist. Neben den meist individuell

---

516 Das Netz blieb weiterhin Eigentum der Bundespost.

517 Vgl. Unternehmensangaben und Erläuterungen unter *Primacom* (2006b).

518 Eine ausführliche Erörterung findet sich bei *Schalast* und *Abrar* (2002), S. 74.

abgeschlossenen Verträgen bestehen Rahmenverträge zwischen einigen Sendern und der Deutschen Netzmarketing GmbH (DNMG).[519]

Die DNMG ist von einer Vielzahl von NE4-Betreibern gegründet worden, um Einspeiseverträge mit Sendern abzuschließen und zentral abzurechnen.[520] Derzeit bündelt die DNMG ca. 7,5 Mio. Kabelanschlüsse von NE4-Betreibern, davon 3 Mio. mit eigener Signalzuführung. Im Bereich digitaler Angebote erarbeitet die DNMG zunehmend komplexere Geschäftsmodelle. Die Kabelnetzbetreiber profitieren bereits von einer umfassenden Nutzungsvereinbarung mit Premiere und einem Vertrag mit dem Satellitenanbieter Eutelsat über die Einspeisung digitaler Programmpakete der unabhängigen Digitalplattform KabelKiosk.[521]

Nicht in *Abbildung 4-11* enthalten sind die Vertragsbeziehungen, die sich aus dem Urheberrecht ergeben. Nach dem Urheberrechtsgesetz (UrhG) ist die Weiterverbreitung von Rundfunkprogrammen in Kabelnetzen ein urheberrechtlich relevanter Sendevorgang.[522] Gegen Zahlung eines angemessenen Entgeltes müssen die Programmveranstalter den Kabelnetzbetreibern gestatten, ihre Programme weiterzuverbreiten (sog. Zwangslizenz). Wahrgenommen werden die Urheberrechte z.B. von der GEMA (Gesellschaft für musikalische Aufführungs- und mechanische Vervielfältigungsrechte). Daneben vertritt die VG Media (Gesellschaft zur Verwertung der Urheber- und Leistungsschutzrechte von Medienunternehmen mbH) über 30 Fernseh- und 50 Radiosender (darunter alle bedeutenden privaten Free-TV-Veranstalter).[523]

Für viele kleine NE4-Betreiber war die Situation bezüglich der Urheberrechtsverpflichtungen lange ungeklärt, da u.a. Uneinigkeit darüber bestand, ab wie vielen versorgten WE eine Abgabe begründet wird. NE4-Betreiber mit eigener Signalzuführung mussten eigene Verträge mit der GEMA abschließen.[524] Inzwischen hat die VG Media Rahmenverträge mit den bedeutenden Kabelbetreiberverbänden[525] abgeschlossen, wodurch die Rechtsunsicherheit gemindert werden konnte. Ausdrücklich kein vergütungsrelevantes Kabelnetz ist eine auf nachbarschaftliche Verhältnisse beschränkte Gemein-

---

519 Zu den Sendern zählen Astro TV, HSE24, K1010 TV, LifeStyle-TV, MTV, MTV2 Pop, Neun Live, RTL Shop, sonnenklar TV, Tele 5 und TV Travel Shop.

520 Zu den etwa 140 repräsentierten Unternehmen zählen u.a. große NE4-Betreiber wie Tele Columbus, ewt und Primacom, regionale Netzbetreiber, Citycarrier wie NetCologne und der Bundesverband der Wohnungswirtschaft (GdW). Die DNMG arbeitet im medienpolitischen Bereich eng mit der ANGA zusammen. Vgl. dazu ausführlich die Unternehmensangaben unter *Deutsche Netzmarketing GmbH* (2006).

521 Ähnliche Leistungen wie die DNMG, aber stärker auf kleine bis mittelständische Netzbetreiber fokussiert, erbringt die KABEL Kabelbetreiber Einkaufs- und Liefergesellschaft mbH. Vgl. dazu *KABEL-GmbH* (2006).

522 Vgl. § 20b UrhG.

523 Gesellschafter der VG Media sind die ProSiebenSat.1 Media AG und die RTL Television GmbH. Vgl. Unternehmensangaben unter *VG Media* (2006a).

524 Vgl. ausführlich *Büllingen u.a.* (2002), S. 25 f.

525 Zu nennen sind insbesondere ANGA und FRK sowie die GdW.

schaftsantennenanlage.[526] Im Jahr 2005 führt die VG Media etwa 32,4 Mio. Euro an die Wahrnehmungsberechtigten ab. Die Ausschüttungssumme wird nach der technischen Reichweite und nach dem tatsächlichen Marktanteil auf die Sender verteilt.[527]

Geschäftsmodell und Zahlungsströme

Für das vorherrschende Geschäftmodell im deutschen Kabelfernsehen hat sich der Begriff Transportmodell durchgesetzt, da die Netzbetreiber die TV-Signale der Programmveranstalter lediglich zum Endkunden weitertransportieren. Die Netzbetreiber haben keinen Einfluss auf die Programmbelegung, die durch die Medienregulierung weitgehend festgelegt wird. Der Kabelanschluss war damit lange Zeit ein standardisiertes Produkt, das weder inhaltlich noch qualitativ differenziert werden konnte. Bei den Endkundenpreisen zeigt sich dagegen auch nach der Privatisierung noch eine Spanne von etwa 5 bis 20 Euro.[528]

Charakteristisch für das Transportmodell ist, dass die Netzbetreiber sowohl von den Endkunden als auch von den Fernsehveranstaltern Gebühren einnehmen, wobei das weit größere Aufkommen auf die Endkunden entfällt. Die Veranstalter fragen den Transport der Programme als Vorleistung nach. Vorstellbar wäre hingegen auch, dass die Netzbetreiber einzelne Programm als Vorleistung einkaufen, um diese in selbst zusammengestellten Paketen an ihre Kunden zu vermarkten. Dies würde die Zahlungsströme umkehren.

Abbildung 4-12 veranschaulicht das Transportmodell. Ergänzend sind die Zahlungsströme angedeutet, die sich aus dem Urheberrecht ergeben. Im Transportmodell konnten die NE4-Betreiber in der Regel Gewinne erwirtschaften, wohingegen die NE3 der DTAG hoch defizitär war.[529] Um ihre Investitionen in die Netzaufrüstung refinanzieren zu können,[530] werden die Kabelnetzbetreiber versuchen, ihre Angebote nicht mehr nur zu transportieren, sondern selber zu vermarkten. Langfristig wird die Aufrüstung der Netze nur in einem sog. Full-Service-Network refinanzierbar sein.[531] Meist wird diese Strategie kurz als Triple Play bezeichnet, womit die drei Dienste-Kategorien Fernsehen, Internet und Telefonie gemeint sind.

---

526 Ein nachbarschaftliches Verhältnis liegt vor, wenn die Gemeinschaftsantennenanlage eine so geringe Anzahl an Haushalten versorgt, dass zwischen den Bewohnern und dem Betreiber der Anlage persönliche Beziehungen bestehen. Vgl. den Tarif VG Media Hörfunk und Fernsehen unter *VG Media* (2006b).

527 Vgl. die in § 4 der Satzung veröffentlichten Grundsätze über die Verteilung der Einnahmen unter *VG Media* (2006c).

528 Vgl. die Übersicht von *Solon Management Consulting* (2005), S. 6.

529 Schätzungen der Prognos AG für das Jahr 1997 beziffern den operativen Verlust der Telekom-Kabelnetze auf 665 Mio. Euro. Vgl. *Schrape* und *Hürst* (2000), S. 7.

530 Schätzungen der Ausbaukosten gehen von 250 bis 500 Euro pro digitalem Kabelanschluss aus. Vgl. z.B. *Kuch* (2002).

531 Vgl. z.B. *Rhein* (2001), S. 10.

Abbildung 4-12: Zahlungsströme im Transportmodell

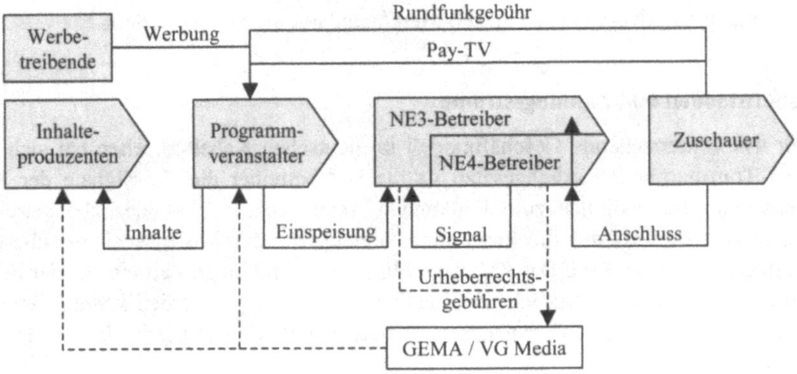

Die Pfeilrichtung zeigt den Zahlungsstrom für die jeweilige Leistung an.
Quelle: Eigene Darstellung in Anlehnung an *Büllingen u.a.* (2002), S. 15.

Da die Kanalbelegung im digitalen Kabel nicht mehr vollständig reguliert ist, ergeben sich Gestaltungsspielräume beim Fernsehangebot. Es sind Spartenkanäle, Teleshopping-Angebote, ausländische Sender sowie regionale und lokale Programme zu erwarten. Programme können auch auf Abruf angeboten werden (sog. Video on Demand). Nur wenige Kabelnetzbetreiber werden selbst Programme veranstalten. Meist werden sie Programme zu entgeltpflichtigen Paketen bündeln. Der Erwerb der Bundesliga-Rechte durch Unity Media zeigt jedoch, dass Netzbetreiber auch TV-Programme veranstalten können.

4.2.4.4. Bedeutung von Größen-, Verbund- und Dichtevorteilen

Bleibt das deutsche Breitbandkabelnetz vor allem auf der NE4 so fragmentiert wie bisher, bleiben erhebliche Größen-, Verbund- und Dichtevorteile ungenutzt. Da eine Reihe von Fixkosten entsteht, um die Netze aufzurüsten und Triple-Play-Dienste anzubieten, wird die optimale Betriebsgröße ansteigen. Bilden sich keine größeren Netzstrukturen heraus, wird das Angebotsspektrum vieler Kabelnetzbetreiber beschränkt bleiben.

Kabelfernsehdienste sind zu den sog. Netzwerkgütern zu zählen, deren Kostenstruktur durch starke Größenvorteile (Economies of Scale) gekennzeichnet ist.[532] Denn der Kapazitätsbedarf von Fernsehdiensten ist rein angebotsabhängig: Ein zusätzlich angeschlossener Haushalt verursacht kaum zusätzliche Kosten, so dass – innerhalb eines vorhandenen Netzes – die Durchschnittskosten je angeschlossenem Endkunden deutlich abnehmen. Sinkt die Nachfrage, können dagegen kaum kostensparende Anpassungen vorgenommen werden.[533]

---

532 Vgl. dazu *Blankart* und *Knieps* (1992), S. 74.

533 Vgl. *Stamm* und *Büllingen* (2002), S. 26 f.

Größenvorteile bestehen zudem bei Aufrüstung, Wartung, Kundenservice, Vermarktung und Rechungsstellung sowie bei der Entwicklung neuer Dienste. Die komplexere Technik digitaler Kabelanlagen stellt erheblich höhere Anforderungen an das Personal und die technische Ausstattung. Der damit verbundene Aufwand ist für kleine Netzbetreiber nicht rentabel. Das erheblich differenziertere Angebot erfordert eine aufwendigere Rechnung und kann nicht mehr pauschal z.B. über die Nebenkosten abgerechnet werden.

Verbundvorteile (Economies of Scope) können realisiert werden, wenn bisher von verschiedenen Anbietern und über verschiedene Netze angebotene Dienste, als Triple Play gebündelt von einem Netzbetreiber bereitgestellt werden. Subadditivitäten der Kostenfunktion resultieren daraus, dass Kundenbetreuung, Rechungsstellung und Werbung für das gesamte Angebot gemeinsam organisiert werden können.

Die Tatsache, dass mit dem Kabelnetz zunächst städtische Gebiete versorgt wurden, ländliche Räume mit wenigen Wohneinheiten auf großer Fläche hingegen später oder gar nicht mehr, lässt sich mit Dichtevorteilen (Economies of Density) erklären. Analog ist zu beobachten, dass die NE3-Betreiber zunächst ihre Netze in größeren Städten aufgerüstet haben. Gut nachzuvollziehen ist auch, warum die Regionalgesellschaften in Nordrhein-Westfalen, Hessen und Baden-Württemberg als erste an private Betreiber veräußert werden konnten: Diese drei Bundesländer liegen bezüglich der Bevölkerungsdichte und der Kaufkraft der Einwohner über dem Bundesdurchschnitt und sind daher für Netzbetreiber besonders attraktiv.[534]

4.2.4.5. Strategien und Konkurrenz der Netzbetreiber

Es ist zu beobachten, dass sowohl NE3- als auch NE4-Betreiber eine Integration der Netzebenen anstreben. Größere NE4-Betreiber versuchen sich über eine eigene Signalzuführung vom NE3-Betreiber abzukoppeln, um Kosten zu sparen und Unabhängigkeit zu gewinnen. Die NE3-Betreiber hingegen versuchen NE4-Betreiber zu übernehmen oder mit sehr kleinen Betreibern bzw. der Wohnungswirtschaft zu kooperieren, um die Anzahl ihrer quasi-direkten Endkundenbeziehungen zu erhöhen. Die noch verbreitete Netzebenentrennung wird so sukzessive aufgelöst.

Die privaten NE3-Betreiber haben recht zügig begonnen ihre Netze aufzurüsten. Mitunter werden eigene Breitbandportale und Playout-Center aufgebaut. Gebiete, in denen die Betreiber über einen hohen Anteil von Einzelnutzerverträgen und über direkten Endkundenzugang verfügen, werden zuerst erschlossen. Die hohen Erwartungen erfüllen sich zunächst nicht, da die Unternehmen auf verschiedene – nicht vorhergesehene – Schwierigkeiten stoßen.[535]

Die Investitionsaufwand wurde ebenso wie die Kosten für Neuverlegungen unterschätzt, der Zustand des vorhandenen Netzes eher überschätzt. Während der Netzaufrüstung kam es zu technischen Störungen beim Fernsehempfang und Programme muss-

---

[534] Vgl. dazu ausführlich *Büllingen u.a.* (2002), S. 78.

[535] Vgl. zum Folgenden *Büllingen u.a.* (2002), S. 42 ff.

ten auf andere Kanäle umgelegt werden. Dies sorgte bei den Zuschauern, die ihre TV-Geräte neu einstellen mussten, für Unzufriedenheit und Unverständnis, da sie nicht ausreichend informiert wurden. Vollkommen unterschätzt wurden offenbar die Konsequenzen der Netzebenentrennung. Die NE3-Betreiber strebten zunächst keine Kooperationen an und erwarteten, dass der Druck auf die NE4-Betreiber von den Kunden ausgehen würde, wenn die Angebote erst vorhanden und entsprechend beworben würden.

Die großen NE4-Betreiber streben grundsätzlich eine größere Unabhängigkeit von den NE3-Betreibern an. Sie werden eigene TV-Angebote aufbauen bzw. Kooperationen eingehen und ergänzend Telekommunikationsdienste anbieten. Die Strategien richten sich nach den jeweiligen Voraussetzungen. So verfügt Tele Columbus zwar insgesamt über die meisten Kunden, die einzelnen regionalen Cluster eignen sich meist jedoch nicht, um eigene Satellitenempfangsstationen wirtschaftlich zu betreiben. So ist zu erklären, dass sich ausgerechnet der größte NE4-Betreiber mit einem NE3-Betreiber zusammengeschlossen hat. Die inzwischen ebenfalls fusionierten Unternehmen Bosch und EWT begreifen sich als Partner der Wohnungswirtschaft, denen sie individuelle Lösungen und einen kompletten Service anbieten. Die Primacom verfügt dagegen über einige regionale Schwerpunkte in den neuen Bundesländern, wo die Netzebenen integriert und sofort nach neuerem technischen Stand installiert wurden.

Die kleinen und mittelständischen NE4-Betreiber verfolgen mitunter ebenfalls das Ziel, sich von einem NE3-Betreiber abzukoppeln, sind aufgrund geringerer Netzgrößen aber eingeschränkt. Sie werden grundsätzlich weiterhin das Transportmodell verfolgen, bei entgeltpflichtigen Diensten aber eine Umsatzbeteiligung aushandeln. Für die NE3-Betreiber bietet dies die Chance die strukturelle Trennung zumindest durch Kooperationen zu überbrücken, wenn sie die NE4-Betreiber angemessen an den zusätzlichen Einnahmen beteiligen.

Die Wohnungswirtschaft ist an der Attraktivität ihrer Objekte interessiert, die sich durch eine gute und günstige multimediale Ausstattung erhöhen lässt. Zudem möchten sie vermeiden, dass einzelne Mieter sich eine Parabolantenne installieren. Sie sind daher grundsätzlich aufgeschlossen für Kooperationen mit Netzbetreibern. Zumal sie teilweise in der attraktiven Situation sind, zwischen mehreren Netzbetreibern wählen zu können, wenn bisherige Gestattungsverträge auslaufen oder sich je nach Objektgröße auch der Satellitenempfang anbietet.

Der zwischenzeitliche Trend der Wohnungswirtschaft, die Kabelanlage selbst zu betreiben, ist bereits wieder rückläufig. Ausgelöst wurde er durch die hohen Erwartungen an die Entwicklung des Kabelmarktes (etwa um das Jahr 2000) und die damit einhergehenden hohen Bewertungen von Kabelunternehmen. Teilweise bildeten mehrere Unternehmen Pool-Gesellschaften,[536] um Größenvorteile zu realisieren. Für einige Unternehmen der Wohnungswirtschaft war dieser Weg nicht erfolgreich, da sie den Aufwand unterschätzt und die Nachfrage nach den Dienstleistungen überschätzt haben. Aus diesen Schwierigkeiten der Wohnungswirtschaft ergibt sich für professionelle Netzbetreiber die Chance wieder verstärkten Zugang zu Endkunden zu erlangen.

---

536 In Berlin wurde beispielsweise die Netzpool Berlin GmbH gegründet.

Hohe Bedeutung kommt den Kabelbetreiberverbänden zu, da sie die Interessen der sehr fragmentierten NE4 bündeln und so eine größere Verhandlungsmacht gegenüber Sendern oder gegenüber vorgelagerten Netzbetreibern ausüben können. Dies nutzen sie z.B. um Rahmenverträge zu verhandeln, oder Geschäftsmodelle zu entwickeln. Nach langer Auseinandersetzung einigten sich der *FRK* und die in der VG Media zusammengeschlossenen Privatsender im November 2003 auf einen Rahmenvertrag. Darin sind einerseits die Transportentgelte geregelt, die die Kabelnetzbetreiber von den Sendern fordern dürfen, und andererseits der Anteil der Kabelgebühren, der von den Netzbetreibern an die Urheberrechteinhaber abzuführen ist. Daneben engagieren sich *ANGA* und der *FRK* auch für medien- und wettbewerbspolitische Fragestellungen.[537]

Je wichtiger der direkte Kundenzugang wird, desto intensiver konkurrieren die Betreiber der NE3 und NE4 sowie Unternehmen der Wohnungswirtschaft um Wohneinheiten und Gestattungen. Eine Besonderheit des deutschen Kabelnetzes ist also nicht nur die strukturelle Trennung der Netzebenen, sondern auch die daraus resultierende Vielzahl von Kabelunternehmen, die um Gestattungsverträge mit den Haueigentümern konkurriert. Es ist von mehreren tausend Gestattungsverhältnissen auszugehen.[538] Der Wettbewerb um den Endkunden verschärft sich darüber hinaus durch alternative Infrastrukturen.

So hat zwar ein einzelner TV-HH keine Wahlmöglichkeiten zwischen verschiedenen Netzbetreibern, die Hauseigentümer hingegen schon, wenn sie Gestattungen vergeben. Zumindest in zeitlichen Abständen konkurrieren dann mehrere Betreiber um ein NE4-Netz, so dass nicht zwangsläufig von einen Monopol auszugehen ist, selbst wenn der Satellitenempfang nicht in den Markt einbezogen wird. In Ansätzen entspricht dieser Wettbewerb dem auf *Demsetz* zurückgehenden Vorschlag eines Wettbewerbs um den Markt.[539] Für Märkte, die durch die Eigenschaften eines natürlichen Monopols gekennzeichnet sind, sollen danach über Marktmechanismen zeitlich befristete Monopolstellung vergeben werden.

Der Wettbewerb um Gestattungsverträge setzt ein, wenn ein bestehender Gestattungsvertrag ausläuft oder wenn ein Wohnungswirtschaftsunternehmen die Kabelversorgung an einen professionellen Betreiber abgeben möchte. Seit der Privatisierung der Regionalgesellschaften bemühen sich neben NE4-Betreibern auch die NE3-Gesellschaften um die Hausverteilnetze. Wettbewerbsvorteile haben die großen Betreiber bei größeren Gestattungen, da der hohe Ressourcenaufwand viele kleinere NE4-Betreiber überfordert.[540]

Sind die Netzebenen getrennt, ist eine intensivere Kooperation zwischen NE3- und NE4-Betreiber erforderlich, um den Netzausbau aufeinander abzustimmen und digitale

---

537 Beide Verbände veröffentlichen regelmäßig Stellungnahmen, der *FRK* erstellt zudem einen Newsletter, der über politische Entwicklungen informiert, die für die Kabelbranche bedeutsam sind. Vgl. dazu *Fachverband für Rundfunkempfangs- und Kabelanlagen* (2006b) und *ANGA* (2006b).

538 Vgl. *Schalast* und *Abrar* (2002), S. 74.

539 Vgl. *Demsetz* (1968), S. 57 ff.

540 Vgl. dazu und im Folgenden *Solon Management Consulting* (2006), S. 7.

Fernsehangebote und Telekommunikationsdienstleistungen anbieten zu können. Denn nur größere Betreiber sind in der Lage eigene Programmplattformen aufzubauen. Entsprechende Kooperationsverträge bestehen bereits zwischen den NE4-Betreibern und ihrem jeweiligen NE3-Betreiber.[541] Je nach Marktkonstellation bestehen damit zwischen NE3- und NE4-Betreibern sowohl Konkurrenz- als auch Kooperationsbeziehungen.

4.2.5. Potenzial der Substitutionskonkurrenz

Bereits die Überprüfung der Marktversagensursachen in *Kapitel 3* hat gezeigt, dass es sich bei den Übertragungswegen teilweise um natürliche oder um De-facto-Monopole handelt. Die bisherige Analyse des Breitbandkabels hat ergeben, dass dennoch Wettbewerbspotenziale bestehen. Um zu beurteilen, ob marktbeherrschende Stellungen, die auf einer bestimmten Marktabgrenzung beruhen, diszipliniert werden, ist das Potenzial der Substitutionskonkurrenz abzuschätzen.

Der Wettbewerb zwischen dem Breitbandkabelnetz und anderen Infrastrukturen ist unter zwei Blickwinkeln zu betrachten. Zum einen stehen mit DVB-T und Satelliten alternative TV-Übertragungswege zur Verfügung. Inwieweit sie aus Sicht der Nachfrager tatsächliche Substitute zum Kabelnetz darstellen, ist zu analysieren. Das Kabelnetz wiederum kann Telekommunikationsinfrastrukturen wie das Telefonfestnetz substituieren, wenn es entsprechend aufgerüstet Telefon- und Internetanschlüsse bereitstellt. Zu analysieren ist daher das Substitutionspotenzial anderer TV-Übertragungswege gegenüber dem Kabel und dasjenige des Kabels gegenüber anderen Telekommunikationsinfrastrukturen.

4.2.5.1. Alternative TV-Übertragungswege

Um die drei derzeit genutzten TV-Übertragungswege Kabel, Satellit und Terrestrik zu vergleichen, ist die Nachfrage der Zuschauer nach Empfangsmöglichkeiten und die Nachfrage der Programmveranstalter nach Distributionsmöglichkeiten zu betrachten. Die Ergebnisse dieser isolierten Betrachtung sind anschließend vor dem Hintergrund zu relativieren, dass das Nachfrageverhalten nicht unabhängig voneinander ist. Aufgrund der Netzebenentrennung sind zudem die Substitutionsmöglichkeiten der NE4-Betreiber auf dem Signalliefermarkt einzubeziehen.

Damit Zuschauer das über verschiedene Infrastrukturen gelieferte Programmangebot als austauschbar ansehen, muss es qualitativ gleichwertig hinsichtlich der Bild- und Tonqualität und der Programmvielfalt sein. Bei schlechten Wetterverhältnissen können zwar beim Satellitenempfang Störungen auftreten, er ist jedoch je nach Empfangsanlage grundsätzlich als gleichwertig anzusehen. Die Bild- und Tonqualität beim terrestrischen Empfang ist geringer einzuschätzen. Deutlicher ist der Unterschied zu den beiden anderen Übertragungswegen hinsichtlich der Anzahl der empfangbaren Programme. Diesbezüglich ist der analoge terrestrische Empfang nicht mehr als Alternative anzusehen. In

---

[541] Neben den Fremdsprachenpaketen konnte die KDG bereits Reseller-Verträge über ihr deutschsprachiges Programmpaket Kabel Digital Home abschließen.

den auf DVB-T umgestellten Gebieten können immerhin über 20 Programme ausgestrahlt werden, womit jedoch weiterhin eine große Diskrepanz besteht zum Kabel mit je nach Ausbaustand bis zu 90 Kanälen und zum Satelliten mit bis zu 120 Kanälen, die jeweils 6–10 Programme übertragen können.

Einen Vorteil weist das Kabel gegenüber dem Satellit im Hinblick auf interaktive Programme auf: Aufgerüstete Breitbandkabel verfügen über einen Rückkanal, der über Satellit zwar technisch möglich, aber recht aufwendig und teuer ist, so dass der Satellitenempfang dazu mit anderen Kommunikationsnetzen kombiniert werden muss.[542] Die DVB-T-Übertragung bietet dagegen als einziger Übertragungsweg die Möglichkeit, Fernsehen mobil zu empfangen. Von diesem Übertragungsweg wird daher eher erwartet, dass er sich für Zweitgeräte durchsetzen könnte, die beiden anderen aber nicht ersetzen kann.

Ebenso werden breitbandige Telekommunikationsnetze eingeschätzt, die insbesondere für Abrufdienste wie Video-on-Demand eine Alternative bieten. Inwieweit sie sich als Übertragungsweg für Internet-Fernsehen (IPTV) durchsetzen, bleibt abzuwarten. Die Kooperation zwischen der DTAG und Premiere, die gemeinsam die Fußball-Bundesliga über die DSL-Netze der Telekom übertragen wollten, deutet an, dass die Substitutionsmöglichkeiten in Zukunft weiter zunehmen werden.[543]

Damit sind derzeit lediglich Kabel- und Satellitenempfang als qualitativ gleichwertige Substitute anzusehen.[544] Dies gilt sowohl für Endkunden, als auch für NE4-Betreiber, die bereits die NE3-Lieferung teilweise durch Sat-ZF- oder SMATV-Anlagen ersetzen.[545]

Ein weiteres wichtiges Vergleichskriterium sind die Kosten. Dabei sind die laufenden Kosten zu unterscheiden von den Wechselkosten, die entstehen, wenn der derzeit genutzte Übertragungsweg gegen einen anderen ausgetauscht wird. Erhebliche Wechselkosten können ein bedeutendes Hindernis darstellen, selbst wenn ein Übertragungsweg z.B. geringere laufenden Kosten aufweist. Dies hängt u.a. vom Zeithorizont ab, da sich einmalige Kosten über die Nutzungsdauer amortisieren.

Aus Sicht eines einzelnen Kabel-Haushaltes fallen beim Wechsel zu Satellit oder DVB-T (nicht-monetäre) Transaktionskosten an und Kosten für Anschaffung und Installation der neuen Empfangsanlage. Für den Satellitenempfang ist eine Parabolantenne zu installieren und anzuschließen, der DVB-T-Empfang erfolgt über einen digitalen Receiver mit integrierter Antenne, so dass keine Außeninstallation notwendig ist. Die Preise variieren je nach Qualität und Funktionsumfang und werden mit zunehmender Verbreitung weiter sinken. DVB-T-Receiver sind bereits für weniger als 100 Euro erhältlich, Digital-Satelliten-Anlagen ab etwa 200 Euro. Es fallen bei beiden Alternativen

---

542 Vgl. *Stamm* und *Büllingen* (2002), S. 14.

543 Das neue Telekom-VDSL-Netz könnte zum zusätzlichen Verbreitungsweg für die gesamte Premiere-Plattform werden. Der Abo-Sender würde dadurch unabhängiger von Kabel- und Satellitennetzbetreibern. Vgl. *o.V.* (2006f).

544 So auch das Ergebnis einer Fallstudie von *Sohn* (2005).

545 Vgl. zu den Einspeisealternativen Kapitel 4.2.1.

jedoch keine laufenden Kosten an, da die Übertragung ausschließlich über die Programmveranstalter finanziert wird.

Für den Kabelempfang sind monatlich zwischen 13 und 15 Euro für einen Einzelnutzervertrag zu entrichten. Die Entgelte, die NE4-Betreiber an ihren NE3-Betreiber für die Signallieferung zahlen, sind nach der Anzahl der angeschlossenen Wohneinheiten gestaffelt. Je nach Preispolitik des NE4-Betreibers, können die monatlichen Kabelgebühren für NE4-Kunden sowohl unter als auch über dem Einzelnutzerpreis liegen. Aus den Investitionskosten einer Satellitenempfangsanlage einerseits und den monatlichen Aufwendungen für den Kabelempfang andererseits, lässt sich die Amortisationsdauer berechnen. Je nachdem, welche Annahmen man über den kalkulatorischen Zins, Kabelentgelt und Anschaffungskosten zugrundelegt, können sich Satellitenanlagen bereits nach ein bis drei Jahren amortisieren, DVB-T-Empfänger auch schon früher.[546]

Ein NE4-Betreiber der sich von der NE3 abkoppeln möchte, hat zahlreiche individuelle Kostenfaktoren zu berücksichtigen, die exakte und gleichzeitig allgemeingültige Kostenvergleiche unmöglich machen. Hierzu zählen Anzahl der Wohneinheiten, Topologie und Qualität der Hausverteilnetze, Wartungskosten, Abschreibungszeitraum, etc. *Abbildung 4-13* zeigt daher die schematischen Kostenverläufe der drei Alternativen NE-3-Lieferung, Durchleitung der Satelliten-Zwischenfrequenz (Sat-ZF) und SMATV-Anlage mit Frequenzumsetzung.[547] Aufgrund der größeren Anfangsinvestition lohnt sich eine hochwertige SMATV-Anlage nur bei einer entsprechen großen Anzahl angeschlossener Wohneinheiten. Bei sehr kleinen Netzen ist eine Satelliten-Gemeinschaftsanlage mit Sat-ZF erheblich günstiger als die beiden anderen Alternativen. Bei dieser Alternative müssen die Endnutzer jedoch selbst einen Receiver anschaffen.

Abbildung 4-13: Kostenverlauf alternativer Signaleinspeisung

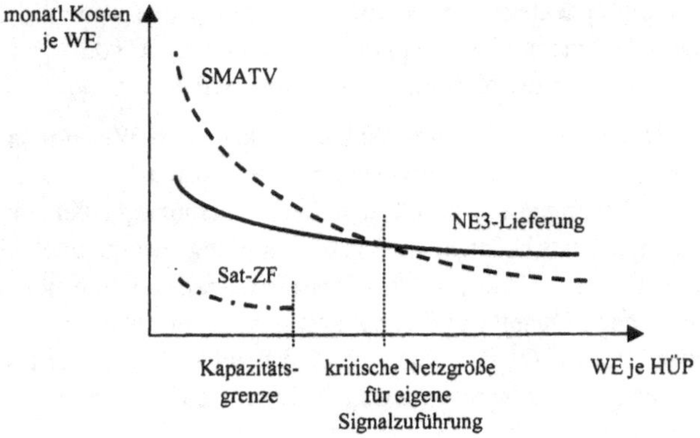

546 Vgl. für eine Beispielrechnung *Stamm* und *Büllingen* (2002), S. 17 f.

547 Eine Modellrechnung findet sich in *Stamm* und *Büllingen* (2002), S. 19 f.

Insgesamt lässt sich für Einzelnutzer festhalten, dass sie sich zumindest längerfristig mit einem Wechsel zum Satellitenempfang kostengünstiger stellen. Da die Mindestnutzungsdauer in der Regel den Rahmen weniger Jahre nicht überschreiten dürfte, stellen die Wechselkosten kein nachhaltiges Wechselhindernis dar. Selbst der vermeintlich größere Wartungsaufwand für den Einzelnutzer dürfte das Substitutionspotenzial nicht wesentlich schmälern. Bei NE4-Betreibern sind die Substitutionsmöglichkeiten nur im Einzelfall zu beurteilen.

Abgesehen von technischen Hindernissen, die einzelne Haushalte von einem Wechsel abhalten können, sind es insbesondere rechtliche Wechselhindernisse, die den Kabelempfang begünstigen. Kündigungsfristen sind derzeit eher zu vernachlässigen, könnten jedoch an Bedeutung gewinnen, wenn digitale Set-Top-Boxen vom Netzbetreiber subventioniert werden, in Verbindung mit einer Mindestvertragslaufzeit.[548]

Ein gewichtiges Wechselhindernis, auf den sich auch die enge Marktabgrenzung des *Bundeskartellamtes* stützt, besteht für Mieter, die durch ihren Mietvertrag an den Kabelempfang gebunden sind.[549] Ein Vermieter kann seinen Mietern jedoch nicht mehr grundsätzlich verbieten, eine eigene Satellitenschüssel aufzustellen. Galt dies zunächst nur bei besonderem Informationsinteresse z.B. für Ausländer oder Journalisten, denen ein Recht auf Programme zugestanden wurde, die nur über Satellit zu empfangen sind, reicht es inzwischen aus, dass die Bausubstanz bei der Installation nicht beeinträchtigt wird. Einfluss auf die Rechtslage hatte eine Mitteilung der *Europäischen Kommission* zum Recht auf individuellen Satellitenempfang.[550] Danach können Nutzungsbeschränkungen für Parabolantennen gegen die Grundsätze des freien Waren- und Dienstleistungsverkehrs verstoßen. Die häufig angeführten ästhetischen Gründe, dürften damit nicht mehr ausreichen. Sollte sich diese Ansicht durchsetzen, könnten NE4-Betreiber, die einen Gestattungsvertrag abschließen, nicht mehr automatisch alle zugehörigen Wohneinheiten anschließen. Vielmehr stünden sie zunehmend im Wettbewerb mit dem Satelliten-Direktempfang um einzelne TV-Haushalte.

Während langfristig keine größeren Wechselhindernisse bestehen, ist für den aktuellen Konkurrenzdruck und das Marktverhalten der Kabelnetzbetreiber entscheidend, wie hoch die kurzfristige Nachfrageelastizität ist. Es gilt daher, die Anzahl der Kabelkunden abzuschätzen, die unter den gegebenen Bedingungen kurzfristig tatsächlich wechselfähig sind.

Exakte Berechnungen sind aufgrund der geringen Markttransparenz auf der NE4 nicht möglich. Schätzungen gehen aufgrund von Plausibilitätsüberlegungen davon aus, dass in einem Zeitraum von etwa einem halben Jahr über 40 Prozent der Kabelkunden zum Satellitenempfang wechseln könnten.[551] Dieser Anteil umfasst vor allem Kunden aus Einfamilienhäusern mit Einzelnutzerverträgen und Mieter, die sich individuell ge-

---

548 Dies entspräche der bei Mobilfunk-Verträgen üblichen Praxis, die für eine schnelle Ausweitung der Kundenbasis sorgen soll.

549 Vgl. ausführlich *Gudera* (2004), S. 28 f. und die dort angegebenen Quellen.

550 Vgl. *Europäische Kommission* (2001).

551 Vgl. dazu ausführlich *Stamm* und *Büllingen* (2002), S. 49–53.

gen den Kabelempfang entscheiden können. Daneben erscheint insbesondere Eigentümern kleinerer Mehrfamilienhäuser ein Wechsel möglich zu sein, da sie keine rechtlichen Hürden überwinden müssen und lediglich eine kleinere Satelliten-Gemeinschaftsanlage mit geringen Investitionskosten zu installieren ist.

Obwohl vermutlich über die Hälfte der Kunden ihren Kabelempfang kurzfristig nicht substituieren kann, ist eine breitere Marktabgrenzung nicht unbedingt abzulehnen. Entscheidend für den Verhaltensspielraum des Kabelnetzbetreibers ist weniger die Zahl abwanderungsfähiger Kunden als vielmehr die damit verbundenen Auswirkungen auf den Geschäftserfolg. Die durch erhebliche Größenvorteile gekennzeichnete Kostenstruktur bewirkt in diesem Zusammenhang deutlich abnehmende Durchschnittskosten je zusätzlichem Kunden innerhalb eines vorhandenen Netzgebietes. Zudem werden Kunden, die in eine Satellitenempfangsanlage investieren, für den Kabelnetzbetreiber nicht umgehend zurückzugewinnen sein. Es ist daher davon auszugehen, dass bereits eine wechselfähige Minderheit einen Kabelnetzbetreiber ausreichend in seinem (Preissetzungs-)Verhalten disziplinieren kann.

Spielräume könnten sich die Netzbetreiber durch Preisdiskriminierung verschaffen und die fehlenden Substitutionsmöglichkeiten eines Teils ihrer Kunden ausnutzen. Dies setzt voraus, dass sie diese Kunden identifizieren können. Eine systematische Preisdiskriminierung der NE3-Betreiber ist bislang nicht erkennbar, zumal die am meisten gefährdeten Einzelnutzer die höchsten Entgelte entrichten müssen, während bei Mehrfamilienhäusern Rabatte gewährt werden. Auf der wesentlich intransparenteren NE4 ist dies zumindest nicht auszuschließen. Es zeigen sich erhebliche Preisspannen, die gewährten Rabatte werden demnach nicht unbedingt weitergegeben. Es fehlt jedoch eine ausreichende Datengrundlage, um einen Zusammenhang zwischen der Preisforderung und der Wechselfähigkeit der angeschlossenen Endkunden erkennen zu können.[552]

Es ist trotz einiger Einschränkungen von einer ausreichenden Substitutionskonkurrenz zumindest zwischen Kabel und Satellit auf Endkunden- und Signalliefermärkten auszugehen. Die wichtigsten Kriterien und Vergleichswerte für die drei Übertragungswege fasst *Tabelle 4-10* nochmals zusammen.

---

552 So auch *Stamm* und *Büllingen* (2002), S. 28.

Tabelle 4-10: TV-Empfangsalternativen im Vergleich

	Kabel	Satellit	Terrestrik
Zugang			
- potentielle Reichweite	ca.70 %	ca. 99 %	ca. 99 % [a]
- technische Hindernisse	Anschluss verfügbar	Antennenposition	Signalstärke
- rechtliche Hindernisse	durch Mietvertrag	durch Mietvertrag	–
Kosten			
- Anschaffung [b]	Anschlussentgelt	Parabolantenne	–
- laufende Nutzung	ca. 10–20 Eur/Monat	–	–
Programmangebot			
- analoge Kapazität	ca. 30 Programme	60–100 Programme	3–8 Programme
- digitale Kapazität	120 bis 500	400 bis 800	bis zu 30
Empfangsqualität			
- Bild-/Tonqualität	hoch	hoch	eingeschränkt
- Störanfälligkeit	gering	relativ gering	relativ hoch
Komfort / Flexibilität			
- Mobilität	–	–	+
- Wartungsaufwand	–	+	+

[a]: Terrestrischer Empfang je nach Gebiet nur noch entweder analog oder digital möglich.
[b]: Bei digitalem Empfang kommt jeweils ein Digital-Receiver hinzu.

Es wurde bereits darauf hingewiesen, dass es sich aus Sicht der Programmveranstalter bei den Übertragungswegen nicht um echte Alternativen handelt, sondern um Komplemente.[553] Dennoch werden in *Tabelle 4-11* einige Merkmale verglichen, da sie die Entscheidung beeinflussen, ob ein Übertragungsweg (zusätzlich) genutzt werden soll oder nicht. So sind z.B. die zusätzlichen Kosten einer Kabeleinspeisung dem zusätzlichen Nutzen aus der größeren technischen Reichweite gegenüberzustellen. Angesichts der Tatsache, dass über die Hälfte der TV-HH in Deutschland ausschließlich über das Kabel zu erreichen sind, fällt die Entscheidung aufgrund der relativ geringen Einspeiseentgelte allerdings bislang recht eindeutig zugunsten einer zusätzlichen Kabeleinspeisung aus. Dass einige Programme nicht eingespeist werden, ist bislang eher auf die Kapazitätsengpässe und Kabelbelegungsvorschriften zurückzuführen, als auf ein mangelndes Interesse der Programmveranstalter.

Genau entgegengesetzt stellt sich die Situation bei der terrestrischen Verbreitung dar. Aufgrund der hohen Kosten für die analoge Verbreitung im Vergleich zur inzwischen sehr geringen Reichweite haben einige private Veranstalter die terrestrische Übertragung in einigen Gebieten eingestellt. Inwieweit sich DVB-T für Zusatz- oder Zweitgeräte wird durchsetzen können, bleibt abzuwarten. Dieser Übertragungsweg ist mit zusätzlichen Kosten verbunden, denen zunächst eine sehr begrenzte Reichweite gegenüber-

---

553 Für Regional- und Lokalprogramme ist die Miete eines DTH-Transponders meist zu teuer, so dass sie die Signale anderweitig an die Kabelkopfstellen heranführen müssen. Vgl. dazu ausführlich *Wiegand* (2004), Kapitel 10.

steht. Die ohnehin im Vergleich zu den anderen Übertragungswegen begrenzte Kanalkapazität ist meist rund zur Hälfte mit öffentlich-rechtlichen Sendern belegt.[554]

Tabelle 4-11: TV-Distributionsalternativen im Vergleich

	Kabel	Satellit	Terrestrik
Zugangsbeschränkung			
- Kanalvergabe	LMA	Betreiber	LMA
- Kapazitätsgrenzen	noch relevant	unerheblich	relativ eng
Reichweite			
- erreichbare TV-HH	17 Mio. über NE3 (21 Mio. gesamt)	14 Mio.	2 Mio. (1,5 DVB-T)
Kosten			
- Netzbetreiberentgelte	Einspeisung + Signalzuführung	Transpondermiete	Aufbau oder Miete einer Sendeanlage [a]
Entwicklungsfähigkeit			
- Rückkanal	+	nicht direkt	nicht direkt
- Adressierbarkeit	+	–	–
- regionale Selektion	+	–	+

[a]: Die Kosten schwanken sehr stark mit den Gegebenheiten und der Größe des Verbreitungsgebietes, der Sendeleistung sowie der Sendemasthöhe.

Selbst wenn die Übertragungswege aus Sicht der Programmveranstalter keine Substitute darstellen, besteht nicht zwangsläufig die Gefahr, dass Kabelnetzbetreiber ihre vermeintliche Monopolposition auf dem Einspeisemarkt ausnutzen können. Zu prüfen ist, ob die Programmveranstalter auf dem Einspeisemarkt nicht ausreichende Gegenmacht aufbauen können.

Die Marktbeherrschungsvermutung des *Bundeskartellamtes* beruht darauf, dass ein Programmveranstalter die Kabelnetzbetreiber nicht umgehen könne. Denn er kann weder auf die große Anzahl an TV-Haushalten verzichten, die ausschließlich über das Kabel zu erreichen sind, noch kann er die Wahl des Empfangsweges beeinflussen. Folglich werden die Kabelnetzbetreiber als monopolistische Zwischenhändler eingestuft.[555] Dem ließe sich entgegenhalten, dass eine gegenseitige Abhängigkeit zwischen Programmveranstalter und Kabelnetzbetreiber besteht. Zum einen konkurrieren die Kabelnetzbetreiber auf den Endkundenmärkten mit anderen Übertragungswegen zumindest um einige Kunden. Dieser Konkurrenzdruck wirkt sich auf die Verhandlungsposition gegenüber den Programmveranstaltern auf dem Einspeisemarkt aus. Die relative Stärke des Netzbetreibers bemisst sich vor allem an der Anzahl angeschlossener Haushalte, also an seiner Position auf dem Endkundenmarkt, diejenige des Programmveranstalters hängt da-

[554] In der Region Düsseldorf/Ruhrgebiet sind 14 von 26 Plätzen mit öffentlich-rechtlichen Sendern belegt, in Berlin-Brandenburg sind es 15 von 31.

[555] Vgl. *Monopolkommission* (2000), Tz. 649.

von ab, wie bekannt und attraktiv sein Programm für die Endkunden ist, mithin also an seiner Position auf dem Zuschauermarkt.[556]

Die Kabeleinspeisung liegt damit grundsätzlich in beiderseitigem Interesse.[557] Die relativen Machtpositionen bestimmen offenbar das Geschäftsmodell und die zugehörigen Zahlungsströme. Betrachtet man die Machtverteilung zwischen den großen NE3-Betreibern und den Programmveranstaltern, wiegt die Vielzahl der versorgten TV-Haushalte schwerer, so dass Einspeiseentgelte gefordert werden können. Demgegenüber konnten die NE4-Betreiber bislang keine Einspeiseentgelte durchsetzen. Die Programmveranstalter sind demnach auf die relativ wenigen Kunden nicht so angewiesen, wie die Betreiber auf die reichweitenstarken Programme. Die bundesweite Reichweite des Programmveranstalters verändert sich kaum, wenn ein lokaler Netzbetreiber sein Programm nicht einspeist. Das Angebot des Kabelnetzbetreibers kann sich aus Kundensicht dagegen erheblich verschlechtern, wenn große Programmveranstalter fehlen.

Diese Überlegungen spiegeln sich auch darin wider, dass kleinere Netzbetreiber versuchen ihre Netzkapazitäten zu bündeln und gemeinsam zu vermarkten. Je mehr TV-Haushalte sie gemeinsam vertreten, umso eher können sie Einspeiseentgelte durchsetzen. Zahlungen der Programmveranstalter rechtfertigen sich nur dann, wenn die Übertragungsleistung einen Engpass darstellt, die Netzbetreiber hingegen auf die Programme verzichten können. Entsprechend konnte die DNMG im Auftrag mehrerer kleiner Netzbetreiber vorwiegend mit Premiere oder Teleshopping-Sendern Vereinbarungen abschließen. Diese Anbieter sind darauf angewiesen, ihre Kundenbasis auszubauen und sind daher daran interessiert in möglichst viele NE4-Netze eingespeist zu werden.

Das in Deutschland vorherrschende Transportmodell basiert somit darauf, dass die Netzbetreiber einen Engpass kontrollieren, und damit als Anbieter von Transportleistungen Einspeiseentgelte von den Programmveranstaltern fordern können. Je stärker sich die Netzbetreiber um ihre Kunden bemühen müssen, umso eher müssten sie Programme nachfragen und den Programmveranstalter dafür entgelten. Die Gegenmacht der Programmveranstalter hängt ganz wesentlich davon ab, wie wirksam sie drohen können, auf die Kabeleinspeisung zu verzichten. Dazu wiederum müssen die Kabelkunden auf dem Endkundenmarkt hinreichend wechselfähig sein und ihrerseits das Kabel substituieren können.

Inwieweit sich die Machtverhältnisse in diesem vertikalen Wettbewerbsverhältnis zukünftig verschieben und welche Auswirkungen dies auf die Geschäftsmodelle hat, wird im Folgenden noch zu untersuchen sein.[558]

4.2.5.2. Alternative Telekommunikationsinfrastrukturen

Das deutsche TV-Kabelnetz ist mit etwa 17 Millionen angeschlossenen Haushalten hinter dem Telefonnetz das am besten ausgebaute Kommunikationsnetz, der deutsche

---

556 So auch *Stamm* und *Büllingen* (2002), S. 29.

557 Darauf weist auch das *Bundeskartellamt* hin. Vgl. *Bundeskartellamt* (2002), Tz. 85.

558 Vgl. dazu Kapitel 4.3.2.

TV-Kabelmarkt ist der mit Abstand größte in Europa und weltweit der zweitgrößte hinter den USA. Zudem bietet ein ausgebautes Breitbandkabel ideale technische Voraussetzungen für zahlreiche Fernseh-, Medien- und Telekommunikationsdienste. Dass es sein Potenzial in Deutschland noch nicht entfalten konnte, bisher keine ernsthafte DSL-Konkurrenz ist und die multimedialen Zukunftspläne so schleppend umgesetzt werden, hat seine Ursachen weniger in der technischen Machbarkeit, sondern in den komplizierten Markt- und medienpolitischen Verhältnissen des deutschen Kabelmarktes.

Die zögerliche Aufrüstung des TV-Kabelnetzes ist vor allem damit zu erklären, dass es sich im Eigentum der DTAG befand, die parallel das Telefonfestnetz betreibt. Die DTAG verfügte damit über zwei Netze, die grundsätzlich geeignet waren, die schnell wachsende Nachfrage nach Breitband-Internetanschlüssen zu befriedigen. Durch den zögerlichen Ausbau der TV-Kabelnetze, konnten sich die DSL-Anschlüsse der DTAG mangels Alternative schnell etablieren. Inzwischen wächst die Zahl von Internetzugängen über Kabelmodem. Das Breitbandkabelnetz bietet gute Substitutionsmöglichkeiten für das Festnetz sowohl im Bereich der Internetanschlüsse als auch im Bereich der Telefonie.

Welche Bedeutung dieser Substitutionskonkurrenz zugemessen wird, zeigt sich in den Entscheidungen des *Bundeskartellamtes*. Die sog. Abwägungsklausel[559] ermöglicht Fusionen, obwohl sie eine marktbeherrschende Stellung in einem Markt begründen oder verstärken, wenn es gleichzeitig zu einer Verbesserung des Wettbewerbs auf einem anderen Markt kommt. Die Übernahmen der KDG durch Liberty Media scheiterte letztlich u.a. daran, dass Liberty nicht verbindlich zusagen wollte, die Netze innerhalb einer gewissen Frist auszubauen, um Internet- und Telefonanschlüsse anzubieten.[560]

Die Konvergenz der Infrastrukturen wird weiter fortschreiten. Einen Überblick über Dienste, Netze und Unternehmen, die bereits die jeweiligen Bereiche integriert haben, oder von denen dieses in absehbarer Zeit zu erwarten ist, gibt *Abbildung 4-14*.

Abbildung 4-14: Konvergenz der Infrastrukturen

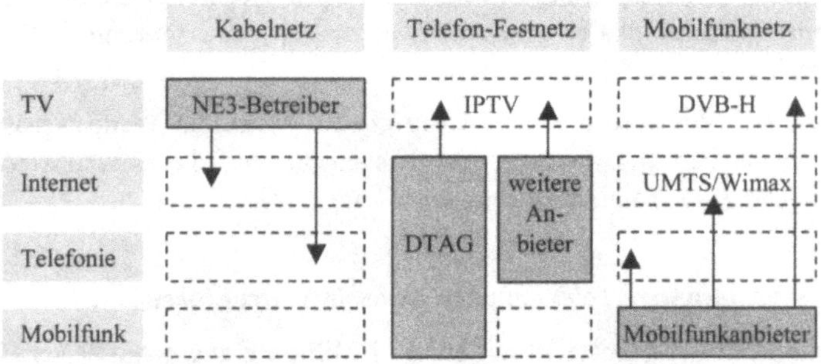

Quelle: Eigene Darstellung in Anlehnung an *Picot* und *Schmid* (2006).

559 Vgl. § 36 Abs. 1 GWB.

560 Vgl. ausführlich *Bundeskartellamt* (2002).

Die Konvergenz wird die Beurteilung von Machtpositionen beeinflussen. In Zukunft sollte – dem Bedarfsmarktkonzept entsprechend – stärker nach dem nachgefragten Dienst abgegrenzt werden, egal über welche Infrastruktur dieser empfangen wird. Gleichzeitig ist die Marktmacht eines Infrastrukturanbieters nur zu beurteilen, wenn die Konkurrenzsituation auf allen Märkten einbezogen wird, auf denen er Dienste anbietet.

4.2.5.3. Fazit: Keine vollständige, aber ausreichende Konkurrenz

Auf dem Endkundenmarkt für TV-Empfangswege besteht ein gewisses Substitutionspotenzial, so dass alle Übertragungswege einbezogen werden sollten. Zumindest langfristig sind die Alternativen austauschbar, da sich Anschaffungs- und Installationskosten im Vergleich zu laufenden Kosten auf den Nutzungszeitraum verrechnet aufheben. Zudem können Gestattungsverträge auslaufen und NE4-Netze auf Satelliten-Gemeinschaftsempfang umgestellt werden. In Anbetracht der ohnehin ungenauen Abgrenzung zwischen Kabel- und Satellitenempfang kann eine enge Marktabgrenzung für den Endkundenmarkt nicht überzeugen.

Aufgrund von Wechselkosten bzw. Investitionen wird kein ständiger und kurzfristiger Wechsel zwischen den Empfangswegen zu beobachten sein. Ausreichend viele Kabelkunden können jedoch zum Satellitenempfang übergehen, sind damit für den Kabelbetreiber für längere Zeit nicht mehr zurückzugewinnen und bilden damit ein ausreichendes Drohpotenzial. Nutzer des Satellitenempfangs könnten zum Kabel wechseln, wenn ein attraktives Programmangebot nur exklusiv im Kabel übertragen wird (z.B. in einem digitalen Programmpaket, welches der Kabelbetreiber selbst veranstaltet). Ein weiterer Grund, zum Kabelempfang zu wechseln könnte in zusätzlichen Dienstleistungen des Triple Play liegen, die nicht oder nur zu ungünstigeren Konditionen über andere Infrastrukturen genutzt werden können. Insofern könnte die Wechselbereitschaft und damit die Substitutionskonkurrenz auf dem Endkundenmarkt für TV-Empfangswege auch vom Wettbewerb auf anderen Märkten beeinflusst werden,

Als TV-Distributionsweg bilden Kabel und Satellit aus Sicht der Programmveranstalter dagegen keine Substitute, sondern Komplemente, da die Satellitenübertragung Voraussetzung auch für die Kabeleinspeisung ist. Programmveranstalter müssen somit zwei verschiedene Leistungen auf zwei voneinander abzugrenzenden Märkten nachfragen. Bei einem Satellitenbetreiber, der Orbitalpositionen besetzt, dessen Ausleuchtzone das gewünschte Empfangsgebiet abdeckt, fragen sie Transponderkapazität nach. Sollen die Programme über Kabelnetze empfangbar sein, müssen sie zusätzlich bei NE3-Betreibern die Einspeisung in deren Kabelnetze nachfragen oder Kooperationen mit NE4-Betreibern vereinbaren.

Dennoch ist nicht zwingend davon auszugehen, dass die Kabelnetzbetreiber ihre Position gegenüber den Programmveranstaltern missbräuchlich ausnutzen können, da sie mit wachsendem Wettbewerbsdruck auf dem Endkundenmarkt darauf achten müssen, dass ihr Programmangebot nicht hinter dem von Satellitenbetreibern zurückbleibt. Je weiter sich die Kabelnetzbetreiber vom Transporteur zum aktiven Vermarkter von eigenen Programmpaketen entwickeln, desto eher werden sie vom Anbieter von Übertragungskapazität zum Nachfrager attraktiver Programminhalte. Mit den Machtpositionen verschieben sich gleichzeitig die Zahlungsströme.

Inwieweit DVB-T in Zukunft eine Alternative zu den beiden anderen Übertragungswegen darstellt, lässt sich noch nicht abschätzen. Das Programmangebot wird begrenzt bleiben, dafür ist die laufende Nutzung kostenlos und in einigen Gebieten auch mobil möglich. Angesichts der hohen Kosten und der bereits erkennbaren fehlenden Bereitschaft privater Programmveranstalter, diese für weitere Gebiete zu tragen, wird auch das insgesamt abgedeckte Verbreitungsgebiet auf einige Ballungsräume begrenzt bleiben. DVB-T bietet daher für die meisten Zuschauer eher eine Ergänzung als eine Alternative.

Größere Möglichkeiten sind langfristig der Übertragung über das Internet zuzuschreiben. Diese Entwicklung steht jedoch noch am Beginn, da die Bandbreiten in den meisten Netzen noch nicht ausreichen, um Fernsehen in ansprechender Qualität übermitteln zu können. Abzuwarten bleibt, wie schnell sich das von der DTAG angekündigte VDSL-Netz installieren und vermarkten lässt. Die Übertragung von Fernsehprogrammen über das Internetprotokoll ist jedoch nicht an einen bestimmten Empfangsweg gebunden sondern nur an eine gewisse Mindest-Bandbreite. Das sog. IP-TV lässt sich also grundsätzlich auch über Satellit oder Breitbandkabelnetze übermitteln. Es stellt für Kabelnetzbetreiber dann keine Konkurrenz dar, wenn sie ihre Netze aufrüsten und den Kunden über ihre Breitbandinternetanschlüsse ebenfalls Fernsehprogramme anbieten.

Für Telekommunikationsdienstleistungen bieten Kabelnetze, die bereits entsprechend aufgerüstet sind, eine gute Alternative zum Telefonfestnetz mit DSL-Anschlüssen, so dass sich der Wettbewerb noch intensivieren wird.

Es lässt sich also festhalten, dass auf den Endkundenmärkten grundsätzlich alle TV-Übertragungswege zumindest als potenzielle Konkurrenz berücksichtigt werden sollten. Die Märkte, auf denen Programmveranstalter Übertragungskapazitäten nachfragen, sind dagegen getrennt zu betrachten. Zu beobachten bleibt die Konvergenz der Infrastrukturen auch für die anderen Telekommunikations- und Mediendienste. Inwieweit bereits tatsächliche Konkurrenz zwischen verschiedenen Infrastrukturen besteht, bleibt im Einzelfall zu entscheiden. Da z.B. das VDSL-Netz der Telekom auf einige Ballungsgebiete beschränkt sein wird, die Kabelnetze der NE3 und der NE4 regional unterschiedlich aufgerüstet sind und in einigen Gebieten City-Carrier ihr Angebot ausbauen, kann die jeweilige Marktabgrenzung und Konkurrenzsituation sehr unterschiedlich sein.

4.2.6. Einfluss von Regulierung und Digitalisierung

Die vorangegangene Analyse hat gezeigt, dass die Marktstrukturbedingungen und die Verhaltensspielräume im Kabelnetz sehr stark durch Regulierungen geprägt sind. Die wichtigsten Regulierungseinflüsse sind zusammenzufassen und daraufhin zu prüfen, ob sie Mängel aufweisen, unnötig sind oder die weitere Entwicklung behindern. Zu berücksichtigen sind Auswirkungen auf die Programmebene, die sich z.B. aus Zugangsregelungen zugunsten von Programmveranstaltern ergeben. Da die Regulierungen vor allem den Handlungsspielraum der Kabelnetzbetreiber einschränken, könnten sie eine neue Interessengruppe bilden, die an Deregulierungen interessiert ist und diese zunehmend nachfragt.

4.2.6.1. Regulierungseinfluss auf das deutsche Kabelnetz

Kabelnetzbetreiber unterliegen einer Vielzahl von Regulierungen aus dem Medien-, Telekommunikations-, Kartell- und Urheberrecht. Beteiligt sind neben den Gesetzgebern auf Bundes- und Landesebene die Landesmedienanstalten, die Bundesnetzagentur und das Bundeskartellamt als ausführende Behörden.

Regulierungsbedingte Marktstruktur- und Wettbewerbsbedingungen

Der Einfluss der Regulierung auf das deutsche Kabelnetz zeigt sich bereits im Netzaufbau. Die Netzebenentrennung war seinerzeit politisch gewollt bzw. wurde auf politischen Druck des Handwerks durchgesetzt. So wurde das Staatsmonopol zwar begrenzt und private Unternehmen an dem neuen Markt beteiligt. Angesichts der umfassenden Regulierung der privaten NE4-Betreiber eröffnete dies jedoch keinen Spielraum für Wettbewerbsimpulse. Nun behindert die strukturelle Trennung der Netzebenen die Netzaufrüstung, da die technischen Änderungen aufeinander abgestimmt werden müssen.

Ebenfalls auf Regulierungen zurückzuführen ist die Tatsache, dass die NE4 noch immer sehr fragmentiert ist. Denn in Verbindung mit dem staatlichen Fernmeldemonopol war es privaten Betreibern verboten, Leitungen auf öffentlichen Wegen zu verlegen, so dass kleine Kabelinseln nicht verbunden werden konnten. In den neuen Bundesländern, in denen das Verbot bereits nach der Wiedervereinigung aufgehoben wurde, haben sich hingegen direkt verbundene Netzinseln herausgebildet. So konnten die NE4-Betreiber in Konkurrenz zum jeweiligen NE3-Betreiber treten, da sie für größere Netze eine eigene Signalzuführung aufbauen konnten.

Wie die Netzebenentrennung resultiert auch das vorherrschende Geschäftsmodell noch aus den Zeiten, als die NE3 als Staatsmonopol bzw. von der DTAG betrieben wurde. Charakteristisch war insbesondere, dass der Netzbetreiber ohne eigene Ansprüche eine Infrastruktur bereitstellte und sowohl von den vorgelagerten Programmveranstaltern als auch von den nachgelagerten Abnehmern (NE4-Betreiber oder Endkunde) Entgelte erhielt. In den USA hingegen wurden Kabelnetze von Vornherein von privaten Betreibern aufgebaut. Sie etablierten sich nicht als Infrastrukturanbieter, sondern boten (Pay-TV-)Programme an, die sie bei Veranstaltern als Vorleistung einkauften. Mit dem staatlich forcierten Kabelnetzaufbau etablierte sich in Deutschland hingegen eine international außergewöhnlich hohe Anzahl an Free-TV-Programmen, die ein bislang geringes Interesse an zusätzlichen Pay-TV-Programmen bewirken.

Die Digitalisierung der Netze wäre vermutlich bereits weiter fortgeschritten, wenn die DTAG die Netze eher hätte veräußern müssen. Die DTAG hatte jedoch kein Interesse an der Netzaufrüstung. Denn neben digitalem Fernsehen ermöglichen Breitbandkabelnetze insbesondere einen schnellen Internetzugang, den die DTAG über ihr Telefonfestnetz bereitstellen kann. Die weit verbreiteten DSL-Anschlüsse erschweren es nun den neuen Kabelnetzbetreibern, sich in diesem Markt zu etablieren.

Verschiedene Entscheidungen des Bundeskartellamtes haben ebenfalls die Marktstrukturentwicklung beeinflusst. So wurde mit Liberty Media einem Investor der Marktzutritt untersagt, der das digitale Programmangebot zügig ausbauen wollte. Nachdem der Zusammenschluss aller Regionalgesellschaften untersagt wurde, konnten jedoch die Regionalgesellschaften in Hessen und Nordrhein-Westfalen fusionieren und bauen mit Arena ein Programm für Sportübertragungen auf, das mit dem bislang beherrschenden Pay-TV-Veranstalter Premiere konkurriert. Mit der KDG existiert ein weiterer großer Kabelnetzbetreiber, der ähnliche Angebote etablieren könnte. Insofern war es vermutlich wettbewerbsfördernd, dass das *Bundeskartellamt* die vollständige Re-Monopolisierung der NE3 verhindert hat.

Schließlich bleibt der Substitutionswettbewerb zwischen den Übertragungswegen nicht unbeeinflusst von regulatorischen Rahmenbedingungen. Während das Kabelnetz sehr stark reguliert wird, besteht beim Satellitenempfang ein De-facto-Monopol bei wesentlich größerer Entscheidungsfreiheit insbesondere in Bezug auf die Programmbelegung. Mietrechtliche Beschränkungen begünstigen hingegen das Kabel, behindern aber den Substitutionswettbewerb, da einige Zuschauer ihren Empfangsweg nicht frei wählen können.

Wettbewerbsverzerrend wirkt auch die Subventionierung von DVB-T. Anlässlich einer Beschwerde des Kabelverbands ANGA prüfte die *Europäische Kommission*, ob bei der Einführung von DVB-T in Berlin-Brandenburg staatliche Beihilfen gewährt wurden.[561] Neben der finanziellen Förderung wurden auch die intransparenten und diskriminierenden Ausschreibungsverfahren der Medienanstalt Berlin-Brandenburg bemängelt. Die Kommission entschied letztlich, dass die den beteiligten privaten Programmveranstaltern gewährte staatliche Beihilfe für die Einführung des digitalen terrestrischen Rundfunks in Berlin-Brandenburg mit dem Gemeinsamen Markt unvereinbar sei. Zum Substitutionswettbewerb zwischen den Übertragungswegen stellte die Kommission fest, dass „die selektive Förderung und ‚künstliche' Entwicklung einer konkurrierenden Übertragungstechnologie auf dem Endverbrauchermarkt die Entscheidung der Zuschauer zwischen den verschiedenen Übertragungswegen, insbesondere zwischen DVB-T, Kabelanschluss und Satellitenempfang"[562] beeinträchtigt.

Marktverhaltensregulierung für Kabelnetzbetreiber

Die Übertragungskapazitäten werden bislang kaum über Marktmechanismen vergeben,[563] vorherrschend sind vielmehr gesetzliche Regelungen und Zuteilungsverfahren. Satellitenbetreiber können immerhin ihre Transponder nach eigenem Ermessen vermieten. Die Orbitalpositionen der Satelliten werden allerdings administrativ vergeben. Kabelkanäle und terrestrische Frequenzen werden im analogen Bereich nahezu vollständig

561 Vgl. dazu *Europäische Kommission* (2005).
562 *Europäische Kommission* (2005), Rn. 76.
563 Vgl. *Czygan* (1997), S. 1.

durch Landesmediengesetze bzw. die Landesmedienanstalten vergeben. Für digitalisierte Kabelanlagen wurden mit dem vierten Rundfunkänderungsstaatsvertrag im Jahr 2000 neue Weiterverbreitungsvorschriften eingeführt. Neben rundfunkrechtlichen Kabelbelegungsvorschriften sind telekommunikations- und wettbewerbsrechtliche Verhaltensregulierungen zu beachten.

Für analoge Kabelkanäle besteht ein in den einzelnen Bundesländern unterschiedlich ausgestattetes Kabelbelegungsmonopol der Landesmedienanstalten.[564] Die Landesmediengesetze regeln, nach welchen Maßstäben die Kanäle zu belegen sind. Dem Kabelnetzbetreiber verbleibt keine Entscheidungsfreiheit. Im sog. Vorrangmodell wird eine Rangfolge, nach der die Programme in die Netze einzuspeisen sind, gesetzlich festgelegt. Die Landesmedienanstalten können zwischen gleichrangigen Programmen auswählen, wenn Kapazitätsengpässe auftreten.[565] Die Bedeutung der Rangfolgeregelungen stieg mit der stetig wachsenden Zahl an Fernsehprogrammen, die über Satellit verfügbar sind, so dass regelmäßig Auswahlentscheidungen zu treffen waren.

Für digitalisierte Kabelkanäle erhalten die Kabelnetzbetreibern eine größere Entscheidungsfreiheit. So soll ein Anreiz gegeben werden, die Netze zügig zu digitalisieren. Die Kapazitätsvergabe erfolgt dreigeteilt: Unterschieden werden ein Must-Carry-, ein Can-Carry- und ein Non-Must-Carry-Bereich.[566] Der Umfang der Bereiche wird in analogen Kanälen definiert, die je nach Ausbaustand und Kompression mindestens sechs digitale Programme übertragen können.

- Der Must-Carry-Bereich umfasst vier Kanäle. Der Kabelbetreiber hat die Übertragungskapazität für die im jeweiligen Land gesetzlich bestimmten öffentlich-rechtlichen Programme (einschließlich der digitalen Programm-Bouquets) bereitzustellen. Daneben muss ein Kanal für die jeweils zugelassenen regionalen und lokalen Programme zur Verfügung gestellt werden.
- Der Can-Carry-Bereich beansprucht ein Drittel der insgesamt verfügbaren Kanalkapazität. In diesem Kontingent erfolgt die Belegung durch den Kabelbetreiber, aber anhand vorgegebener Kriterien. Danach soll der Betreiber die Interessen der angeschlossenen Nutzer beachten, eine Vielzahl von Programmveranstaltern und ein vielfältiges Programmangebot einbeziehen sowie Mediendienste angemessen berücksichtigen.
- Der Non-Must-Carry-Bereich erstreckt sich über die restliche Kapazität, die der Kabelbetreiber frei, allein nach Maßgabe der allgemeinen Gesetze, belegen darf.

Die gewählte Abstufung erscheint grundsätzlich geeignet, eine größere wirtschaftliche Entscheidungsfreiheit mit medienpolitischen Zielen zu verbinden. Wenn ein öffentlich-rechtlicher Rundfunk über Zwangsgebühren finanziert wird, so ist auch sicherzustellen, dass die Programme verbreitet werden. Obwohl sich der Entscheidungsspiel-

---

564 Vgl. zur Kabelbelegung ausführlich *Dörr, Janik* und *Zorn* (2001), S. 129 ff. sowie die dort angegebene Literatur.

565 Einen größeren Auswahlspielraum haben die LMA in Bayern und Berlin-Brandenburg.

566 Vgl. § 52 Abs. 3 bis 5 RStV.

raum des Kabelnetzbetreibers im Vergleich zur analogen Belegung erweitert, gibt es bei genauer Betrachtung weiterhin erhebliche Beschränkungen.

Must-Carry-Regeln sind grundsätzlich vertretbar und sinnvoll, ihr Umfang muss aber eng begrenzt bleiben. Es ist daher zu begrüßen, dass eine absolute Obergrenze von drei Kanälen festgelegt wurde, so dass der öffentlich-rechtliche Rundfunk nicht mehr Kapazitäten beanspruchen kann, wenn er sein Programmangebot ausbaut. Die Zahl der Programmplätze steigt allerdings, wenn die Signale stärker komprimiert werden. Insofern hätte vielleicht eine absolute Zahl an Programmplätzen festgelegt werden können, ohne die Entwicklungsgarantie zu verletzen. Denn immerhin verfügen die Öffentlich-rechtlichen nun bereits über mehr als 20 digitale Programmplätze.[567]

Die Zahl von drei Kanälen erscheint angesichts der insgesamt möglichen digitalen Kapazität nicht übermäßig hoch. Allerdings ist dies insbesondere in der schwierigen Übergangsphase von analoger zu digitaler Übertragung ein nicht unerheblicher Umfang. Es stehen insgesamt noch nicht so viele Kanäle zur Verfügung, da die Frequenzbereiche noch nicht überall vollständig ausgebaut sind. Zudem werden einige Kanäle noch mit dem analogen Programmangebot belegt, u.a. mit dem öffentlich-rechtlichem Pflichtprogramm, so dass die frei verfügbare digitale Kapazität noch eingeschränkt ist.

Im Can-Carry-Bereich sind die Einschränkungen immer noch sehr weitgehend. Für immerhin ein Drittel der Kapazität besteht kein nennenswerter Spielraum, um die Kanalbelegung nach wirtschaftlichen Erwägungen vorzunehmen. Die Netzbetreiber bleiben weiterhin dem Regime der LMA unterworfen.[568] Denn sie sind verpflichtet einen Belegungsplan vorzulegen und von der LMA überprüfen zu lassen. Ist die LMA nicht einverstanden kann sie die Belegung selbst vornehmen. Dies entspricht letztlich einem Zulassungsverfahren. Wirtschaftliche Bewegungsfreiheit wird nicht erreicht.

Erst im Non-Must-Carry-Bereich bestehen keine medienrechtlichen Vorgaben mehr. Da der Must-carry-Bereich absolut begrenzt und der Can-Carry-Bereich relativ definiert ist, vergrößert sich der frei zu belegende Bereich, wenn der Betreiber die Gesamtkapazität ausbaut. Im Non-Must-Carry-Bereich sind als gesetzliche Vorgaben vor allem das Telekommunikations- sowie das allgemeine Wettbewerbsrecht zu beachten. Beide enthalten Instrumente, die den Zugang von Inhalteanbietern ins Breitbandkabelnetz regeln.[569]

Ein Kabelnetzbetreiber kann den Zugang von Programmveranstaltern zum Kabelnetz im Wesentlichen durch zwei Verhaltensweisen einschränken: Er kann sich weigern, überhaupt eine Vertragsbeziehung einzugehen (Abschlussverweigerung), oder er kann den Zugang an Bedingungen knüpfen (Behinderungsmissbrauch). Ein Kabelnetzbetreiber könnte z.B. die Einspeisung daran koppeln, dass der Programmveranstalter auch die vom Kabelnetzbetreiber angebotenen technischen Dienstleistungen für Pay-TV in Anspruch nimmt.

---

567 Vgl. z.B. die Kabelbelegung in NRW unter *Landesanstalt für Medien Nordrhein-Westfalen* (2006).

568 Vgl. z.B. *Enßlin* (2000), S. 281.

569 Vgl. ausführlich zu den Zugangsansprüchen *Gudera* (2004), S. 97 ff.

Nach § 35 TKG besteht ein Anspruch auf Zugang zu Telekommunikationsnetzen für jeden Nachfrager von Telekommunikationsdienstleistungen, wenn der Netzbetreiber über eine marktbeherrschende Stellung verfügt. Programmveranstalter fragen eine solche Dienstleistung nach, nämlich die Einspeisung ihrer TV-Signale, und für Kabelnetzbetreiber wird regelmäßig angenommen, dass sie im Anschlussgebiet ihrer Kabelanlage marktbeherrschend sind. Kabelnetzbetreiber müssen demnach für einen offenen, diskriminierungsfreien Zugang sorgen.[570]

Auf das GWB kann zurückgegriffen werden, um Netzzugangsansprüche geltend zu machen, obwohl der Kabelnetzbetreiber keine marktbeherrschende Stellung inne hat.[571] Die Zugangsverweigerung kann gegen das Behinderungs- und Diskriminierungsverbot des § 20 GWB verstoßen, das sich zwar grundsätzlich auch auf marktbeherrschende Unternehmen bezieht, gemäß Absatz 2 jedoch auch für marktstarke Unternehmen gelten kann. Sollte zukünftig eine weitere Marktabgrenzung gewählt werden, hieße dies nicht automatisch, dass Kabelnetzbetreiber unkontrolliert Programmanbieter diskriminieren und behindern könnten.

Kein Einspeiseanspruch ergibt sich hingegen aus der Missbrauchskontrolle nach § 19 Abs. 4 Nr. 4 GWB. Danach sind marktbeherrschende Unternehmen verpflichtet, anderen Zugang zu den eigenen Netzen zu gewährleisten, wenn es dem anderen Unternehmen ohne die Mitbenutzung nicht möglich ist, auf dem vor- oder nachgelagerten Markt als Wettbewerber des marktbeherrschenden Unternehmens tätig zu werden. Das Netz wäre dann eine sog. wesentliche Einrichtung (‚essential facility'). Dieser Zugangsanspruch setzt allerdings voraus, dass der Betreiber der wesentlichen Einrichtung auch auf einem vor- oder nachgelagerten Markt tätig ist und ein anderes Unternehmen mithilfe des Netzzugangs auf diesem Markt mit dem Netzbetreiber konkurrieren möchte. Diese Voraussetzungen liegen im deutschen Kabelnetz zumindest noch nicht vor. Denn Kabelnetzbetreiber sind überwiegend nicht auf dem (nachgelagerten) Zuschauermarkt tätig, so dass sie keinem Wettbewerber den Zugang zur wesentlichen Einrichtung verweigern würden. Selbst wenn sie bald selbst Programme veranstalten, dürften sie auf absehbare Zeit keine marktbeherrschende Stellung erreichen.[572]

Darüber hinaus unterliegen Einspeiseentgelte, die ein marktbeherrschender Kabelnetzbetreiber fordert, der Ex-post-Kontrolle durch die speziellen Entgeltregulierungsvorschriften des TKG.[573] Die Einspeisekonditionen haben sich an den Kosten der effizienten Leistungserbringung zu orientieren.[574] Nicht jede Entgeltdifferenzierung ist allerdings bereits diskriminierend. Es entspricht vielmehr marktwirtschaftlichen Gesetzmäßigkeiten, wenn der Betreiber Programmveranstaltern, die sich gut vermarkten las-

---

570 Vgl. zur ausführlichen juristischen Prüfung *Hahne* (2003), S. 99 ff.

571 Denn hierzu trifft das TKG als spezielleres Recht keine Regelungen, so dass das allgemeinere GWB zu prüfen ist.

572 So auch *Hahne* (2003), S.136 f.

573 Vgl. §§ 24 ff. TKG.

574 Ergänzend sind die Netzbetreiber nach dem RStV verpflichtet, Einspeiseentgelte gegenüber den Landesmedienanstalten offenzulegen.

sen, günstigere Konditionen einräumt als Veranstaltern, die kaum nachgefragt werden.[575] Zu überwachen ist lediglich, dass nach objektiven Maßstäben differenziert wird.

4.2.6.2. Auswirkungen der Digitalisierung und Privatisierung

Auf der Distributionsebene ergeben sich nicht nur weitgehende Veränderungen durch die Digitalisierung. Gleichzeitig wirkt sich die Privatisierung der Kabelnetze auf den Wettbewerb innerhalb der Distributionsebene und auf das Verhältnis zur Programmebene aus.

Digitalisierte Kabelnetze bieten insbesondere zwei Vorteile: Zum einen kann der Engpass an Kabelkanälen für die Fernsehübertragung erheblich entschärft werden; darüber hinaus können Kapazitäten für Telekommunikationsdienste geschaffen werden, so dass für diese Dienste ein Infrastrukturwettbewerb zu anderen Netzen möglich wird. Um beides zu realisieren, sind allerdings erhebliche Investitionen zu tätigen, die bislang erst in einigen Ballungsgebieten getätigt wurden. Schwierigkeiten bereitet dabei die Netzebenentrennung. Zudem ist der Übergang von analoger auf digitale Übertragung mit den Programmveranstaltern abzustimmen, da analoge Übertragungen abgeschaltet werden und digitale Programme eventuell verschlüsselt ausgestrahlt werden.

Mit den privaten Netzbetreibern steht den Programmveranstaltern kein staatlich kontrollierter Transporteur mehr gegenüber, der weder über Handlungsspielräume noch über eigene wirtschaftliche Interessen im Kabelfernsehen verfügt. Die größere Entscheidungsfreiheit bei der Kabelbelegung eröffnet Spielräume für Verhandlungen und neue Geschäftsmodelle. Da der Engpass an Kabelplätzen weitgehend entfällt, verliert er den Charakter einer strategischen Ressource und stellt für neue Sender keine unüberwindbare Markteintrittsbarriere mehr dar. Gleichzeitig verliert die standortpolitisch motivierte Einflussnahme auf die Kabelbelegung an Gewicht.

Die Veränderungen im Kabelnetz, könnten einen (weiteren) Deregulierungsschub auslösen, da mit der Digitalisierung Regulierungsgründe teilweise entfallen und mit der Privatisierung eine neue Interessengruppe entsteht, die von Deregulierungen profitieren würde.

4.2.6.3. Fazit: Regulierungsmängel bei überwiegendem Deregulierungsinteresse

Auf die veränderten Bedingungen hat die Regulierung bereits reagiert, so dass erste Deregulierungsschritte vollzogen wurden. Die Einschränkungen z.B. in der Kabelbelegung gehen aber noch zu weit. Die Regulierung könnte noch weiter gelockert werden. Die Verpflichtung, öffentlich-rechtliche Programme einzuspeisen, ist gerechtfertigt, aber zu begrenzen. Zu bedenken ist nicht zuletzt, dass dies auch den Wettbewerb auf der Programmebene beeinträchtigt.

---

575 Vgl. z.B. *Gersdorf* (2000), S. 149.

Um Investitionsanreize zu bieten, brauchen Investoren Entscheidungsfreiheit und Planungssicherheit, die unter dem gegenwärtigen Regulierungsrahmen nicht durchgehend gegeben ist. Insofern ist die medienrechtliche Regulierung des Kabelnetzes zu weitegehend. Andere Einschränkungen wie das Mietrecht oder die Subventionen für DVB-T, verzerren oder behindern den Substitutionswettbewerb der Übertragungswege.

Die *Monopolkommission* spricht sich zudem seit langem gegen die Entgeltregulierung aus.[576] Zum einen sieht sie angesichts der Übernachfrage nach Kabelplätzen eine geringe Gefahr, dass wegen monopolistischer Einspeiseentgelte zu wenige Kapazitäten vergeben werden.[577] Zum anderen reduziert eine starke Regulierung die Investitionsanreize in die Netzaufrüstung, die einen Wettbewerb zwischen Infrastrukturen ermöglicht, der langfristig den Regulierungsbedarf – in allen beteiligten Netzen – reduziert.

Am Erhalt der Kabelregulierung interessiert sind vermutlich die Programmveranstalter, zumindest diejenigen, die befürchten müssten, dass sich ihre Position in einem weniger regulierten Umfeld verschlechtert. Dies wären die öffentlich-rechtlichen Anbieter, die unter Umständen auf einige Programmplätze verzichten müssten. Allerdings verfügen die schon im analogen Bereich etablierten öffentlich-rechtlichen Programme noch immer über recht hohe Reichweiten, so dass ein Kabelbetreiber die meisten Programme derzeit auch aus freier Entscheidung einspeisen würde. Von den privaten Veranstaltern wären insbesondere diejenigen gegen weitere Deregulierungen, die zu schlechteren Konditionen eingespeist würden. Die Gefahr gar nicht berücksichtigt zu werden sinkt mit steigender Kapazität.

Die Kabelbetreiber hingegen sind überwiegend an Deregulierungen interessiert, um mehr Entscheidungsfreiheit zu bekommen, um fusionieren und größere Einheiten bilden zu können, um selbst Programme veranstalten zu dürfen und exklusive Inhalte anbieten zu können. Dies sind aus ihrer Sicht wichtige Voraussetzungen, damit sich die erheblichen Investitionen in die Netze für sie lohnen. Denn zusätzliche Einnahmen lassen sich nur erzielen, wenn es ihnen gelingt, Kunden für ihr digitales Programmangebot und darüber hinaus für Telekommunikationsdienste zu gewinnen.

Die digitale Fernsehübertragung erweitert jedoch nicht nur die Kabelkapazitäten und überwindet damit weitgehend den Engpass in der Distribution. Digitales Fernsehen setzt zusätzliche Vertriebsdienstleistungen und technische Infrastrukturen voraus. Diese Vertriebsdienstleistungen (Serviceebene) auf der Schnittstelle zwischen Programm- und Distributionsebene besitzen strategische Bedeutung. Denn auf der Serviceebene entscheidet sich, wie die Programminhalte vermarktet werden (einzeln oder als Paket, als Pay- oder Free-TV), wer die Endkundenbeziehung hält (Programmveranstalter oder Netzbetreiber) und zu welche Bedingungen die Programme eingespeist und empfangen werden.

Eigenschaften und Bedeutung der Serviceebene sind daher im folgenden Abschnitt in Verbindung mit den Wettbewerbsbeziehungen zwischen Programmveranstaltern und

---

576 Vgl. *Monopolkommission* (2000), Tz. 649–651.

577 Solange keine Transaktionen unterbleiben, sich die Kabelbetreiber lediglich den größeren Anteil am sozialen Überschuss sichern, ist dies nicht zu beanstanden.

Netzbetreibern daraufhin zu untersuchen, ob und inwiefern sich neue Herausforderungen für die Regulierung ergeben.

4.3. Vertikale Wettbewerbsbeziehungen, Integrationsprozesse und Zugangsprobleme beim digitalen Fernsehen

Der Wandel im Breitbandkabel ist durch zwei Entwicklungen gekennzeichnet: Die ehemals reinen Transporteure eines vorgegebenen Fernsehprogramms versuchen, ihr Angebot um digitale TV-Programme und weitere (Telekommunikations-)Dienste zu erweitern. Daneben sind horizontale und vertikale Integrationsprozesse zu beobachten.[578] Integriert z.B. ein Kabelnetzbetreiber in die Programmebene, indem er selbst Programme veranstaltet oder übernimmt, ergeben sich Konkurrenzverhältnisse zwischen Programmveranstaltern und Kabelnetzbetreibern, die bislang nur Vorleistungen austauschten. Beide könnten auch um die Kontrolle der Serviceebene konkurrieren.

Zunächst sind die Eigenschaften der einzelnen Vertriebsdienstleistungen der Serviceebene zu betrachten. Dabei ist darauf einzugehen, ob sie ein Leistungsbündel und damit einen gemeinsamen Markt bilden, ob sie von Programmveranstaltern oder Netzbetreibern integriert werden und ob sie neue Engpässe und Zugangsprobleme begründen. Der Betrieb der Serviceebene wird mit darüber entscheiden, wie sich das Geschäftsmodell im deutschen Kabelfernsehen verändert. Schließlich sind die Auswirkungen von Integrationsprozessen aufzuzeigen, die sich innerhalb des Kabelnetzes andeuten und die zwischen Programm-, Service- und Distributionsebene zu erwarten sind.

4.3.1. Eigenschaften und Bedeutung der Serviceebene

Die einzelnen Vertriebsdienstleistungen zeigt *Abbildung 4-15*.[579] Zusammen bilden diese Dienstleistungen die Serviceebene, die zwischen Programm- und Distributionsebene aus *Abbildung 2-1* einzuordnen ist.

Abbildung 4-15: Vertriebsdienstleistungen beim digitalen Fernsehen

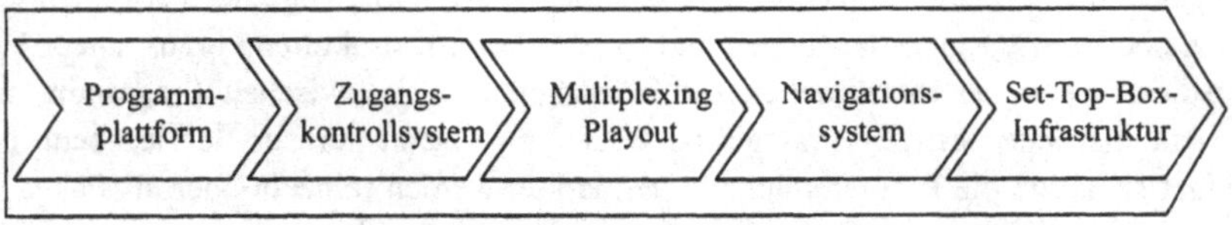

Im Zuge der Digitalisierung werden sich Programmplattformen etablieren, die mehrere Programme zu Paketen bündeln und den Zuschauern zumeist als Abonnement anbieten. Darüber hinaus werden einzelne Spartenprogramme sowie Pay-per-View-Kanäle

[578] So ist die Betreiberzahl in den USA innerhalb von acht Jahren um 60 Prozent gesunken. Vgl. *Schalast, Jäger* und *Abrar* (2005), S. 742.

[579] Vgl. z.B. *Die Landesmedienanstalten* (2003), S. 40.

das Angebot ergänzen.[580] Dazu hat der Betreiber administrative Dienstleistungen zu erbringen. Das Subscriber Management System (SMS) dient dazu, Kundendaten zu verwalten und Programmangebote und sonstige Leistungen abzurechnen.[581] Grundlage für die Abwicklung von Pay-TV bilden mehrere technische Dienstleistungen (digitale Plattform) bestehend aus Zugangskontrollsystem und Smart-Card-Verwaltung sowie der Set-Top-Box-Infrastruktur, die aufeinander abgestimmt sein müssen.

Vom Betreiber der Zugangskontrolle (sog. Conditional Access System, CAS) werden Rechte an einer Verschlüsselungstechnologie erworben, Rundfunksignale verschlüsselt und Autorisierungsdaten übertragen. Die Smart Cards mit den Entschlüsselungs- und Kundendaten müssen vom Betreiber der digitalen Plattform ausgegeben und von der Set-Top-Box gelesen werden können. In der Set-Top-Box werden die Autorisierungsdaten ausgewertet und die verschlüsselten Rundfunksignale wieder entschlüsselt.

Das Multiplexing bildet den letzten Schritt der Quellcodierung im Playout-Center. Die digitalisierten und komprimierten Signale werden dabei in einen Datencontainer „verpackt" und in einen Transport-Datenstrom eingefügt.[582] So können mehrere Programmsignale gleichzeitig über einen herkömmlichen Übertragungskanal eines Kabelnetzes oder eines Satellitentransponders fließen.[583] Dem Paket können Service Informationen der Sender hinzugefügt werden. Dieses sog. SI-Signal enthält Daten, die im Navigationssystem des Empfangsgerätes zu den jeweiligen Programmen angezeigt werden.

Das Navigationssystem ist ein im Betriebssystem der Set-Top-Box integriertes Anwendungsprogramm, das dem Zuschauer die Orientierung im Programm- und Dienstangebot ermöglicht. Ähnlich dem Bildschirmtext können Programmübersichten oder Inhaltsangaben abgerufen werden. Da das Navigationssystem die tatsächliche Programmwahl des Zuschauers wesentlich beeinflusst,[584] ist nicht nur von Bedeutung, dass alle Programme abgebildet und ausgewählt werden können, sondern auch, wie gut sie für den Zuschauer auffindbar sind.

Es ist zu erwarten, dass neben dem Basis-Navigationssystem, das von dem jeweiligen Boxenhersteller betrieben wird, auch Programmveranstalter oder Verleger von Programmzeitschriften eigene Navigationssysteme bzw. sog. Electronic Program Guides (EPG) entwickeln.[585] Verbunden werden diese Anwendungen über eine Schnittstelle der Set-Top-Box, sog. Application Programming Interface (API). Bei entsprechender Stan-

---

580 In den USA ist die Vermarktung von verschiedenen Paketen sowie Basis-Paketen und ergänzenden Premium-Kanälen bereits seit langem im (analogen) Kabelfernsehen üblich.

581 Für eine Beschreibung der Vertriebsdienstleistungen vgl. *Weisser* (1997), S. 878 f.

582 Mit diesem Schritt wird festgelegt, welche Programme zusammen über welche Kanäle gesendet werden. Die Anordnung wird bei der Einspeisung ins Kabelnetz beibehalten. Eine Paketbündelung zur Vermarktung ist aber auch kanalübergreifend möglich. Vgl. *Enßlin* (2000), S. 33.

583 Die Kapazität eines Satellitentransponders oder eines Kabelkanals begrenzt damit die maximale Anzahl an Programmen, die in einem Multiplex zusammengestellt werden können.

584 Vgl. *Hege* (1995), S. 39.

585 Eine Aufstellung bereits angebotener Systeme findet sich unter *Kommission zur Ermittlung der Konzentration im Medienbereich* (2006e).

dardisierung können auf einer Set-Top-Box verschiedene EPG betrieben werden, andernfalls bleibt anderen EPG-Anbietern der Zugang zur Set-Top-Box und damit zum Zuschauer verschlossen.[586] Es ergeben sich damit die gleichen Zugangsprobleme wie auf dem Softwaremarkt: Anbieter unabhängiger Software-Anwendungen sind darauf angewiesen, Schnittstellen-Informationen vom marktbeherrschenden Betriebssystemanbieter Microsoft zu erhalten.

Im Bereich der Vertriebsdienstleistungen ergeben sich wettbewerbspolitische Fragestellungen, die in der ökonomischen wie juristischen Literatur behandelt werden. Von Bedeutung ist insbesondere, welche Zugangsbedingungen bestehen,[587] inwieweit die notwendige Infrastruktur und die zusätzlichen technischen und administrativen Dienstleistungen getrennt voneinander bereitgestellt werden und ob sie von unabhängigen Anbietern oder von Programmveranstaltern oder Übertragungsnetzbetreibern angeboten werden.[588]

Die digitalen Vertriebsdienstleistungen waren bereits Gegenstand wettbewerbspolitischer Entscheidungen, bevor digitales Fernsehen in Deutschland überhaupt eingeführt wurde. Das Vorhaben von Bertelsmann, DTAG und KirchGruppe, ein Gemeinschaftsunternehmen unter dem Namen MSG Media Service GmbH zu gründen, wurde 1994 von der *Europäischen Kommission* untersagt.[589] Das Gemeinschaftsunternehmen sollte die technischen und administrativen Dienstleistungen für entgeltfinanzierte TV- und andere Kommunikationsdienste abwickeln und die dazu erforderliche technische Infrastruktur aufbauen. Die Kommission grenzte entsprechend der Konzeption der MSG einen gemeinsamen Markt für die administrativen und technischen Dienstleistungen für Pay-TV ab.[590]

Eine differenzierte Marktabgrenzung verfolgt das *Bundeskartellamt*, als es die Übernahme des zu Premiere gehörenden DPC Digital Playout Center durch SES Global Europe freigibt.[591] Es grenzt einen Markt für die technischen Dienstleistungen für Pay-TV ab. Neben den Kernelementen CAS, Smart-Card-Verwaltung und Set-Top-Box-Basis werden dem Markt die Sendeabwicklung und der Uplink zugerechnet. Im Rahmen der Sendeabwicklung im Playout-Center werden die einzelnen Inhalte eines Fernsehkanals zusammengestellt und zu einem Datenstrom verbunden. Als Uplink wird der Transport

---

586 Bereits 2001 hatten sich die privaten und öffentlich-rechtlichen Veranstalter auf die Multimedia Home Plattform (MHP) als Standard geeinigt, der im Rahmen des DVB-Projektes als offene Schnittstelle entwickelt wurde. Vgl. dazu die entsprechende Homepage unter http://www.mhp.org.

587 Die Zugangsbedingungen und deren Regulierung werden auch in der juristischen Literatur diskutiert. Für eine umfassende Darstellung der Serviceebene im Medien-, Telekommunikations- und Wettbewerbsrecht vgl. *Enßlin* (2000).

588 Vgl. zu Fragen der vertikalen Integration der Serviceebene *Nicklas* (2000), Kapitel 5.

589 Vgl. *Europäische Kommission* (1994).

590 Gleichwohl wurde angemerkt, dass die Leistungen auch getrennt erbracht werden können, woraus sich Teilmärkte ergeben könnten. Vier Jahre später wurde ein leicht abgewandeltes Vorhaben erneut untersagt. Vgl. *Europäische Kommission* (1998b) sowie *Europäische Kommission* (1998c).

591 Vgl. dazu ausführlich *Bundeskartellamt* (2004).

eines fertigen Signals zum Satelliten bezeichnet. Ein digitaler Uplink umfasst zusätzlich das Multiplexing.

Befragungen von Marktteilnehmer haben ergeben, dass diese Dienstleistungen gebündelt angeboten werden, da der Uplink immer in räumlicher Nähe zur Verschlüsselung stattfindet, um einen unnötigen Transport zu vermeiden. Die Sendeabwicklung wird – sofern ein Sender sie nicht selbst übernimmt – zusammen mit der Verschlüsselung nachgefragt. Demzufolge wird von einem Markt für die technischen Dienstleistungen für Pay-TV ausgegangen, der abzugrenzen ist von den administrativen Dienstleistungen, die unabhängig und im Zusammenhang mit der Programmplattform zu erbringen sind. Ebenfalls abzugrenzen sind die technischen Dienstleistungen für Free-TV, die kein CAS beinhalten, so dass sie einen Uplink unabhängig davon wählen können.[592] Auf dem Markt für technische Dienstleistungen für Pay-TV ist in Deutschland neben der genannten DPC insbesondere die zum Kabelnetzbetreiber KDG gehörende MSG tätig.[593]

Das *Bundeskartellamt* geht davon aus, dass eine etablierte Set-Top-Box-Infrastruktur nicht ohne weiteres duplizierbar ist. Gleichzeitig stellt sie eine entscheidende Zugangsvoraussetzung zum nachgelagerten Endkundenmarkt für Pay-TV dar. Bislang hat Premiere durch eine proprietäre Verschlüsselungstechnologie und die darauf abgestimmte Set-Top-Box seine Quasi-Monopolstellung abgesichert. Mit der Entflechtung der technischen Plattform von der Programmplattform Premiere verbessern sich die Markteintrittsbedingungen für andere Veranstalter. Diese verbesserten Wettbewerbsbedingungen auf dem Pay-TV-Markt bewertet das Kartellamt höher als die Nachteile auf den von SES und DPC beherrschten Märkten.

Die meisten Programm-Plattformen bieten verschiedene Programmpakete an, die mit Ausnahme der beiden öffentlich-rechtlichen Bouquets nur gegen Entgelt zu empfangen sind. Sämtliche darin enthaltenen (digitalen) Programme wären damit dem Pay-TV zuzurechnen. Problematisch wird die Abgrenzung, wenn Programme (in der Übergangszeit) gleichzeitig analog frei empfangbar und digital gegen Entgelt ausgestrahlt werden. So planten die beiden führenden Sendergruppen RTLGroup und ProSiebenSat.1 Media zusammen mit dem Satellitenbetreiber Astra im Frühjahr 2006, die werbefinanzierten Programme digital nur noch gegen einen Grundgebühr auszustrahlen.[594]

Eine Abgrenzung des Zuschauermarktes nach der Übertragungsart und der Finanzierungsart wird damit nachhaltig in Frage gestellt. Das Problem hinsichtlich der Übertragungsart wird sich spätestens 2010 lösen, wenn die analoge Übertragung abgeschaltet wird. Die Frage, ob nach der Finanzierungsart zu differenzieren ist, wird sich weiterhin stellen, da zu erwarten ist, dass werbefinanzierte Programme neben entgeltfinanzierten

---

592 Diese gängige Marktleistung wird von verschiedenen Unternehmen angeboten. Die öffentlich-rechtlichen Sender sowie RTL verfügen über eigene Playout-Center mit Uplink, ProSiebenSat.1 nutzt den Uplink der DPC.

593 Weitere Anbieter sind die Stellar Data Broadcast Services und die T-Systems.

594 Insbesondere aufgrund von Bedenken des Bundeskartellamtes an der Zusammenarbeit zog sich ProSiebenSat.1 bereits im Dezember 2006 von dem Vorhaben zurück. Vgl. *o.V.* (2006g).

bestehen bleiben. Noch wahrscheinlicher ist, dass es zu Mischfinanzierungen kommen wird, so dass die Sender Einnahmen aus einer Grund- oder Abonnementgebühr, aus Werbeeinnahmen und aus Transaktionen mit den Zuschauern erzielen.

Den aktuellen Stand der digitalen Programmplattformen zeigt *Tabelle 4-12*. Teilweise sind die Angebote nur im jeweiligen Kabelnetz des Plattformbetreibers zu empfangen, teilweise speisen Kabelnetzbetreiber jedoch auch andere Programmplattformen ein. Die beiden gebührenfinanzierten Plattformen der öffentlich-rechtlichen Veranstalter sind nicht nur über Satellit und die Kabelnetze zu empfangen, sondern vereinzelt auch über DVB-T. Die Tatsache, dass von acht privaten Plattformen sieben von Kabel- und Satellitenbetreibern angeboten werden, verdeutlicht die Bedeutung der Netzbetreiber beim digitalen (Pay-)TV.

Tabelle 4-12: Digitale Programmplattformen

Betreiber	Programmangebot	Übertragungsweg
ARD	ARD digital (23 Programme) [a]	Kabel, Satellit, DVB-T (z. T.)
ZDF	ZDF vision (8 Programme) [a]	Kabel, Satellit, DVB-T (z. T.)
Premiere Fernsehen	Premiere (8 Pakete), Zusatzabos	Kabel (alle NE3), Satellit
Kabel Deutschland	KabelDigital (2 Pakete)	Kabel (eigene u. andere NE3)
ish NRW	Tividi (9 Pakete)	Kabel (eigenes, Unity-Netze)
iesy Hessen	Tividi (9 Pakete)	Kabel (eigenes, Unity-Netze)
Kabel BW	Einzelsender	Kabel (eigenes)
Tele Columbus	Columbus TV, Tividi	Kabel (eigenes)
PrimaCom	PrimaTV (10 Pakete)	Kabel (eigenes, andere möglich)
Eutelsat	KabelVision, visAvision	Kabel (unabh. NE4), Satellit

[a]: Bestandteil des Free-TV-Basisangebotes aller anderen Betreiber (außer Premiere).
Quelle: Eigene Darstellung nach Angaben von *Kommission zur Ermittlung der Konzentration im Medienbereich* (2006e).

Die Serviceebene kann zwar eine wettbewerbsneutrale Dienstleistung darstellen, wird aber eher als strategische Ressource von einem Akteur der beiden angrenzenden Stufen betrieben. Aufgrund der hohen Aufbaukosten und der Risiken einer noch ungewissen Nachfrageentwicklung, die nicht von vielen Akteuren zu tragen sind, wird sich nur eine begrenzte Anzahl von Akteuren finden, die eine Plattform etablieren können.

Derzeit werden die Vertriebsdienstleistungen überwiegend von den Netzbetreibern angeboten, so dass einzelne Programmveranstalter diese Dienstleistungen als Annex zur Einspeisung nachfragen.[595] Die Set-Top-Boxen sind – ähnlich wie Mobiltelefone – teilweise für einen Netz- bzw. Plattformbetreiber spezifiziert. Mit anderen Boxen kann der Empfang eingeschränkt sein.

Da die Programmveranstalter im digitalen Fernsehen auf die genannten Einrichtungen und Dienstleistungen angewiesen sind, um Zuschauer erreichen zu können, stellt ein fehlender Zugang eine Markteintrittsschranke dar. Markteintrittshindernisse können strukturell bedingt sein, weil Ressourcen technisch begrenzt sind oder hohe Investitio-

[595] Vgl. *Bundeskartellamt* (2002), Tz. 88.

nen erfordern. Sie können aber auch auf strategischem Verhalten beruhen, um Konkurrenten gezielt zu behindern. Die potenziellen Markteintrittsschranken und ihre Ursachen fasst *Tabelle 4-13* zusammen.

Tabelle 4-13: Markteintrittsschranken der Serviceebene

	Strukturelle Ursachen	Strategische Ursachen
Programmplattform	–	Zugangsverweigerung
Zugangskontroll-system	hohe Entwicklungskosten	Zugangsverweigerung, Preisdiskriminierung, Lizenzierung
Navigationssystem	–	Zugangsverweigerung, qualitative Diskriminierung
Set-Top-Box	–	Inkompatibilität
Multiplexing	irreversible Investitionen in das Play-out-Center	Zugangsverweigerung, Preisdiskriminierung

Quelle: Eigene Darstellung in Anlehnung an *Nicklas* (2000), S. 74.

Mit den veränderten Vertriebsbedingungen werden sich auch die Geschäftsmodelle im Kabelfernsehen verändern. Sollen Programme und Programm-Plattformen als Pay-TV angeboten werden, muss – im Unterschied zum Free-TV – eine direkte Kundenbeziehung bestehen, die sowohl vom Programmveranstalter als auch vom Kabelnetzbetreiber gehalten werden kann.

4.3.2. Wettbewerbsbeziehungen und neue Geschäftsmodelle

Die Wettbewerbsbeziehungen zwischen Programmveranstaltern und Kabelnetzbetreibern verändern sich nicht nur durch die technischen Veränderungen im Zuge der Digitalisierung, sondern auch durch die Tatsache, dass sich nun private Unternehmen mit je eigenen Interessen gegenüberstehen. Dies wird sich in veränderten Geschäftsmodellen und Zahlungsströmen widerspiegeln.

Die Kabelnetzbetreiber werden auf dem Endkundenmarkt stärker unter Wettbewerbsdruck stehen. Um keine Kunden an den langfristig günstigeren Satellitenempfang zu verlieren, müssen sie attraktive und exklusive Inhalte anbieten. Daraus ergibt sich ein Wettbewerb um Inhalte, abgeleitet aus dem Wettbewerb um Endkunden. Aufgrund ihres eingeschränkten Preissetzungsspielraums, sind die Kabelnetzbetreiber gezwungen, ihre Angebote aktiver zu vermarkten und ihren Wertschöpfungsanteil zu erweitern.[596] Sie werden daher selbst Pay-TV-Pakete zusammenstellen, eine technische Infrastruktur aufbauen und Zusatzdienste wie EPG bereitstellen.

Zwei idealtypische Geschäftsmodelle zeigt *Abbildung 4-16*. Im Netzbetreibermodell halten die Netzbetreiber die Endkundenbeziehung. Im Gegensatz zum Transportmodell kaufen sie die Programme oder einzelne Inhalte als Vorleistungen ein (daher auch Reselling-Modell genannt). Demgegenüber liegen die Endkundenbeziehungen im Programmveranstaltermodell bei den Programmveranstaltern (oder Programmplattform-

---

596 Vgl. *Stamm* und *Büllingen* (2002), S. 31.

betreibern wie Premiere). Der Netzbetreiber erbringt lediglich eine Transportleistung, die der Veranstalter als Vorleistung nachfragt. Der Netzbetreiber erhält dafür einen Teil der Endkundenerlöse (daher auch Revenue-Sharing-Modell genannt). Wie beim Satellitenempfang besteht dann keine Vertragsbeziehung zwischen Netzbetreiber und Endkunde. Zusätzliche Anschlussentgelte von Kabelkunden sind aber denkbar.

Abbildung 4-16: Alternative Geschäftsmodelle im digitalen Kabelfernsehen

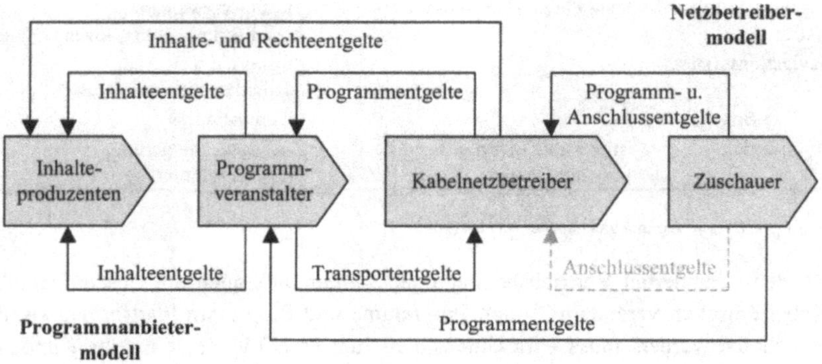

Für Programmveranstalter wäre die direkte Endkundenbeziehung von Vorteil, um das Angebot unabhängig vom Übertragungsweg vermarkten zu können. Wünschenswert sind zudem standardisierte Schnittstellen der technischen Infrastruktur, wenn die Programmveranstalter keine eigene betreiben. Dies gilt insbesondere für einzelne Programmveranstalter, die über mehrere Plattformen verbreitet werden möchten. Die Kabelnetzbetreiber bevorzugen dagegen das Netzbetreibermodell und eigene technische Infrastrukturen, um das Programmangebot und sämtliche Vertriebsdienstleistungen kontrollieren zu können. Ihre Diskriminierungsmöglichkeiten werden allerdings durch die Medienregulierung begrenzt.[597]

Vermutlich wird es zu einem Wettbewerb der Geschäftsmodelle kommen.[598] So beruht die Vermarktung von Premiere eher auf dem Programmanbietermodell, während die digitalen TV-Angebote der großen Kabelnetzbetreiber dem Netzbetreibermodell entsprechen.[599] Der Satellitenbetreiber Astra versucht ebenfalls, auf das Netzbetreibermodell umzustellen. Die Transportkosten, die bisher allein die Sender tragen, sollen zumindest teilweise auf die Zuschauern verlagert werden, indem auch Free-TV-Programme verschlüsselt und entgeltpflichtig werden.[600]

---

597 Vgl. dazu Kapitel 4.3.4.

598 Vgl. *Büllingen u.a.* (2002), S. 68 f.

599 Premiere versuchte zwischenzeitlich NE4-Betreiber bei der Digitalisierung zu unterstützen, damit sie die Premiere-Digitalpakete einspeisen konnten. Für die Weiterleitung von NE3-Signalen wurden die NE4-Betreiber an den Abonnentenentgelten beteiligt.

600 Vgl. *o.V.* (2006h).

Ob sich letztlich ein Modell durchsetzen wird, ist nicht abzusehen. Die Netzbetreiber sind jedoch gezwungen, die hohen Investitionskosten in die Netze zu amortisieren. Dazu müssen sie versuchen, ihren Wertschöpfungsanteil zu erhöhen und Kunden für ihre Triple-Play-Angebote zu gewinnen. Die Free-TV-Veranstalter zeigen sich abwartender, planen aber bereits eigene digitale Pay-TV-Kanäle. Sie haben bislang keine eigenen Plattformen gegründet, sondern suchen die Kooperation mit den Netzbetreibern.[601]

Eventuelle Marktmacht des Netz- und Plattformbetreibers können Programmveranstalter dadurch ausgleichen, dass sie Senderfamilien bilden. Gehören dieser Senderfamilie zumindest ein oder zwei Programme an, auf die der Netzbetreiber nicht verzichten möchte, verfügen sie über genügend Verhandlungsmacht, um auch für die anderen Programme Kabelplätze auszuhandeln. Eine weitere Möglichkeit besteht darin, Satellitenanlagen zu bezuschussen, um Kabelnutzer zum Satellitenempfang zu bewegen.[602] Sofern ein NE3-Betreiber einem Programmveranstalter den Zugang verweigert, könnte der Veranstalter kleinere NE4-Betreiber dabei unterstützen, Kopfstationen aufzubauen, mit denen die betreffenden Programme empfangen und eingespeist werden können.

Da die Nachfrage des Netzbetreibers sich aus der Nachfrage der Endkunden ableitet, wird er die Programme zunächst einmal nach den Zuschauerwünschen auswählen. Verzerrungen ergeben sich, sofern der Netzbetreiber die Möglichkeit und darüber hinaus einen Anreiz hat, Programmveranstalter zu diskriminieren. Davon ist auszugehen, wenn vertikale Verflechtungen zwischen Programm- und Distributionsebene bestehen, die die Serviceebene einschließen.

4.3.3. Ökonomische Wirkungen von Integrationsprozessen

Obwohl das deutsche Kabelfernsehen einige strukturelle Besonderheiten aufweist, sind zukünftig ähnliche Integrationsbestrebungen zu erwarten, wie sie z.B. in den USA oder Großbritannien zu beobachten sind. Neben horizontalen Integrationsprozessen innerhalb des deutschen Breitbandkabels könnten sich verstärkt vertikale Verflechtungen zwischen Programmveranstaltern und Kabelnetzbetreibern ergeben. Zu prüfen ist, ob stärkere Integration vorteilhaft ist, also die Konsumentenwohlfahrt steigert, oder ob sie regulatorisch zu unterbinden oder zu kontrollieren ist, um Wettbewerbsbeschränkungen zu vermeiden.

4.3.3.1. Horizontale Integration im deutschen Breitbandkabelnetz

Nach bisheriger Entscheidungspraxis messen *Bundeskartellamt* und *Bundesgerichtshof* dem Kabelnetz den Charakter einer Essential Facility zu, da die anderen TV-Übertragungswege unterschiedliche Konsumentenbedürfnisse abdecken und es einigen Nachfragern aus technischen oder mietrechtlichen Gründen an Substitutionselastizität fehlt. Integrationsvorhaben, an denen ein Kabelnetzbetreiber beteiligt ist, sind dann prinzipiell problematisch, es sei denn, das Fusionsvorhaben fällt unter die Bagatell-

---

601 Vgl. *o.V.* (2006i).

602 So auch *Monopolkommission* (2000), Tz. 650.

markt-Klausel, was bei der Übernahme kleinerer NE4-Betreiber regelmäßig der Fall ist.[603]

Wie die Analyse des Substitutionspotenzials gezeigt hat, begründet die NE3 jedoch keine Essential-Facility-Funktion. Gegen die vollständige Austauschbarkeit zwischen Kabel- und Satellitenempfang spricht das Mietrecht, so dass es sich in diesen Fällen um eine juristische Essential-Facility-Position handelt.[604] Zum Infrastrukturwettbewerb ist zu beachten, dass die Kosten für den Aufbau erheblich gesunken sind und zusätzliche Konkurrenten auf den Netzebenen auftreten. Die Nachfrageelastizität auf der NE4 wird allerdings durch die langen Laufzeiten der Gestattungsverträge behindert.

Ob gegenüber den Programmveranstaltern Marktmacht besteht, ist fraglich. Eine sehr weitgehende horizontale Integration auf der NE3 könnte die Wettbewerbsintensität auf dem Einspeisemarkt mindern und wettbewerbsbeschränkendes Verhalten gegenüber den Programmveranstaltern ermöglichen.[605] Fraglich ist jedoch, ob ein Kabelbetreiber überhaupt einen Anreiz hat, Veranstaltern den Zugang zu verweigern, da er damit die Programmvielfalt und die Attraktivität des Kabelempfangs im Vergleich zum Satellitenempfang senkt. Hinzu kommt, dass es mit der Kapazitätserweiterung seltener notwendig sein wird, Nachfrager abzulehnen.

Ein NE3-Betreiber von der Größe, wie er durch die Fusion aller vier Regionalnetzbetreiber entstanden wäre, hätte aber vermutlich die Möglichkeit, die Einspeisebedingungen insbesondere gegenüber kleineren Programmveranstaltern zu bestimmen. Kleine Veranstalter, die keine bundesweite Verbreitung anstreben, verlören ihre Wahlmöglichkeit zwischen verschiedenen NE3-Betreibern. Für große, bundesweit verbreitete Free-TV-Veranstalter, die auf eine komplette Netzabdeckung angewiesen sind, macht es kaum einen Unterschied, da sie sowieso auf keinen NE3-Betreiber verzichten können. Ob dieser nur das Netz in NRW kontrolliert oder im gesamten Bundesgebiet, verändert die Verhandlungsposition nicht wesentlich. Handelt es sich um einen etablierten Sender, ist von beiderseitiger Abhängigkeit auszugehen.

Die Konsolidierung der NE4 sollte zumindest nicht als per se unproblematisch angesehen werden. Sofern man den in diesem Bereich bestehenden Restwettbewerb für schützenswert hält, sind auch regionale Auswirkungen von Zusammenschlüssen zu berücksichtigen, die den Wettbewerb bei auslaufenden Gestattungsverträgen vermindern können.[606]

Die Integration von NE3 und NE4 wird häufig als Voraussetzung dafür angesehen, dass neue Vermarktungsmodelle und die notwendige technische Aufrüstung überhaupt umgesetzt werden können. Die *Monopolkommission* geht davon aus, dass die hohen Investitionen von einem integrierten Anbieter leichter aufzubringen sind und die Kapa-

---

603 Vgl. *Schalast, Jäger* und *Abrar* (2005).

604 Vgl. *Fehr* (2005), S. 168.

605 So auch die Argumentation des Bundeskartellamtes zur Untersagung des Zusammenschlusses von Liberty und KDG.

606 Vgl. *Schalast, Jäger* und *Abrar* (2005).

zitäten leichter vermarktet werden können.[607] Konzentrationsprozesse zwischen NE3 und NE4 werden daher als wettbewerbspolitisch grundsätzlich sinnvoll angesehen. Ebenso stößt eine Integration innerhalb der NE4 nur auf geringe Bedenken, da dies die Situation der Endkunden kaum ändert. Sie könnten im Gegenteil von eventuell weitergegebenen Größenvorteilen oder einem breiteren Angebot profitieren, das möglich wird, wenn sich ein größerer NE4-Betreiber eine eigene Signalzuführung aufbaut.

Die entscheidende Frage bei Kabelfusionen ist, ob eine Essential Facility entsteht, was dann anzunehmen ist, wenn ein Kabelbetreiber beteiligt ist, der eine digitale Plattform betreibt und zudem über eine gewisse Kundenzahl verfügt, so dass er die Zugangsbedingungen für Programmveranstalter bestimmen kann.[608] Problematisch sind damit eher Fälle vertikaler Integration mit der Serviceebene.

4.3.3.2. Vertikale Integration

Werden Güter und Dienste zwischen aufeinanderfolgenden Wertschöpfungsstufen nicht über Märkte weitergegeben, sondern innerhalb eines Unternehmens, spricht man von vertikaler Integration. Kommt es zur Fusion zwischen ehemals separierten Unternehmen, werden Markttransaktionen durch unternehmensinterne Lieferungen substituiert. Zwischen den Extremen Integration und Separation sind verschiedene Zwischenlösungen möglich, die eine unterschiedliche Intensität der Verbindungen wiedergeben.[609] Diese Arrangements vertikaler Bindungen unterscheiden sich von einer Integration im engeren Sinne vor allem darin, dass Verträge relativ schnell aufgelöst werden können, wohingegen zusammengewachsene Unternehmensteile schwieriger zu separieren sind.

Ob rechtlich eigenständige Unternehmensteile als ein integrierter Konzern aufzufassen sind, ist eine graduelle Frage. In Deutschland galt die KirchGruppe bis zu ihrem Zusammenbruch als Paradebeispiel eines vertikal integrierten Fernsehkonzern, der an Filmproduzenten, Lizenzhändlern, Fernsehsendern, Vermarktungsagenturen etc. beteiligt war. Auch die großen US-amerikanischen Medienkonzerne weisen eine weitreichende vertikale Integration von Filmstudios über Fernsehsender bis zu Kabelnetzbetreibern auf.

Nach der Liberalisierung der deutschen Kabelnetze besteht für Unternehmen der Programmebene die Möglichkeit, in die ihnen nachgelagerte Distributionsebene zu integrieren. Umgekehrt könnte auch ein privater Netzbetreiber selbst Programme veranstalten und in die vorgelagerte Programmebene integrieren. Erwartet wird, dass der wirtschaftliche Erfolg im digitalisierten Fernsehsektor davon abhängt, attraktive Inhalte, hohe Reichweiten und große Bandbreiten zu vereinen.[610] Ein integrierter Medien- und Infrastrukturanbieter könnte insofern Wettbewerbsvorteile haben.

---

607 Vgl. *Monopolkommission* (2000), Tz. 641.

608 Vgl. *Schalast, Jäger* und *Abrar* (2005).

609 Vgl. ausführlich *Fell* (2001).

610 Vgl. *Friedrichsen* (2004), S. 98.

Integration ist immer dann ökonomisch vorteilhaft, wenn sie effizienzsteigernde Wirkungen hat, indem z.B. Synergien und Transaktionskostenersparnisse realisiert oder Informationsasymmetrien beseitigt werden.[611] Problematisch ist Integration hingegen, wenn Monopole entstehen, Markteintrittsbarrieren errichtet oder (nicht-integrierte) Konkurrenten vom Markt verdrängt werden. Bezogen auf das Kabelfernsehen ist zu fragen, ob vertikale Integration wettbewerbsbeschränkendes Verhalten fördert, Markteintrittsschranken erhöht und sich damit negativ auf Effizienz und Programmvielfalt auswirkt; oder ob Integration effizienzfördernd ist, den Konsumentennutzen erhöht und neuen Programmveranstaltern den Marktzugang erst ermöglicht. Besondere Risiken für die Wohlfahrt bestehen, wenn einer der beteiligten Akteure eine sog. Bottleneck-Einrichtung betreibt und seine damit verbundene Marktmacht auf vor- oder nachgelagerte Märkte ausdehnt.[612]

Effizienzvorteile vertikaler Integration

Die Vorzüge einer Integration gegenüber Markttransaktionen lassen sich anhand von drei Dimensionen vergleichen: Investitionsspezifität, Unsicherheit und Häufigkeit der Transaktionen. Der Markt ist als überlegenes Arrangement anzusehen bei geringer Spezifität und geringer Unsicherheit. Bei hoher Investitionsspezifität und häufig wiederkehrenden Transaktionen ist dagegen Integration vorteilhaft.[613] Die Kosten der Markttransaktion können sogar prohibitiv hoch sein, wenn die Investitionen sehr spezifisch sind und zugleich unter großer Unsicherheit agiert werden muss, so dass Integration die effiziente Lösung ist.

Von größerer Bedeutung sind vermutlich Transaktionskostenersparnisse, die gemeinhin als wesentliches Motiv für vertikale Integration angesehen werden.[614] Die Beziehungen zwischen Programmveranstaltern und Kabelnetzbetreibern sind zwar bislang durch ein hohes Maß an Verhaltensregulierung gekennzeichnet, die kaum Spielraum für die Vertragsgestaltung lässt. Damit wären die Transaktionskostenersparnisse einer vertikalen Integration gering. Aufgrund der zusätzlichen Koordinationserfordernisse auf der Serviceebene und dem größeren Belegungsspielraum im digitalen Kabel wird sich dies ändern. Synergieeffekte können zwar durch den gemeinsamen Betrieb von Programmebene und technischer Plattform entstehen, die daraus resultierenden Kosteneinsparungen sind vermutlich jedoch so gering, dass die Integration nicht zwingend ist.[615]

Die Investitionen in die digitale Plattform sind sehr spezifisch und zudem marktirreversibel. Es ist von regelmäßigen Transaktionen zwischen Programm- und Plattformanbieter auszugehen. Noch entscheidender ist vermutlich die große Unsicherheit

---

611 Vgl. ausführlich zu Vorteilen und Auswirkungen vertikaler Integration *Fell* (2001).

612 *Kruse* weist darauf hin, dass ein Bottleneck nicht auf Subadditivität beruhen muss. Eine faktische Monopolstellung reicht aus, wenn diese hinreichend stabil ist. Vgl. *Kruse* (1997), S. 256.

613 Vgl. *Williamson* (1979) sowie *Williamson* (1989).

614 Vgl. grundlegend *Coase* (1937).

615 Vgl. Angaben von Branchen-Insidern bei *Nicklas* (2000), S. 251.

über die Nachfrage nach digitalen Fernsehdiensten.[616] Zumindest zum Zeitpunkt, als die KirchGruppe im Verbund mit Bertelsmann und DTAG den ersten Versuch unternahm, digitales Fernsehen in Deutschland einzuführen, dürfte dies ein wesentlicher Grund dafür gewesen sein, die Aktivitäten zu koordinieren und in der MSG zu integrieren. Inzwischen ist immerhin absehbar, dass die analoge Übertragung abgeschaltet wird. Diese Planungssicherheit mag dazu beigetragen haben, dass weitere digitale Plattformen aufgebaut wurden. Wenn Service- und Netzebene integriert betrieben werden, sparen zudem die Programmveranstalter Transaktionskosten, da sie nur mit einem Betreiber für die gesamten nachgelagerten Prozesse verhandeln müssen.

Von erheblicher Bedeutung können auch Informationsasymmetrien zwischen den beteiligten Akteuren sein. Durch vertikale Integration entfallen die Anreize, mögliche Informationsvorsprünge strategisch zu nutzen, Investitionspläne gerade in komplexe und innovative Systeme können besser abgestimmt werden. Ohne verlässliche Regelungen mit Programmanbietern bestehen keine Investitionsanreize für unabhängige Unternehmen, eine digitale Plattform aufzubauen.[617] Inzwischen zeigt sich jedoch, dass für die Kabelnetzbetreiber offenbar hinreichende Investitionsanreize bestehen, da sie offensichtlich genügend Nachfrager für zusätzliche Übertragungskapazitäten erwarten.

Geht man davon aus, dass in Programmveranstaltung und Netzbetrieb aufgrund von Marktmacht gewisse Monopolrenten möglich sind, kann bei vertikaler Integration die sog. doppelte Marginalisierung vermieden werden.[618]

Die theoretische Analyse der Integrationsursachen zeigt, dass vertikale Integration zwischen Programm-, Service- und Netzebene ökonomische Effizienzvorteile bringt, sie erscheint indes nicht zwingend. Ergänzende Erklärungen für vertikale Integration ergeben sich aus marktstrategischen Überlegungen.

Wettbewerbsbeschränkungspotenzial vertikaler Integration beim Kabelfernsehen

Damit vertikale Integration als Ursache für erhöhte Markteintrittsschranken und Wettbewerbsbeschränkungen gelten kann, müssen folgende Bedingungen erfüllt sein: Die Benachteiligung muss erstens für andere Anbieter spürbar und für das eigene Unternehmen profitabel sein (Plausibilität vertikaler Zugangsverweigerung); zweitens darf die Beschränkung nur durch vertikale Integration erreicht werden (Vorteilhaftigkeit vertikaler Integration gegenüber anderen Strategien).[619] Diskriminierungsmöglichkeiten bestehen für einen integrierten Kabelnetzbetreiber gegenüber fremden Programmanbietern, die er zugunsten der eigenen Programme beim Kabelzugang benachteiligt, und gegenüber anderen Distributionsanbietern, denen die eigenen Programme vorenthalten werden.

---

616 Vgl. *Nicklas* (2000), S. 252.

617 Vgl. *Kruse* (1999), S. 115 ff.

618 Vgl. *Waterman* (1993), S. 33.

619 Vgl. *Waterman* und *Weiss* (1997), S. 56.

Damit die Zugangsverweigerung aus Sicht des integrierten Anbieters plausibel ist, muss es ihm möglich sein, die Kosten seiner Konkurrenten zu erhöhen.[620] Indem ein Netzbetreiber einem fremden Programmveranstalter die Einspeisung verweigert, entzieht er diesem potenzielle Zuschauer. In der statischen Betrachtung erhöhen sich damit direkt die Durchschnittskosten (pro Zuschauer), da die getätigten Programminvestitionen sich als Fixkosten auf weniger Nachfrager verteilen. In der Folge wird der benachteiligte Veranstalter weniger in sein Programm investieren können, womit sich seine Wettbewerbsposition weiter verschlechtert.

Da ein Kabelbetreiber seinerseits an einem differenzierten Programmangebot interessiert ist, besteht für ihn insbesondere ein Anreiz solche Programme zu diskriminieren, die eigenen Programmen inhaltlich ähneln. Diese erhöhen die Attraktivität seines Gesamtangebotes nicht, konkurrieren aber mit dem eigenen Programm um die gleichen Zuschauer. Je mehr Kunden ein Kabelnetzbetreiber versorgt, je größer also seine Nachfragemacht gegenüber den Programmveranstaltern ist, desto spürbarer sind die negativen Auswirkungen für den diskriminierten Veranstalter. Für den US-amerikanischen Markt konnte empirisch nachgewiesen werden, dass große Kabelnetzbetreiber dazu neigen, zum eigenen Konzern gehörende Programme häufiger auszustrahlen als fremde Programme. Sie bieten zudem weniger Pay-TV-Programme an als der Durchschnitt der Kabelnetzbetreiber. Festzustellen war auch eine Tendenz, die eigenen Programme in den Vermarktungsbemühungen zu bevorzugen.[621]

In einer späteren Studie gelangt *Chipty* zu den prinzipiell gleichen Ergebnissen. Diskriminiert werden insbesondere fremde Sender, die in enger Substitutionskonkurrenz zu eigenen Programmen stehen (z.B. Shopping-Sender). Es wird aber ausdrücklich darauf hingewiesen, dass es nicht unbedingt zu Wohlfahrtseinbußen kommen muss, da integrierte Anbieter Effizienzvorteile erzielen, besser vermarkten und dadurch höhere Reichweiten erzielen können.[622] Andere Studien konnten keine signifikante Diskriminierung feststellen.[623]

Die Verweigerungsstrategie muss nicht zwangsläufig profitabel sein, insbesondere dann nicht, wenn etablierte und von den Zuschauern nachgefragte Programme ausgeschlossen werden. Denn dann stehen unsicheren langfristigen Vorteilen für den eigenen Programmanbieter aus vermindertem Wettbewerb sichere kurzfristige Einbußen des Kabelbetreibers aus der Benachteiligung von Programmen gegenüber. Es ist also von den jeweiligen Konstellationen abhängig, ob ein Anreiz zur Diskriminierung besteht.

Die beschriebenen Effekte lassen sich jedoch nicht nur durch vertikale Integration erzielen. Eigentumsverflechtungen sind vielmehr für Kabelnetzbetreiber nur eine von zahlreichen Strategien, um die eigene Wettbewerbsposition abzusichern. Da es sich jedoch vermutlich um eine längerfristige Kooperation handelt und Verträge zwischen Unternehmen grundsätzlich unvollständig sind, besteht ohne Eigentumsverbindung die

---

620 Vgl. grundlegend *Salop* und *Scheffman* (1983).

621 Vgl. *Waterman* und *Weiss* (1997).

622 Dem können gleichwohl höhere Programmpreise gegenüberstehen. Vgl. *Chipty* (2001).

623 Vgl. *Klein* (1998) sowie *Crandall* (1990).

Gefahr opportunistischen Verhaltens. Vertikale Integration erscheint somit nicht zwingend, aber vorteilhaft.

Ob der Wettbewerb zwischen Programmveranstaltern durch vertikale Verbindungen mit Netzbetreibern beeinflusst wird, hängt offenbar ganz entscheidend von der Nachfragemacht auf der Netzbetreiberebene ab, die sich nach der Anzahl angeschlossener Zuschauer bemisst. *Waterman* und *Weiss* ziehen aus ihrer Studie daher die Schlussfolgerung, dass die Aufmerksamkeit eher auf die Nachfragemacht der Kabelnetzbetreiber gerichtet sein sollte, als auf die vertikale Integration an sich.[624]

In den USA sind die beschriebenen Integrationsprozesse seit längerem zu beobachten, im Gegensatz zu Deutschland waren dort allerdings sowohl Programm- als auch Distributionsebene von Beginn an privatwirtschaftlich organisiert. Die Ergebnisse der US-Studien sind aufgrund der gänzlich anderen Strukturen nur eingeschränkt auf Deutschland übertragbar. Da sich der deutsche Markt im Zuge der Digitalisierung und der Liberalisierung dem amerikanischen Modell aber vermutlich annähern wird, können die Erkenntnisse zumindest nützliche Hinweise geben, ob und unter welchen Bedingungen eine vertikale Integration problematische Wettbewerbsverhältnisse schafft.

Bislang waren die beschriebenen Verhaltensweisen für den deutschen Markt nicht relevant, so dass dazu auch keine Schätzungen durchgeführt werden können. Zum einen handelte es sich zumindest auf der NE3 um ein Staatsmonopol, zum anderen war die Programmbelegung weitgehend festgelegt, so dass weder ein Anreiz noch die Möglichkeit zu strategischem Verhalten bestand. Aus Sicht der Programmveranstalter war es nicht notwendig in die Distributionsebene zu integrieren, um ihre Verbreitung zu sichern, da nahezu alle Programmveranstalter, die für eine Vorwärtsintegration in Frage kämen, einen Kabelplatz sicher hatten.[625] Dies wird sich in Zukunft grundlegend ändern.

Kabelbetreiber können die angesprochene Nachfragemacht gegenüber Programmen nur ausüben, wenn sich das Netzbetreibermodell durchsetzt, und große NE3-Betreiber viele Endkunden direkt oder indirekt versorgen. Sofern Einzelnutzer und kleinere NE4-Betreiber zum Satellit wechseln können, werden NE3-Betreiber für Veranstalter verzichtbar. Etablierte private Senderfamilien sind dagegen für die Kabelbetreiber in ihrem Programmpaket unverzichtbar, so dass diese Sender kaum gefährdet erscheinen.

Das Diskriminierungspotenzial wird meist in Bezug auf die zusätzlichen Vertriebsdienstleistungen im digitalen Fernsehen problematisiert. Denn während der Engpass bei der Übertragungskapazität überwunden wird, bilden Programm- und technische Plattform einen neuen. Ein vertikal verbundenes Unternehmen verschafft sich Wettbewerbsvorteile, wenn Fremdangebote gegenüber dem eigenen benachteiligt werden. Wettbe-

---

[624] Vgl. *Waterman* und *Weiss* (1997), S. 78.

[625] Vgl. *Fehr* (2005), S. 152 f.

werber können durch höhere Nutzungsgebühren, ungünstigere Platzierung im Programmführer oder durch Zugangsverweigerung diskriminiert werden.[626]

Eine Essential-Facility-Position wird somit weniger durch das Kabelnetz selbst begründet, als durch die technische Plattform.[627] Diese eröffnet Möglichkeiten, die Netzzugangsbedingungen für Programmveranstalter zu gestalten. Durch die kombinierte Kontrolle über die Verschlüsselung, die Programmbündelung und die Set-Top-Box einschließlich des EPG ergeben sich strategische Optionen für den Kabelnetzbetreiber, wenn er Programme nicht nur transportiert, sondern selbst vermarktet.

Es zeichnet sich ab, dass die Netzbetreiber die Zugangssysteme als Teil der Distributionsleistung betreiben. Premiere ist (abgesehen von den Öffentlich-rechtlichen) bislang die einzige netzbetreiber-unabhängige Programmplattform, hat jedoch die zunächst selbst aufgebaute technische Plattform inzwischen an den Satellitenbetreiber SES Astra veräußert.[628] Bislang werden die Plattformen damit entweder von Kabel- und Satellitenbetreibern oder von Pay-TV-Veranstaltern aufgebaut. Die erheblichen Investitionen und Risiken können offenbar nur von einem Unternehmen getragen werden, dass entweder als Programmveranstalter etabliert ist oder über Distributionswege verfügt.

Diskriminierungspotenzial besteht dabei nicht nur gegenüber Programmveranstaltern, sondern auch gegenüber anderen NE3- und NE4-Betreibern: Ihnen könnte der Zugang zu exklusiven Programminhalten verweigert werden, so dass sie diese Inhalte ihren Kunden nicht anbieten können.[629] Eine komplette Verweigerung erscheint jedoch unwahrscheinlich. Sofern der Anbieter sich nicht selbst in diese Gebiete ausbreiten kann, verzichtet er auf potenzielle Kunden und Einnahmen, die vermutlich nicht aufgrund höherer Exklusivität von den anderen Kunden abgeschöpft werden können.

So versucht Unity Media, die selbst die NE3 in zwei Bundesländern betreibt möglichst viele andere Netzbetreiber für sein Bundesliga-Paket Arena zu gewinnen. Eine gewisse Mindestreichweite war zwar Teil der Lizenzauflagen, angesichts der hohen Rechtekosten und der bislang geringern Pay-TV-Penetration ist es jedoch auch ökonomisch geboten, eine möglichst umfassende technische Reichweite zu erzielen. Relativ zügig konnte die Kooperation mit dem Satellitenbetreiber Astra vereinbart werden, der ja grundsätzlich als potenzieller Konkurrent der NE3-Betreiber anzusehen ist. Der Endkundenpreis ist allerdings abhängig vom Empfangsweg, d.h. Kunden von Unity erhalten das Paket zu günstigeren Konditionen.[630]

Zu relativieren ist auch die Feststellung, große Kabelbetreiber mit eigener Plattform würden zum Gate-Keeper, den auch große Programmveranstalter nicht umgehen kön-

---

626 *Cowie* und *Yarrow* konnten in einer Studie z.B. nachweisen, dass der integrierte Pay-TV-Veranstalter BSkyB in Großbritannien, der gleichzeitig die digitale Plattform betreibt, Konkurrenten auf der Veranstalterebene preislich diskriminiert. Vgl. *Cowie* und *Yarrow* (1997), S. 641.

627 Für eine ausführliche Analyse der Integration der Netzebene und der Serviceebene vgl. *Fehr* (2005), S. 176 ff.

628 Die Übernahme wurde Ende 2004 freigegeben. Vgl. *Bundeskartellamt* (2004).

629 Vgl. *Schalast, Jäger* und *Abrar* (2005).

630 Vgl. *o.V.* (2006j).

nen, da sie auf seine Reichweite angewiesen sind.[631] Die Abhängigkeit besteht bei attraktiven Programmveranstaltern vielmehr auch umgekehrt. Dies zeigt sich an den zähen Verhandlungen zwischen den Kabelnetzbetreibern und den privaten Senderfamilien um die Bedingungen der digitalen Übertragung ihrer Free-TV-Sender. Ohne die zuschauerstarken Sender können die Kabelnetzbetreiber ihre Kunden nicht zum Umstieg bewegen. Die Veranstalter versuchen diese Verhandlungsposition dahingehend zu nutzen, dass sie an den Endkundeneinnahmen beteiligt werden. Kleinere und noch unbekannte Programmveranstalter können hingegen wohl keine Gegenmacht ausüben.

Die Wohlfahrtswirkungen vertikaler Integration sind schwierig zu bewerten, da möglichen Kosteneinsparungen ebenso mögliche Wettbewerbsbeschränkungen gegenüberstehen. *Ahn* und *Litman* gelangen in ihrer empirischen Studie für die USA zu dem Ergebnis, dass die Konsumenten von integrierten Betreibern profitieren, da sie eine größere Programmvielfalt zu geringeren Preisen bereitstellen. Die Untersuchungsergebnisse legen aber den Schluss nahe, dass die höchste Konsumentenwohlfahrt bei einer begrenzten Anzahl integrierter Programme erzielt wird.[632]

Vertikale Integration zwischen Distributions- und Programmebene (inklusive der Serviceebene) ist somit nicht grundsätzlich problematisch oder zu unterbinden. Sie kann sogar eine effiziente Lösung darstellen. Dazu sollte auf beiden Ebenen hinreichender Wettbewerb herrschen. Problematisch wäre es, wenn ein marktbeherrschender Netzbetreiber und ein bedeutender Programmveranstalter fusionieren, die anderen Netzbetreibern den Zugang zu den eigenen Programmen verweigern oder andere Programmveranstalter bei der Einspeisung ins eigene Kabelnetz diskriminieren.[633] Dies lässt sich verhindern, wenn ähnliche Grundsätze wie in den USA gefunden werden, wonach kein Unternehmen so hohe Anteile am Markt der Netzdistribution halten darf, dass ein Marktzutritt ohne dieses Unternehmen nicht mehr möglich ist.[634]

Für das deutsche Kabelnetz impliziert hinreichender Wettbewerb, dass Endkunden bzw. kleinere NE4-Betreiber die NE3-Lieferung substituieren können. Für die Programmebene ist hinreichender Wettbewerb dahingehend zu präzisieren, dass mehrere voneinander unabhängige Veranstalter(-Gruppen) um Zuschauer konkurrieren. In Anbetracht der in Deutschland vorherrschenden Situation im Free-TV wäre es sogar wünschenswert, wenn Kabelbetreiber selbst Programme veranstalten, und damit die Konkurrenz durch zusätzliche Programme erhöhen. Der Free-TV-Markt bietet zwar kaum noch Eintrittschancen für Newcomer. Mit dem Erwerb der Bundesliga-Rechte durch Arena wurde aber bereits das Pay-TV-Monopol von Premiere durchbrochen. Angesichts der hohen Investitionen für exklusive Programminhalte, die wegen des breiten Free-TV-Angebotes notwendig sind, um einen Pay-TV-Sender zu etablieren, kommen neben den Kabelbetreibern nicht viele Unternehmen in Frage, die die damit verbundenen Risiken tragen können.

---

631 Vgl. *Schalast, Jäger* und *Abrar* (2005).

632 In der Studie lag die Grenze bei zehn Programmen. Vgl. *Ahn* und *Litman* (1997), S. 473.

633 Vgl. *Fehr* (2005), S. 174.

634 Vgl. *Holznagel* (1996), S. 20.

4.3.4. Regulierung von Zugangsproblemen: Marktstruktur- vs. Marktverhaltenskontrolle

Die Analyse der Serviceebene hat gezeigt, dass in diesem Bereich Zugangsprobleme entstehen können, da es sich bei der technischen Infrastruktur teilweise um Einrichtungen handelt, die sich nicht ohne Weiteres duplizieren lassen. Werden sie von einem Unternehmen kontrolliert, das gleichzeitig auf einem vor- oder nachgelagerten Markt tätig ist, besteht die Gefahr, dass Konkurrenten diskriminiert werden, indem ihnen der Zugang verweigert oder zu ungünstigeren Konditionen gewährt wird.

Daraus leitet sich die grundsätzliche Frage ab, ob solch ein wettbewerbsbeschränkendes Verhalten besser durch Marktstruktur- oder durch Marktverhaltenskontrollen zu vermeiden ist. Indem die Marktstruktur kontrolliert wird, so dass vertikale Integration unterbunden wird (bzw. Separation herbeigeführt wird), entsteht erst gar kein Anreiz zu diskriminieren. Denn der Betreiber steht auf vor- oder nachgelagerten Märkten dann nicht im Wettbewerb mit Unternehmen, die auf den Zugang zu seiner Einrichtung angewiesen sind. Wird hingegen das Marktverhalten kontrolliert, reagiert die Wettbewerbs- oder eine branchenspezifische Regulierungsbehörde (ex post) auf missbräuchliches Verhalten.

Da die Marktverhaltenskontrolle in die Handlungsfreiheit der Unternehmen eingreift, gilt sie aus wettbewerbspolitischer Sicht gegenüber der Marktstrukturkontrolle als Second-Best-Lösung. Je besser es gelingt, kompetitive Marktstrukturen zu erhalten, umso eher lässt sich ein andauernder Regulierungsbedarf vermeiden.[635] Aufgrund von Informationsasymmetrien zwischen Unternehmen und Kontrolleuren entstehen zwangsläufig Kontrolllücken, wenn das Verhalten von Unternehmen fortlaufend überwacht werden soll. Eine Marktverhaltenskontrolle kann jedoch den Wettbewerb aufrechterhalten, falls marktbeherrschende Stellungen hingenommen werden müssen.

Beim digitalen Fernsehen bestehen kritische Engpässe nur noch eingeschränkt bei Kabelkanälen, aber zusätzlich bei einigen technischen Dienstleistungen der digitalen Plattform. Eine vertikale Separierung ist jedoch nicht unbedingt die überlegene Lösung. Denn für unabhängige Anbieter, die weder mit der Netz- noch mit der Programmebene verbunden sind, dürfte es schwierig sein, eine digitale Plattform zu etablieren. Integrierte Anbieter sind daher wohl in Kauf zu nehmen, um die Digitalisierung voranzutreiben. Der internationale Vergleich zeigt, dass die erfolgreichsten digitalen Plattformen entweder von Satelliten- oder Kabelnetzbetreibern aufgebaut wurden, die teilweise zusätzlich mit der Programmebene verbunden sind. Dies ist umso weniger bedenklich, je mehr es den Konsumenten zugute kommt, wenn sie über eine größere Programmauswahl und ein breiteres Dienstangebot verfügen können.

Ein Problem der Marktstrukturkontrolle ist in diesem Zusammenhang, dass sie Lösungen von vornherein unterbindet, die sich vielleicht als überlegen erweisen. So wurde der erste Versuch, digitales Fernsehen in Deutschland durch einen integrierten Betreiber zu etablieren, durch die Marktstrukturkontrolle unterbunden, als das Gemeinschaftsunternehmen von Kirch, Bertelsmann und der DTAG an der europäischen Fusionskontrol-

---

[635] Vgl. z.B. *Schmidt* (2005), S. 160 f.

le scheiterte. In Anbetracht der Tatsache, dass digitales Fernsehen sich im Gegensatz zu anderen Ländern noch immer nicht durchsetzen konnte, ist die Marktstrukturkontrolle zu hinterfragen. Um zu verhindern, dass Programmveranstalter benachteiligt oder gänzlich ausgeschlossen werden, sollte es ausreichen, den Zugang zu Engpass-Einrichtungen offen zu halten und diskriminierendes Verhalten zu unterbinden.

Eine solche Marktverhaltenskontrolle ist dann aber kein medienspezifisches, sondern ein wettbewerbsrechtliches bzw. telekommunikationsrechtliches Problem, das vom GWB bzw. TKG erfasst wird und damit in den Aufgabenbereich des Kartellamtes sowie der Bundesnetzagentur fällt. Allgemeine und branchenübergreifende Aufsichtsbehörden bieten zudem den Vorzug, dass sie nicht so eng an eine Branche gebunden sind und es daher nicht zu „familiären“ Verbindungen zwischen Regulierer und Regulierten kommen kann.

Es erscheint kaum notwendig, Zugangsfragen zu Kabelnetz und digitalen Plattformen bzw. den damit verbundenen Diensten auch noch im RStV zu regeln. Daraus ergeben sich nicht nur Überschneidungen bezüglich der Regulierungsinhalte, sondern auch konkurrierende Zuständigkeiten, da der Bund für die Telekommunikation, die Bundesländer hingegen für Medien zuständig sind. Sachverhalte, die in den Bereich der Infrastrukturregulierung fallen, sollten allein im Telekommunikationsrecht und nicht zusätzlich im Medienrecht geregelt werden.[636]

Ein offener Zugang hängt bei der digitalen Plattform vor allem an offenen und branchenweiten Schnittstellen, damit sowohl zwischen verschiedenen Diensten als auch zwischen verschiedenen Geräten Wettbewerb herrschen kann, wenn grundsätzlich jeder Dienst mit jedem Gerät kompatibel ist. So sollten z.B. auf einer Set-Top-Box verschiedene EPG verwendet werden können, um zu verhindern, dass der Zuschauer sich mit seiner Box bereits auf einen EPG festlegt, der darüber hinaus seine Programmwahl beeinflussen könnte.

Nach dem europäischen TK-Rechtsrahmen soll die Interoperabilität von Diensten und Endgeräten im Rundfunkbereich gefördert werden. Während die Programmveranstalter fordern, bestimmte Normen (z.B. MHP) gesetzlich festzuschreiben, sprechen sich die Kabelnetzbetreiber gegen eine rechtliche Festlegung aus. Sie bemängeln zu Recht, dass dies die Gefahr birgt, zukünftige innovative Entwicklungen zu blockieren und auf Anforderungen des Marktes und der Endnutzer nicht angemessen reagieren zu können. Derartige Festlegungen sollten lieber freiwillig von den Marktbeteiligten angenommen werden.[637]

Es scheint somit (auch) in diesem Bereich eher ein Übermaß an Regulierung zu bestehen, die es abzubauen bzw. anzupassen gilt, z.B. indem Zuständigkeiten eindeutiger

---

636 Dies wurde vom Bundeswirtschaftsministerium bereits 2003 als Problem identifiziert. Der RStV sollte daraufhin angepasst werden. Dennoch ist dort weiterhin geregelt, dass Programmanbieter weder durch Zugangsberechtigungssysteme, Schnittstellen, Navigationssysteme noch durch die Entgeltgestaltung bei der Verbreitung „unbillig behindert oder gegenüber gleichartigen Anbietern ohne sachlich gerechtfertigten Grund unterschiedlich behandelt werden“ (§ 53 Abs. 1).

637 Vgl. *Bundesministerium für Wirtschaft und Arbeit* (2004), S. 6.

zugewiesen werden, um Doppelregulierungen zu vermeiden. Im Folgenden ist abschließend der sich aus der vorangegangenen Analyse ergebende (De-)Regulierungsbedarf in Programmveranstaltung und -distribution zusammenzustellen. Anpassungen in der derzeitigen Regulierung sind daraufhin zu prüfen, inwieweit sie unter der gegebenen Interessenkonstellation und den herrschenden Machtverhältnissen im deutschen Fernsehsektor durchsetzbar erscheinen.

5. Fazit: Bedarf und Durchsetzungsmöglichkeiten von Deregulierungen im deutschen Fernsehsektor

Zielsetzung dieser Arbeit war es, zunächst die vorhandene Regulierungsdichte im deutschen Fernsehsektor zu erklären. Darüber hinaus sollte aus der Marktentwicklung unter dem bestehenden Regulierungsregime abgeleitet werden, ob ordnungspolitischer Handlungsbedarf besteht und ob Anpassungen zu erwarten sind.

Der Überblick über die institutionellen Rahmenbedingungen des Fernsehsektors in *Kapitel 2* ließ eine beachtliche Regulierungsdichte erkennen, die ihren Ausgangspunkt im Verfassungsrecht hat und sich unter dem Einfluss verschiedener Entscheidungsträger in zahlreiche Gesetze und Verträge ausgebreitet hat. Die Anwendung der normativen und positiven Regulierungstheorie auf den Fernsehsektor in *Kapitel 3* hat gezeigt, dass die bestehende Regulierungsdichte im Fernsehsektor kaum mit dem begrenzten normativen Regulierungsbedarf, sondern eher mit den verbreiteten Interessen derer erklärt werden kann, die entweder die Regulierung ausführen oder von ihr profitieren. Mit der anschließenden Analyse der Wettbewerbsbedingungen in *Kapitel 4* konnte gezeigt werden, dass die mitunter ungünstigen Marktstrukturvoraussetzungen Wettbewerb nicht gänzlich ausschließen. Beschränkungen und daraus folgende ineffiziente Ergebnisse sind vielmehr auch regulierungsbedingt.

Sowohl auf der Programm- als auch auf der Distributionsebene bestehen branchenspezifische Marktstruktur- und Marktverhaltensregulierungen. Ist für einige Maßnahmen schon strittig, ob sie überhaupt (noch) notwendig sind, zeigen sich zudem Schwächen in der Ausführung. Auf der Programmebene sind die Rolle des öffentlich-rechtlichen Rundfunks sowie die branchenspezifische Marktstrukturkontrolle privater Veranstalter zu überdenken. Auf der Distributionsebene sind die Netzzugangs- und Entgeltregulierungen problematisch, die aus der vermeintlichen marktbeherrschenden Stellung der Kabelnetzbetreiber abgeleitet werden. Im Bereich der Serviceebene ist fraglich, ob medienspezifischer Handlungsbedarf besteht, da Probleme des Missbrauchs marktbeherrschender Stellungen eigentlich vom allgemeinen Wettbewerbsrecht erfasst und vom Kartellamt kontrolliert werden können. Selbst wenn dies als nicht hinreichend angesehen wird, handelt es sich um infrastrukturbezogene Problemstellungen, die von Telekommunikationsrecht und -regulierung erfasst werden. Ein publizistisches Problem, das eigenständiger Medienregulierung bedürfte, ist nicht zu erkennen.

5.1. (De-)Regulierungsbedarf in Programmveranstaltung und -distribution

Die kartell-, medien- und telekommunikationsrechtlichen Regulierungen sollten – dem ordnungspolitischen Leitbild entsprechend – darauf abzielen, einen funktionsfähigen Wettbewerb im Fernsehsektor zu ermöglichen und zu fördern. Wichtige Funktionen, die der Wettbewerb erfüllen sollte, sind etwa, Marktmacht zu verhindern, produktive Effizienz zu realisieren und Innovationen (dynamische Effizienz) zu ermöglichen. Diese lassen sich jedoch selten gleichzeitig erfüllen. Die politischen Entscheidungsträger sehen sich vielmehr mit Zielkonflikten konfrontiert – insbesondere im Bereich der Distributionsnetze.[638]

(De-)Regulierungsbedarf in der Programmveranstaltung

Auf dem Zuschauermarkt soll neben ökonomischer Effizienz auch Meinungsvielfalt erzielt werden. Selbst von Ökonomen wird zugestanden, dass die Wettbewerbspolitik zwar das erste, nicht jedoch unbedingt das zweite Ziel sichern kann. Wettbewerbspolitik sollte gleichwohl das hauptsächliche Instrument sein, da es flexibler an die komplexen Bedingungen des Sektors angepasst werden kann. So lassen sich ständige Interventionen vermeiden und das Risiko von Wettbewerbsverzerrungen reduzieren, was in Phasen technologischen Wandels besonders schädlich wäre.

Die allgemeine Wettbewerbspolitik ist daher zu ergänzen um Regelungen, die verhindern, dass ein Unternehmen soviel Marktmacht besitzt, dass es die Meinungsvielfalt gefährdet.[639] Nach Ansicht von *Polo* sorgt der Marktmechanismus zwar dafür, dass Medienunternehmen ein inhaltlich differenziertes Angebot hervorbringen. Es kann jedoch nicht erwartet werden, dass sie verschiedene politische Meinungen ebenso differenziert darstellen. Eine besondere Konzentrationskontrolle wird daher generell befürwortet.[640]

Grundsätzlich sollte zwischen den Regulierungsanlässen deutlicher differenziert werden. Ein öffentlich-rechtliches Angebot lässt sich rechtfertigen, um Marktergebnisse zu korrigieren. Der Programmauftrag müsste klarer definiert werden, um Inhalte nicht (unnötigerweise) gebührenfinanziert bereitzustellen, die auch vom Markt angeboten werden. Daneben besteht ein grundsätzlich funktionsfähiger Wettbewerb zwischen privaten Veranstaltern, der – wie auf vielen anderen Märkten – Wettbewerbsbeschränkungen nicht ausschließt, die es zu kontrollieren und gegebenenfalls zu untersagen gilt. Zu beachten ist, dass der zwangsläufig entstehende Wettbewerb zwischen privaten und öffentlich-rechtlichen Veranstaltern auf nahezu allen Input- und Absatzmärkten nicht systematisch verzerrt wird. Insofern sind die Aktivitäten des öffentlich-rechtlichen Rundfunks zu sichern, aber zu begrenzen.

Die medienspezifische Regulierung privater Veranstalter sollte insgesamt verringert werden. Überflüssige und ineffiziente Regelungen und Institutionen sollten abgebaut werden. Obwohl Medienpolitik generell Ländersache ist, sollte zumindest die Aufgabe, vorherrschende Meinungsmacht zu verhindern, bundesweit wahrgenommen werden.[641] Mit der KEK existiert zwar ein bundesweites Gremium. Sie handelt allerdings im Auftrag der Landesmedienanstalten und kann von der Direktorenkonferenz der Landesmedienanstalten auch überstimmt werden. Sinnvoll wäre es, die Konzentrationskontrolle und die Lizenzvergabe bei einer einzigen, bundesweit zuständigen Institution zu bün-

---

638 Vgl. dazu *Koenig* und *Vogelsang* (2002), S. 3.

639 Vgl. *Motta* und *Polo* (1997), S. 327.

640 *Polo* (2005), S. 30 f.

641 Die Reform der Medienaufsicht wird schon länger diskutiert, wobei insbesondere Aufgabenbereich und stärkere Konzentration der Landesmedienanstalten vorgeschlagen werden. Vgl. z.B. *Holznagel* (2000) sowie *Holznagel* und *Krone* (2004).

deln. Die Aufgaben der Landesmedienanstalten könnten auf inhaltliche bzw. publizistische Belange begrenzt und die Zahl der Anstalten reduziert werden.[642]

Angesichts der Mängel in der fernsehspezifischen Konzentrationskontrolle, sollte diese nicht unverändert auf die Betreiber digitaler Plattformen ausgeweitet werden. Nach § 28 RStV sind Programme einem Unternehmen zuzurechnen, wenn es „aufgrund vertraglicher Vereinbarungen, satzungsrechtlicher Bestimmungen oder in sonstiger Weise eine Stellung inne hat, die wesentliche Entscheidungen eines Veranstalters über die Programmgestaltung, den Programmeinkauf oder die Programmproduktion von seiner Zustimmung abhängig macht."[643] Es ist also Aufgabe der KEK, die Beziehung zwischen Programmveranstalter und Plattformbetreiber zu interpretieren. So werden z.B. die neuen digitale Kanäle von ProSiebenSat.1 auch der KDG zugerechnet.

Wenn Fernsehprogramme nur weitergeleitet werden, sind Plattformbetreiber keine Veranstalter. Zu klären wäre, welche Vereinbarungen dazu führen, dass Programme auch dem Plattformbetreiber zugerechnet werden. Werden auch die reichweitenstarken werbefinanzierten Free-TV-Sender über digitale Plattformen verbreitet, könnten die Plattformbetreiber sehr hohe Zuschaueranteile erreichen, wenn ihnen auch diese Programme zugerechnet würden. Bei kleineren Spartensendern, die exklusiv über ihre Plattform übertragen werden, könnten sie sowohl ein Interesse als auch die Möglichkeiten haben, die inhaltliche Ausrichtung zu beeinflussen. Solche Programme üben jedoch vermutlich keine Meinungsmacht aus. Fraglich ist z.B., ob ein Fernsehsender, der Unterhaltungsserien und Filme abspielt, die Meinungsvielfalt ernsthaft beeinflussen oder gefährden kann.

Dass die Plattformbetreiber den Zugang zu ihrer Plattform verweigern können, ist kein medienspezifisches, sondern ein wettbewerbsrechtliches Problem. Denkbar wäre eine zeitlich befristete sektorspezifische Regulierung durch die Bundesnetzagentur, die mittelfristig in der allgemeinen Missbrauchsaufsicht aufgeht, wenn sich das digitale Fernsehen etabliert hat. Sollten Plattformbetreiber den Zugang an inhaltliche Bedingungen knüpfen, ist ein Einfluss auf die Meinungsvielfalt nicht auszuschließen. In ihrer derzeitigen Ausgestaltung eröffnen die Zurechnungsregelungen allerdings einen zu großen Interpretationsspielraum.

(De-)Regulierungsbedarf in der Programmdistribution

In der Distributionsebene können aufgrund von Größenvorteilen, die in Netzindustrien wie dem Breitbandkabel besonders ausgeprägt sind, Effizienzgewinne erst ab einer gewissen Unternehmensgröße realisiert werden. Je nach Marktabgrenzung könnte dabei jedoch schon eine marktbeherrschende Stellung erreicht werden. Zudem erfordert der Ausbau der Kabelnetze, der Innovationen ermöglicht, erhebliche Investitionen. Die Unternehmen müssen nicht nur in der Lage sein, die damit verbundenen Kosten und Risiken zu tragen. Erst die Aussicht auf Gewinne, die wiederum mit (temporären) marktbe-

---

642 Vgl. *Monopolkommission* (2000), Tz. 632.

643 § 28 Abs. 2 S. 2 Ziff. 2 RStV.

herrschenden Stellungen einhergehen können, schafft Anreize, die Investitionen überhaupt zu tätigen.

Eine angemessene Regulierung der Distributionsebene müsste gewährleisten, dass den Kabelnetzbetreibern weder zu strenge Auflagen gestellt werden, die sie von Investitionen abhalten, noch zu weite Spielräume gewährt werden, die sie zu Lasten anderer Marktteilnehmer missbräuchlich ausnutzen können.[644] Die Herausforderung für die Politik besteht darin, Rahmenbedingungen zu finden, die Investitionsanreize setzen und Monopolstellungen vermeiden. Sofern sich eine Trade-off-Beziehung ergibt, gilt es, die Auswirkungen unterbliebener Investitionen gegen mögliche Gefahren (temporärer) Monopolstellungen abzuwägen.

Konkret lässt sich für die Breibandkabelregulierung insbesondere folgender Anpassungsbedarf feststellen.[645] Zunächst sollte die Kabelentgeltregulierung entfallen, die an eine marktbeherrschende Stellung des Netzbetreibers anknüpft. Berücksichtigt man den Substitutionswettbewerb durch andere Übertragungswege, der eher zu- als abnehmen wird, verfügt der Kabelbetreiber über keine marktbeherrschende Stellung, die er durch Entgeltforderungen ausnutzen könnte.

Die ex ante wirkenden Kabelbelegungsregelungen könnten durch eine nachträgliche Missbrauchsaufsicht ersetzt werden. Preisliche und qualitative Zugangsbedingungen zum Kabelnetz für Programmanbieter lassen sich ex post überprüfen, ohne dass schon unabänderliche Fakten geschaffen worden wären. Die Zugangsbedingungen zur technischen Plattform begründen zwar zumindest in der Anfangsphase einen Kontrollbedarf, dies kann aber ebenso der allgemeinen Missbrauchsaufsicht überantwortet werden, da nicht ersichtlich ist, welche Vorzüge eine zusätzliche Medienregulierung liefern könnte. Es bleibt abzuwarten, inwieweit sich z.B. die NE3-Betreiber als Programmveranstalter etablieren und dann tatsächlich Anreize hätten, Konkurrenten zu diskriminieren.

Die Kabelbranche in Deutschland ordnet sich neu, seitdem die ehemaligen DTAG-Netze privatisiert wurden. Zudem hat es erste Konsolidierungen gegeben, die sich weiter fortsetzen werden. Um eine größere Programmvielfalt, intensiveren Wettbewerb der Plattformen und ein breiteres Angebot an Telekommunikationsdiensten zu ermöglichen, müssen die Netze großflächig aufgerüstet werden. Erschwert wird dies durch die stark fragmentierte NE4. Eine Konsolidierung der NE4 brächte weder für Endkunden noch für Programmveranstalter wesentliche Veränderungen. Zusammenschlüsse sind daher meist unproblematisch.

Konsolidierungsprozesse auf der NE4 sowie zwischen NE3 und NE4 sollten daher ermöglicht werden. Die enge Marktabgrenzung des Bundeskartellamtes ist zu überdenken, sollte sie ökonomisch sinnvolle und wettbewerblich unbedenkliche Zusammenschlüsse verhindern. Kritischer sind Fusionen von NE3-Betreibern, da sie vor allem gegenüber den Programmveranstaltern auf dem Einspeisemarkt eine starke Marktposition inne haben. Da die NE3-Betreiber am ehesten als neue Veranstalter den Pay-TV-

644 Vgl. *Stamm* und *Büllingen* (2002), S. 8.

645 Vgl. auch *Fehr* (2005), S. 240 f.

Markt beleben könnten, wäre eine vollständige Re-Monopolisierung nicht wünschenswert.

5.2. Durchsetzungsmöglichkeiten von Deregulierungsschritten

Einmal errichtete Regulierungen erweisen sich häufig als sehr beständig. Da Regulierung auch als „Marktergebnis" zu interpretieren ist, hängt die Antwort auf die Frage, ob und wann sie abgebaut wird, insbesondere von den Regulierungsinteressen der Beteiligten ab. Finden sich einflussreiche Interessengruppen, die Deregulierungen nachfragen, werden sie auch angeboten. Mit einer solchen Deregulierungsnachfrage ist insbesondere zu rechnen, wenn die derzeitige Regulierung Mängel aufweist, so dass die Gruppe derer, die benachteiligt werden, ein Interesse an Deregulierungen entwickelt und zudem größer oder einflussreicher wird als die Gruppe der Nutznießer. Regulierungsmängel können mithin als eine Art notwendige Bedingung für Deregulierung gelten. Darüber hinaus ist häufig zu beobachten, dass Deregulierungsprozesse in einem solchen Umfeld tatsächlich ausgelöst werden, wenn externe Faktoren hinzutreten.

Es konnten sowohl auf der Programm- als auch auf der Distributionsebene Regulierungsmängel identifiziert werden. Darüber hinaus konnte die Digitalisierung als technischer Faktor identifiziert werden, der so weitreichende Auswirkungen hat, dass Deregulierungsschritte ausgelöst werden könnten. Schon die bisherigen Deregulierungsschritte im deutschen Fernsehsektor wurden durch technische Innovationen (Kabel- und Satellitentechnik) oder von Initiativen der EU (Liberalisierung der Breitbandkabelnetze) ausgelöst.

Es wurden zwar erste Regulierungsbestimmungen gelockert, wie z.B. die Kabelbelegung, die in digitalen Kabelanlagen weniger restriktiv ist als in analogen. Es herrscht jedoch insgesamt noch eine hohe Regulierungsdichte, gekennzeichnet durch viele verschiedene Regelwerke und Institutionen. Meist handelt es sich eher um Re-Regulierungen, als dass Regulierungen tatsächlich abgeschafft würden.

Nicht weniger unübersichtlich erscheint das Geflecht an unterschiedlichen Interessen. Bereits der Überblick in *Kapitel 3* zeigte eine sehr differenzierte Interessenlage der verschiedenen Beteiligten. Die Analyse der Wettbewerbsbedingungen hat diesen Eindruck bestätigt. Es ist daher nicht eindeutig erkennbar, ob sich eine Tendenz zur Deregulierung wird durchsetzen können.

So dringen private Programmveranstalter zwar auf Deregulierungen bezüglich des öffentlich-rechtlichen Rundfunks oder der Werbebeschränkungen. Sie befürworten jedoch mitunter Regulierungen von Kabelnetzbetreibern, sofern sie ihren Einfluss gefährdet sehen. Zudem ist die Gruppe der Programmveranstalter sehr inhomogen. Wenigen großen Senderfamilien steht eine zunehmende Zahl kleinerer Sender gegenüber, die sich auch von ihrem gemeinsamen Verband nicht ausreichend vertreten sehen. Kleine Programmveranstalter fürchten z.B einen Schulterschluss zwischen den dominierenden Sendergruppen und den NE3-Betreibern hinsichtlich der sukzessiven Abschaltung analoger Kanäle zu ihren Lasten.

Die Kabelnetzbetreiber wollen grundsätzlich eine größere Entscheidungsfreiheit z.B. im Hinblick auf die Belegung ihrer Kabelkanäle. Aber auch diese Gruppe ist nicht homogen in ihren Interessen. NE3- und NE4-Betreiber stehen sich mitunter eher als Konkurrenten gegenüber.

In Bezug auf den öffentlich-rechtlichen Rundfunk sind zumindest von politischer Seite keine größeren Reformanstrengungen zu erwarten.[646] Größere Änderungen könnten erneut eher von europäischer Ebene ausgehen. Das derzeit laufende Verfahren, in dem u.a. die Rundfunkgebühren als mögliche unerlaubte Beihilfe auf dem Prüfstand stehen, könnte zumindest einen Prozess in Gang setzen, der die Verzerrungen zwischen privaten und öffentlich-rechtlichen Programmveranstaltern abbaut.

Allerdings gibt es auch in der nationalen Politik erste Anzeichen, z.B. die Struktur und den Aufgabenbereich der Landesmedienanstalten zu reformieren und stärker zu zentralisieren. Wird zunächst einmal nur der Bedarf an bundesweit einheitlichen Regeln erkannt, besteht allerdings die Gefahr, dass eine zusätzliche Behörde sowie die damit verbundenen konkurrierenden Zuständigkeiten und Koordinationserfordernisse entstehen.

Im Breitbandkabel sind eher Deregulierungen zu erwarten, da die Verbreitung von Breitbandanschlüssen (durch die Politik) gefördert werden soll. Mit zunehmenden Substitutionsmöglichkeiten verschiedener Infrastrukturen werden Regulierungen umso eher abgebaut werden können. Solche Deregulierungen wären allerdings schon Voraussetzung dafür, dass in den Ausbau der Netze investiert wird und sich ein stärkerer Substitutionswettbewerb entfalten kann.

Aufgabe der Politik wäre es, sowohl in der Programmveranstaltung als auch in der Programmdistribution für intensiven Wettbewerb zu sorgen. Die ordnungspolitisch gebotene und gleichzeitig wirksamste Form, wettbewerbsfeindlichem Marktverhalten vorzubeugen und Wettbewerbsbeschränkungen zu verhindern, besteht darin, die Märkte offen zu halten. Dazu sollten insbesondere regulierungsbedingte institutionelle Markteintrittsschranken vermieden werden.

Ist dies aufgrund verfestigter Interessenkonstellationen und der Nähe nationaler Politik zu den Medien – und insbesondere zum Fernsehen – nicht zu erwarten, bleibt die Hoffnung auf „Nadelstiche“ durch die vergleichsweise unabhängige europäische Politik, die sich schon häufiger als Motor für mehr Wettbewerb erwiesen hat. Da insbesondere die Kommission auch Medienmärkte zunehmend aus ökonomischem Blickwinkel beurteilt, erscheint die Hoffnung auf dynamischere Wettbewerbsprozesse durchaus berechtigt. Gerade die Möglichkeiten der Digitalisierung lassen sich nur durch ergebnisoffene Such- und Entdeckungsverfahren erschließen.

---

646 So auch *Möschel* (2001), S. 6.

Literatur

Abbott, Lawrence (1958), Qualität und Wettbewerb, München.

Ablasser, Astrid (1998), Medienmarkt und Fusionskontrolle: Die Anwendung der Europäischen Fusionskontrolle auf den Mediensektor, Köln u.a.

Advanced Television (2005), Euromedia Broadband Cable 2005, Vol. 2.

Ahn, Hoekyun und *Barry R. Litman* (1997), Vertical Integration and Consumer Welfare in the Cable Industry, in: Journal of Broadcasting and Electronic Media, Vol. 41, S. 453–477.

Akerlof, George A. (1970), The Market for "Lemons": Quality Uncertainty and the Market Mechanism, in: Quarterly Journal of Economics, Vol. 84, S. 488–500.

Albarran, Alan B. (1996), Media Economics, Ames.

Altmeppen, Klaus-Dieter (1994), Marktmacht und mächtige Märkte, in: *Otfried Jarren* (Hrsg.), Medienwandel – Gesellschaftswandel? 10 Jahre dualer Rundfunk in Deutschland, Berlin, S. 91–115.

Altmeppen, Klaus-Dieter (1996), Medien und Ökonomie – Medienökonomie, in: *Klaus-Dieter Altmeppen* (Hrsg.), Ökonomie der Medien und des Mediensystems, Opladen, S. 9–24.

Andel, Norbert (1984), Zum Konzept der meritorischen Güter, in: Finanzarchiv, Jg. 42, S. 630–648.

ANGA (Hrsg.) (2006a), Struktur des Fernsehempfangs 2004, abgerufen unter http://www.phillion.de/anga/upload/text_files/307/Struktur%20des%20Fernsehempfangs2004.ppt (21.04.2006).

ANGA (Hrsg.) (2006b), Homepage, abgerufen unter http://www.anga.de (20.04.2006).

Arbeitsgemeinschaft der Landesmedienanstalten (Hrsg.) (2005), ALM Jahrbuch 2004, Berlin.

Arbeitsgemeinschaft der Landesmedienanstalten (Hrsg.) (2006), Homepage, abgerufen unter http://www.alm.de (20.03.2006).

Arbeitsgemeinschaft Fernsehforschung (Hrsg.) (2006), Homepage: Empfangsebenen, abgerufen unter http://www.agf.de/fsforschung/methoden/empfangsebenen (22.05.2006).

ARD (Hrsg.) (2006), Homepage: Medien Basisdaten, abgerufen unter http://www.ard.de/intern/basisdaten/allgemeine-daten/angemeldete_20h_26_23246_3Brfunk-_20und_20fernsehger/-/id=55232/1o7egk7/index.html (07.04.2006).

Aries, Horst (1989), Die Programmbeschaffung der privaten Anbieter Neuer Medien, in: *Burkhardt Röper* (Hrsg.), Wettbewerbsprobleme öffentlich- und privatrechtlicher Medien, Berlin, S. 47–61.

Arndt, Helmut (1958), Anpassung und Gleichgewicht im Markt, in: Jahrbuch für Nationalökonomie und Statistik, Jg. 170, S. 217–286.

Bartling, Hartwig (1980), Leitbilder der Wettbewerbspolitik, München.

Bartling, Hartwig (1983), Wettbewerbliche Ausnahmebereiche: Rechtfertigungen und Identifizierung, in: *Manfred Feldsieper* und *Richard Gross* (Hrsg.), Wirtschaftspolitik in weltoffener Wirtschaft, Berlin, S. 325–346.

Bator, Francis M. (1958), The Anatomy of Market Failure, in: Quarterly Journal of Economics, Vol. 72, S. 351–379.

Bauder, Marc (2002), Der deutsche Free-TV-Markt: Chancen für neue Anbieter?, Arbeitspapiere des Instituts für Rundfunkökonomie an der Universität zu Köln Nr. 153.

Baum, Herbert (1980), Der relevante Markt als Problem der Wettbewerbspolitik, in: Wirtschaft und Wettbewerb, Jg. 30, S. 401–407.

Baumol, William J. (1982), Contestable Markets: An Uprising in the Theory of Industrial Structure, in: American Economic Review, Vol. 72, S. 1–15.

Baumol, William J., John C. Panzar und *Robert D. Willig* (1988), Contestable Markets and the Theory of Industry Structure, 2. Aufl., New York u.a.

Beck, Hanno (2002), Medienökonomie, Berlin u.a.

Becker, Gary S. (1983), A Theory of Competition Among Pressure Groups for Political Influence, in: Quarterly Journal of Economics, Vol. 98, S. 371–400.

Becker, Gary S. (1985), Public Policies, Pressure Groups, and Dead Weight Costs, in: Journal of Public Economics, Vol. 28, S. 329–347.

Becker, Gary S. (1993), Der ökonomische Ansatz zur Erklärung menschlichen Verhaltens, 2. Aufl., Tübingen.

Behrends, Sylke (2001), Neue Politische Ökonomie, München.

Berg, Hartmut (2001), Wettbewerbspolitik, in: *Dieter Bender u.a.*, Vahlens Kompendium der Wirtschaftstheorie und Wirtschaftspolitik, 8. Aufl., München, S. 299–362.

Bernstein, Marver H. (1955), Regulating Business by Independent Commissions, Princeton.

Blankart, Charles B. (2003a), Universaldienst und Liberalisierung: Die föderale Dimension, in: Telekommunikations- und Medienrecht, TKMR-Tagungsband, S. 13–17.

Blankart, Charles B. (2003b), Öffentliche Finanzen in der Demokratie, 5. Aufl., München.

Blankart, Charles B. und *Günter Knieps* (1992), Netzökonomik, in: Jahrbuch für Neue Politische Ökonomie, Bd. 11, S. 73–87.

Bögelein, Margareta (1990), Ordnungspolitische Ausnahmebereiche: Marktwirtschaftliche Legitimation und wirtschaftspolitische Konsequenzen, Wiesbaden.

Bonde, Bettina (2002), Deregulierung und Wettbewerb in der Elektrizitätswirtschaft, Frankfurt a.M. u.a.

Bornemann, Jens-Uwe (2004), Das digitale Programmangebot werbefinanzierter Fernsehveranstalter, Arbeitspapiere des Instituts für Rundfunkökonomie an der Universität zu Köln Nr. 184.

Borrmann, Jörg und *Jörg Finsinger* (1999), Markt und Regulierung, München, S. 8.

Braeutigam, Ronald R. (1989), Optimal Policies for Natural Monopolies, in: *Richard Schmalensee* und *Robert D. Willig* (Hrsg.), Handbook of Industrial Organization, Vol. II, Amsterdam, S. 1289–1346.

Brown, Stephen J. und *David S. Sibley* (1986), The Theory of Public Utility Pricing, Cambridge.

Brümmerhoff, Dieter (2001), Finanzwissenschaft, 8. Aufl., München u.a..

Buchanan, James M. und *Craig Stubblebine* (1962), Externality, in: Economica, Vol. 24, S. 371–384.

Büllingen, Franz u.a. (2002), Förderung der Marktperspektiven und der Wettbewerbsentwicklung der Breitbandkommunikationsnetze in Deutschland, WIK-Studie im Auftrag des Bundesministeriums für Wirtschaft und Technologie, Bad Honnef, S. 10.

Bundesgerichtshof (1996), Urteil vom 19.03.1996 – KZR 1/95 (Pay-TV-Durchleitung), in: Wirtschaft und Wettbewerb/Entscheidungssammlung, Jg. 46, S. 728–736, BGH 3058, 3062.

Bundeskartellamt (Hrsg.) (1998), Beschluss des Bundeskartellamtes B6-72/98 (Premiere) vom 01.10.1998, abgedruckt in: Wirtschaft und Wettbewerb, Jg. 48, S. 47–57.

Bundeskartellamt (Hrsg.) (2002), Beschluss des Bundeskartellamtes B7-168/01 (Liberty/KDG) vom 22.02.2002, abgerufen unter http://www.bundeskartellamt.de/wDeutsch/download/pdf/Fusion/Fusion02/B7_168_01.pdf (12.05.2006).

Bundeskartellamt (Hrsg.) (2004), Beschluss des Bundeskartellamtes B7-150/04 (SES/DPC) vom 28.12.2004, abgerufen unter http://www.bundeskartellamt.de/wDeutsch/download/pdf/Fusion/Fusion05/B7-150-04.pdf (12.05.2006).

Bundeskartellamt (Hrsg.) (2005a), Beschluss des Bundeskartellamtes B7-22/05 (Iesy (Apollo)/Ish) vom 20.06.2005, abgerufen unter http://www.bundeskartellamt.de/wDeutsch/download/pdf/Fusion/Fusion05/ B7-22-05.pdf (24.04.2006).

Bundeskartellamt (Hrsg.) (2005b), Beschluss des Bundeskartellamtes B7-38/05 (Tele Columbus (BC Partners)/Ish) vom 21.06.2005, abgerufen unter http://www.bundeskartellamt.de/wDeutsch/download/pdf/Fusion/Fusion05/B7-38-05.pdf (24.04.2006).

Bundeskartellamt (Hrsg.) (2006), Beschluss des Bundeskartellamtes B6-103/05 (Axel Springer/ProSiebenSat.1 Media) vom 19.01.2006, abgerufen unter http://www.bundeskartell-amt.de/wDeutsch/download/pdf/Fusion/Fusion06/B6-103-05.pdf (29.03.2006).

Bundesministerium für Wirtschaft und Arbeit (Hrsg.) (2004), Breitbandkabelnetze in Deutschland, BMWA-Dokumentation Nr. 532, Berlin.

Bundesministerium für Wirtschaft und Technologie (Hrsg.) (2006), Homepage, abgerufen unter http://www.bmwi.bund.de/Navigation/Wirtschaft/Telekommunikation-und-Post/digitaler-rundfunk.html (10.02.2006).

Chipty, Tasneem (2001), Vertical Integration, Market Foreclosure, and Consumer Welfare in the Cable Television Industry, in: American Economic Review, Vol. 91, S. 428–453.

Clark, John M. (1940), Toward a Concept of Workable Competition, in: American Economic Review, Vol. 30, S 241–256.

Coase, Ronald H. (1937), The Nature of the Firm, in: Economica, Vol. 4, S. 386–405.

Comanor, William S. und *Bridger M. Mitchell* (1971), Cable Television and the Impact of Regulation, in: Bell Journal of Economics and Managerial Science, Vol. 2, S. 154–212.

Cowie, Campbell und *George Yarrow* (1997), The Wholesale Pay TV Market in the UK, in: Telecommunications Policy, Vol. 21, S. 635–648.

Crandall, Robert W. (1990), Vertical Integration and q-Ratings in the Cable Industry, FCC Mass Media Docket 89-600.

Crew, Michael A. und *Charles K. Rowley* (1989), Feasibility of Deregulation: A Public Choice Analysis, in: *Michael A. Crew* (Hrsg.), Deregulation and Public Utility Diversification, Boston u.a., S. 5–20.

Czygan, Marco (1997), Wettbewerb bei der Distribution des Fernsehens und Auswirkungen der Digitalisierung, Diskussionspapier Nr. 13, Institut für Volkswirtschaftslehre, Technische Universität Ilmenau.

Czygan, Marco (2003), Wettbewerb im Hörfunk in Deutschland, Baden-Baden.

Darby, Michael R. und *Edi Karni* (1973), Free Competition and the Optimal Amount of Fraud, in: Journal of Law and Economics, Vol. 16, S. 67–88.

Demsetz, Harold (1968), Why Regulate Utilities?, in: Journal of Law and Economics, Vol. 11, S. 55–66.

Demsetz, Harold (1969), Information and Efficiency: Another Viewpoint, in: Journal of Law and Economics, Vol. 12, S. 1–22.

Demsetz, Harold (1970), The Private Production of Public Goods, in: Journal of Law and Economics, Vol. 13, S. 293–306.

Dernedde, Hartmut und *Sybille Jessen* (1996), Technik im Fernsehen: Grundlagen, Praxis, Trends, Loseblatt-Ausgabe, Ulm.

Detering, Dietmar (2001), Ökonomie der Medieninhalte, Münster.

Deutsche Netzmarketing GmbH (Hrsg.) (2006), Homepage, abgerufen unter http://www.dnmg.de (20.04.2006).

Die Landesmedienanstalten (Hrsg.) (2003), Sicherung der Meinungsvielfalt in Zeiten des Umbruchs: Bericht der KEK über die Entwicklung der Konzentration und über Maßnahmen zur Sicherung der Meinungsvielfalt im privaten Rundfunk, Berlin.

Dörr, Dieter, Viktor Janik und *Nicole Zorn* (2001), Der Zugang zu den Kabelnetzen und die Regulierung des europäischen Rechts, Rechtsgutachten des Mainzer Medieninstituts im Auftrag der Gemeinsamen Stelle Digitaler Zugang der Direktorenkonferenz der Landesmedienanstalten.

Downs, Anthony (1957), An Economic Theory of Democracy, New York.

Downs, Anthony (1968), Ökonomische Theorie der Demokratie, Tübingen.

Duffy, Niall, Jonathan Davis und *Adam Daum* (1998), The Economics of Digital Television, in: *Jeanette Steemers* (Hrsg.), Changing Channels: The Prospects of Television in a Digital World, Luton, S. 37–58.

Dussel, Konrad (1995), Die Interessen der Allgemeinheit vertreten: Die Tätigkeit der Rundfunk- und Verwaltungsräte von Südwestfunk und Süddeutschem Rundfunk 1949 bis 1969, Baden-Baden u.a.

Eickhof, Norbert (1986), Theorien des Markt- und Wettbewerbsversagens, in: Wirtschaftsdienst, Jg. 66, S. 468–476.

Eickhof, Norbert und *Henning Never* (2000a), Öffentlich-rechtlicher Rundfunk zwischen Anstaltsschutz und Wettbewerb, Volkswirtschaftliche Diskussionsbeiträge Nr. 35, Universität Potsdam, S. 5.

Eickhof, Norbert und *Henning Never* (2000b), Rundfunkfreiheit ohne traditionellen Anstaltsschutz? Anmerkungen zur deutschen Rundfunkordnung aus ökonomischer Sicht, in: Hamburger Jahrbuch für Wirtschafts- und Gesellschaftspolitik, Jg. 45, S. 293–315.

Emmerich, Volker (2001), Kartellrecht, 9. Aufl., München.

Enßlin, Holger (2000), Kontrahierungszwang für Anbieter von Dienstleistungen für das digitale Fernsehen, Frankfurt a.M. u.a., S. 44.

Erlei, Matthias (1994), Meritorische Güter: Die theoretische Konzeption und ihre Anwendung auf Rauschgifte als demeritorische Güter, Münster.

Europäische Kommission (Hrsg.) (1994), Entscheidung der Kommission vom 09.11.1994, Sache Nr. IV/M.469 (MSG Media Service).

Europäische Kommission (Hrsg.) (1995a), Entscheidung der Kommission vom 20.09.1995, Sache Nr. IV/M.553 (RTL/Veronica/Endemol).

Europäische Kommission (Hrsg.) (1995b), Richtlinie 95/51/EG der Kommission vom 18.10.1995 zur Änderung der Richtlinie 90/388/EWG hinsichtlich der Aufhebung der Einschränkungen bei der Nutzung von Kabelfernsehnetzen für die Erbringung bereits liberalisierter Telekommunikationsdienste, ABl. Nr. L 256 vom 26.10.1995, S. 49 ff.

Europäische Kommission (Hrsg.) (1998a), Bekanntmachung der Kommission zur Definition des relevanten Marktes im Wettbewerbsrecht, in: ABl. 97 C 372 vom 09.12.1997, S. 5, abgedruckt in: Wirtschaft und Wettbewerb, Jg. 48, S. 261–270.

Europäische Kommission (Hrsg.) (1998b), Entscheidung der Kommission vom 27.05.1998, Sache Nr. IV/M.993 (Bertelsmann/Kirch/Premiere);

Europäische Kommission (Hrsg.) (1998c), Entscheidung der Kommission vom 27.05.1998, Sache Nr. IV/M.1027 (Deutsche Telekom/Beta Research).

Europäische Kommission (Hrsg.) (1999), Richtlinie 1999/64/EG der Kommission vom 23.06.1999 zur Änderung der Richtlinie 90/388/EWG im Hinblick auf die Organisation einem und demselben Betreiber gehörender Telekommunikations- und Kabelfernsehnetze in rechtlich getrennte Einheiten, ABl. Nr. L 175 vom 10.07.1999, S. 39 ff.

Europäische Kommission (Hrsg.) (2000), Leistungen der Daseinsvorsorge in Europa, Mitteilung der Kommission vom 20.09.2000, KOM (2000) 580 endgültig, abgerufen unter http://europa.eu.int/comm/cdp/communication/com_de.pdf (20.03.2006).

Europäische Kommission (Hrsg.) (2001), Mitteilung der Kommission über die Anwendung der allgemeinen Grundsätze des freien Waren- und Dienstleistungsverkehrs – Artikel 28 und 49 EG-Vertrag – auf dem Gebiet der Nutzung von Parabolantennen, KOM (2001) 351 vom 27.06.2001, abgerufen unter http://europa.eu.int/eur-lex/de/com/cnc/2001/com2001 _0351de01.pdf (24.05.2006).

Europäische Kommission (Hrsg.) (2005), Entscheidung der Kommission vom 09.11.2005, Sache Nr. C 25/2004 (DVB-T Berlin-Brandenburg).

Europäische Kommission (Hrsg.) (2006a), Homepage: The "Television Without Frontiers" Directive, abgerufen unter http://ec.europa.eu/comm/avpolicy/reg/tvwf/index_en.htm (22.05.2006).

Europäische Kommission (Hrsg.) (2006b), Homepage: Information Society Policies at a Glance, abgerufen unter http://ec.europa.eu/information_society/policy/index_en.htm (22.05.2006).

Europäische Kommission (Hrsg.) (2006c), Vorschläge der Kommission zur Modernisierung der Richtlinie „Fernsehen ohne Grenzen", abgerufen unter http://europa.eu.int/rapid/ pressReleasesAction.do?reference=MEMO/06/208&format=HTML&aged=0&language=EN& guiLanguage=en (22.06.2006).

Europäisches Medieninstitut (1995), Bericht über die Entwicklung der Meinungsvielfalt und der Konzentration im privaten Rundfunk gemäß § 21 Abs. 6 Staatsvertrag über den Rundfunk im vereinten Deutschland, in: *Die Landesmedienanstalten* (Hrsg.), Die Sicherung der Meinungsvielfalt, Berlin, S. 127–220.

Ewers, Hans-Jürgen und *Thomas Wein* (1990), Grundsätze für eine Deregulierungspolitik, in: Wirtschaftsdienst, Jg. 70, S. 320–328.

Fachverband für Rundfunkempfangs- und Kabelanlagen (Hrsg.) (2006a), Homepage: Der Kabelmarkt, abgerufen unter http://www.kabelverband-frk.de/markt/markt.html (21.04.2006).

Fachverband für Rundfunkempfangs- und Kabelanlagen (Hrsg.) (2006b), Homepage, abgerufen unter http://www.kabelverband-frk.de (20.04.2006).

Faulhaber, Gerald R. (1975), Cross-Subsidization: Pricing in Public Enterprises, in: American Economic Review, Vol. 65, S. 966–977.

Fechner, Frank (2005), Medienrecht, 6. Aufl., Tübingen.

Fehr, Andrea (2005), Deregulierung, Integration und Separation auf dem deutschen Kabelnetzmarkt, Köln.

Fell, Uli (2001), Vertikale Integration und vertikale Gegenmacht, Bayreuth.

Finsinger, Jörg (1991), Wettbewerb und Regulierung, München.

Fisher, Alexander (2005), Wettbewerbspolitik und Pay-TV, Hamburg.

Fohrbeck, Karla und *Andreas J. Wiesand* (1989), Der WDR als Kultur- und Wirtschaftsfaktor, Köln u.a.

Folkers, Cay (1998), Wettbewerb zwischen Pressure Groups und Verteilungskampf im politischen Prozeß: Zur Bedeutung von Institutionen und Informationsstrukturen für die Interessenpolitik, in: *Ingo Pies* und *Martin Leschke* (Hrsg.), Gary Beckers ökonomischer Imperialismus, Tübingen, S. 185–216.

Frey, Bruno S. (1970), Die ökonomische Theorie der Politik oder die neue politische Ökonomie: Eine Übersicht, in: Zeitschrift für die gesamte Staatswissenschaft, Jg. 126, S. 1–23.

Freyer, Ulrich (1997), DVB – Digitales Fernsehen, Praxisreihe Radio Fernsehen Elektronik, Berlin.

Friedman, Milton (1962), Capitalism and Freedom, Chicago u.a.

Friedrichsen, Mike (2004), Marktdefizite in der digitalen Medienwelt, in: *Mike Friedrichsen* und *Wolfgang Seufert* (Hrsg.), Effiziente Medienregulierung: Marktdefizite oder Regulierungsdefizite?, Baden-Baden, S. 89–108.

Fritsch, Michael, Thomas Wein und *Hans-Jürgen Ewers* (2001), Marktversagen und Wirtschaftspolitik, 4. Aufl., München.

Fritsch, Michael, Thomas Wein und *Hans-Jürgen Ewers* (2005), Marktversagen und Wirtschaftspolitik, 6. Aufl., München.

Gersdorf, Hubertus (2000), Kabeleinspeisung von Programmbouquets, Berlin.

Gormley, William T. (1983), The Politics of Utility Regulation, Pittsburgh.

Götzke, Gudrun (1994), Ökonomische Analyse der Frequenzallokation unter besonderer Berücksichtigung des zellularen Mobilfunks, Baden-Baden.

Greiffenberg, Horst und *Werner Zohlnhöfer* (1984), Pressewesen, in: *Peter Oberender* (Hrsg.), Marktstruktur und Wettbewerb in der Bundesrepublik Deutschland, München, S. 577–627.

Gröner, Helmut (1983), Property Rights-Theorie und staatlich regulierte Industrien, in: *Alfred Schüller* (Hrsg.), Property Rights und ökonomische Theorie, München, S. 219–239.

Gudera, Lydia (2004), Fernsehkabelnetze zwischen Wettbewerb und Regulierung, Baden-Baden.

Guggenberger, Bernd (1993), Vom Bürger zum Zerstreuungspatienten: Zehn Thesen zur sozialen Macht des Fernsehens, in: *Medienforum Berlin-Brandenburg '93* (Hrsg.), Kongreßdokumentation, Berlin, S. 348–350.

Gundlach, Hardy (1998), Die öffentlich-rechtlichen Rundfunkunternehmen zwischen öffentlichem Auftrag und marktwirtschaftlichem Wettbewerb, Berlin.

Hahne, Kathrin (2003), Kabelbelegung und Netzzugang, München.

Haucap, Justus und *Ulrich Heimeshoff* (2005), Open Access als Prinzip der Wettbewerbspolitik: Diskriminierungsgefahr und regulatorischer Eingriffsbedarf, in: *Karl-Hans Hartwig* und *Andreas Knorr* (Hrsg.), Neuere Entwicklungen in der Infrastrukturpolitik, Göttingen, S. 265–304.

Hayek, Friedrich A. von (1969), Der Wettbewerb als Entdeckungsverfahren, in: *Friedrich A. von Hayek* (Hrsg.), Freiburger Studien, Gesammelte Aufsätze, Tübingen, S. 249–265.

Hazlett, Thomas W. (1990), The Rationality of U.S. Regulation of the Broadcast Spectrum, in: Journal of Law and Economics, Vol. 33, S. 133–175.

Heber, Hans K. (1997), Digitale Programmausstrahlung nach DVB, Schriftenreihe Musikinformatik und Medientechnik Nr. 33, Johan-Gutenberg-Universität Mainz.

Hege, Hans (1995), Offene Wege in die digitale Zukunft, Berlin.

Heinrich, Jürgen (1992a), Ökonomische und publizistische Konzentration im deutschen Fernsehen: Eine Analyse aus wirtschaftlicher Sicht, in: Media Perspektiven, o.Jg., S. 338–356.

Heinrich, Jürgen (1992b), Publizistische Vielfalt aus wirtschaftswissenschaftlicher Sicht, in: *Günter Rager* und *Bernd Weber* (Hrsg.), Publizistische Vielfalt zwischen Markt und Politik: Mehr Medien – mehr Inhalte?, Düsseldorf u.a., S. 232–250.

Heinrich, Jürgen (1996), Qualitätswettbewerb und/oder Kostenwettbewerb im Mediensektor?, in: Rundfunk und Fernsehen, Jg. 44, S. 165–184.

Heinrich, Jürgen (2001), Medienökonomie, Band 1, 2. Aufl., Wiesbaden.

Heinrich, Jürgen (2002), Medienökonomie, Band 2, Wiesbaden.

Herdzina, Klaus (1999), Wettbewerbspolitik, 5. Aufl., Stuttgart.

Herman, Edward S. (1993), The Externalities Effects of Commercial and Public Broadcasting, in: *Kaarle Nordenstreng* und *Herbert I. Schiller* (Hrsg.), Beyond National Sovereignty: International Communication in the 1990s, Norwood, S. 85–115.

Hickethier, Knut (1998), Geschichte des deutschen Fernsehens, Stuttgart u.a.

Hilton, George W. (1972), The Basic Behavior of Regulatory Commissions, in: American Economic Review, Vol. 62, S. 47–54.

Hoffmann-Riem, Wolfgang (1991), Rundfunkrecht neben Wirtschaftsrecht, Baden-Baden.

Hoffmann-Riem, Wolfgang und *Thomas Vesting* (1995), Ende der Massenkommunikation? Zum Strukturwandel der technischen Medien, in: *Wolfgang Hoffmann-Riem* (Hrsg.), Perspektiven der Informationsgesellschaft, Baden-Baden, S. 11–30.

Holznagel, Bernd (1996), Probleme der Rundfunkpolitik im Multimedia-Zeitalter, in: Zeitschrift für Urheber- und Medienrecht, Jg. 40, S. 16–26.

Holznagel, Bernd (1999), Der spezifische Funktionsauftrag des ZDF, ZDF Schriftenreihe Nr. 55, Mainz, S. 117 f.

Holznagel, Bernd (2000), Mischungsverhältnis: Vorschläge für eine Reform der Medienaufsicht, in: epd medien, Nr. 98, S. 8–13.

Holznagel, Bernd (2005), Rechtsgutachten zur Auslegung des § 26 Abs. 2 S. 2 RStV, abgerufen unter http://www.kek-online.de/Inhalte/antwort_asv_itm.pdf (06.06.2006).

Holznagel, Bernd und *Daniel Krone* (2004), Anti-Zersplitterung: Auf dem Weg zur Ländermedienanstalt?, in: epd medien, Nr. 21, S. 7–10.

Hoppmann, Erich (1968), Zum Problem einer wirtschaftspolitisch praktikablen Definition des Wettbewerbs, in: *Hans K. Schneider* (Hrsg.), Grundlagen der Wettbewerbspolitik, Berlin, S. 9–49.

Hoppmann, Erich (1988), Die Abgrenzung des relevanten Marktes, in: *Erich Hoppmann* (Hrsg.), Wirtschaftsordnung und Wettbewerb, Baden-Baden, S. 503–514.

Horn, Manfred, Günter Knieps und *Jürgen Müller* (1988), Deregulierungsmaßnahmen in den USA: Schlußfolgerungen für die Bundesrepublik Deutschland, Baden-Baden.

Jäger, Bernd (1997), Experience From the Cable Network Market in Germany, in: *Dieter Elixman* und *Peter Kürble* (Hrsg.), Multimedia: Potential and Challenges From an Economic Perspective, WIK Proceedings Nr. 5, Bad Honnef, S. 283–304.

Jestaedt, Thomas und *Jochen Anweiler* (1997), Europäische Fusionskontrolle im Medienbereich, in: Europäische Zeitschrift für Wirtschaftsrecht, Jg. 8, S. 549–555.

Jochimsen, Reimut (1963), Grundlagen, Grenzen und Entwicklungsmöglichkeiten der Welfare Economics, in: *Erwin von Beckerath* und *Herbert Giersch* (Hrsg.), Probleme der normativen Ökonomik und der wirtschaftspolitischen Beratung, Berlin, S. 129–153.

Joskow, Paul L. und *Roger C. Noll* (1981), Regulation in Theory and Practice: An Overview, in: *Gary Fromm* (Hrsg.), Studies in Public Regulation, Cambridge/Ma. u.a., S. 1–65.

Kabel Deutschland GmbH (Hrsg.) (2006), Homepage: Unternehmen, abgerufen unter http://www.kabeldeutschland.com/de/unternehmen/geschichte/unternehmen.html (24.04.2006).

KABEL-GmbH (Hrsg.) (2006), Homepage, abgerufen unter http://www.kabel-gmbh.de (20.04.2006).

Kabelkiosk (Hrsg.) (2006), Homepage, abgerufen unter http://www.kabelkiosk.de (10.04.2006).

Kahn, Alfred E. (1971), The Economics of Regulation: Principles and Institutions, Vol. 2, New York u.a.

Kantzenbach, Erhard (1967), Die Funktionsfähigkeit des Wettbewerbs, 2. Aufl., Göttingen.

Kantzenbach, Erhard und *Reinald Krüger* (1990), Zur Frage der richtigen Abgrenzung des sachlich relevanten Marktes bei der wettbewerbspolitischen Beurteilung von Unternehmenszusammenschlüssen, in: Wirtschaft und Wettbewerb, Jg. 40, S. 472–480.

Karstens, Eric und *Jörg Schütte* (1999), Firma Fernsehen, Reinbek b. Hamburg.

Kaufer, Erich (1981), Theorie der öffentlichen Regulierung, München.

Kaysen, Carl und *Donald F. Turner* (1959), Antitrust Policy: An Economic and Legal Analysis, Cambridge/Ma.

Kiefer, Marie Luise (1995), Konzentrationskontrolle: Bemessungskriterien auf dem Prüfstand, in: Media Perspektiven, o.Jg., S. 58–68.

Kiefer, Marie Luise (1996a), Das duale Rundfunksystem – wirtschaftstheoretisch betrachtet, in: *Walter Hörnberg* und *Heinz Pürer* (Hrsg.), Medien-Transformation: Zehn Jahre dualer Rundfunk in Deutschland, Konstanz, S. 81–97.

Kiefer, Marie Luise (1996b), Unverzichtbar oder überflüssig? Öffentlich-rechtlicher Rundfunk in der Multimedia-Welt, in: Rundfunk und Fernsehen, Jg. 44, S. 7–26.

Kiefer, Marie Luise (2001), Medienökonomik, München u.a.

Klein, Benjamin (1998), The Competitive Consequences of Vertical Integration in the Cable Industry, Report on behalf of the National Cable Television Association, Washington D.C.

Knieps, Günter (2001), Wettbewerbsökonomie, Berlin u.a.

Knieps, Günter (2005), Aktuelle Vorschläge zur Preisregulierung natürlicher Monopole, in: *Karl-Hans Hartwig* und *Andreas Knorr* (Hrsg.), Neuere Entwicklungen in der Infrastrukturpolitik, Göttingen, S. 305–320.

Knoche, Manfred (1978), Einführung in die Pressekonzentrationsforschung, Berlin.

Knoche, Manfred (1996a), Konzentrationsboom und Forschungsdefizite: Von der Presse- zur Medienkonzentrationsforschung, in: *Klaus-Dieter Altmeppen* (Hrsg.), Ökonomie der Medien und des Mediensystems, Opladen, S. 101–126.

Knoche, Manfred (1996b), Konzentrationsförderung statt Konzentrationskontrolle: Die Konkordanz von Medienpolitik und Medienwirtschaft, in: *Claudia Mast* (Hrsg.), Markt – Macht – Medien: Publizistik im Spannungsfeld zwischen gesellschaftlicher Verantwortung und ökonomischen Zielen, Konstanz, S. 105–117.

Koenig, Christian und *Ingo Vogelsang* (2002), Erarbeitung eines Konzepts zur Bestimmung des telekommunikationsrechtlichen Begriffs ‚funktionsfähiger Wettbewerb', Studie im Auftrag des BMWi, Kurzfassung, Bonn.

Kommission zur Ermittlung der Konzentration im Medienbereich (Hrsg.) (2006a), Zuschaueranteile von 1985 bis 2005, abgerufen unter http://www.kek-online.de/kek/medien/zuschauer/jahr.pdf (06.04.2006)

Kommission zur Ermittlung der Konzentration im Medienbereich (Hrsg.) (2006b), Homepage: Medienrelevante verwandte Märkte, abgerufen unter http://www.kek-online.de/Inhalte/mediendienste.html (10.04.2006).

Kommission zur Ermittlung der Konzentration im Medienbereich (Hrsg.) (2006c), Homepage: Beteiligungsverhältnisse, http://www.kek-online.de/cgi-bin/esc/beteiligung.html (06.04.2006).

Kommission zur Ermittlung der Konzentration im Medienbereich (Hrsg.) (2006d), Beschluss der KEK, Aktenzeichen: KEK 293-1 bis -5 vom 10.01.2006, abgerufen unter http://www.kek-online.de/kek/verfahren/kek293prosieben-sat1.pdf (06.06.2006).

Kommission zur Ermittlung der Konzentration im Medienbereich (Hrsg.) (2006e), Homepage: Medienrelevante verwandte Märkte, abgerufen unter http://www.kek-online.de/Inhalte/technische_administrative_dienstleistungen.html (20.05.2006).

Kopp, Wolfgang (1990), Der Markt für Übertragungseinrichtungen der Telekommunikation, München.

Kops, Manfred (1997), Rechtfertigen Nachfragemängel eine Regulierung der Ausrichtung und Vielfalt von Rundfunkprogrammen?, in: *Helmut Kohl* (Hrsg.), Vielfalt im Rundfunk: Interdisziplinäre und internationale Annäherungen, Konstanz, S. 151–183.

Kops, Manfred (1998), Prinzipien der Gestaltung von Rundfunkordnungen: Ökonomische Grundlagen und rundfunkpolitische Konsequenzen, Arbeitspapiere des Instituts für Rundfunkökonomie an der Universität zu Köln Nr. 100.

Kops, Manfred (1999), Nationale Konzentrationsschranken für Fernsehveranstalter bei zunehmender Globalisierung der Medienwirtschaft, Arbeitspapiere des Instituts für Rundfunkökonomie an der Universität zu Köln Nr. 119.

Kops, Manfred (2000), Brauchen wir einen öffentlich-rechtlichen Rundfunk?, in: *Jörn Kruse* (Hrsg.), Ökonomische Perspektiven des Fernsehens in Deutschland, München, S. 71–88.

Kops, Manfred (2005), Soll der öffentlich-rechtliche Rundfunk die Nachfrage seiner Zuhörer und Zuschauer korrigieren?, in: *Christa-Maria Ridder u.a.* (Hrsg.), Bausteine einer Theorie des öffentlich-rechtlichen Rundfunks, Wiesbaden, S. 341–366.

Korff-Sage, Kirsten (1999), Medienkonkurrenz auf dem Werbemarkt: Zielgruppendifferenzierung in der Angebotsstrategie der Werbeträger Presse, Rundfunk und Fernsehen, Berlin.

Koschnick, Wolfgang J. (1997), Schwafelrunden: Rundfunkräte und Medienanstalten sind teuer und wenig effektiv, in: Tagesspiegel v. 22.09.1997.

Kottmann, Elke (2000), Die räumliche Abgrenzung des relevanten Marktes, Baden-Baden.

Kruse, Jörn (1985), Ökonomie der Monopolregulierung, Göttingen.

Kruse, Jörn (1986), Normative Bestimmung des Regulierungsbereichs, in: Beihefte der Konjunkturpolitik: Deregulierung als ordnungs- und prozesspolitische Aufgabe, Berlin, S. 25–40.

Kruse, Jörn (1989), Ordnungstheoretische Grundlagen der Deregulierung, in: *Hellmuth S. Seidenfus* (Hrsg.), Deregulierung: Eine Herausforderung and die Wirtschafts- und Socialpolitik in der Marktwirtschaft, Berlin, S. 9–35.

Kruse, Jörn (1995), Zugang zum Frequenzspektrum, in: *Ernst-Joachim Mestmäcker* (Hrsg.), Kommunikation ohne Monopole II, Baden-Baden, S. 449–471.

Kruse, Jörn (1996a), Publizistische Vielfalt und Medienkonzentration zwischen Marktkräften und politischen Entscheidungen, in: *Klaus-Dieter Altmeppen* (Hrsg.), Ökonomie der Medien und des Mediensystems, Opladen, S. 25–52.

Kruse, Jörn (1996b), Medien unter dem Diktat der Ökonomie oder der Politik?, in: *Claudia Mast* (Hrsg.), Markt – Macht – Medien: Publizistik im Spannungsfeld zwischen gesellschaftlicher Verantwortung und ökonomischen Zielen, Konstanz, S. 57–62.

Kruse, Jörn (1997), Vertikale Integration als Wettbewerbsproblem, in: *Jörn Kruse, Kurt Stockmann* und *Lothar Vollmer* (Hrsg.), Wettbewerbspolitik im Spannungsfeld nationaler und internationaler Kartellrechtsordnungen, Baden-Baden, S. 247–270.

Kruse, Jörn (1999), Asymmetrische Regulierung durch vertikale Integration, in: *Peter Oberender* (Hrsg.), Die Dynamik der Telekommunikationsmärkte als Herausforderung an die Wettbewerbspolitik, Berlin, S. 107–120.

Kruse, Jörn (2000), Ökonomische Probleme der deutschen Fernsehlandschaft, in: *Jörn Kruse* (Hrsg.), Ökonomische Perspektiven des Fernsehens in Deutschland, München, S. 7–47.

Kruse, Jörn (2004), Publizistische Vielfalt und Effizienz durch den Markt oder durch staatliche Regulierung?, in: *Mike Friedrichsen* und *Wolfgang Seufert* (Hrsg.), Effiziente Medienregulierung: Marktdefizite oder Regulierungsdefizite?, Baden-Baden, S. 111–138.

Kuch, Hansjörg (2002), Medienrechtliche Vorgaben für Kabelnetzbetreiber, in: Zeitschrift für Urheber- und Medienrecht, Jg. 46, S. 248–251.

Kurz, Rudi (1986), Entwicklung und gegenwärtiger Stand der Deregulierungsdiskussion, in: Beihefte der Konjunkturpolitik: Deregulierung als ordnungs- und prozesspolitische Aufgabe, Berlin, S. 41–58.

Ladeur, Karl-Heinz (2000), Die Kooperation von europäischem Kartellrecht und mitgliedsstaatlichem Rundfunkrecht: Zugleich ein Beitrag zur Methodik des Europarechts, in: Wirtschaft und Wettbewerb, Jg. 50, S. 965–975.

Laffont, Jean-Jacques (1994), The New Economics of Regulation Ten Years After, in: Econometrica, Vol. 62, S. 507–537.

Landesanstalt für Medien Nordrhein-Westfalen (Hrsg.) (2006), Homepage: Digitale Kabelbelegung, abgerufen unter http://www.lfm-nrw.de/fernsehen/kabelbelegung/digital.php3 (26.06.2006).

Lehr, Gernot (1995), Verfassungs- und verwaltungsrechtliche Fragen der Novellierung der rundfunkrechtlichen Konzentrationskontrolle unter besonderer Berücksichtigung des Zuschaueranteilsmodells, in: Zeitschrift für Urheber- und Medienrecht, Jg. 39, S. 667–673.

Leibenstein, Harvey (1973), Competition and X-Efficiency: Reply, in: Journal of Political Economy, Vol. 81, S. 765–777.

Lerg, Winfried B. (1981), Verdrängen oder ergänzen die Medien einander?, in: Publizistik, Jg. 26, S. 193–201.

Lobigs, Frank (2004), Niveauvolle Unterhaltung im öffentlich-rechtlichen Fernsehen: Notwendige Voraussetzungen eines Arguments der Meritorik, in: *Mike Friedrichsen* und *Udo Göttlich* (Hrsg.), Diversifikation in der Unterhaltungsproduktion, Köln, S. 48–63.

Marshall, Alfred (1956), Principles of Economics, 8. Aufl., London.

McLure, Charles E. (1968), Merit Wants: A Normatively Empty Box, in: Finanzarchiv, Jg. 27, S. 474–483.

Messmer, Siegbert (2002), Digitales Fernsehen in Deutschland, Frankfurt a.M.

Miert, Karel van (1998), Probleme der wettbewerblichen Öffnung von Märkten mit Netzstrukturen aus europäischer Sicht, in: Wirtschaft und Wettbewerb, Jg. 48, S. 7–14.

Minasian, Jora R. (1964), Television Pricing and the Theory of Public Goods, in: Journal of Law and Economics, Vol. 7, S. 71–80.

Mises, Ludwig von (1968), Markt, in: *Joseph Schumpeter* (Hrsg.), Handwörterbuch der Staatswissenschaften, Band 7, Jena, S. 131–136.

Moene, Karl O. (1986), Types of Bureaucratic Interaction, in: Journal of Public Economics, Vol. 29, S. 333–345.

Monopolkommission (1982), Fortschritte bei der Konzentrationserfassung, IV. Hauptgutachten 1980/1981, Baden-Baden.

Monopolkommission (1984), Ökonomische Kriterien für die Rechtsanwendung, V. Hauptgutachten 1982/1983, Baden-Baden.

Monopolkommission (1986), Gesamtwirtschaftliche Chancen und Risiken wachsender Unternehmensgrößen, VI. Hauptgutachten 1984/1985, Baden-Baden.

Monopolkommission (1990), Wettbewerbspolitik vor neuen Herausforderungen, VIII. Hauptgutachten 1988/1989, Baden-Baden.

Monopolkommission (1996), Wettbewerbspolitik in Zeiten des Umbruchs, XI. Hauptgutachten 1994/1995, Baden-Baden.

Monopolkommission (1998), Marktöffnung umfassend verwirklichen, XII. Hauptgutachten 1996/1997, Baden-Baden.

Monopolkommission (2000), Wettbewerbspolitik in Netzstrukturen, XIII. Hauptgutachten 1998/1999, Baden-Baden.

Mook, Peter (1996), Kartellrechtliche Beurteilung von Beteiligungen der Presse im Rundfunkmarkt, in: Wirtschaft und Wettbewerb, Jg. 46, S. 777–788.

Moritz, Hans-Werner (1998), Schwächen der TK-Liberalisierung: Folgen der Übereignung des Festnetzes an die Deutsche Telekom AG, in: Computer und Recht, Jg. 14, S. 13–21.

Möschel, Wernhard (1981), Zur wettbewerbstheoretischen Begründbarkeit von Ausnahmebereichen, in: ORDO, Jg. 32, S. 85–102.

Möschel, Wernhard (2001), Wettbewerbssicherung versus Vermachtung in der Informationsgesellschaft, in: Multimedia und Recht, Jg. 5, S. 3–8.

Motta, Massimo und *Michele Polo* (1997), Concentration and Public Policies in the Broadcasting Industry: The Future of Television, in: Economic Policy, Vol. 12, S. 295–334.

Müller, Jürgen und *Ingo Vogelsang* (1979), Staatliche Regulierung, Baden-Baden.

Müller-Römer, Frank (1998), Rundfunkversorgung (Hörfunk und Fernsehen), in: *Hans-Bredow-Institut* (Hrsg.), Internationales Handbuch für Hörfunk und Fernsehen 1998/1999, 24. Aufl., Baden-Baden, S. 169–196.

Musgrave, Richard A. (1957), A Multiple Theory of Budget Determination, in: Finanzarchiv, Jg. 17, S. 333–343.

Nelson, Phillip (1970), Information and Consumer Behavior, in: Journal of Political Economy, Vol. 78, S. 311–329.

Never, Henning (2002), Meinungsfreiheit, Wettbewerb und Marktversagen im Rundfunk, Baden-Baden.

Nicklas, Mark (2000), Wettbewerb, Standardisierung und Regulierung beim digitalen Fernsehen, Berlin.

Nienhaus, Volker (1990), Politische Ökonomie der Deregulierung, in: *Peter Oberender* und *Manfred E. Streit* (Hrsg.), Soziale und ökologische Ordnungspolitik in der Marktwirtschaft, Baden-Baden, S. 103–136.

Niskanen, William A. (1971), Bureaucracy and Representative Government, Chicago u.a.

Niskanen, William A. (1983), Bureaucrats Between Self Interest and Public Interest, in: *Horst Hanusch* (Hrsg.), Anatomy of Government Deficiencies, Berlin, S. 111–116.

Noll, Roger G. (1989), Economic Perspectives on the Politics of Regulation, in: *Richard Schmalensee* und *Robert D. Willig* (Hrsg.), Handbook of Industrial Organization, Vol. II, Amsterdam, S. 1253–1287.

o. V. (2005a), Endspiel um die Übertragungsrechte an der Bundesliga, in: FAZ v. 17.12.2005, S. 16.

o. V. (2005b), „Zur Zeit keine Chance, gemeinsame Ländermedienanstalt zu realisieren“, in: Tendenz, o.Jg., Nr. 1, S. 22–23.

o. V. (2005c), „Das ist eine völlige Fehlinterpretation“ – Interview mit Kartellamtspräsident Ulf Böge, in: FAZ v. 17.08.2005, S. 15.

o. V. (2005d), RTL will digitales Fernsehen vorantreiben, in: Handelsblatt v. 04.02.2005, abgerufen unter http://www.handelsblatt.com (08.02.2006).

o. V. (2006a), ProSiebenSat.1 steigt ins Bezahlfernsehen ein, in: Handelsblatt v. 05.04.2006, abgerufen unter http://www.handelsblatt.com (05.04.2006).

o. V. (2006b), Sender streiten um knappe Kabel-Plätze, in: Financial Times Deutschland v. 08.05.2006, abgerufen unter http://www.ftd.de/technik/medien/71030.html (08.05.2006).

o. V. (2006c), Telekom startet VDSL-Testbetrieb mit IPTV im Mai, in: heise-online news v. 27.04.2006, abgerufen unter http://www.heise.de/newsticker/meldung/72475 (24.05.2006).

o. V. (2006d), Premiere-Chef Kofler stichelt weiter: Bundesliga über Satellit und Kabel geplant, in: Handelsblatt v. 22.05.2006, abgerufen unter http://www.handelsblatt.com/pshb?fn=tt&sfn=go&id =1245426 (24.05.2006).

o. V. (2006e), Blackstone verkauft Kabel BW an Investor EQT, in: FAZ v. 26.04.2006, S. 17.

o. V. (2006f), Telekom und Premiere schließen Allianz, in: Financial Times Deutschland v. 30.03.2006, abgerufen unter http://www.ftd.de/technik/medien_internet/61076.html (22.06.2006).

o. V. (2006g), Pro Sieben Sat 1 sendet weiter gratis, in: Handelsblatt v. 05.12.2006, abgerufen unter http://www.handelsblatt.com/news/Default.aspx?_p=201178&_t=ft&_b=1179670 (05.12.2006).

o. V. (2006h), Astra kassiert Gebühren beim TV-Zuschauer, in: Financial Times Deutschland v. 01.03.2006, abgerufen unter http://www.ftd.de/technik/medien_internet/52680.html (03.03.2006).

o. V. (2006i), RTL kündigt drei neue Spartenkanäle an, in: Financial Times Deutschland v. 15.05.2006, abgerufen unter http://www.ftd.de/technik/medien_internet/73244.html (17.05.2006).

o. V. (2006j), Bundesliga ab 9,90 Euro im Monat, in: Handelsblatt v. 27.03.2006, abgerufen unter http://www.handelsblatt.com (26.06.2006).

Olson, Mancur (1965), The Logic of Collective Action: Public Goods and the Theory of Groups, Cambridge/Ma.

Olson, Mancur (1968), Die Logik des kollektiven Handelns: Kollektivgüter und die Theorie der Gruppen, Tübingen.

Ory, Stephan und *Rainer Sura* (1987), Der Urknall im Medienlabor, Berlin.

Orzechowski, William (1977), Economic Models of Bureaucracy: Survey, Extensions and Evidence, in: *Thomas E. Borcherding* (Hrsg.), Budgets and Bureaucrats: The Sources of Government Growth, Durham, S. 229–259.

Otto, Helge-Jörg (1997), Wem gehört die Position 29 Grad Ost?, in: Funkschau, o.Jg., Nr. 9, S. 36–37.

Owen, Bruce M. (1975), Economics and Freedom of Expression, Cambridge/Ma.

Owen, Bruce M. und *Steven S. Wildman* (1992), Video Economics, Cambridge/Ma.

Owen, Bruce M., Jack H. Beebe und *Willard G. Manning* (1979), Television Economics, 2. Aufl., Lexington u.a.

Paetow, Klaus (2001), Die Anwendung der Fusionskontrolle des GWB im Bereich der elektronischen Medien, in: *Die Landesmedienanstalten* (Hrsg.), Konzentrationskontrolle im Rundfunk und wettbewerbliche Fusionskontrolle, Berlin, S. 11–23.

Parlasca, Susanne (1994), Medienkonzentration und Medienverflechtung: Zur Reichweite des kartellrechtlichen Instrumentariums, in: Wirtschaft und Wettbewerb, Jg. 44, S. 210–220.

Peltzman, Sam (1976), Toward a More General Theory of Regulation, in: Journal of Law and Economics, Vol. 19, S. 211–240.

Peltzman, Sam (1989), The Economic Theory of Regulation After a Decade of Deregulation, in: Brooking Papers on Economic Activity – Mircroeconomics, S. 1–41.

Phillips, Charles F. (1972), The Economics of Regulation: Theory and Practice in the Transportation and Public Utility Industries, Homewood.

Picard, Robert G. (1989), Media Economics: Concepts and Issues, Newbury Park.

Picot, Arnold und *Martin Schmid* (2006), Wertschöpfungssysteme im digitalen Fernsehen, Präsentation vom 11.01.2006, abgerufen unter http://www.informatik.uni-goettingen.de/news/20060 111_Wertschoepfungssysteme_Digital-TV.pdf (22.05.2006)

Pigou, Arthur C. (1972), The Economics of Welfare, 4. Aufl., London.

Polo, Michele (2005), Regulation for Pluralism in the Media Markets, Conference Paper, abgerufen unter http://www.igier.uni-bocconi.it/whos.php?vedi=1072&tbn=albero&id_doc =177 (06.06.2006).

Posner, Richard A. (1971), Taxation by Regulation, in: Bell Journal of Economics and Management Science, Vol. 2, S. 22–50.

Premiere (Hrsg.) (2006), Homepage: Unternehmen, abgerufen unter http://info.premiere.de/inhalt/de/unternehmen_chronik_start.jsp (10.04.2006).

Primacom (Hrsg.) (2006a), Homepage: Unternehmen – Profil, abgerufen unter http://www.primacom.de/unternehmen/kurzprofil.php (26.04.2006).

Primacom (Hrsg.) (2006b), Homepage: Unternehmen – Kundenstruktur, abgerufen unter http://www.primacom.de/unternehmen/kundenstruktur.php (02.05.2006).

Rager, Günter und *Bernd Weber* (1992), Publizistische Vielfalt zwischen Markt und Politik, in: *Günter Rager* und *Bernd Weber* (Hrsg.), Publizistische Vielfalt zwischen Markt und Politik: Mehr Medien – mehr Inhalte?, Düsseldorf u.a., S. 7–26.

Regulierungsbehörde für Telekommunikation und Post (Hrsg.) (2002), Amtsblatt der Regulierungsbehörde für Telekommunikation und Post, Nr. 6/2002 vom 03.04.2002, abgerufen unter http://regtp.gekko.de/media/archive/317.pdf (23.06.2006).

Reimers, Ulrich (1997), Digitales Fernsehen: Ein erster Überblick, in: *Ulrich Reimers* (Hrsg.), Digitale Fernsehtechnik: Datenkompression und Übertragung für DVB, 2. Aufl., Berlin u.a., S. 1–18.

Renck-Laufke, Martha (2000), Probleme der Konzentrationskontrolle im privaten Fernsehen, in: Zeitschrift für Urheber- und Medienrecht, Jg. 44, S. 105–114.

Rhein, Tilman (2001), Das Breitbandkabelnetz der Zukunft: Der Business Case, in: Multimedia und Recht, Beilage Nr. 2/2001, S. 3–12.

Ridder, Christa-Maria und *Bernhard Engel* (2001), Massenkommunikation 2000: Ergebnisse der achten Welle der ARD/ZDF-Langzeitstudie zur Mediennutzung und -bewertung, in: Media Perspektiven, o.Jg., S. 102–125.

Romer, Thomas und *Howard Rosenthal* (1987), Modern Political Economy and the Study of Regulation, in: *Elizabeth E. Bailey* (Hrsg.), Public Regulation: New Perspectives on Institutions and Policies, Cambridge, S. 73–116.

Röpke, Jochen (1970), Wettbewerb, Pressefreiheit und öffentliche Meinung, in: Schmollers Jahrbuch, Jg. 90, S. 172–192.

Rott, Armin (2003), Werbefinanzierung und Wettbewerb auf dem deutschen Fernsehmarkt, Berlin.

Rott, Armin und *Stefan Schmitt* (2000), Wochenend und Sonnenschein... Determinanten der Zuschauernachfrage auf dem deutschen Fernsehmarkt, in: Medien und Kommunikationswissenschaft, Jg. 48, S. 537-553.

Russel, Milton und *Robert B. Shelton* (1974), A Model of Regulatory Agency Behavior, in: Public Choice, Vol. 20, S. 47–62.

Salop, Steven C. und *David T. Scheffman* (1983), Raising Rivals' Costs, in: American Economic Review, Vol. 73, S. 267–271.

Samuelson, Paul A. (1958), Aspects of Public Expenditure Theories, in: Review of Economics and Statistics, Vol. 40, S. 332–336.

Schalast, Christoph und *Kamyar Abrar* (2002), Aktuelle Rechtsprobleme der Breitbandkabel-Gestattungsverträge: Laufzeit, Preiserhöhung, Exklusivität, Eigentum, in: Teleommuniations- und Medienrecht, Jg. 56, S. 74–83.

Schalast, Christoph, Bernd Jäger und *Kamyar Abrar* (2005), Großfusionen im Breitbandkabelnetz?, in: Wirtschaft und Wettbewerb, Jg. 55, S. 741–752.

Scheuch, Erwin K. (1999), Eine Bewertung des Marktanteilsmodells aus kommunikationswissenschaftlicher Sicht, Arbeitspapiere des Instituts für Rundfunkökonomie an der Universität zu Köln Nr. 114.

Schmidt, Ingo (2005), Wettbewerbspolitik und Kartellrecht, 8. Aufl., Stuttgart.

Schmidt, Klaus-Eberhard (1997), Gibt es einen Fernsehzuschauermarkt im Sinne des Gesetzes gegen Wettbewerbsbeschränkungen?, in: Zeitschrift für Urheber- und Medienrecht, Jg. 41, S. 472–477.

Schmitz, Alfred (1990), Rundfunkfinanzierung, Köln.

Schössler, Julia (2000), Konsequenzen der Digitalisierung für werbefinanzierte TV-Veranstalter, Arbeitspapiere des Instituts für Rundfunkökonomie an der Universität zu Köln Nr. 122.

Schössler, Julia (2001), Die Digitalisierung von Fernsehprogrammen, Wiesbaden.

Schrape, Klaus (1995), Digitales Fernsehen: Marktchancen und ordnungspolitischer Regelungsbedarf, München.

Schrape, Klaus und *Daniel Hürst* (2000), Kabelfernsehmarkt Deutschland im Umbruch, München.

Schröder, Guido (1997), Die Ökonomie des Fernsehens: Eine mikroökonomische Analyse, Münster.

Schusser, Oliver (1999), Wertschöpfungskette und Wertschöpfungssystem im deutschen Fernsehmarkt, Hamburg.

Schütz, Raimund (2005), Kommunikationsrecht, München.

Schwalba, Michael (2000), Die wettbewerbsbezogene Abgrenzung des relevanten Marktes, Frankfurt a.M. u.a.

SES Astra (Hrsg.) (2006a), Pressemitteilung vom 27.03.2006, abgerufen unter http://www.ses-astra.com/consumer/sites/de/Press_Releases/Aktuelle_Mitteilungen/Reichweite_JE_2005_fuer_Pressegespraech_270306.pdf (21.04.2006).

SES Astra (Hrsg.) (2006b), Satelliten Monitor, abgerufen unter http://markets.ses-astra.com/brochure-gallery/files/391/Reichweiten_Deutschland_JE_2005.pdf (24.04.2006).

Seufert, Wolfgang (1992), Die Entwicklung des Wettbewerbs auf den Hörfunk- und Fernsehmärkten in der Bundesrepublik Deutschland, Berlin.

SevenOne Media (Hrsg.) (2005), TV-Nutzung steigt um über ein Viertel, Pressemitteilung vom 07.02.2005, abgerufen unter http://www.sevenonemedia.de/unternehmen/presse/pm/index.php?pnr=15767 (07.04.2006).

Sharkey, William W. (1982), The Theory of Natural Monopoly, Cambridge.

Sieben, Günter und *Uwe Schwertzel* (1997), Materialien zur Vorlesung Rundfunkökonomie II: Management für Rundfunkunternehmen – Teil I, Arbeitspapiere des Instituts für Rundfunkökonomie an der Universität zu Köln Nr. 65.

Sjurts, Insa (2005), Strategien in der Medienbranche, 3. Aufl., Wiesbaden.

Sobania, Katrin (2003), Die Politische Ökonomik der Deregulierung, Frankfurt a.M.

Sohn, Seunghye (2005), Interindustry an Intraindustry Competition in Satellite Broadcasting: A Comparative Case Study on the United States, Japan, England, and France, in: Journal of Media Economics, Vol. 18, S. 167–182.

Solon Management Consulting (2005), Breitbandkabel Deutschland 2004, abgerufen unter http://www.solon.de (24.04.2006).

Solon Management Consulting (2006), Breitbandkabel Deutschland 2005, abgerufen unter http://www.solon.de (24.04.2006).

Soltwedel, Rüdiger u.a. (1986), Deregulierungspotentiale in der Bundesrepublik, Tübingen.

Spiller, Pablo T. (1990), Politicians, Interest Groups, and Regulators: A Multiple-Principals Agency Theory of Regulation, or „Let Them Be Bribed", in: Journal of Law and Economics, Vol. 33, S. 65–101.

Stamm, Peter und *Franz Büllingen* (2002), Kabelfernsehen im Wettbewerb der Plattformen für Rundfunkübertragung: Eine Abschätzung der Substitutionspotenziale, WIK Diskussionsbeitrag Nr. 239, Bad Honnef.

Steininger, Christian (2000), Zur Politischen Ökonomie der Medien, Wien.

Steininger, Christian (2002), Medienmärkte, Medienwettbewerb, Medienunternehmen, München.

Stekle, Hans (Hrsg.) (1988), Breitbandverteilnetze der Deutschen Bundespost, 2. Aufl., Heidelberg.

Stigler, George J. (1971), The Theory of Economic Regulation, in: Bell Journal of Economics and Management Science, Vol. 2, S. 3–21.

Szafran, Uwe (1993), Der Markt der Satellitendienste, WIK Diskussionsbeitrag Nr. 107, Bad Honnef.

TechniSat Digital GmbH (Hrsg.) (2006), DVB-T Portal: Regionen, abgerufen unter http://www.dvb-t-portal.de/Regionen (20.05.2006).

Tele Columbus (Hrsg.) (2006a), Homepage: Unternehmen, abgerufen unter http://www.telecolumbus.de/pdf/hintergrundmaterial/unternehmensvorstellung246k.pdf (24.04.2006).

Tele Columbus (Hrsg.) (2006b), Homepage: Unternehmen – Beteiligungen, abgerufen unter http://www.telecolumbus.de/ unternehmen/beteiligungen.php (24.04.2006).

Thaenert, Wolfgang (2005), Schrittmacher für den Umstieg in die digitale Medienwelt, in: Tendenz, o.Jg., Nr. 1, S. 4–8.

Thieme, H. Jörg (2003), Wirtschaftssysteme, in: *Dieter Bender u.a.*, Vahlens Kompendium der Wirtschaftstheorie und Wirtschaftspolitik, Band 1, 8. Aufl., München, S. 1–52.

Tietzel, Manfred (1985), Wirtschaftstheorie und Unwissen, Tübingen.

Traugott, Rainer (1998), Zur Abgrenzung von Märkten, in: Wirtschaft und Wettbewerb, Jg. 48, S. 929–939.

Tullock, Gordon (1967), The Welfare Costs of Tariffs, Monopolies, and Theft, in: Western Economic Journal, Vol. 5, S. 224–232.

Verband Privater Rundfunk und Telekommunikation e.V. (Hrsg.) (2003), Mitteilung vom 24.04.2003, abgerufen unter http://www.vprt.de/dateien/09_03_Beschwerde_EU.pdf (22.06.2006).

Verband Privater Rundfunk und Telekommunikation e.V. (Hrsg.) (2006), Kommunikations- und Medienpolitische Leitlinien 2006/2007, abgerufen unter http://www.vprt.de/dateien/ komleitlinien_170506.pdf (12.06.2006).

Verband Privater Rundfunk und Telekommunikation e.V. und *Technische Kommission der Landesmedienanstalten* (Hrsg.) (1999), Entwicklung der BK-Netze in Deutschland, Teil 2, Berlin.

VG Media (Hrsg.) (2006a), Homepage: Gesellschafter, abgerufen unter http://www.vgmedia.de (20.04.2006).

VG Media (Hrsg.) (2006b), Homepage: Tarife, abgerufen unter http://www.vgmedia.de (02.05.2006).

VG Media (Hrsg.) (2006c), Homepage: Satzung, abgerufen unter http://www.vgmedia.de (02.05.2006).

Vogelsang, Ingo (2003), The German Telecommunications Reform: Where Did It Come From, Where Is It, and Where Is It Going?, in: Perspektiven der Wirtschaftspolitik, Jg. 4, S. 313–340.

Waterman, David (1993), A Model of Vertical Integration and Economies of Scale in Information Product Distribution, in: Journal of Media Economics, Vol. 6, S. 23–35.

Waterman, David und *Andrew A. Weiss* (1997), Vertical Integration in Cable Television, Cambridge/Ma. u.a.

WDR (Hrsg.) (2006), Homepage: Unternehmen, abgerufen unter http://www.wdr.de/unternehmen/rundfunkrat/aufgaben/aufgaben.html (28.02.2006).

Webb, G. Kent (1983), The Economics of Cable Television, Lexington.

Weisser, Ralf (1997), Dienstleistungen zum Vertrieb digitaler Pay-TV-Angebote, in: Zeitschrift für Urheber- und Medienrecht, Jg. 41, S. 877–898.

Weizsäcker, Carl C. von (1982), Staatliche Regulierung: Positive und normative Theorie, in: Schweizerische Zeitschrift für Volkswirtschaft und Statistik, Jg. 118, S. 325–343.

Weizsäcker, Carl C. von (1988), Deregulierung und Privatisierung als Ziel und Instrument der Ordnungspolitik, in: *Otto Vogel* (Hrsg.), Deregulierung und Privatisierung, Köln, S. 11–20.

Wentzel, Dirk (1998), Politischer Wettbewerb in der Informationsgesellschaft: Medien als Einflussträger und Kontrollinstanz der Wirtschaftspolitik?, in: *Dieter Cassel* (Hrsg.), 50 Jahre Soziale Marktwirtschaft, Stuttgart, S. 711–740.

Wessely, Karin (1995), Das Recht der Fusionskontrolle und Medienfusionskontrolle, Wien.

Wiegand, André (2004), Optimierung der Wirtschaftlichkeit regionaler und lokaler Fernsehsender, digitale Dissertation FU Berlin, abgerufen unter http://www.diss.fu-berlin.de/2004/262/ index.html (23.05.2006).

Wilkens, Henning (1994), Bits und Bytes statt Ton und Bild, in: *ARD* (Hrsg.), ARD Jahrbuch 1994, Hamburg, S. 81–89.

Williamson, Oliver E. (1979), Transaction-Cost Economics: The Governance of Contractual Relations, in: Journal of Law and Economics, Vol. 22, S. 233–261.

Williamson, Oliver E. (1989), Transaction-Cost Economics, in: *Richard Schmalensee* und *Robert D. Willig* (Hrsg.), Handbook of Industrial Organization, Vol. I, Amsterdam, S. 136–182.

Williamson, Oliver E. (1990), Die ökonomischen Institutionen des Kapitalismus: Unternehmen, Märkte, Kooperationen, Tübingen.

Wissenschaftlicher Beirat beim Bundesministerium für Wirtschaft und Technologie (Hrsg.) (2000), Offene Medienordnung, BMWi-Dokumentation Nr. 473.

Woll, Artur. (1996), Wirtschaftslexikon, 8. Aufl., München.

Young, David P. (2000), Modeling Media Markets: How Important Is Market Structure?, in: Journal of Media Economics, Vol. 13, S. 27–44.

Zentralverband der deutschen Werbewirtschaft (Hrsg.) (div. Jg.), Werbung in Deutschland, Berlin.

Zervos, Frank (2003), Digitales Fernsehen in Deutschland, Wiesbaden.

Ziemer, Albrecht (2003), Digitales Fernsehen: Eine neue Dimension der Medienvielfalt, 3. Aufl., Heidelberg.

Schriften zu Ordnungsfragen der Wirtschaft

Lucius&Lucius Verlags-GmbH, Stuttgart, ISSN 1432-9220

Band 86: *Albrecht F. Michler* und *H. Jörg Thieme* (Hg.),
Systeme monetärer Steuerung: Analyse und Vergleich geldpolitischer Strategien, 2007, 427 S., 42 €, ISBN 978-3-8282-0410-2.

Band 85: *Friedrich Gröteke,*
Europäische Beihilfenkontrolle und Standortwettbewerb: Eine ökonomische Analyse, 2007, 336 S., 38 €, ISBN 978-3-8282-0401-0.

Band 84: *Dieter Starke,*
Unternehmensinsolvenzen im Wandel der Gesellschafts- und Wirtschaftssysteme: Eine Untersuchung im Lichte des Kritischen Rationalismus und der Evolutionsökonomik, 2007, 333 S., 38,00 €, ISBN 978-3-8282-0395-2.

Band 83: *Klaus Heine* und *Wolfgang Kerber* (Hg.),
Zentralität und Dezentralität von Regulierung in Europa, 2007, 355 S., 42,00 €, ISBN 978-3-8282-0383-9.

Band 82: *Dirk Wentzel* (Hg.),
Europäische Integration – Ordnungspolitische Chancen und Defizite, 2006, 284 S., 34,00 €, ISBN 978-3-8282-0382-2.

Band 81: *Martin Dietz,*
Der Arbeitsmarkt in institutionentheoretischer Perspektive, 2006, 314 S., 38,00 €, ISBN13: 978-3-8282-0365-5.

Band 80: *Gerrit Fey,*
Banken zwischen Wettbewerb, Selbstkontrolle und staatlicher Regulierung: Eine ordnungsökonomische Analyse, 2006, 332 S., 38,00 €, ISBN10: 3-8282-0364-7, ISBN13: 978-3-8282-0364-8.

Band 79: *David Nguyen-Thanh,*
Steuerreformen in Transformationsländern und wirtschaftspolitische Beratung: Eine Fallstudie am Beispiel der Politik des IWF in Kroatien und Bosnien-Herzegowina, 2005, XXIV/287 S., 38,00 €, ISBN 3-8282-0318-3.

Band 78: *Helmut Leipold* und *Dirk Wentzel* (Hg.),
Ordnungsökonomik als aktuelle Herausforderung, 2005, X/413 S., 36,00 €, ISBN 3-8282-0319-1.

Band 77: *Werner Pascha* und *Cornelia Storz* (Hg.),
Wirkung und Wandel von Institutionen: Das Beispiel Ostasien, 2005, X/287 S., 48,00 €, ISBN 3-8282-0312-4.

Band 76: *Rolf Hasse* und *Uwe Vollmer* (Hg.),
Incentives and Economic Behaviour, 2005, X/134 S., 32,00 €, ISBN 3-8282-0308-6.

Band 75: *Martin Leschke* und *Ingo Pies* (Hg.),
Wissenschaftliche Politikberatung: Theorien, Konzepte, Institutionen, 2005, X/432 S., 38,00 €, ISBN 3-8282-0304-3.

Band 74: *Thomas Apolte, Rolf Caspers* und *Paul J.J. Welfens* (Hg.),
Ordnungsökonomische Grundlagen nationaler und internationaler Wirtschaftspolitik, 2004, X/236 S., 34 €, ISBN 3-8282-0293-4.

Band 73: *Hubertus Bardt* ,
„Arbeit" versus „Kapital" – Zum Wandel eines klassischen Konflikts, 2003, X/177 S., 32,00 €, ISBN 3-8282-0277-2.

Band 72: *Dieter Cassel* und *Paul J.J. Welfens* (Hg.),
Regionale Integration und Osterweiterung der Europäischen Union, 2003, VIII/543 S., 42,00 €, ISBN 3-8282-0278-0.

Band 71: *Alfred Schüller* und *H. Jörg Thieme* (Hg.),
Ordnungsprobleme der Weltwirtschaft, 2002, VIII/524 S., 42,00 €, ISBN 3-8282-0231-4.

Band 70: *Alfred Schüller,*
Marburger Studien zur Ordnungsökonomik, 2002, X/348 S., 32,00 €, ISBN 3-8282-0221-7.

Band 69: *Dirk Wentzel,*
Medien im Systemvergleich, 2002, XVII/268 S., 38,00 €, ISBN 3-8282-0220-9.

Band 68: *Thomas Apolte* und *Uwe Vollmer* (Hg.),
Arbeitsmärkte und soziale Sicherungssysteme unter Reformdruck, 2002, 454 S., 36,00 €, ISBN 3-8282-0204-7.

Band 67: *Dietrich v. Delhaes-Guenther, K.-Hans Hartwig, Uwe Vollmer* (Hg.),
Monetäre Institutionenökonomik, 2001, VIII/400 S., 34,50 €, ISBN 3-8282-0194-6.

Band 66: *Dirck Süß,*
Privatisierung und öffentliche Finanzen: Zur Politischen Ökonomie der Transformation, 2001, 236 S., 31,00 €, ISBN 3-8282-0193-8.

Band 65: *Yvonne Kollmeier,*
Soziale Mindeststandards in der Europäischen Union im Spannungsfeld von Ökonomie und Politik, 2001, 158 S., 29,00 €, ISBN 3-8282-0179-2.

FSC
www.fsc.org
MIX
Papier | Fördert gute Waldnutzung
FSC® C083411

Kolibri 360 GmbH
Ferdinand-Jühlke-Straße 7
99095 Erfurt, Deutschland
produktsicherheit@kolibri360.de